T0348688

Autoayuda

Samuel Smiles

Autoayuda

Con ejemplos de carácter y conducta

Traducción de Ana Isabel Domínguez Palomo
y María del Mar Rodríguez Barrena

Papel certificado por el Forest Stewardship Council®

Título original: *Self Help; with Illustrations of Character and Conduct*

Primera edición: octubre de 2024

Printed in Spain – Impreso en España

ISBN: 978-84-666-8030-1
Depósito legal: B-12.821-2024

Compuesto en Llibresimes, S. L.

Impreso en Black Print CPI Ibérica
Sant Andreu de la Barca (Barcelona)

BS 8 0 3 0 1

ÍNDICE

Y, sobre todo, sé fiel a ti mismo,
pues de ello se sigue, como el día a la noche,
que no podrás ser falso con nadie.

William Shakespeare

INTRODUCCIÓN

Merece la pena contar con brevedad el origen de este libro.

Hace unos quince años se le pidió al autor que pronunciara un discurso ante los integrantes de unas clases nocturnas que estaban estudiando para formarse mutuamente en una ciudad del norte del país.

Dos o tres jóvenes de orígenes humildes decidieron reunirse durante las tardes de invierno con el propósito de mejorar intercambiando conocimientos entre ellos. Sus primeras reuniones se celebraron en la habitación de la casita en la que vivía uno de los miembros del grupo y, como pronto se les unieron otros, el lugar acabó quedándose pequeño. Cuando llegó el verano, se trasladaron al jardín de la casita, y las clases se celebraban al aire libre, alrededor de un cobertizo de madera, desde donde daban las clases los que ejercían de profesores. Si hacía buen tiempo, los jóvenes se demoraban hasta bien tarde en torno al cobertizo, como un enjambre de abejas. Sin embargo, a veces llovía de repente y el agua borraba los apuntes de sus pizarras mientras se despedían, insatisfechos.

Se acercaba el invierno, con sus noches frías, ¿dónde iban a refugiarse? El grupo era ya tan grande que no habría estancia en una casa ordinaria que pudiera servirles. Aunque casi todos eran jóvenes que ganaban un salario semanal relativamente pequeño, decidieron correr el riesgo de alquilar una habitación y, al hacer averiguaciones, encontraron unos aposentos grandes y sucios que se habían utilizado como hospital temporal para el cólera. Los dueños no encontraban a nadie interesado en alquilarlos, porque todo el mundo los evitaba como si la enfermedad viviera aún en ellos. Sin embargo, el grupo de jóvenes que se reunía para formarse alquiló los aposentos con valentía, los limpiaron, colocaron unos bancos y unas mesas, y comenzaron sus clases de invierno. El lugar pronto estuvo muy concurrido y alegre por las tardes. Aunque las clases fueran rudimentarias e imperfectas, todos ponían un gran empeño. Los que sabían un poco enseñaban a los que sabían menos, mejorando sus conocimientos mientras a su vez mejoraban los de los demás y, en todo caso, dándoles un buen ejemplo de trabajo. De esta forma, el grupo de jóvenes (entre los cuales también había algún adulto de más edad), siguió estudiando lectura y escritura, aritmética y geografía; e incluso matemáticas, química y algún que otro idioma.

De este modo se reunieron hasta cien jóvenes, momento en el que empezaron a desear, cediendo a la ambición, que alguien les diera una charla; y entonces fue cuando el autor se enteró de lo que hacían. Unos cuantos miembros del grupo lo esperaron con el propósito de invitarlo a pronunciar un discurso introductorio o, en sus propias palabras, «a hablarles un poco», no sin antes explicarle con humildad lo que habían hecho y lo que estaban haciendo. El autor se sintió conmovido por el admirable espíritu de superación y de ayuda del que hacían gala y, aunque no les veía mucha utilidad a los discursos, pensó que unas cuantas palabras de aliento pronunciadas con honestidad seguro que tenían algún efecto positivo. Y con este espíritu se dirigió a ellos en más de una ocasión, citando ejemplos de lo que habían hecho otros hombres como guía de lo que en mayor o menor grado ellos mismos podían alcanzar; y también señaló que tanto su felicidad y su bienestar individual futuros debía depender de sí mismos (de su afán por culturizarse, seguir una disciplina y ejercer el autocontrol) y, sobre todo, del honesto y recto cumplimiento del deber individual, que es la base del carácter masculino.

No había nada de nuevo u original en el consejo, que era tan antiguo como los proverbios de Salomón, y seguramente igual de familiar. Sin embargo, y pese a ser anticuado, fue bien recibido. Los jóvenes siguieron adelante con su formación; trabajaron con energía y resolución; y, llegando a la edad adulta, se dispersaron cada uno por su cuenta en el mundo, donde muchos de ellos ahora ocupan puestos de confianza y utilidad. Varios años después de las charlas, un joven se encontró con el autor una tarde, al parecer después de salir de su trabajo en una fundición, y le recordó aquellas charlas tras explicarle que era encargado en la fábrica y que había prosperado en la vida. Además, lo complació que recordara con gratitud las honestas palabras que les transmitió, a sus compañeros y a él, varios años antes, atribuyéndole en cierta medida el éxito que había logrado en la vida a los esfuerzos que había hecho para ser fiel al espíritu de dichas charlas.

Dado que el autor empezó a interesarse por el tema del esfuerzo personal después de conocer al grupo de jóvenes, acostumbraba a añadirles notas durante sus momentos de ocio vespertino, después del trabajo, a las charlas que pronunció, sobre lecturas, observaciones y experiencias de la vida que podían enriquecerlas.

Uno de los ejemplos más prominentes que citó en aquellas primeras charlas fue el de George Stephenson, el ingeniero.

Dado que el tema le interesaba y que contaba tanto con la facilidad como con la oportunidad para ahondar en la vida personal y profesional del señor Stephenson, decidió usar su tiempo libre para ello y acabó publicando un libro con su biografía. El presente libro está escrito con un espíritu similar, como similar ha sido su origen. Sin embargo, no ahonda tanto en los ejemplos de las personas que ilustran dicho espíritu y se presentan más bien como esbozos, más que como retratos en sí mismos. En muchos casos, solo se señala algún rasgo llamativo; las vidas de los individuos, al igual que la historia de las naciones, concentran a menudo su brillo e interés en unos momentos específicos. El autor entrega el libro tal cual está a los lectores, con la esperanza de que los ejemplos de trabajo duro, perseverancia y desarrollo personal que contiene resulten útiles e instructivos, además de interesantes en general.

Londres, septiembre de 1859

1

ESFUERZO PERSONAL - NACIONAL E INDIVIDUAL

> El valor de un estado, a la larga, es el valor de los individuos que lo constituyen.
>
> J. S. Mill

> Confiamos demasiado en los sistemas y muy poco en los hombres.
>
> B. Disraeli

«La providencia ayuda a los que se ayudan a sí mismos» es una máxima bien probada que encarna en una pequeña frase los resultados de la vasta experiencia humana. El esfuerzo personal es la raíz de todo crecimiento genuino en el individuo; y, exhibido en la vida de muchos, constituye la verdadera fuente de vigor y de fuerza nacional. La ayuda exterior a menudo tiene efectos debilitantes, pero la ayuda interior siempre fortalece. Todo lo que se hace por los individuos o las clases sociales los priva en gran parte del estímulo y la necesidad de hacerse a sí mismos. Y cuando los hombres están sometidos a un exceso de guía y de gobierno, el resultado inevitable es que acaban indefensos en cierta medida.

Ni las mejores instituciones pueden prestarle al individuo una ayuda activa. Tal vez lo máximo que pueden hacer es dejarlo libre para que se desarrolle y mejore su condición individual. Pero en todas las épocas los hombres han sido propensos a creer que debían asegurar su felicidad y su bienestar por medio de las instituciones más que a través de su propia conducta. De ahí que siempre se haya sobrestimado el valor de la legislación como agente del progreso humano. Convertirse en la millonésima parte de una legislatura al votar por uno o dos hombres una vez cada tres o cinco años, por muy concienzudo que se sea a la hora de cumplir con este deber, ejerce poca influencia activa sobre la vida y el carácter de cualquier individuo. Por otra parte, día tras día se demuestra que la función del gobierno es negativa y restrictiva, más que positiva y activa, y que se centra en la protección de la vida, de la libertad y de la propiedad. De ahí que las principales «reformas» de los últimos cincuenta años hayan consistido principalmente en aboliciones y derogaciones. Sin embargo, la ley es impotente a la hora de convertir en industrioso al ocioso, en previsor al tacaño o en sobrio al borracho, aunque cada individuo puede ser todo esto si quiere, mediante el ejercicio de su libertad de acción y su abnegación. De hecho, la experiencia demuestra que el valor y la fuerza de un estado dependen poco de la fuerza de sus instituciones y mucho del carácter de sus hombres. Porque una nación no es más que el conjunto de los individuos, y la civilización misma es una cuestión de mejora personal.

El progreso nacional es la suma del trabajo, la energía y la rectitud individuales, de la misma manera que la decadencia nacional es la suma de la ociosidad, el egoísmo y el vicio individuales. Lo que acostumbramos a denunciar como grandes males sociales, en su mayor parte, solo es la consecuencia de nuestra propia vida malograda; y aunque nos esforcemos por cortar y extirpar esos males por medio de la ley, volverán a aparecer con fuerza de alguna manera a menos que las condiciones de la vida y el carácter humano mejoren radicalmente. Si esto es correcto, se deduce que el patriotismo y la filantropía más sublimes consisten no tanto en alterar las leyes y en modificar las instituciones como en ayudar y estimular a los hombres a elevarse y a mejorar por voluntad y esfuerzo propios.

El gobierno de una nación no es más que el reflejo de los individuos que la componen. El gobierno que lidera al pueblo acabará arrastrado a su nivel, y el que avanza según el paso que le marcan, logrará al final convertirse en líder. Según el orden natural, el carácter colectivo de una nación se verá reflejado en la ley y en el gobierno, de la misma manera que fluye el agua. Un pueblo noble será gobernado noblemente, y uno ignorante y corrupto sufrirá corruptelas e ignorancia. De hecho, la libertad es tanto un crecimiento moral como político; el resultado de la libre elección, la energía y la independencia individuales. Poco importa cómo se gobierne a un hombre desde fuera, todo depende de cómo se gobierne a sí mismo desde dentro. El mayor esclavo no es el que está gobernado por un déspota, por más terrible que sea ese mal, sino quien está supeditado a su propia ignorancia moral, su egoísmo y su vicio.

Ha habido, y tal vez siga habiendo, supuestos patriotas en el extranjero que sostienen que matar a un tirano es la mayor ayuda para la libertad, olvidando que el tirano solo representa fielmente a sus millones de súbditos. Las naciones que están esclavizadas en su corazón no pueden ser liberadas cambiado solo a sus amos o a las instituciones; y mientras prevalezca la errónea ilusión de que la libertad depende únicamente del gobierno, de que este es quien la representa, dichos cambios (sin importar su coste) tendrán el mismo resultado que los cambios hechos en un sueño. Los sólidos cimientos de la libertad deben descansar sobre el carácter individual, que es también la única garantía válida para la seguridad social y el progreso nacional. En esto consiste la verdadera fuerza de la libertad inglesa. Los ingleses sienten que son libres no solo porque viven bajo las instituciones libres que con tanto ahínco han construido, sino porque cada miembro de la sociedad ha llegado en mayor o menor medida a esa conclusión en su interior, y continúan aferrándose y disfrutando de su libertad, que no solo demuestran con la libertad de expresión, sino llevando unas vidas plenas y actuando con energía como individuos libres.

La Inglaterra que conocemos es el resultado del pensamiento y del trabajo de muchas generaciones; incluso los actos de la persona menos importante han contribuido al resultado general. Hombres trabajadores y pacientes de todos los estratos sociales: agricultores, mineros, inventores y descubridores, comerciantes, mecánicos y obreros, poetas, pensadores y políticos, todos han trabajado juntos, una generación continuando la labor de otra, para construir el carácter del país y establecer su prosperidad sobre bases sólidas. Esta sucesión de nobles trabajadores —los artesanos de la civilización— ha creado el orden a partir del caos en la industria, la ciencia y el arte; y así como nuestros antepasados trabajaron para nosotros, y nosotros hemos heredado su legado, es nuestro deber transmitirlo a nuestros sucesores, no solo intacto, sino mejorado.

Este espíritu de esfuerzo personal, tal como se manifiesta en la acción enérgica de los individuos, ha sido un rasgo característico del carácter inglés a lo largo del tiempo y proporciona la verdadera medida de nuestro poder como nación. Siempre ha habido una serie de individuos que se han destacado por encima de los demás y que han merecido el homenaje público. Pero nuestro progreso se ha debido también a multitud de hombres anónimos. Aunque en la historia de cualquier gran campaña militar solo se recuerden los nombres de los generales, las victorias se han logrado principalmente gracias al valor individual y al heroísmo de los soldados. Y la vida también es «una batalla». Los hombres que conforman las filas siempre han estado entre los mejores trabajadores. Hay muchas vidas anónimas que, aunque no se conozcan, han influido de forma tan importante en la civilización y en el progreso como los de los más ilustres, cuyos nombres han quedado recogidos en los libros. Hasta el individuo más humilde que les ofrece a sus semejantes un ejemplo de vida diligente, sobria y honrada ejerce una influencia presente y futura en el bienestar de su país; porque su vida y su carácter pasan de forma inconsciente a la vida de los demás y propagan el buen ejemplo hacia el futuro.

Sin embargo, las biografías de hombres ilustres, y buenas personas por encima de todo, resultan muy instructivas y útiles como ayuda, guía e incentivo para otros. Algunas de las mejores casi se pueden igualar a los evangelios en el sentido de que enseñan a vivir bien, a pensar bien y a actuar con energía en beneficio propio y general. La historia inglesa está llena de hombres cuyas biografías son un ejemplo deslumbrante del poder del esfuerzo personal, la determinación paciente, el trabajo resolutivo y de la integridad, que en conjunto conforman el verdadero carácter noble masculino; plasmadas en libros para que no se malinterpreten, ilustran la eficacia de la autoestima y la confianza en uno mismo que les permite a los hombres, incluso a los de extracto más humilde, labrarse un camino de éxito y una reputación sólida.

Los observadores extranjeros han señalado la fuerte individualidad y energía de los ingleses como una de sus características más importantes, así como la renuencia a diluirse en las instituciones, conservando en todo momento una perfecta libertad de pensamiento, de palabra y de acción. «*Que j'aime la hardiesse Anglaise! Que j'aime les gens qui disent ce qu'ils pensent!*» («¡Cómo me gusta la audacia inglesa! ¡Cómo me gustan quienes dicen lo que piensan!»), exclamó Voltaire con énfasis. Este fuerte individualismo es el que hace y mantiene libres a los ingleses, y también pone plenamente de manifiesto la importancia de la sociedad civil. La energía de los más fuertes conforma numerosos centros de acción, alrededor de los cuales se agrupan y se aglutinan otras energías individuales. De esta forma la vida de todos se anima y, en las grandes ocasiones, se asegura una enérgica acción nacional.

Esta energía individual y el ejemplo que provoca en la sociedad general constituye la mejor enseñanza práctica para los ingleses. En comparación, las escuelas, las academias y las universidades solo aportan meros conocimientos culturales. La educación de la vida que se imparte a diario en nuestros hogares, en las calles, detrás de los mostradores, en los talleres, en el telar y en el arado, en los despachos de contabilidad y en las fábricas, y en todos los lugares donde los hombres llevan a cabo sus actividades es mucho más importante y práctica. Esta es la educación que prepara a los ingleses para ser eficaces y actuar como hombres libres. Esta es la instrucción final como miembros de la sociedad que Schiller llamó «la educación de la raza humana», que consiste en la acción, la conducta, el desarrollo personal, el autocontrol, que disciplina verdaderamente a un hombre y lo prepara para el desempeño adecuado de las obligaciones y los asuntos de la vida, un tipo de educación que no se aprende de los libros ni se adquiere mediante la formación institucional por extensa que esta sea.

Con su habitual argumentación, Bacon observa que «los estudios no enseñan su propio uso, sino que esa es una sabiduría que está fuera de ellos y por encima de ellos, obtenida a través de la observación»; una observación que es válida para la vida real y también para el cultivo del intelecto en sí mismo. Porque toda observación sirve para ilustrar y reforzar la lección de que un hombre se perfecciona a sí mismo a través del trabajo mucho más que a través de la lectura, de que es más importante la vida que la literatura, las acciones que el estudio y el carácter más que una biografía ilustre, lo que tiende a renovar a la humanidad de forma perpetua.

Goethe, en una de sus conversaciones con Eckermann en Weimar, afirmó: «Es muy extraño, y no sé si se debe simplemente a la raza, al clima y al suelo, o a su saludable educación, pero los ingleses parecen ciertamente tener una gran ventaja sobre gran parte de los demás hombres. Aquí en Weimar solo hemos visto unos cuantos, y es probable que no sean los mejores especímenes, sin embargo, ¡qué muchachos tan espléndidos! Y aunque vienen tan solo con diecisiete años, no se sienten ni mucho menos extraños en esta tierra extraña; al contrario, entran en sociedad con un porte tan confiado y sereno que cualquiera pensaría que son los amos allí por donde van, y que el mundo entero les pertenece».

A lo que Eckermann replicó: «Eso no significa que los caballeros ingleses de Weimar sean más inteligentes, estén mejor educados y tengan mejor corazón que nuestros jóvenes».

A esto, Goethe dijo: «No se trata de eso; su superioridad no radica en esas cosas, como tampoco lo hace en su nacimiento o en su fortuna; radica justo en que tienen el valor de ser lo que la naturaleza ha querido que sean. No hay medias tintas en ellos. Son hombres completos. A veces también son tontos de remate, eso lo reconozco abiertamente. Pero hasta eso es algo, y tiene su peso».

Así, según Goethe, los ingleses cumplían en gran medida el mandato dado por Lessing a aquellos que querían ser hombres: «Piensa mal si quieres, pero piensa por ti mismo».

Otro extranjero, un alemán, Herr Wiese[1] al comparar el sistema de educación inglés con el alemán —el primero dirigido principalmente a la formación del carácter; el otro, al intelecto—, ha observado que cuando los biógrafos ingleses narran la vida de los hombres célebres ponen mucho más énfasis en la energía del propósito, la paciencia, el coraje, la perseverancia y el autocontrol que en su ardor científico o en sus estudios juveniles. En resumen, que los ingleses le dan más importancia a la individualidad y valoran mucho más el carácter que el intelecto. Una observación no menos cierta que lleva a conclusiones importantes, como las que son las características fundamentales de nuestra fuerza nacional, que es producto del pensamiento, la acción y el carácter individuales.

Tomemos de nuevo como ejemplo la opinión de un conocido escritor francés, Eugene M. Rendu,[2] sobre lo que constituye el valor esencial del sistema inglés. Según él conforma la sociedad y construye la vida del individuo al mismo tiempo que perpetúa la vida tradicional de la nación. De esa manera llegamos a exhibir lo que durante tanto tiempo ha maravillado a los extranjeros: una saludable demostración de libertad individual y, sin embargo, una obediencia colectiva a la autoridad establecida. La acción enérgica sin trabas de los individuos junto con el sometimiento colectivo al código nacional del Deber. Mientras que las instituciones francesas educan al soldado y al funcionario, las instituciones inglesas, que dan libertad de acción a cada hombre y mujer, y reconocen un educador en cada uno, cultivan al ciudadano, que está preparado tanto para los asuntos de la vida práctica como para los deberes responsables del hogar y la familia. Y aunque nuestras escuelas y universidades puedan producir algún que otro espécimen forzado de mente demasiado culta, como los de Francia y Alemania, lo que podríamos llamar el sistema nacional produce en general el mayor número de hombres que, usando las palabras de Rendu, «revelan al mundo las dos virtudes de una raza señorial: perseverancia en el propósito y un espíritu de conducta infalible».

Es esta libertad individual y energía de acción, tan cordialmente reconocidas por estos observadores extranjeros, lo que constituye la verdadera y prolífica fuente de nuestro crecimiento nacional. Porque este espíritu de libre acción no se limita a un solo estrato o clase; al contrario, lo impregna todo. Y tal vez sus brotes más vigorosos se observen mejor en las clases populares.

Los grandes hombres de la ciencia, de la literatura y del arte —apóstoles de los grandes pensamientos y señores de gran corazón— han surgido tanto de las granjas inglesas como de las colinas escocesas, del taller y de la mina, de la fragua del herrero y del taburete del zapatero. Los ejemplos son tan numerosos que es difícil que se pueda reducir a una selección que quepa en un libro. Tomemos, por ejemplo, el hecho notable de que sir Richard Arkwright (inventor del telar mecánico y fundador de la industria algodonera de Gran Bretaña), lord Tenterden (uno de los decanos de los jueces más notables del país) y Turner (el más afamado de los paisajistas) salieron de una barbería.

Nadie sabe con certeza de dónde procedía Shakespeare, pero es incuestionable que sus orígenes eran muy humildes. Su padre era carnicero y ganadero, y se supone que el propio Shakespeare se dedicó durante un tiempo al comercio de la lana, aunque otros sostienen que trabajó como ordenanza en una escuela y más tarde como empleado de un escribano. Realmente parece haber sido «el epítome de toda la Humanidad en general». Es tal la exactitud de sus frases marineras que un escritor naval afirma que debió de ser marinero. Sin embargo, hay un clérigo que deduce por la evidencia de sus escritos que seguramente fuera secretario parroquial, mientras que un distinguido conocedor de caballos insiste en que debió de ser tratante de caballos. Sí que está claro que Shakespeare fue actor y que en el curso de su vida «interpretó muchos papeles» y recopiló maravillosos conocimientos gracias a su amplio campo de experiencia y observación. En cualquier caso, debió de ser un estudiante aplicado y un gran trabajador, y hasta el día de hoy sus escritos siguen ejerciendo una gran influencia en la formación del carácter inglés.

De entre los humildes jornaleros surgieron el ingeniero Brindley, el navegante Cook y el poeta Burns. Los albañiles pueden presumir de Ben Jonson, que trabajó en la construcción de Lincoln's Inn con una paleta en la mano y un libro en el bolsillo; de los ingenieros Edwards y Telford; del geólogo Hugh Miller; y del escritor y escultor Allan Cunningham. Entre los distinguidos carpinteros encontramos los nombres de Íñigo Jones, el arquitecto; Harrison, el relojero; John Hunter, el fisiólogo; los pintores Romney y Opie; el profesor Lee el Orientalista; y el escultor John Gibson.

De los tejedores han surgido el matemático Simpson; Bacon, el escultor; los dos Milner; Adam Walker; John Foster; Wilson, el ornitólogo; el doctor Livingstone, explorador y misionero; y

Tannahill, el poeta. Los zapateros nos han dado a sir Cloudesley Shovel, el gran almirante; a Sturgeon, el ingeniero eléctrico; a Samuel Drew, el ensayista; a Gifford, el editor de la revista *Quarterly Review*; a Bloomfield, el poeta; y a William Carey, el misionero. Morrison, otro entregado misionero, era fabricante de hormas de zapatos. En el último año, un zapatero de Banff llamado Thomas Edwards se ha revelado como un experto naturalista que, aunque mantiene su oficio, dedica su tiempo libre al estudio de la ciencia natural en todas sus ramas. Sus investigaciones sobre los crustáceos más pequeños se han visto recompensadas con el descubrimiento de una nueva especie, a la que los naturalistas han dado el nombre de *Praniza Edwardsii.*

Tampoco han faltado sastres, como el pintor Jackson, que trabajó en este oficio hasta la edad adulta. Sin embargo, más notable es el caso de uno de los marineros británicos más gallardos, el almirante Hobson, artífice de la rotura de la botavara en la batalla de Vigo de 1702, que pertenecía originalmente a esta profesión. Trabajaba como aprendiz de sastre cerca de Bonchurch, en la isla de Wight, cuando corrió por el pueblo la noticia de que navegaba frente a la isla una flota de guerra. Hobson salió corriendo del trabajo con sus compañeros en dirección a la playa para contemplar el glorioso espectáculo. De repente, el sastre se sintió atraído por la ambición de ser marino y, tras subirse a un bote, remó hasta la flota, llegó hasta el barco del almirante y fue aceptado como voluntario. Años después, regresó a su pueblo natal colmado de honores y cenó beicon y huevos en la casa donde había trabajado como aprendiz de sastre.

El cardenal Wolsey, Defoe, Akenside y Kirke White eran hijos de carniceros. Bunyan era calderero; y Joseph Lancaster, cestero. Entre los grandes nombres que inventaron la máquina de vapor están los de Newcomen, Watt y Stephenson. El primero era herrero; el segundo, fabricante de instrumentos matemáticos; y el tercero, maquinista.

Huntingdon, el predicador, trabajó como carbonero; y Bewick, el padre del grabado en madera, era minero. Dodsley era lacayo y Holcroft, mozo de cuadra. Baffin, el navegante, comenzó su carrera como un simple marinero, y sir Cloudesley Shovel como grumete. Herschel tocaba el oboe en una banda militar. Chantrey era carpintero; Etty, impresor y sir Thomas Lawrence, hijo de un tabernero. Michael Faraday, hijo de un humilde herrero, fue aprendiz de encuadernador y trabajó en ese oficio hasta los veintidós años; ahora es un fantástico filósofo, que supera incluso a su maestro, sir Humphry Davy, en el arte de exponer con claridad los puntos más difíciles y enigmáticos de la ciencia natural.

No hace mucho tiempo, sir Roderick Murchison descubrió en Thurso, un lugar situado en el norte de Escocia, a un geólogo increíble en la persona de un panadero llamado Robert Dick. Cuando sir Roderick lo visitó en la tahona en la que preparaba su pan, Robert Dick le dibujó con harina sobre una tabla las características geográficas y los fenómenos geológicos de su condado natal, señalando las imperfecciones de los mapas existentes, que había comprobado viajando por el país en sus ratos de ocio. Al indagar un poco más, sir Roderick comprobó que el humilde individuo que tenía delante no solo era un excelente panadero y geólogo, sino también un botánico de primer orden. «Para mi gran humillación —dijo el director general de la Geographical Society (la Sociedad Geográfica)— descubrí que este panadero sabía infinitamente más de ciencia botánica, ¡ay, diez veces más!, que yo; y que solo le quedarían por recoger unas veinte o treinta especies de flores. Algunas las había recibido como regalos y otras las había comprado, pero la mayor parte las había ido acumulando él solo de su condado natal de Caithness, y dichos ejemplares estaban dispuestos de una forma preciosa, con sus nombres científicos».

Es la gloria de nuestro país que abunden hombres como estos; no todos con las mismas distinciones, cierto, pero poseedores por igual del noble espíritu de esfuerzo personal. Todos son pruebas fehacientes de un trabajo alegre y honesto, y de un esfuerzo enérgico para sacar el máximo provecho de los medios modestos y de las oportunidades corrientes. Porque las oportunidades, como veremos más adelante, aparecen en el camino de todo hombre decidido a aprovecharlas. Los principios de la naturaleza están disponibles para el campesino y para el mecánico, y también para el filósofo, que son por su virtud, capaces de hacer un uso moral de dichos principios lo mejor que puedan. De ahí que, aun partiendo de la vocación más humilde, un verdadero trabajador pueda obtener los mejores resultados.

Los casos de hombres en este país que, gracias a su perseverante entrega y energía, se han elevado desde las filas más humildes de la industria hasta puestos reseñables de utilidad e influencia en la sociedad, son de hecho tan numerosos que hace tiempo que han dejado de considerarse excepcionales. Observando algunos de los casos más notables, casi podría decirse que las dificultades y las circunstancias adversas con las que se toparon en un primer momento fue la condición necesaria e indispensable del éxito. La Cámara de los Comunes siempre ha contado con un número considerable de hombres que se han forjado a sí mismos, representantes idóneos del carácter trabajador del pueblo británico, y nuestra legislatura posee el mérito de que dichos hombres hayan recibido los debidos honores. Cuando el difunto Joseph Brotherton, diputado por Salford, detalló en el curso del debate sobre la Ley de las Diez Horas de Trabajo las duras condiciones laborales y los esfuerzos a los que estuvo sometido mientras trabajaba de niño en una fábrica textil de algodón, y describió la determinación que lo había alentado a transformar dichas condiciones si alguna vez se le presentaba la oportunidad, sir James Graham se levantó después de que acabara su intervención y declaró, en medio de los vítores de la Cámara, que desconocía que los orígenes del señor Brotherton eran tan humildes, pero que lo enorgullecía más que nunca pensar que una persona con dichos orígenes pudiera sentarse codo con codo, en igualdad de condiciones, con la nobleza hereditaria del país en la Cámara de los Comunes.

Actualmente hay un miembro en dicha Cámara a quien hemos oído hablar de sus recuerdos del pasado con las siguientes palabras: «Cuando de niño trabajaba en una fábrica textil en Norwich...». Y hay muchos más cuyos orígenes son igual de humildes. Pero tal vez la historia más interesante de la lucha del hombre por la superación de las adversidades sea la del actual diputado por Sunderland, el señor W. S. Lindsay, el conocido armador. La contó él mismo, con sencillez y usando sus propias palabras, a los votantes de Weymouth hace algunos años en respuesta a un ataque de sus oponentes políticos. Según dijo, a los catorce años se quedó huérfano y tuvo que abrirse camino solo en el mundo. Se marchó de Glasgow a Liverpool con solo cuatro chelines y seis peniques en el bolsillo, y era tan pobre que el capitán de un barco de vapor se apiadó de él y le dijo que le ofrecía pasaje si se encargaba del carbón de la carbonera. Así lo hizo y consiguió el pasaje. Recordó que el fogonero le daba parte de su cena, y que nunca había comido una cena con tanto gusto, porque sentía que había trabajado por ella y se la había ganado, y que deseaba que los jóvenes escucharan su historia, porque él mismo había sacado una lección de aquel viaje que nunca había olvidado. En Liverpool tardó siete semanas en conseguir empleo. Se alojó en cobertizos y sobrevivió con sus cuatro chelines y seis peniques hasta que por fin encontró cobijo en un barco mercante que hacía la ruta hacia las Indias Occidentales. Solo era un muchacho cuando empezó, y antes de los diecinueve años ya comandaba un barco. A los veintitrés se retiró del oficio. Sus amigos, que cuando necesitó ayuda no pudieron prestársela, le dejaron lo que ya no podían conservar. Se instaló en tierra. Su carrera fue fugaz y prosperó gracias a su duro trabajo, a su constancia y a seguir la máxima de comportarse con los demás como uno quiere que se comporten con él.

Sin embargo, esta actitud enérgica tan característica también se encuentra en otros estratos de la sociedad. Las clases medias y acomodadas producen numerosos vástagos que se mueven en todas direcciones: en la ciencia, el comercio y el arte, contribuyendo así con gran eficacia a la fuerza de trabajo del país. Seguramente el nombre más importante de la filosofía inglesa sea el de sir Isaac Newton, que era hijo de un campesino, propietario y granjero de una pequeña propiedad en Woolsthorpe, en Lincolnshire, que solo daba unas treinta libras al año. El distinguido astrónomo Adams, descubridor de Neptuno, tuvo unos orígenes similares. Su padre era un modesto granjero en uno de los parajes más desolados de Dartmoor, región en la que, por estéril que sea el suelo, es evidente que la naturaleza es capaz de cultivar al más viril de los hombres.

Los hijos de clérigos, y de otros ministros de la Iglesia anglicana, ocupan un lugar de honor en la historia de nuestro país. Entre ellos encontramos los nombres de Drake y Nelson, célebres héroes navales; los de Wollaston, Young, Playfair y Bell, en ciencias; los de Wren, Reynolds, Wilson y Wilkie, en el arte; los de Thurlow y Campbell, en derecho; y los de Addison, Thomson, Goldsmith, Coleridge y Tennyson, en la literatura. Lord Hardinge, el coronel Edwardes y el comandante Hodson, conocidos por su honorables logros en la guerra de la India, también eran hijos de clérigos. De hecho, el Imperio británico en la India se ganó y se mantuvo gracias a la labor de muchos hombres de clase media —como Clive, Warren Hastings y sus sucesores—; hombres, en su mayoría, criados en fábricas y formados en hábitos empresariales prácticos.

Entre los hijos de abogados encontramos a Edmund Burke, al ingeniero Smeaton, a Scott y a Wordsworth, y a lord Somers, lord Hardwick y lord Dunning. Sir William Blackstone era hijo póstumo de un comerciante de seda. El padre de lord Gifford era tendero en Dover; el de lord Denman, médico; el del juez Talfourd, cervecero; y el de lord Pollock, barón de la Cancillería, era un afamado guarnicionero de Charing Cross. Layard, el descubridor de los monumentos de Nínive, fue pasante en un bufete de abogados londinense; y sir William Armstrong, el inventor de la maquinaria hidráulica y de la artillería Armstrong, también recibió formación jurídica, e incluso ejerció de abogado durante una temporada. Milton era hijo de un escribano londinense, y Pope y Southey eran hijos de pañeros. El profesor Wilson era hijo de un fabricante de telas escocés y lord Macaulay, de un comerciante afincado en África. Keats era farmacéutico y sir Humphry Davy, aprendiz de boticario. Hablando de sí mismo, Davy dijo en una ocasión: «Lo que he logrado ha sido por mis propios méritos; lo digo sin vanidad y con pura humildad de corazón». Richard Owen, el Newton de la historia natural, comenzó su vida como guardiamarina y no se interesó por la investigación científica en la que se ha distinguido desde entonces hasta relativamente tarde en su vida. Sentó las bases de su conocimiento mientras catalogaba la magnífica colección de especímenes de John Hunter, un trabajo que lo tuvo ocupado en el College of Surgeons durante más de una década.

En todos estos casos el precio que pagaron por semejante distinción fue una entrega absoluta al trabajo, ya que la excelencia de cualquier tipo no admite la menor indolencia. Solo la mano y la cabeza diligentes enriquecen, tanto en la formación autónoma como en la adquisición de conocimiento o en los negocios. Incluso los hombres que nacen con riqueza y una posición social elevada deben aplicarse con seriedad para lograr una reputación sólida individual, porque aunque puedan heredar una propiedad con muchas hectáreas, el conocimiento y la sabiduría no se heredan. Un hombre rico puede pagar a otros para que le hagan el trabajo, pero es imposible que otro piense por él, ni puede adquirir con dinero su propio desarrollo personal. De hecho, la doctrina de que la excelencia en cualquier actividad solo puede alcanzarse mediante el esfuerzo es tan cierta en el caso del hombre rico como en los de Drew y Gifford, cuya escuela fue el taburete de un zapatero, o el de Hugh Miller, cuya universidad fue una cantera de Cromarty.

El conocimiento y la experiencia que dan fruto a la sabiduría solo pueden convertirse en posesión y propiedad individual de un hombre por su libre decisión; y es tan inútil esperarlos sin un esfuerzo laborioso y concienzudo como lo es esperar recoger una cosecha donde no se ha sembrado la semilla. Se dice de Grosteste, un antiguo obispo de Lincoln muy poderoso en su época, que su estúpido y ocioso hermano le pidió en una ocasión que hiciera de él un gran hombre. «Hermano —replicó el obispo—, si se te rompe el arado, te pagaré su reparación; o si se te muere el buey, te compraré otro; pero no puedo hacer de ti un gran hombre; te encontré siendo un labrador y me temo que seguirás siéndolo cuando me vaya».

Es evidente que ni la riqueza ni la comodidad son necesarias para que un hombre se cultive; de lo contrario, el mundo no estaría en deuda con aquellos que han surgido de las filas más humildes a lo largo de la Historia. Una vida fácil y lujosa no entrena a los hombres para el esfuerzo o la superación de la dificultad. Ni tampoco despierta esa conciencia de poder que es tan necesaria para enfrentar la vida con energía y eficacia. En efecto, la pobreza, lejos de ser una desgracia, puede convertirse en una bendición mediante el ejercicio del desarrollo personal, incitando al hombre a esa lucha con el mundo en la que, aunque algunos se degraden pagando para comprar la comodidad, aquellos con mente recta y corazón sincero encontrarán la fuerza, la confianza y el triunfo. Bacon dice: «Parece que los hombres no comprenden ni sus riquezas ni su fuerza; creen más de lo que deberían en las primeras y muy poco en la segunda. La autosuficiencia y la abnegación enseñarán a un hombre a beber de su propio abrevadero, a comer su propio pan dulce, a aprender y a trabajar de verdad para ganarse la vida, y a gastar cuidadosamente los bienes depositados bajo su custodia».

Las riquezas son una tentación enorme para la vida ociosa e indulgente a la que el hombre es propenso por naturaleza, de ahí que los que hayan nacido en el seno de una familia adinerada y «desprecien los deleites en favor de unos días diligentes» tengan mucho más mérito si toman parte activa en el trabajo de su generación. Es un honor para las clases acaudaladas de este país no ser holgazanes, porque llevan a cabo su parte justa del trabajo del estado, y por regla general aceptan un riesgo mayor del que les corresponde. De un oficial subalterno que participó en las campañas bélicas de la península ibérica y al que se vio caminando con gran esfuerzo por el barro junto con los hombres de su regimiento se dijo: «¡Ahí va una renta de quince mil libras anuales!». En nuestros días, las sombrías laderas de Sebastopol y el ardiente suelo de la India han sido testigos de la misma nobleza, abnegación y devoción por parte de nuestras clases más gentiles; muchos compañeros gallardos, con rango y posición social, han arriesgado su vida, o la han perdido, en algunos de esos frentes durante el cumplimiento del deber para con su país.

Las clases más pudientes también se han distinguido en las actividades más pacíficas de la filosofía y la ciencia. Tomemos, por ejemplo, los grandes nombres de Bacon, el padre de la filosofía moderna, o los de Worcester, Boyle, Cavendish, Talbot y Rosse, en la ciencia. Al último de ellos tal vez podamos considerarlo como el gran mecánico de la aristocracia, un hombre que aunque no hubiera nacido entre la clase noble, igualmente habría alcanzado el más alto rango como inventor. Conoce tan bien la forja que se dice que en una ocasión un fabricante que desconocía quién era lo presionó para que aceptara la dirección de un importante taller. El gran telescopio Rosse, que él mismo fabricó, es sin duda el instrumento más extraordinario de este tipo que se ha construido hasta la fecha.

Sin embargo, es sobre todo en los ámbitos de la política y la literatura donde encontramos a los trabajadores más enérgicos entre nuestras clases superiores. El éxito en estos campos, como en todos los demás, solo puede lograrse a través de la entrega, la práctica y el estudio. Un gran ministro o líder parlamentario debe necesariamente trabajar con mucho ahínco. Como por ejemplo Palmerston y Derby, Russell y Disraeli, Gladstone y Bulwer. Estos hombres no han necesitado el beneficio de la Ley de las Diez Horas, pero durante la ajetreada temporada parlamentaria hacen con frecuencia «turno doble», trabajando casi día y noche. Uno de los más ilustres trabajadores parlamentarios de los tiempos modernos fue sin duda el difunto sir Robert Peel.

Poseía un extraordinario poder para ejercer el trabajo intelectual de forma continua y no escatimó esfuerzos. De hecho, su carrera es un ejemplo notable de lo que puede lograr un hombre de medios moderados con la aplicación constante y el trabajo infatigable. Su labor durante los cuarenta años que ocupó un escaño en el parlamento fue prodigiosa. Era un hombre muy concienzudo, y todo lo que se comprometía a hacer, lo hacía a conciencia. Sus discursos demuestran que se estudiaba al detalle todo lo que se había dicho o escrito con anterioridad sobre el tema en cuestión. Era detallista casi en exceso y no escatimaba esfuerzos para adaptarse a la diversidad de su auditorio. Además, poseía una gran sagacidad, una gran disposición y la enorme capacidad de dirigir con mano y ojo firmes los planes de acción. En un aspecto concreto superaba a la mayoría de los hombres: sus principios se ampliaron con el tiempo. Cumplir años suavizó y maduró su carácter en vez de endurecerlo. Mantuvo una mente abierta hasta el final hacia nuevos puntos de vista y, aunque muchos pensaban que era prudente en exceso, no se permitió caer en la admiración indiscriminada del pasado, que es la parálisis de muchas mentes educadas de manera similar a la suya y que convierte en una etapa penosa la vejez de muchos.

La infatigable dedicación de lord Brougham se ha hecho casi proverbial. Su labor pública se ha extendido a lo largo de más de sesenta años, durante los cuales ha trabajado en muchos campos —el derecho, la literatura, la política y la ciencia— y ha destacado en todos ellos. Muchos ven sus logros como un misterio. En una ocasión se le pidió a sir Samuel Romilly que emprendiera un nuevo trabajo, y se excusó diciendo que no tenía tiempo, «aunque —añadió— pídaselo al tal Brougham, que parece tener tiempo para todo». El secreto estaba en que nunca dejaba pasar un minuto sin trabajar; además, poseía una constitución de hierro.

Cuando llegó a una edad en la que la mayoría de los hombres se habrían retirado del mundo para disfrutar de su merecido ocio, y tal vez para dormitar en un sillón, lord Brougham comenzó y llevó a cabo una serie de complicadas investigaciones sobre las leyes de la luz, y presentó los resultados ante las audiencias más científicas que podían encontrarse en París y Londres. Todo ello mientras publicaba en la prensa sus admirables esbozos titulados *Men of Science and Literature of the Reign of George III* (literalmente, «Científicos y literatos del reinado de Jorge III») y participaba plenamente en los asuntos jurídicos y en los debates políticos de la Cámara de los Lores. Sydney Smith le recomendó en una ocasión que se limitara a tramitar la misma cantidad de asuntos que pudieran llevar a cabo tres hombres fuertes. El amor de Brougham por el trabajo era tal, se había convertido hacía tanto tiempo en un hábito, que ningún esfuerzo le parecía demasiado. Además, su amor por la excelencia era tan grande que se ha dicho de él que si su posición en la vida hubiera sido la de un limpiabotas, jamás habría estado satisfecho hasta convertirse en el mejor limpiabotas de Inglaterra.

Otro hombre trabajador del estilo es sir E. Bulwer Lytton. Pocos escritores han hecho más o han alcanzado mayor distinción en diversos campos, como novelista, poeta, dramaturgo, historiador, ensayista, orador y político. Se ha abierto camino paso a paso, desdeñando la facilidad y animado únicamente por el ardiente deseo de sobresalir. En cuanto a su productividad, hay pocos escritores ingleses vivos que hayan escrito tanto y ninguno que haya producido tanto de tan alta calidad. Su diligencia es merecedora de grandes elogios por haber sido totalmente autoimpuesta. Cazar, disparar y vivir a sus anchas, frecuentar óperas, clubes y los salones de Almack's, disfrutar de los monumentos londinenses, de las visitas sociales matutinas y de las charlas parlamentarias durante la «temporada», y luego relajarse en su mansión en el campo, con su bien surtida despensa, y sus miles de deliciosos placeres al aire libre, viajar al extranjero, a París, Viena o Roma, todas esas actividades tan atractivas para un amante del placer y un hombre acaudalado, en absoluto pensadas para hacerlo abrazar un trabajo constante y continuo de cualquier tipo. Sin embargo, pese a tener a su alcance todos esos placeres, Bulwer debe de habérselos negado en comparación con los hombres nacidos en condiciones parecidas para tomar el camino de un hombre entregado a la escritura. Al igual que Byron, su primer trabajo fue poético, *Weeds and Wild Flowers* (literalmente, «Plantas y flores silvestres»), y un fracaso. Su segundo trabajo, una novela (*Falkland*), también fue un fracaso. Un hombre más débil habría abandonado la escritura, pero Bulwer tenía coraje y perseverancia, y siguió trabajando, decidido a triunfar. Lo hizo de forma incesante, leyó todo lo que pudo, y del fracaso pasó valientemente al éxito. En menos de un año, *Pelham* siguió a *Falkland* y el resto de la vida literaria de Bulwer, que ya abarca un periodo de treinta años, ha sido una sucesión de triunfos.

El señor Disraeli ofrece un ejemplo similar del poder del esfuerzo y de la dedicación a la hora de forjarse una carrera pública prestigiosa. Al igual que los de Bulwer, sus primeros logros fueron en la literatura; y también alcanzó el éxito a través de una sucesión de fracasos. Su *Wondrous Tale of Alroy* («La maravillosa historia de Alroy») y su *Revolutionary Epic* («Épica revolucionaria») fueron objeto de burlas y se consideraron indicios de locura literaria. Pero siguió trabajando en otras direcciones y demostró que tenía madera de escritor con *Coningsby*, *Sybil* y *Tancredo*. Como orador, su primera aparición en la Cámara de los Comunes también fue un fracaso. De él se dijo que «chillaba más que en una farsa del Teatro Adelphi». Cada una de sus frases, compuestas con un tono grandioso y ambicioso, fue recibida con «sonoras carcajadas». *Hamlet* interpretado como una comedia. Pero concluyó con una frase que encarnaba una profecía. Mortificado por las carcajadas que recibía su concienzudo discurso, exclamó: «He empezado varias veces muchas cosas y he acabado consiguiéndolas. Voy a sentarme, pero algún día me prestaréis atención». Y el día llegó, demostrando que su forma de hacerse con la atención de la asamblea de caballeros más importante del mundo es un claro ejemplo de lo que se puede lograr con voluntad y determinación, ya que Disraeli se ganó su puesto gracias a su paciente esfuerzo. No se retiró a un rincón abatido y lloriqueando como hacen muchos jóvenes que fracasan una vez, sino que se puso a trabajar con tesón. Identificó sus defectos para corregirlos, analizó el carácter de su auditorio, practicó con ahínco el arte del discurso y se llenó la cabeza de conocimiento parlamentario. Trabajó pacientemente para alcanzar el éxito, y al final llegó, pero despacio. En ese momento los diputados se rieron con él, no de él. El recuerdo de sus primeros fracasos se borró y, por consenso general, se acabó admitiendo que era uno de los oradores parlamentarios más preparados y efectivos.

Pese a lo ilustres que son estos ejemplos de individualidad que he citado, podríamos aumentar su número aun fijándonos en hombres vivos. Es cierto que uno de nuestros escritores más distinguidos ha lamentado la decadencia de esa fuerza de carácter individual que ha sido la gloria de la nación inglesa; sin embargo, no me equivoco al decir que ninguna época de nuestra historia merece esa queja tan poco como la presente. Nunca se ha puesto a prueba el valor individual, la resistencia y la energía de un pueblo por una calamidad repentina como lo ha hecho el reciente estallido de la rebelión en la India. Sin embargo, solo ha servido para poner de manifiesto la inquebrantable confianza en sí misma y el heroísmo latente de la raza inglesa. Durante esa terrible prueba, todos demostraron una grandeza similar: mujeres, civiles y soldados, desde el general hasta el soldado raso y el corneta, pasando por todos los grados intermedios. No se escogió a los hombres, sino que eran gente normal y corriente de la que encontramos todos los días en casa, en las calles, en los talleres, en los campos, en los clubes. Sin embargo, cuando el repentino desastre cayó sobre ellos, todos y cada uno demostraron una gran riqueza de recursos personales y de energía, y se convirtieron en individuos heroicos. De hecho, en ninguna época de la historia de Inglaterra ha habido un despliegue tan brillante de las mejores cualidades de los hombres; y tal vez no haya nombres en nuestra historia que puedan eclipsar a los de los héroes modernos de la India. Montalembert afirma que «honran al género humano». Tras citar los grandes nombres de Havelock, Nicholson, Peel, Wilson y Neill —a los que podría añadirse el de Outram, «el Héroe de la India»—, continúa diciendo: «no son solo esos nombres, que superan toda comparación, es también el comportamiento demostrado en todos los aspectos por este puñado de ingleses, a los que la catástrofe más espantosa e imprevista sorprendió en medio de la paz y la prosperidad. Ninguno de ellos se acobardó ni tembló, todos, tanto militares como civiles, jóvenes y viejos, generales y soldados, resistieron, lucharon y perecieron con una frialdad e intrepidez que nunca flaquearon. En estas circunstancias es donde resplandece el inmenso valor de la educación pública, que invita al inglés desde su juventud a hacer uso de su fuerza y de su libertad, a asociarse, a resistir, a no temer nada, a no asombrarse de nada y a salvarse, por sus propios esfuerzos, de todas las adversidades de la vida».

Podemos encontrar otros ejemplos igual de brillantes de la fuerza del carácter individual en ámbitos más pacíficos y científicos. Ahí está Livingstone, demostrando un heroísmo mayor que el de Francisco Javier, en las selvas del sur de África para llevar a cabo su misión de extender el cristianismo. O Layard, trabajando durante años para desenterrar los restos de la ciudad sepultada de Babilonia. O Rawlinson, descifrando su escritura cuneiforme. O Brooke, estableciendo una colonia industrial europea entre las tribus piratas del océano Índico. Franklin, Maclure, Collinson, M'Clintock y muchos más, que se abren camino a través de las tormentas, el hielo y la oscuridad para resolver el problema del paso del noroeste. Iniciativas que, por su audacia individual, abnegación, energía y heroísmo, son insuperables por las de cualquier otra época o país.

2

LÍDERES DE LA INDUSTRIA - INVENTORES Y PRODUCTORES

Rico es el diligente, que sabe controlar el tiempo,
¡las acciones de la naturaleza! Y si su reloj de arena cayera,
se agacharía en busca de los granos,
como si fueran semillas de estrellas,
y trabajaría incansablemente hasta reunirlos todos.

D'AVENANT

Uno de los rasgos manifiestos del pueblo inglés es su indomable espíritu industrial, que destaca de manera prominente y distintiva en toda su historia pasada, y que es tan característico en estos momentos como en cualquier época anterior. Es este espíritu, desplegado por la gente del pueblo inglés, el que ha puesto los cimientos y ha construido la grandeza industrial del imperio, en su país y en las colonias. Este vigoroso crecimiento de la nación ha sido principalmente el resultado de la libertad de acción y del trabajo de los individuos, y ha estado supeditado al número de manos y de mentes que de vez en cuando trabajan de forma activa en ella, ya sea cultivando la tierra, produciendo bienes, fabricando herramientas y máquinas, escribiendo libros o creando obras de arte. Y aunque este espíritu emprendedor ha sido el principio vital de la nación, también ha sido un principio salvador y reparador, que ha contrarrestado de vez en cuando los efectos de los errores de nuestras leyes y las imperfecciones de nuestra constitución.

La expansión industrial de la nación también ha demostrado ser su mejor educación. De la misma manera que la dedicación constante al trabajo es el entrenamiento más saludable para todo individuo, también es la mejor disciplina de un estado. El honorable dinamismo recorre siempre el mismo camino que el placer y el deber; y el progreso es del todo imposible sin él. Los ociosos pasan por la vida dejando tan poca huella de su existencia como la espuma en el agua o el humo en el aire; mientras que los diligentes imprimen su carácter a su época e influyen no solo en la suya, sino en todas las generaciones venideras. El trabajo es la mejor prueba de la energía de los hombres y proporciona un admirable entrenamiento para la sabiduría práctica. Una vida de trabajo manual no es incompatible con un intelecto cultivado.

Hugh Miller, que conocía mejor que nadie la fuerza y la debilidad del trabajo, afirmó que hasta el más duro de los trabajos está lleno de placer y material para el desarrollo personal, según demostraba su experiencia. Consideraba que el trabajo honesto es el mejor de los maestros y que la escuela del trabajo es la más noble de todas —salvo la cristiana—. Una escuela en la que se imparte la capacidad de ser útil, donde se aprende el espíritu de la independencia y se adquiere el hábito del esfuerzo perseverante. Incluso era de la opinión de que la formación de un mecánico, mediante el ejercicio que le proporciona a sus facultades observadoras y por su trato diario con las cosas reales y prácticas, además de la experiencia de vida que adquiere, le prepara mejor para abrirse camino en el viaje de la vida y favorece su crecimiento como Hombre (enfáticamente hablando) en mayor medida que la formación proporcionada por cualquier otra circunstancia.

Los grandes nombres que ya he citado de forma superficial, hombres surgidos de las filas de las clases industriales, que han alcanzado la distinción en diversos ámbitos de la vida —en la ciencia, el comercio, la literatura y el arte—, demuestran que en todo caso las dificultades impuestas por la pobreza y el trabajo no son insuperables. En cuanto a los grandes artificios e inventos que han conferido tanto poder y riqueza a la nación, es incuestionable que en su mayor parte se los debemos a hombres de orígenes muy humildes. Tras ver la línea de acción que proporcionan sus ejemplos, se deduce que queda muy poco para que otros lo logren. Los nombres de muchos inventores de mérito han quedado en el olvido. Solo se recuerdan los más distinguidos; aquellos que han dejado huella en la historia de la invención. Por ejemplo, los relacionados con el desarrollo del enorme poder de la máquina de vapor. Sin embargo, hay cientos de trabajadores ingeniosos, pero anónimos, que de vez en cuando han añadido mejoras sustanciales a esa maravillosa máquina y que han contribuido en gran medida al aumento de sus poderes y a la extensión de sus usos prácticos. Además, hay muchísimos inventos menores —como, por ejemplo, el reloj que llevamos en el bolsillo—, cada uno importante a su manera, cuya historia se ha perdido por completo; y aunque hemos tenido acceso a la enorme herencia que nos han legado los inventores, desconocemos los nombres de muchos de nuestros benefactores.

Aunque comparativamente hablando la invención de la máquina de vapor —la reina de las máquinas— pertenece a nuestra época, la idea de su creación se remonta a muchos siglos atrás. Al igual que otros inventos y descubrimientos, se llevó a cabo paso a paso, un hombre que transmitía el resultado de sus trabajos, en ese momento aparentemente inútiles, a sus sucesores, que lo retomaron y lo desarrollaron hasta llevarlo a otra etapa; los centinelas de la gran idea que se respondían unos a otros a través de las cabezas de muchas generaciones. La idea promulgada por Herón de Alejandría nunca se perdió del todo; y al igual que el grano de trigo escondido en la mano de la momia egipcia, brotó y creció con vigor cuando recibió la luz de la ciencia moderna. Sin embargo, la máquina de vapor no fue nada hasta que salió de la teoría y los mecánicos la llevaron a la práctica. ¡Qué noble es la historia de la paciente y laboriosa investigación, de las dificultades superadas por esos heroicos trabajadores, que nos cuenta esta maravillosa máquina! De hecho, es en sí misma un monumento del poder de la autosuficiencia del hombre. En torno a ella se agrupan Savary, el minero de Cornualles; Newcomen, el herrero de Dartmouth; Cawley, el vidriero; Potter, el maquinista; Smeaton, el ingeniero; y, por encima de todos, el laborioso, paciente e incansable James Watt, el fabricante de instrumentos matemáticos.

Watt era un hombre muy diligente. Cualquier tema que se le presentaba en el curso de su trabajo se convertía de inmediato en objeto de estudio, y la historia de su vida demuestra que no es el hombre con mayor vigor y capacidad natural el que logra los mejores resultados, sino el que se entrega de forma aplicada y con la mayor disciplina al trabajo, tal como también demuestra la experiencia de otros muchos. Había otros que poseían más conocimientos que Watt, pero ninguno trabajó con tanto ahínco como él para llevar a la práctica lo que sabía. Sobre todo, fue muy perseverante a la hora de demostrar hechos. Cultivó el hábito de la atención activa del que dependen todas las cualidades superiores de la mente. De hecho, el señor Edgeworth era de la opinión de que muchas de las grandes diferencias en el intelecto de las personas dependen más de haber adoptado a una edad temprana este hábito de atención que de cualquier disparidad entre las facultades de un individuo y otro.

Ya de niño, Watt encontró la ciencia en sus juguetes. Los cuadrantes que había en la carpintería de su padre lo llevaron al estudio de la óptica y la astronomía. Su mala salud lo indujo a husmear en los secretos de la fisiología. Y sus solitarios paseos por el campo lo condujeron hacia el estudio de la botánica, la historia y el anticuariado. Mientras trabajaba como fabricante de instrumentos matemáticos, recibió el encargo de construir un órgano y, aunque no tenía oído para la música, emprendió el estudio de los armónicos y fabricó el instrumento con éxito. De la misma manera, cuando dejaron en sus manos el pequeño modelo de la máquina de vapor de Newcomen —perteneciente a la Universidad de Glasgow— para que la reparara, se dispuso de inmediato a aprender todo lo que se sabía en la época sobre el calor, la evaporación y la condensación, al mismo tiempo que se abría camino en la mecánica y la ciencia de la construcción, cuyos resultados plasmó a la postre en la máquina de vapor de condensación.

Durante diez años continuó ideando e inventando, alentado por pocas esperanzas y por pocos amigos, luchando contra las dificultades y ganándose la vida a duras penas en su oficio. Su máquina todavía no estaba en condiciones de funcionar, las dificultades parecían insuperables, y no encontraba a nadie que invirtiera en su gran proyecto para llevar su invento a la práctica exitosa. Mientras tanto, seguía ganándose el pan para su familia fabricando y vendiendo cuadrantes, haciendo y arreglando violines, flautas y otros instrumentos musicales; midiendo obras de albañilería; inspeccionando carreteras; supervisando la construcción de canales o haciendo cualquier cosa que se presentase y ofreciese la posibilidad de ganar dinero de forma honrada. Al final, Watt encontró un socio capitalista adecuado en otro eminente líder de la industria, Matthew Boulton, un hombre de Birmingham avezado, enérgico y previsor, que se lanzó con vigor a la empresa de introducir el motor de condensación en las fábricas como máquina de trabajo, y el éxito de ambos ya forma parte de la historia.

De tanto en tanto, otros trabajadores han añadido nueva potencia a la máquina de vapor y, mediante numerosas modificaciones, han conseguido que se pueda usar en casi todos los procesos industriales: conducir maquinaria; impulsar barcos; moler maíz; imprimir libros; acuñar moneda; trabajar y tornear hierro... En resumen, con ella se puede hacer cualquier tipo de trabajo mecánico que requiera fuerza. Una de las modificaciones más útiles fue la ideada por Trevithick, otro minero de Cornualles. Y por último la de George Stephenson, el ingeniero mecánico y civil, que inventó la locomotora de vapor, gracias a la cual se han producido cambios sociales de inmensa importancia y cuyas repercusiones son más trascendentales (desde el punto de vista del progreso humano y la civilización) que la máquina de vapor por condensación de Watt. Sin embargo, estos sucesivos avances no han sido el resultado de la genialidad de un solo inventor, sino del continuo e ininterrumpido trabajo e inventiva de muchas generaciones.

Lo que dijo el señor Robert Stephenson hace poco sobre la locomotora en una reunión de ingenieros en Newcastle es cierto para casi cualquier otro invento crucial: «Se debe —dijo— no a un hombre, sino a los esfuerzos de una nación de ingenieros mecánicos».

Uno de los primeros grandes resultados del invento de Watt, que otorgó un poder casi ilimitado a las clases productoras, fue la creación de la industria textil algodonera en Gran Bretaña. La persona que más se identificó con la fundación de esta importante rama de la industria algodonera fue sir Richard Arkwright, cuya diligencia y sagacidad tal vez fueran incluso más notables que su inventiva mecánica. Su originalidad como inventor ha sido puesta en duda, al igual que la de Watt y Stephenson. Es probable que Arkwright tuviera la misma relación con el telar que Watt con la máquina de vapor y Stephenson con la locomotora. Lo que hizo fue reunir los hilos dispersos que ya existían y tejerlos, según su propio diseño, para dar forma a un tejido nuevo y original. Aunque Lewis Paul, un hombre de Birmingham, patentó el telar de rodillos treinta años antes que Arkwright, las máquinas que construyó eran tan imperfectas en sus detalles que no se les sacaba buen provecho y, por tanto, el invento prácticamente fue un fracaso. Otro mecánico poco conocido, un fabricante de husos de Leigh, llamado Thomas Highs, también inventó una máquina de cardar lana, que tampoco tuvo mucho éxito por la misma razón. Cuando los inventores se ven presionados por las exigencias de la industria es habitual encontrar las mismas ideas dando vueltas en muchas mentes. Tal es el caso de la máquina de vapor, el de la lámpara de seguridad, el del telégrafo eléctrico y muchos otros inventos. Muchas mentes ingeniosas trabajan en el ámbito de la invención hasta que por fin la mente maestra, el hombre fuerte y práctico, da un paso adelante, usa todas las ideas, aplica el principio con éxito y el invento se completa. En ese momento se produce un fuerte clamor entre todos los ingenios menores, que se ven rezagados en la carrera;

y de ahí que hombres como Watt, Stephenson y Arkwright tengan que defender tan a menudo su reputación y sus derechos como inventores prácticos y exitosos.

Richard Arkwright, como la mayoría de nuestros grandes mecánicos, surgió de la clase baja. Nació en Preston en 1732. Sus padres eran muy pobres y él era el menor de trece hermanos. Nunca fue a la escuela, la única educación que recibió se la dio a sí mismo y nunca fue capaz de escribir con soltura. De niño fue aprendiz de barbero y, tras aprender el oficio, se estableció por su cuenta en Bolton en 1760 en un sótano donde colocó un cartel que rezaba: VENGAN AL BARBERO SUBTERRÁNEO; SE AFEITA POR UN PENIQUE.

Los demás barberos se dieron cuenta de que sus clientes los abandonaban y redujeron sus precios para igualar los de Arkwright, quien, decidido a impulsar su negocio, anunció su determinación de ofrecer «un afeitado limpio por medio penique». Al cabo de unos años abandonó el sótano y se convirtió en peluquero ambulante. En aquella época se usaban pelucas, y esa era una rama importante del negocio de la barbería. Iba de un lado a otro comprando pelo y asistía a las ferias que se celebraban por todo Lancashire a las que acudían las jóvenes con el fin de vender sus largas melenas; se dice que tenía mucho éxito en ese tipo de negociaciones. También comerciaba con un tinte químico para el cabello, que utilizaba hábilmente, con lo que se aseguraba unas ventas considerables. Como era mecánico, dedicaba buena parte de su tiempo libre a inventar modelos de máquinas y, como muchos autodidactas de la materia, se esforzaba por inventar el movimiento continuo. Tanta devoción puso en sus experimentos que descuidó su negocio, perdió el poco dinero que había ahorrado y se vio sumido en la más absoluta pobreza. Su esposa —en aquel entonces ya se había casado— se impació por lo que consideraba una pérdida absurda de tiempo y dinero, y en un súbito arrebato de ira, cogió sus modelos y los destruyó con la esperanza de eliminar de esa forma la causa del sufrimiento familiar. Arkwright era un hombre obstinado y entusiasta, y la reacción de su esposa le resultó intolerable e imperdonable. De resultas, se separó de ella.

En sus viajes por el país, Arkwright conoció a un tal Kay, un relojero de Warrington, que lo ayudó a construir algunas piezas de su maquinaria de movimiento continuo. Se supone que Kay fue quien le explicó el principio del telar de rodillos. La idea lo obsesionó de inmediato y procedió a idear un proceso mediante el cual debía llevarse a cabo, algo a lo que Kay no pudo aportar nada. Arkwright abandonó su negocio de recogida de cabello y se dedicó a perfeccionar su máquina, cuyo modelo, que Kay construyó siguiendo sus instrucciones, instaló en el salón de la Free Grammar School de Preston. Como representante del ayuntamiento de la ciudad, votó en las reñidas elecciones en las que resultó elegido el general Burgoyne; pero era tal su pobreza y tan andrajoso el estado de sus ropas, que varias personas reunieron una cantidad suficiente de dinero a fin de que acudiera a la votación de forma presentable. La exhibición de su máquina en una ciudad donde tantos obreros vivían del trabajo manual resultó ser un experimento peligroso; de vez en cuando alguien protestaba de forma agresiva en la calle, y Arkwright, al recordar el destino de la pobre máquina hiladora de Hargreaves, que una turba había destrozado poco antes, optó por la sabia decisión de recoger su modelo y trasladarse a una localidad menos peligrosa. De manera que puso rumbo a Nottingham, donde solicitó ayuda económica a algunos banqueros locales, y los señores Wright decidieron adelantarle una suma de dinero a condición de participar en los beneficios del invento. Sin embargo, como la máquina no se perfeccionó tan pronto como habían previsto, los banqueros le recomendaron a Arkwright que hablara con los señores Strutt y Need, el primero de los cuales era el ingenioso inventor y titular de la patente de la máquina tejedora de medias. El señor Strutt no tardó en darse cuenta de los méritos del invento y se asoció con Arkwright, cuyo camino hacia la fortuna estaba por fin despejado. La patente se obtuvo a nombre de «Richard Arkwright, de Nottingham, relojero», y es un hecho notable que la obtuviera en 1769, el mismo año que Watt logró la patente de su máquina de vapor. En Nottingham se construyó por primera vez un molino de algodón accionado por caballos, y poco después se construyó otro, a una escala mucho mayor, en Cromford, en Derbyshire, accionado por una rueda hidráulica, de ahí que el telar acabara llamándose «telar hidráulico».

Sin embargo, el trabajo de Arkwright no había hecho más que empezar. Todavía tenía que perfeccionar los detalles de funcionamiento de su máquina. La sometió a constantes modificaciones y mejoras, hasta que por fin resultó práctica y rentable. Sin embargo, el éxito fue fruto de años de duro trabajo y paciencia, porque en un primer momento la especulación hizo que el capital se consumiera a gran velocidad sin obtener resultados tangibles. Cuando el éxito comenzó a parecer más seguro, los fabricantes de Lancashire se abalanzaron sobre la patente de Arkwright para destrozarla, como los mineros de Cornualles hicieron con Boulton y Watt para robarles los beneficios de su máquina de vapor. Denunciaron a Arkwright incluso como enemigo de los trabajadores. Una turba destrozó una fábrica que había construido cerca de Chorley, en presencia de una fuerte presencia policial y militar. Los hombres de Lancashire se negaron a comprar sus telas, aunque eran las mejores del mercado. Después se negaron a pagar los derechos de patente por el uso de sus máquinas y se unieron para aplastarlo en los tribunales. Para disgusto de la gente honrada, la patente de Arkwright se anuló. Sin embargo, aunque lo vencieron, no lo sometieron. Fundó grandes fábricas en otras partes de Lancashire, en Derbyshire y en New Lanark, en Escocia. Las fábricas de Cromford también pasaron a sus manos al expirar su sociedad con Strutt, y era tal la cantidad y la excelencia de sus productos que en poco tiempo su control del comercio hizo que fuera él quien fijara los precios y llevara a cabo las transacciones más importantes de otros fabricantes de telas de algodón.

Arkwright era un gran trabajador y un hombre de maravillosa energía, ardor y dedicación a los negocios. En una etapa de su vida trabajaba desde las cuatro de la madrugada hasta las nueve de la noche en las duras y continuas tareas que suponían la organización y la dirección de sus numerosas fábricas. A los cincuenta años se dedicó a aprender la gramática inglesa y a mejorar su escritura y ortografía. Cuando viajaba, para ganar tiempo, lo hacía a gran velocidad, tirado por cuatro caballos. Para bien o para mal, Arkwright fue el fundador en Inglaterra de la fabricación moderna, una rama de la industria que sin duda ha demostrado ser una fuente de inmensa riqueza para los individuos y para la nación.

Sin embargo, no todos los inventores, por muy hábiles que sean, son auténticos líderes industriales como Arkwright. En comparación con él, muchos inventores distinguidos no saben dirigir una empresa, porque esto exige el ejercicio de diferentes cualidades: capacidad para organizar el trabajo de numerosos hombres; capacidad de reacción en situaciones de emergencia; y perspicacia para lidiar con los asuntos prácticos de la vida. Por ejemplo, Watt detestaba el ajetreo mundano y el contacto con hombres de orígenes tan diversos con los que se debe tratar en la dirección de cualquier operación industrial de gran envergadura. Afirmó que prefería enfrentarse a un cañón cargado que cuadrar las cuentas o negociar acuerdos, y es muy probable que no hubiera obtenido ninguna ventaja económica de su gran invento, ni hubiera podido defenderlo contra los repetidos ataques de los piratas mecánicos que lo asaltaron en Cornualles, en Londres y en Lancashire, si no hubiera tenido la suerte de encontrarse, en el momento más crucial de su carrera, con el ilustre Matthew Boulton, «el padre de Birmingham».

Boulton era un hombre con cualidades distintas de las de Watt, pero igual de competente a su manera. Fue uno de los primeros grandes potentados de la industria manufacturera, hoy tan numerosos en los condados del norte y del centro de Inglaterra. Tuvo unos orígenes humildes. Trabajaba como fabricante de botones en Birmingham. En su caso, como en todos los demás, no fue la vocación la que elevó al hombre, sino el hombre el que elevó la vocación. La naturaleza le regaló grandes dotes, que él cultivó al máximo. Poseía una inteligencia sublime para los negocios; era rápido de entendimiento y perspicaz, y se apresuraba a poner en práctica lo que parecía razonable. De ahí que rara vez, por no decir nunca, fracasara, pues sus diversas empresas, por audaces que fueran, siempre estaban guiadas por la prudencia. No era un hombre dado a cometer errores básicos, porque poseía una prudencia admirable, pulida por la experiencia, que le permitía decidir de forma infalible cuándo y cómo actuar. Se involucraba personalmente en la dirección de sus negocios y nunca dejaba que lo absorbieran. Se enfrentaba al trabajo diario con rectitud e integridad, cualidades que son la máxima del carácter de cualquier hombre, sin importar el puesto que ocupe en la vida. Y aunque prosperó y se enriqueció por méritos propios, no es falso afirmar que jamás ganó un chelín con artimañas.

Además de ser un gran hombre de negocios, Boulton fue un hombre de ciencia muy culto, un generoso mecenas del arte y un diligente escritor. Sin embargo, el principal objetivo y el gran trabajo de su vida fue la aplicación práctica de la máquina de vapor de Watt como el motor impulsor de la industria manufacturera inglesa. Le dijo con orgullo a Boswell, mientras visitaba el Soho: «Caballero, aquí vendo lo que todo el mundo desea tener: potencia». «Tenía —continúa Boswell— unas setecientas personas trabajando; lo miré como al capataz de una mina y me pareció el padre de su tribu». La señora Schimmel Penninck lo describe como un hombre educado, cordial y generoso. «Se movía entre su gente —afirma— como un monarca otorgando limosnas». Fue un verdadero caballero y un gran líder. Ascendió en su carrera paso a paso gracias a su trabajo honesto y a sus valientes esfuerzos. No se puede ver con envidia la trayectoria de semejante hombre, sino alabarla, reconocerla y aclamarla. Cuando murió, todos los obreros de sus fábricas se sumaron a la comitiva fúnebre, y era raro ver a alguien que no llorara.

Las restantes ramas de la industria manufacturera de Gran Bretaña ofrecen ejemplos igual de ilustres de hombres de negocios enérgicos, que han sido fuente de beneficios incalculables para los barrios en los que han trabajado, y de un gran aumento de poder y riqueza para la comunidad en general. Entre ellos puedo citar a los Strutt de Belper; a los Tennant de Glasgow; a los Marshall y los Gott de Leeds; o a los Peel, los Ashworth, los Birley, los Fielden, los Ashton, los Heywood y los Ainsworth del sur de Lancashire. De momento, sin embargo, me limitaré a una sola familia, que se labró una gran distinción en relación con la historia política de Inglaterra. Los Peel del sur de Lancashire.

El fundador de la familia, Robert Peel, que vivió a mediados del siglo pasado, era un pequeño agricultor que trabajaba la granja Hole House, cerca de Blackburn, desde donde más tarde se mudó a una casa situada en Fish Lane, en el mismo pueblo. A medida que se hacía mayor se vio rodeado de una numerosa familia de hijos e hijas; pero como la tierra de los alrededores de Blackburn era un tanto estéril, no le pareció que las actividades agrícolas ofrecieran perspectivas muy alentadoras para una familia dedicada a dicho trabajo. Sin embargo, esa zona había sido durante mucho tiempo la sede de una tela local llamada «tela gris de Blackburn», compuesta de una trama de lino y urdimbre de algodón, que se fabricaba principalmente en ese pueblo y los alrededores. Antes de que se introdujera el telar moderno, era costumbre que los agricultores con familia emplearan el tiempo que no pasaban en el campo tejiendo en casa, de manera que Robert Peel se dedicó a la fabricación de calicó. Era honesto al igual que su producto. También era ahorrador y trabajador, y vio que su negocio prosperaba. Puesto que también era emprendedor, fue uno de los primeros en adoptar la máquina cardadora, que por aquel entonces acababa de inventarse.

Sin embargo, Robert Peel se centró sobre todo en estampado del calicó —un arte relativamente desconocido en la época—, y durante una temporada hizo una serie de experimentos con el objeto de estampar con maquinaria. Los experimentos se llevaron a cabo en secreto en su propia casa, y era una de las mujeres de la familia la que planchaba la tela. En casas como la de los Peel era habitual utilizar platos de peltre para comer. Tras esbozar una figura o un motivo en uno de los platos, de repente se le ocurrió que podría crear una imagen inversa y obtener un estampado con color en un trozo de tela. Al otro lado de la propiedad, vivía en una casita una mujer que tenía una calandria, de manera que fue a verla y colocó en la máquina el plato con la figura coloreada, descubriendo después que dejaba un estampado satisfactorio. Se dice que ese fue el origen de la estampación del calicó con rodillo. Robert Peel no tardó en perfeccionar su proceso, y el primer estampado que sacó fue una hoja de perejil; de ahí que en la zona se le siga llamando hoy en día «Peel el del Perejil». El proceso de estampar el calicó mediante la máquina llamada «mula» —que cuenta con un cilindro de madera y otro de cobre grabados— lo perfeccionó posteriormente uno de sus hijos, el fundador de la empresa Peel & Co, emplazada en Church. Acicateado por su éxito, Robert Peel abandonó pronto la agricultura y se mudó a Brookside, un pueblo situado a unos tres kilómetros de Blackburn, donde se dedicó en exclusiva a la estampación de calicó. Con la ayuda de sus hijos, que eran tan enérgicos como él, llevó con éxito el negocio durante varios años; y a medida que sus vástagos se hicieron adultos, el negocio se fue ramificando en varias empresas, cada una de las cuales se convirtió en un centro de progreso industrial y empleo remunerado para un gran número de personas.

Según sabemos hoy en día del carácter del primer Robert Peel, aquel agricultor sin título aristocrático debió de ser un hombre extraordinario, sagaz, perspicaz y previsor. Pero de su legado vital solo ha quedado lo que transmitió, y los hijos de aquellos que lo conocieron son ya muy mayores. La vida de este tipo de hombres no suele acabar en los libros de historia. Los hombres que «dicen cosas buenas» tienen siempre más posibilidades de ser recordados en los libros que los que las hacen. Los hombres que escriben una obra de teatro, o un libro de poesía, se aseguran el recuerdo biográfico, mientras que los hombres que crean nuevas ramas de la industria o dan un nuevo impulso a la sociedad gracias a la invención y la producción son olvidados con rapidez. Sin embargo, las obras de estos benefactores públicos perduran después de que nos dejen y su ejemplo benéfico se reproduce en la acción y el carácter de sus sucesores. Su hijo, sir Robert, el primer baronet, describió en estos términos tan modestos a su padre, el fundador de la familia: «Se movía en una esfera limitada y empleaba su talento en mejorar la industria del algodón. No tuvo ni el deseo ni la oportunidad de conocer su país, ni lo que la sociedad podía ofrecerle lejos de Lancaster, su condado natal. Viví bajo su techo hasta que llegué a la edad adulta y tuve muchas oportunidades de descubrir que poseía, en gran medida, una genialidad para la mecánica y un buen corazón. Tuvo muchos hijos y los colocó a todos de manera que pudiéramos sernos útiles los unos a los otros. Se inclinó por la industria del algodón como la mejor opción para lograr este objetivo; y mediante sus hábitos de trabajo, e impartiendo a su descendencia el conocimiento que había obtenido de las diversas ramas de la manufactura del algodón, vivió para ver a sus hijos hacer negocios juntos y llegar a tener, gracias a sus exitosos esfuerzos y sin excepción, vidas opulentas y felices. Puede decirse que mi padre fue verdaderamente el fundador de nuestra familia; y apreciaba tanto la importancia de la riqueza comercial desde el punto de vista nacional que a menudo afirmaba que las ganancias individuales no son nada comparadas con las ganancias nacionales derivadas del comercio».

Sir Robert Peel (el primer baronet y el segundo con ese nombre dedicado a la manufactura del algodón) heredó la empresa, la habilidad y la diligencia de su padre. Al principio, su posición fue casi como la de cualquier trabajador humilde, ya que su padre, aunque estaba sentando las bases de su futura prosperidad, seguía luchando contra las dificultades derivadas de la falta de capital. Cuando Robert tenía veinte años, decidió iniciar por su cuenta una empresa de estampado de algodón, que para entonces había aprendido con su padre. Su tío, James Haworth, y William

Yates, de Blackburn, lo respaldaron. El capital que pudieron reunir entre ellos ascendía solo a unas quinientas libras, la mayor parte de las cuales aportó William Yates. Su padre tenía una pequeña posada en Blackburn, donde era muy conocido como Yates del Toro, y tras haber ahorrado dinero con su negocio, estaba dispuesto a adelantarle a su hijo lo suficiente para que comenzara su andadura en el lucrativo negocio de la estampación del algodón que apenas estaba dando sus primeros pasos. Robert Peel, pese a su juventud, aportó los conocimientos prácticos del negocio. Se dijo de él, y resultó ser cierto, que «llevaba una cabeza vieja sobre unos hombros jóvenes». Adquirió un molino de maíz en ruinas con sus campos adyacentes por una suma relativamente pequeña, cerca de la entonces insignificante ciudad de Bury, donde mucho tiempo después siguieron llamando a la fábrica «Los Terrenos», y tras construir unos cuantos cobertizos de madera la empresa comenzó el negocio de la estampación de algodón de una manera muy humilde en el año 1770, añadiéndole el del hilado del algodón unos años más tarde. Se deduce que los socios llevaban un estilo de vida frugal por el siguiente incidente datado en los comienzos de su carrera.

William Yates, casado y con familia, empezó a trabajar en casa a pequeña escala, y para complacer a Peel, que era soltero, accedió a tomarlo como inquilino. La suma que le pagó al principio por el alojamiento y comida era solo de ocho chelines a la semana, pero Yates, que lo consideraba insignificante, insistió en aumentarlo en un chelín más, a lo que Peel se opuso al principio, lo que produjo un desencuentro entre los socios que se acabó saldando con el pago por parte del inquilino de un adelanto de seis peniques a la semana. La hija mayor de William Yates se llamaba Ellen y pronto se convirtió en la preferida del joven inquilino. Al regresar de su duro día de trabajo en Los Terrenos, sentaba a la niña en sus rodillas y le decía: «Nelly, preciosa, ¿quieres casarte conmigo?», a lo que la niña contestaba «Sí», como haría cualquier niña. «Entonces te esperaré, Nelly; me casaré contigo y con nadie más». Y Robert Peel esperó. A medida que la niña crecía en edad y en belleza, su determinación de esperarla aumentó y después de diez años —de entrega y dedicación a los negocios que no tardaron en florecer— Robert Peel se casó con Ellen Yates cuando cumplió los diecisiete años. Esa bonita niña, a quien el inquilino de su madre y socio de su padre había sentado en sus rodillas, se convirtió en la señora Peel, y a la postre en lady Peel, y sería la madre del futuro primer ministro de Inglaterra. Lady Peel era una mujer noble y hermosa, adecuada para ocupar cualquier posición en la vida. Poseía una inteligencia poco común y fue la fiel consejera de su marido en todas las emergencias. Hizo las veces de asistente durante muchos años después de casarse con él, dirigiendo la mayor parte de su correspondencia comercial, ya que la letra del señor Peel era casi ininteligible y no era muy ducho redactando. Murió en 1803, solo tres años después de que su marido recibiera el título de baronet. Se dice que la ajetreada vida londinense de las clases altas, tan diferente de la que ella llevaba en su casa, resultó perjudicial para su salud. El señor Yates, ya de anciano, solía decir: «Si Robert no hubiera convertido a nuestra Nelly en una dama con título, a lo mejor todavía estaba viva».

Peel, Yates & Co. gozó de una prosperidad ininterrumpida. Sir Robert Peel era el alma de la empresa. Además de su gran energía y dedicación, poseía una gran sagacidad práctica y habilidades mercantiles incomparables, cualidades de las que carecían muchos de los primeros manufactureros del algodón. Era un hombre de mente y cuerpo de hierro que trabajaba sin descanso. En resumen, fue para el estampado lo que Arkwright fue para el hilado, y su éxito alcanzó las mismas cotas. La excelencia de los artículos producidos por la empresa les aseguró su dominio del mercado, y acabó convirtiéndose en una de las más importantes de Lancashire. Además de beneficiar enormemente a Bury, los socios crearon fábricas similares en la zona, en Irwell y Roch, y de ellos se decía a modo de alabanza que además de buscar la perfección absoluta en la calidad de sus productos, también se esforzaban por promover el bienestar y la comodidad de sus trabajadores de todas las maneras posibles. Ni en las épocas más desfavorables dejaron sin trabajo a sus «manos». Sir Robert Peel fue rápido a la hora de valorar todos los nuevos procesos e inventos. Sirva como ejemplo de esto su adopción del proceso del llamado «trabajo de resistencia» en el estampado del calicó. Esto se logra mediante el uso de una pasta, o resistencia, en las partes de la tela que deben seguir siendo blancas. La persona que descubrió la pasta fue un viajante londinense, que se la vendió al señor Peel por una suma insignificante. Se necesitaron un par de años de pruebas para perfeccionar el sistema y hacerlo útil en la práctica, pero la belleza de su efecto y la extrema precisión del contorno en el dibujo producido colocaron de inmediato a la empresa de Bury a la cabeza de todas las fábricas de estampación de calicó del país. Los miembros de la familia crearon otras empresas dirigidas con espíritu similar en Burnley, Foxhill-bank y Altham, en Lancashire; en Salley Abbey, en Yorkshire; y más tarde en Burton-on-Trent, en Staffordshire. Todas ellas sirvieron de ejemplo a los demás manufactureros del algodón y formaron a muchos de los estampadores y fabricantes de mayor éxito de Lancashire, además de proporcionar inmensas fortunas a los propietarios.

No hay mejor ejemplo de que la fuerza y el desarrollo de un país dependen principalmente de la industria y de la energía de cada uno de sus hombres que la carrera de otro ilustre obrero, Josiah Wedgwood, fundador de las alfarerías de Staffordshire. Su padre era un pobre alfarero de Burslem que apenas podía ganarse la vida con su oficio. Murió cuando Josiah tenía solo nueve años, y a esa temprana edad empezó a trabajar en el torno de su hermano mayor. El muchacho nunca recibió una educación escolar digna de tal nombre, y todos los conocimientos que adquirió después fueron por iniciativa propia. Cuando empezó a trabajar en el torno de alfarero, la fabricación de loza en Inglaterra casi no existía. Lo poco que se producía no bastaba para cubrir las necesidades del país, de manera que se importaban del extranjero grandes cantidades de loza de la más común, principalmente de Delft, en Holanda. La porcelana para los ricos se importaba sobre todo de China y se vendía a precios altísimos. En este país todavía no se había fabricado ninguna porcelana capaz de resistir el arañazo de un objeto duro. Los artículos de loza producidos en Staffordshire eran de una calidad muy tosca y, en su mayor parte, los vendían los mismos trabajadores y sus familias o se encargaban de hacerlo buhoneros que llevaban sus mercancías a la espalda.

Mientras trabajaba con su hermano en el torno, Wedgwood contrajo la viruela, que entonces era una enfermedad terrible; su salud se resintió y quedó afectado de la pierna izquierda, de modo que tuvieron que amputársela, lo que lo obligó a renunciar al torno de alfarero. Un tiempo después de eso, lo encontramos en Stoke, como socio de un hombre llamado Harrison, tan pobre como él. De hecho, no pasaban de la condición de obreros comunes. Sin embargo, ya empezaba a manifestarse el gusto de Wedgwood por la cerámica ornamental y, tras dejar la sociedad con Harrison, se unió a otro trabajador llamado Whieldon para hacer mangos de cuchillos de loza imitando ágata y concha de tortuga, platos de mesa con forma de melón o de hojas y artículos similares. Como Whieldon no estaba dispuesto a dedicarse a esa rama del comercio tan extravagante, Wedgwood lo abandonó y regresó a Burslem, donde se instaló en una casita con techo de paja y continuó con la producción de sus artículos de adorno. Trabajó con ahínco, empleó a pocas personas y prosperó poco a poco. Era un investigador minucioso y un observador riguroso en su peculiar línea de negocio. Entre muchas de las cosas que descubrió en sus investigaciones estaba un hecho importante: una tierra que contenía sílice, que era negra antes de la cocción, se volvía blanca después de la exposición al calor de un horno. Este hecho, observado y reflexionado, lo llevó a poner en práctica la idea de mezclar sílice con el polvo rojo de las alfarerías, y de ahí al descubrimiento de que la mezcla se volvía blanca con la cocción. Solo tuvo que cubrir el objeto con un esmaltado transparente para obtener uno de los productos más importantes de la alfarería, que bajo el nombre de loza inglesa, alcanzaría un gran valor comercial y se utilizaría muchísimo.

Wedgwood se instaló en un nuevo local y comenzó a fabricar loza blanca a gran escala, y más tarde loza de color beige, que se hizo muy famosa. La mejora de la alfarería se convirtió en su pasión y no la perdió de vista ni un momento. Se entregaba a fondo a cualquier proyecto que emprendía, animado por la determinación de destacar. A esas alturas se dedicaba a la paciente investigación química y, a medida que aumentaban sus medios, no escatimaba trabajo ni dinero para llevar a cabo sus mejoras. Buscó la compañía de hombres de ciencia, arte y erudición, y obtuvo algo valioso de todos ellos. Aun siendo un experto, siguió perfeccionando sus productos, hasta que su ejemplo se extendió en todas direcciones, estimulando la industria de todo el distrito y estableciendo una gran rama de la industria británica sobre firmes cimientos. Algunas personas de alta posición e influencia se prestaron alegremente a ayudarlo a conseguir sus objetivos, ya que, trabajando con el espíritu más auténtico, no dudó en solicitar el apoyo y el aliento de todos los verdaderos trabajadores. Creó la primera vajilla real de fabricación inglesa para la reina Carlota, de un estilo que más tarde se llamó «vajilla de la reina» y fue nombrado de inmediato Alfarero Real, un título que Wedgwood valoraba más que si lo hubieran nombrado barón. Se le confiaron valiosos juegos de porcelana para que los imitara, y causó admiración. Sir William Hamilton le prestó muestras de arte antiguo procedentes de Herculano, y sus ingeniosos obreros produjeron las copias más precisas y bellas. La duquesa de Portland lo superó en la puja por el jarrón Barberini cuando salió a subasta. Aunque él llegó a pujar hasta mil setecientas guineas, Su Excelencia lo consiguió por mil ochocientas. Sin embargo, cuando se enteró del objetivo de Wedgwood, le prestó generosamente el jarrón para que lo copiara. Produjo cincuenta copias a un coste de unas dos mil quinientas libras, un gasto que no logró cubrir con las ventas; pero consiguió su objetivo, que era demostrar que la habilidad y la energía inglesas podían hacer cualquier cosa que ya se hubiera hecho.

Wedgwood buscó ayuda en el crisol del químico, en el conocimiento del anticuario y en la habilidad del artista. Descubrió a Flaxman cuando era joven y, mientras alimentaba generosamente su genialidad, extrajo de él un gran número de diseños para su loza y su porcelana, convirtiéndolos en objetos elegantes y perfectos, y transformándolos de esta manera en un instrumento para la difusión del arte clásico entre la gente. Gracias a una cuidadosa experimentación y al estudio, incluso redescubrió el arte de la pintura sobre porcelana, loza y artículos similares, un arte practicado por los antiguos etruscos, pero que se había perdido desde la época de Plinio. Se distinguió por sus propias contribuciones a la ciencia, y su nombre aún se identifica con el pirómetro que inventó. También fue un defensor infatigable de cualquier mejora de uso público. La construcción del canal de Trent y Mersey, que completó la comunicación navegable entre los lados oriental y occidental de la isla, se debió principalmente a sus aportaciones y a la habilidad de Brindley como ingeniero. Dado que la red de caminos del distrito de Potteries era espantosa, proyectó y construyó un camino de peaje de quince kilómetros de longitud que lo atravesaba. La reputación que alcanzó fue tal que sus fábricas de Burslem, y posteriormente la de Etruria, que fundó y construyó, se convirtieron en un punto de atracción para distinguidos visitantes de todas partes de Europa.

Como resultado de su labor, la cerámica y la loza, cuya industria estaba en su momento más bajo cuando él empezó, se convirtieron en uno de los productos básicos de Inglaterra. Y en vez de importar del extranjero lo que necesitábamos para uso doméstico, nos convertimos en grandes exportadores a otros países, suministrándoles loza incluso pese a los desorbitados impuestos con los que se gravaron los artículos de producción británica. Wedgwood dio testimonio de sus manufacturas ante el Parlamento en 1785, unos treinta años después de haber comenzado su andadura. De lo que se desprende que, de proporcionar solo empleo ocasional a un pequeño número de trabajadores ineficientes y mal remunerados, en aquel entonces ya había unas veinte mil personas cuyo sustento dependía de manera directa de la fabricación de loza y de cerámica, sin tener en cuenta a todos los que daba empleo en las minas de carbón, en el transporte para el comercio por tierra y mar, o el estímulo que supuso para el empleo en muchas partes del país en diversos ámbitos. Sin embargo, por importantes que fueran los avances logrados en su época, el señor Wedgwood opinaba que el proceso industrial de la alfarería estaba en pañales y que las mejoras que él había llevado a cabo eran insignificantes comparadas con las que se podrían alcanzar mediante la dedicación y el creciente ingenio de los fabricantes, junto con las facilidades naturales y las ventajas políticas de las que gozaba Gran Bretaña. Una opinión que ha sido plenamente confirmada por el progreso que desde entonces ha tenido esta importante rama de la industria.

Por no hablar de Spode, Davenport, Ridgway y otros hombres igual de distinguidos, o del difunto señor Herbert Minton, que tomó las riendas del trabajo cuando Wedgwood lo dejó, llevando la fabricación de cerámica y la alfarería a nuevas cotas y extendiéndola enormemente. El señor Minton no era un hombre con una extensa educación, ni un economista, ni un inventor; se caracterizaba por una actividad inagotable y una energía incesante que puso al servicio de la creación de un negocio colosal, que daba empleo a unos mil quinientos artesanos cualificados. Poseía una mente clara, un cuerpo fuerte, una capacidad de observación poco común y una gran resistencia. Además, lo caracterizaban ese orgullo y el amor a su vocación sin los cuales no puede esperarse semejante perseverancia y devoción. También era amable y simpático, y contaba con un gran número de amigos y colaboradores. Sus rivales lo miraban con admiración y lo consideraban el número uno entre ellos. Al igual que Wedgwood, empleaba a los mejores artistas —artesanos del esmalte, escultores, diseñadores de flores y figuras— y no escatimaba esfuerzos ni gastos para conseguir los mejores obreros, ya fueran ingleses o extranjeros. Reconocía y clasificaba el talento de sus empleados, y gratificaba los méritos con promociones y recompensas. El resultado no tardó en llegar. Los que antes eran objetos elegantes, de producción minoritaria, se convirtieron en objetos al alcance de la gran mayoría, de gran belleza artística, cuyos diseños creaban los mejores artistas. La calidad de los artículos manufacturados en sus fábricas alcanzó tal fama que un día, cuando un transportista de Pickford bajó de su carro una caja con objetos de cerámica para una exposición, el funcionario que recepcionó la mercancía discutió con él por esa forma tan descuidada de tratarla, a lo que el hombre replicó: «Oh, tranquilo, caballero. Es de Minton, no se romperá».

Es francamente notable que el señor Minton, gracias a su entrega y su dedicación, y por su propia cuenta y riesgo, haya podido competir con éxito con la cerámica de Sèvres de Francia, producida por un conjunto de hombres de gran talento y la ayuda de fondos estatales casi ilimitados. Muchos de los artículos expuestos en París en 1851 por el señor Minton superaban a los de carácter similar producidos para la línea imperial. En porcelana dura también superó a los mejores productos de Meissen y Berlín. En cerámica de imitación al mármol, solo se le acercó Copeland, mientras que en la fabricación de baldosas encáusticas no tuvo rival. El señor Minton se enfrentó a muchas adversidades y sufrió incontables fracasos en el perfeccionamiento de esta rama de la industria, pero se sobrepuso a todas con la verdadera energía inglesa y la determinación de triunfar, y al final superó incluso a las mejores baldosas antiguas. Al igual que Wedgwood, mejoró el gusto del público, introdujo bellos objetos de arte en los hogares de la gente corriente y, al fundar nuevas ramas de la industria gracias a su energía y su habilidad, se ganó el derecho a que lo consideremos un gran benefactor nacional.

Este tipo de hombres tienen derecho a figurar entre los héroes de Inglaterra. Su paciente confianza en sí mismos mientras superaban pruebas y dificultades, así como su valor y su perseverancia en la persecución de objetivos y propósitos dignos, no son menos heroicos que la valentía y la devoción del soldado y del marinero, cuyo deber y orgullo es defender de forma heroica lo que estos valientes líderes de la industria han logrado también heroicamente.

3

DILIGENCIA Y PERSEVERANCIA

> Comprueba primero que el diseño es sensato y justo, una vez comprobado, llévalo hasta el final. No descartes el propósito que te has propuesto por un solo rechazo. Insiste, que la confianza te llegará.
>
> D'Alembert

A menudo los mejores resultados en la vida se consiguen a través de medios sencillos y el uso de cualidades ordinarias. La vida cotidiana, con sus preocupaciones, sus necesidades y sus obligaciones, ofrece amplias oportunidades para adquirir la mejor de las experiencias; además, los caminos más trillados le proporcionan al que es trabajador un amplio abanico para esforzarse y espacio para mejorar. El gran camino para el bienestar humano se encuentra junto al antiguo camino del buen hacer constante; y quienes sean más persistentes, y trabajen con más ahínco, serán quienes tengan más éxito.

Muchas veces se le reprocha a la suerte que es ciega, pero no es tan ciega como los hombres. Los que ven la vida práctica descubrirán que la suerte suele estar del lado del diligente, de la misma manera que los vientos y las olas están del lado de los mejores navegantes. El éxito les pisa los talones a todos los esfuerzos correctos, y aunque es posible sobrestimar el éxito hasta el punto de casi endiosarlo, como sucede en ocasiones, sigue siendo meritorio en cualquier propósito digno. Además, las cualidades necesarias para asegurar el éxito no son extraordinarias ni mucho menos. A rasgos generales pueden resumirse en estas dos: sentido común y perseverancia. Quizá la inteligencia no sea necesaria, porque ni el mejor de los genios desprecia el uso de estas dos cualidades normales y corrientes. Los hombres más insignes son de los que menos creen en el poder de la inteligencia, y poseen tanta sabiduría y perseverancia como los hombres con éxito de clases más bajas. Algunos incluso han definido la inteligencia como el sentido común intensificado. Un distinguido profesor y rector de una universidad la definió como el poder de esforzarse. John Foster estaba seguro de que era el poder de encender tu propio fuego. Buffon dijo de la inteligencia que es paciencia.

La mente de Newton era sin duda una de las más privilegiadas y, sin embargo, cuando le preguntaron cómo había logrado sus extraordinarios descubrimientos, respondió con modestia: «Pensando en ellos a todas horas». En otra ocasión expresó de esta manera su método de estudio: «Tengo el tema siempre delante de mí y espero a que los primeros rayos den paso poco a poco a la absoluta claridad». En el caso de Newton, al igual que en el de todos los demás, consiguió su gran reputación solo gracias a la diligencia y la perseverancia. Incluso su ocio consistía en una variedad de su dedicación: dejar un tema para ponerse con otro. Al doctor Bentley le dijo: «Si he hecho algo por el bien común, se debe únicamente al pensamiento diligente y paciente». Y Kepler, otro gran filósofo, dijo en referencia a sus estudios y su progreso: «Como dijo Virgilio, "La Fama en sus movimientos se refuerza y gana vigor según avanza", así ha sido en mi caso, que el pensamiento diligente en estos asuntos fue el aliciente para seguir pensando, hasta que al final le dedicaba toda mi mente al tema».

Los extraordinarios resultados obtenidos a fuerza de diligencia y perseverancia puras han llevado a muchos hombres insignes a dudar de que la inteligencia sea un don tan grande como se supone habitualmente. Por esto, Voltaire aseguraba que solo una delgadísima línea separaba al hombre de genio extraordinario del hombre normal y corriente. Beccaria incluso opinaba que todos los hombres podían ser poetas y oradores; y Reynolds, que tal vez pudieran ser pintores y escultores. Si esto fuera realmente verdad, aquel imperturbable inglés no habría ido tan desencaminado al preguntarle al hermano de Casanova tras su muerte ¡si «tenía intención de continuar con el negocio»! Locke, Helvetius y Diderot creían que todos los hombres tienen la misma aptitud para la genialidad; y que lo que algunos son capaces de llevar a cabo bajo la influencia de las leyes fundamentales que regulan el funcionamiento del intelecto también debe estar al alcance de otros que, en las mismas circunstancias, se dedican a actividades similares. Pero incluso admitiendo en toda su extensión los increíbles logros del trabajo, y reconociendo también el hecho de que los hombres de mayor inteligencia han sido sin excepción trabajadores infatigables, debe quedar más que claro que, sin contar con un corazón y un cerebro de base, no habríamos tenido un Shakespeare, un Newton, un Beethoven o un Miguel Ángel por más trabajo y más esfuerzo que se pusiera.

Sin embargo, tenemos un ejemplo muy reciente que reafirma

el poder de la perseverancia en un distinguido ingeniero vivo, el señor G. P. Bidder, famoso de joven como el increíble Niño Calculadora. En un modesto discurso que hizo hace poco en el Institute of Civil Engineers («Instituto de Ingeniería Civil») en el que hablaba de sí mismo, el señor Bidder insistió en que su increíble talento para los cálculos mentales, un talento que poseen tan pocas personas que se puede considerar como raro, lo puede lograr cualquiera que dedique tiempo, atención y constancia al tema. «Me he esforzado —dijo— en examinar mi mente, en compararla con las de otras personas y en descubrir si eso era posible; pero no encuentro una cualidad concreta salvo que me gustan los números, algo que muchas personas poseen en la misma medida que yo. Con esto no quiero decir que todas las mentes estén igual de capacitadas para el cálculo mental; pero sí digo, al menos que yo sepa, que puede que haya tantos calculadores mentales con éxito como personas que alcanzan la excelencia en cualquier otra rama del conocimiento». El señor Bidder insistió en que el dominio que acabó alcanzando se debió principalmente a su ardua dedicación. Su padre era un albañil y su hermano mayor, que siguió sus pasos, fue el primero en enseñarle a contar de niño hasta cien. Contaba los números una y otra vez en tandas de diez. A continuación, se decidió a aprender las tablas de multiplicar a su manera, con guisantes y canicas, además de la bolsita de perdigones que consiguió, que resultó ser una gran aliada. Los perdigones los dispuso en cuadrados, y cada línea consistía en un número igual de perdigones y, contando a los lados, aprendió a multiplicar diez por diez. En frente de la casa de su padre vivía un herrero que, como no tenía hijos, aceptó a su sobrino de aprendiz. El niño entabló amistad con este señor, que le permitió entrar y salir de su taller. A medida que su fuerza fue aumentando, alcanzó la dignidad de soplar el fuelle para el herrero, y en las tardes de invierno podía sentarse junto al fuego y oír historias. En una de esas ocasiones, alguien mencionó de pasada una operación matemática (tal vez nueve por nueve), que el niño contestó de inmediato correctamente. Aquello provocó cierta sorpresa y empezaron a hacerle otras preguntas para «hacerlo fallar», pero también las contestó con facilidad. Los números que se multiplicaban eran tan altos que el sobrino del herrero tuvo que hacer las cuentas con tiza en una tabla para comprobar si estaban bien, y así era. Empezaron a hablar del niño como un portento, y también empezaron a lloverle monedas de medio penique; así que con las ganancias y la fama, se centró todavía más en la ciencia de la aritmética y fue mejorando poco a poco hasta que fue capaz de multiplicar cifras de miles, y hasta que se familiarizó con la tabla de multiplicar de un millón. El Extraordinario Niño Calculadora se consideró uno de los prodigios de su época. Los frenólogos les sacaron un molde a sus «órganos» y lo mencionaron en la revista de frenología como una prueba fehaciente del rigor de su «ciencia». Poco tiempo después de esto, comenzó su andadura profesional como oficinista en un despacho de seguros, que dejó para entrar al servicio de un afamado ingeniero, el difunto H. R. Palmer. Progresó con rapidez y pronto alcanzó renombre; fruto tanto de su perseverancia como de su evidente capacidad para la ingeniería. Porque empleó los mismos hábitos de estudio y la misma diligencia en su profesión que los que ya había perfeccionado para dominar la ciencia de los números. Hablando con sus amigos del Institute of Civil Engineers, dijo: «He sacrificado años de trabajo; me he esforzado con mucha perseverancia para conseguir, y mantener, el dominio sobre los números que, seguramente, será siempre tan raro como su utilidad en las cosas cotidianas. Sin embargo, no quiero decir con esto que no me haya sido útil. No cabe duda de que conseguirlo me ha reportado un grado de notoriedad que ha acabado por permitirme dejar atrás la posición de clase baja en la que nací y hablar hoy aquí como uno de los vicepresidentes de esta insigne asociación».

Dalton, el químico, siempre repudió la idea de que fuera «un genio» y atribuyó todo lo que había conseguido a la diligencia y al desarrollo gradual. John Hunter dijo de sí mismo: «Mi mente es como una colmena; pero aunque esté llena de bullicio y de aparente confusión, también está llena de orden y de regularidad, y de comida recogida con una diligencia incesante de los más selectos almacenes de la naturaleza». Solo hace falta mirar las biografías de los grandes hombres para descubrir que los más insignes inventores, artistas, pensadores y trabajadores de todo tipo deben su éxito, en gran medida, a su infatigable diligencia y perseverancia. Eran hombres que lo convertían todo en oro, incluido el tiempo. El padre de Benjamin Disraeli sostenía que el secreto de todo éxito consistía en dominar tu materia, dominio que solo se lograba gracias a la diligencia y al estudio constantes. De ahí que los hombres que más han conmovido al mundo no hayan sido tanto hombres de gran inteligencia en el sentido más estricto, sino hombres de enormes habilidades mediocres, trabajadores incansables, perseverantes, autosuficientes e infatigables; no tanto los prodigios, con habilidades innatas brillantes y resplandecientes, sino los que se han dedicado diligentemente a su trabajo, en el ámbito que fuera. «¡Ay! —exclamó una viuda en referencia a su brillante, pero disperso hijo—, carece del don de la constancia». Al carecer de perseverancia, esas naturalezas tan volubles acaban por detrás de los diligentes e incluso de los aburridos en la carrera de la vida. «*Chi va piano, va longano, e va lontano*», dice el proverbio italiano: «quien va despacio, aguanta y llega lejos».

Por lo tanto, hay que llegar al punto de entrenar muy bien la calidad del trabajo. Una vez hecho esto, la carrera será relativamente fácil. Debemos repetir una y otra vez, y la facilidad llegará con el esfuerzo. Ni el arte más simple se puede conseguir sin él. ¡Y los logros que se consiguen superando las dificultades! Fue a través de una disciplina temprana y la repetición como el difunto sir Robert Peel cultivó las notables, aunque mediocres, facultades que lo convirtieron en un integrante tan ilustre del senado británico. Cuando era niño, en Drayton Manor, su padre acostumbraba a ponerlo a practicar la oratoria improvisada y pronto lo acostumbró a su vez a repetir todo lo que pudiera recordar del sermón dominical. Al principio no progresó mucho, pero gracias a la perseverancia constante, el hábito de la atención se intensificó y podía repetir el sermón entero casi al pie de la letra. Cuando más adelante replicaba en orden a los argumentos de sus oponentes parlamentarios (un arte en el que tal vez no tuviera rival), nadie creía que la extraordinaria capacidad que demostraba para recordar de forma fidedigna las palabras de otros se había entrenado con diligencia bajo la disciplina de su padre en la parroquia de Drayton.

Desde luego que es maravilloso lo que la diligencia constante es capaz de lograr en los ámbitos más corrientes. Puede que parezca sencillo tocar el violín; sin embargo, ¡cuánta práctica y dedicación necesita! Giardini le dijo a un muchacho que le preguntó cuánto tiempo tardaría en aprender: «Doce horas diarias durante veinte años seguidos». La diligencia, se dice, *fait l'ours danser*, que viene a ser que hasta el oso puede bailar así. La pobre figurante tiene que dedicar años de trabajo incesante a su labor sin obtener resultados antes de poder brillar en ella. Cuando Taglioni se preparaba para su actuación vespertina, se desmayaba totalmente exhausta después de dos horas de prácticas con su padre, y tenían que desnudarla, lavarla y despertarla, porque estaba totalmente inconsciente. La agilidad y la precisión de la noche solo se conseguía a ese precio. El increíble entrenamiento de preparación y el trabajo que llevaban a cabo estos «artistas» basta para avergonzar al indolente y al vago involucrados en propósitos más dignos. Es que con menos de la mitad de esta clase de dedicación enfocada a culturizarse y a mejorar en cualquier sentido es imposible asegurarse el éxito y obtener reconocimiento.

Sin embargo, el mejor de los progresos es lento en comparación. No se pueden alcanzar grandes resultados de inmediato y tenemos que conformarnos con avanzar en la vida de la misma manera que andamos, paso a paso. De Maistre dice que «saber esperar es el gran secreto del éxito». Hay que sembrar antes de cosechar, y a menudo hay que esperar mucho tiempo y conformarse mientras tanto con mirar hacia delante con paciencia y esperanza. El fruto por el que más vale la pena esperar es a menudo el que madura más despacio. Pero «el tiempo y la paciencia hacen que la hoja de morera se convierta en satén», dice un proverbio oriental.

Claro que para esperar con paciencia, los hombres tienen que trabajar con alegría. La alegría es una cualidad laboral excelente, ya que le confiere una gran elasticidad a la personalidad. En palabras de un obispo: «La templanza es el noventa por ciento del cristianismo». De la misma manera, la alegría y la diligencia son el noventa por ciento de la sabiduría práctica. Son el corazón y el alma del éxito, así como de la felicidad; tal vez el mayor placer de la vida consista en trabajar con brío, claridad y deliberación. La energía, la confianza y cualquier otra buena cualidad dependen casi por completo de ello. Sydney Smith, cuando ejercía de párroco en Fostonle-Clay, en Yorkshire (aunque no se sentía en su salsa), iba a trabajar con alegría, guiado por la firme determinación de hacerlo lo mejor posible. «Estoy decidido a que me guste —dijo— y me reconcilio con el cargo, que es mucho más viril que fingirme por encima y enviar quejas por correo afirmando sentirme apartado, o desolado y paparruchas del estilo». Y el doctor Hook, cuando se fue de Leeds, dijo: «Acabe donde acabe, me esforzaré al máximo, con ayuda de Dios, para hacer lo que se me proponga; y si no encuentro trabajo, lo crearé».

Aquellos que trabajan por el bien común tienen que trabajar muchas horas y con paciencia, a menudo desilusionados por no tener perspectivas de una recompensa o de un resultado inmediatos. Las semillas que siembran a veces yacen ocultas bajo la nieve del invierno, y antes de que llegue la primavera el granjero a lo mejor ya no está. No todos los trabajadores públicos, como Rowland Hill, ven que sus grandes ideas dan frutos estando en vida. Adam Smith sembró las semillas de una gran mejora social en aquella vieja y sucia Universidad de Glasgow, donde trabajó durante tanto tiempo, sentando allí las bases de *La riqueza de las naciones*; pero pasaron setenta años antes de que su obra diera frutos sustanciales y ni siquiera se han recogido todos todavía.

Nada puede compensar la pérdida de la esperanza de un hombre. Es algo que cambia el carácter por completo. «¿Cómo voy a trabajar, cómo voy a ser feliz —dijo un gran, aunque desdichado, pensador— cuando he perdido toda esperanza?». La esperanza es como el sol, que va proyectando a nuestra espalda la sombra de nuestra carga a medida que avanzamos. Uno de los trabajadores más alegres y valientes, también uno de los más esperanzados, fue Carey, el misionero. Cuando estaba en la India, no era raro que cansara a tres gurús, que ejercían de asistentes, en un día; él solo descansaba cuando cambiaba de empleo. Carey, hijo de un zapatero, recibía el apoyo de Ward, hijo de un carpintero, y de Marshman, hijo de un tejedor. Gracias a su labor, se erigió un magnífico colegio universitario en Serampore, se establecieron dieciséis florecientes centros, se tradujo la Biblia a dieciséis idiomas y se sembraron las semillas de una beneficiosa revolución moral en la India británica. Carey nunca se avergonzó de sus orígenes humildes. En una ocasión, estando sentado a la mesa del gobernador general, oyó que un oficial sentado enfrente le preguntaba a otro, en voz lo bastante alta como para que lo oyeran todos, si Carey no había sido zapatero en otra época: «No, señor —dijo Carey de inmediato—, solo un zapatero remendón». Se cuenta una anécdota que deja clara su perseverancia cuando niño. Un día estaba trepando a un árbol cuando se le resbaló un pie y se cayó al suelo, rompiéndose la pierna. Se tuvo que quedar varias semanas en cama, pero cuando recuperó las fuerzas y pudo andar sin ayuda, lo primero que hizo fue trepar a aquel árbol. Carey necesitaba esta clase de coraje intrépido para la gran obra misionera de su vida, algo que llevó a cabo con nobleza y determinación.

El doctor Young, filósofo, tenía una máxima: «Cualquier hombre puede hacer lo que otro hombre cualquiera ha hecho». Y es incuestionable que él mismo nunca retrocedió ante ninguna prueba a la que decidiera someterse. Se cuenta de él que la primera vez que montó a caballo iba en compañía del nieto del señor Barclay, de Ury, el conocido deportista, cuando el jinete que los precedía saltó una valla alta. Young quiso imitarlo, pero se cayó del caballo en el intento. Sin decir nada, se volvió a montar, hizo un segundo intento y fracasó de nuevo; pero en esa ocasión no salió disparado por encima del cuello del caballo, al que se agarró. Al tercer intento, consiguió saltar la valla.

La historia de *Timour the Tartar* («Timur el Tártaro»), a quien la araña le dio una lección de perseverancia ante la adversidad, es bien conocida y no hace falta repetirla; pero no menos interesante es la siguiente anécdota de Audubon, el ornitólogo estadounidense, relatada por él mismo: «Un accidente que sufrieron doscientos de mis dibujos originales —dice— estuvo a punto de ponerles fin a mis investigaciones en ornitología. Voy a contarlo, con la mera idea de demostrar hasta qué punto el entusiasmo (porque no puedo llamar de otra manera a mi perseverancia) le permite al preservador de la naturaleza superar las dificultades más desalentadoras. Dejé el pueblo de Henderson, en Kentucky, situado a orillas del río Ohio, donde viví durante varios años, para dirigirme a Filadelfia por negocios. Revisé mis dibujos antes de partir, los guardé con cuidado en una caja de madera y los dejé a cargo de un pariente, con la orden de que no sufrieran ningún daño. Estuve ausente varios meses y, cuando volví, disfruté del placer de estar en casa unos días antes de preguntar por mi caja y por lo que me gustaba llamar «mi tesoro». Una pareja de ratas pardas se había apoderado de la caja y había criado una familia entre los trozos de papel roídos, en los que, apenas un mes antes, ¡se representaban casi mil habitantes del aire! El calor abrasador que me inundó el cerebro de inmediato era demasiado como para soportarlo sin que me afectase al sistema nervioso. Dormí varias noches y los días pasaron como si fueran un borrón, hasta que las facultades animales volvieron a la acción, gracias a la fuerza de mi carácter, y cogí mi arma, mi cuaderno y mis lápices, y salí al bosque como si nada hubiera pasado. Me alegré de tener la oportunidad de hacer mejores dibujos que antes y no habían pasado ni tres años cuando volvía a tener la carpeta llena».

La destrucción accidental de los dibujos de sir Isaac Newton porque su perro, Diamond, volcó una lámpara encendida en su mesa, un accidente que en un momento destruyó complicados cálculos elaborados a lo largo de muchos años, es una anécdota bien conocida y no hace falta repetirla. Se dice que la pérdida le provocó una pena tan grande al filósofo que le dañó la salud y le dificultó el entendimiento. Un accidente parecido tuvo el manuscrito del primer tomo de *Historia de la Revolución Francesa* del señor Carlyle. Le prestó el manuscrito a un vecino literato para que lo leyera. Por algún motivo, se quedó tirado en el suelo del salón de su casa. Pasaron las semanas y el historiador mandó a buscar su manuscrito, ya que la imprenta pedía a gritos una «copia». Se empezó a investigar y se descubrió que la criada, al encontrarse en el suelo lo que ella creyó que eran papeles usados sin valor, los empleó para encender la chimenea en la cocina y en el salón. Esa fue la respuesta que recibió el señor Carlyle, cuya consternación y desesperación es de imaginar. Sin embargo, no le quedaba más remedio que ponerse con ganas a reescribir el libro, cosa que hizo. No tenía borrador, por lo que se vio obligado a desenterrar de su memoria hechos, ideas y expresiones que hacía tiempo que había descartado.

Escribir el libro una primera vez fue una obra de verdadero placer. Escribirlo de segundas fue una obra de un dolor y una angustia casi inimaginables. El hecho de que perseverara y terminase el libro en semejantes circunstancias constituye un ejemplo de determinación pocas veces superado.

La vida de todos los inventores eminentes ilustra a la perfección esta perseverancia. George Stephenson, cuando se dirigía a los jóvenes, resumía su mejor consejo con estas palabras: «Haced como yo, perseverad». Había trabajado en la mejora de su locomotora durante unos quince años antes de conseguir su victoria decisiva en Rainhill. Watt se dedicó durante unos treinta años a la máquina de condensación antes de perfeccionarla. Claro que hay ejemplos de perseverancia igual de sorprendentes en todas las ramas de la ciencia, el arte y la industria. Tal vez uno de los más interesantes sea el relacionado con las losas de mármol de Nínive y el descubrimiento del alfabeto cuneiforme o de punta de flecha, perdido hace mucho tiempo, en el que están escritas las inscripciones que contienen. El cuneiforme es un tipo de escritura que había desaparecido desde el periodo de la conquista macedonia de Persia.

Un inteligente cadete de la Compañía de las Indias Orientales, destinado en Kermanshah, en Persia, había observado las curiosas inscripciones cuneiformes en los antiguos monumentos de la zona, tan antiguos que se había perdido todo rastro histórico de ellos, y entre las inscripciones que copió estaba la de la afamada piedra de Behistún, una pared de piedra que se eleva en vertical unos quinientos metros desde el suelo y en cuya parte inferior aparecen inscripciones en unos cien metros en tres idiomas: el persa, el escita y el asirio. La comparación de lo conocido con lo desconocido, de la lengua que sobrevivió con la que se había perdido, le permitió a este cadete adquirir conocimientos sobre los caracteres cuneiformes e incluso formar un alfabeto. El señor Rawlinson (que después sería sir Henry) envió sus dibujos a casa para que los examinaran. Ningún profesor de la universidad sabía nada de los caracteres cuneiformes, pero había un antiguo empleado de la Casa de las Indias Orientales, un humilde desconocido llamado Norris, que había convertido en materia de estudio este tema tan poco conocido y a quien le enseñaron los bocetos. Tan precisos eran sus conocimientos que, aunque nunca había visto la piedra de Behistún, declaró que Rawlinson no había copiado la desconcertante inscripción con la exactitud debida. Rawlinson, que todavía se encontraba en la zona de la piedra, comparó su copia con el original y comprobó que Norris tenía razón; y gracias a nuevas comparaciones y a cuidadosos estudios se avanzó muchísimo en el conocimiento de la escritura cuneiforme.

Sin embargo, para que los conocimientos de estos dos autodidactas fueran útiles, hizo falta un tercer trabajador que les proporcionara material para el ejercicio de sus habilidades. Tal trabajador se presentó en la persona de Austen Layard, cuyo oficio principal era el de pasante de un abogado en Londres. Ni mucho menos cabría esperarse que estos tres hombres, un cadete, un antiguo trabajador de la Casa de las Indias Orientales y el pasante de un abogado, fueran los descubridores de una lengua olvidada y de la historia enterrada de Babilonia; pero así fue. Layard tenía solo veintidós años cuando viajaba por Oriente y experimentó el deseo de investigar las regiones que había al otro lado del Éufrates. Con un solo compañero, confiando en sus armas como método de protección y, lo que era mejor, en su alegría, su caballerosidad y su buen porte, se abrió camino sin problemas entre tribus que eran enemigas acérrimas; y con el paso de muchos años, con medios comparativamente escasos a su disposición, pero ayudado por el intenso trabajo y la perseverancia, así como por una voluntad férrea, una poderosa determinación y una paciencia casi sublime, guiado en todo momento por el apasionado entusiasmo que le despertaban el descubrimiento y la investigación, consiguió sacar a la luz y desenterrar muchos tesoros históricos, en cantidades nunca vistas para la diligencia de un solo hombre. Gracias al señor Layard salieron a la luz no menos de tres kilómetros de bajorrelieves. Estas valiosísimas antigüedades, que ahora se encuentran en el Museo Británico, corroboraban de forma tan curiosa los registros bíblicos de acontecimientos que ocurrieron alrededor de tres mil años atrás, que irrumpieron en el mundo casi como una nueva revelación. La historia del descubrimiento de estas notables obras, relatada por el propio Layard en sus *Monumentos de Nínive*, se considerará siempre como uno de los registros más bonitos y objetivos que poseemos de la determinación, la diligencia y la energía mostradas por un solo individuo.

La vida literaria ofrece abundantes ejemplos de esta misma perseverancia, y tal vez ninguna carrera sea más instructiva, al menos desde esta perspectiva, que la de sir Walter Scott. Sus admirables cualidades para el trabajo se formaron en el bufete de un abogado, donde durante muchos años siguió una rutina de trabajo monótono que poco se diferenciaba de la de un mero trabajador de una copistería. Su árida rutina diaria hacía que sus tardes, que tenía libres, fueran todavía más agradables. Y a menudo las dedicaba a la lectura y al estudio. Él mismo atribuía a su prosaica disciplina de oficina ese hábito de diligencia constante y sobria, del que tan a menudo carecen los simples literatos. Como copista le pagaban tres peniques por cada página que contuviera un cierto número de palabras; y a veces, con trabajo extra, era capaz de copiar hasta ciento veinte páginas en veinticuatro horas, por lo que ganaba unos treinta chelines, con los que de vez en cuando compraba algún que otro libro que, si no fuera por esto, no podría permitirse. Más adelante en la vida, Scott se enorgullecía de ser un hombre de negocios y afirmaba, llevándole la contraria a lo que él llamaba la cantinela de los poeticuchos, que no había una conexión necesaria entre la inteligencia y la aversión o el desprecio hacia las obligaciones cotidianas. Al contrario, era de la opinión de que pasar una buena parte del día en cualquier ocupación práctica era bueno para las facultades superiores. Cuando estuvo trabajando en el Tribunal Supremo de Edimburgo, llevaba a cabo su trabajo literario principalmente antes del desayuno y asistía al tribunal durante el día, donde se ocupaba del trabajo ordinario, como la autentificación de escrituras registradas y escritos de diversa índole. En general, dice Lockhart, «es una de las características más notables de su historia que, durante el periodo más activo de su carrera literaria, debe de haber dedicado una gran parte de sus horas, durante medio año al menos, al cumplimiento concienzudo de los deberes profesionales». Fue un principio de acción que estableció para sí mismo: debía ganarse la vida con el trabajo y no con la literatura. «Decidí que la literatura debía ser mi bastón, no mi muleta, y que los beneficios de mi trabajo literario, por convenientes que fueran, no debían convertirse en necesarios para mis gastos ordinarios si podía evitarlo», dijo.

La puntualidad era uno de sus hábitos más cultivados, pues de otro modo no le habría sido posible llevar a cabo una labor literaria tan ingente. Tenía por norma contestar todas las cartas que recibía en el mismo día, salvo cuando era necesario investigar y deliberar la respuesta. Ninguna otra cosa podría haberle permitido mantenerse al día con la avalancha de comunicaciones que le llegaban y que ponían a prueba su buen humor. Tenía por costumbre levantarse a las cinco y encender la chimenea él mismo. Se afeitaba y se vestía con deliberación, y a las seis ya estaba sentado a su mesa, con todos los papeles colocados delante en el orden más preciso, con sus libros de referencia dispuestos a su alrededor en el suelo, mientras al menos uno de sus perros favoritos lo observaba, tumbado, al otro lado de la hilera de libros. De esta forma, cuando la familia se reunía para desayunar, entre las nueve y las diez, ya había hecho lo suficiente (según sus propias palabras) para dejarse los cuernos en el trabajo ese día. Pero pese a su diligente e infatigable labor y a sus inmensos conocimientos, fruto de muchos años de paciente trabajo, Scott siempre hablaba con grandísima modestia de sus propias facultades. En una ocasión dijo: «Me he sentido obstaculizado y limitado por mi propia ignorancia a lo largo de toda mi carrera».

Así son la sabiduría y la humildad de verdad; porque cuanto más sepa un hombre, menos engreído será. El estudiante del Trinity College que se acercó a su profesor para despedirse de él porque había «terminado su educación», se llevó una merecida regañina como respuesta: «¡Desde luego! En cambio, yo estoy empezando la mía». La persona superficial que ha conseguido un poco de todo, pero que en realidad no sabe de nada en profundidad, se enorgullece de sus cualidades; mientras que el sabio confiesa humildemente que «solo sé que no sé nada» o, como Newton, que solo se ha dedicado a recoger conchas en la orilla del mar, mientras que el gran océano de la verdad se extiende inexplorado ante él.

Las vidas de otros literatos menos afamados nos ofrecen ejemplos igualmente notables del poder de la perseverancia. El difunto John Britton, autor de *The Beauties of England and Wales*, donde describía los hermosos edificios de Inglaterra y Gales, y de muchas obras arquitectónicas de gran valor, proporcionó un ejemplo sorprendente de diligencia bien dirigida. Nació en una cuna muy pobre en Kingston, Wiltshire. Su padre había sido panadero y maltero, pero se arruinó y se volvió loco cuando Britton todavía era pequeño. El niño recibió muy poca educación, pero muchos malos ejemplos, que por suerte no lo destruyeron. Desde muy joven trabajó con un tío suyo, tabernero en Clerkenwell, bajo cuya dirección embotelló, encorchó y envasó vino durante más de cinco años. Cuando le flaqueó la salud, su tío le dio la espalda y acabó solo con dos guineas en el bolsillo, fruto de sus cinco años de servicio. Durante los siguientes siete años, padeció muchas vicisitudes y penurias. Sin embargo, dice en su autobiografía: «en mi pobre y oscuro alojamiento, que me costaba dieciocho peniques a la semana, me entregaba al estudio y a menudo leía en la cama durante las tardes de invierno, porque no podía permitirme encender el brasero». Viajó a pie hasta Bath, donde consiguió que lo contrataran como bodeguero, pero poco después lo encontramos de nuevo en la metrópoli, casi sin dinero, sin zapatos y sin camisa. Sin embargo, consiguió un empleo como bodeguero en la taberna London Tavern y tenía la obligación de estar en la bodega desde las siete de la mañana hasta las once de la noche. Su salud se quebró por culpa de estar confinado en la oscuridad, además del duro trabajo. Después de eso, empezó a trabajar por quince chelines a la semana para un abogado, ya que había estado dedicándose en cuerpo y alma al arte de escribir durante los pocos minutos que contaba para su esparcimiento personal. Durante el desempeño de este trabajo, dedicaba su tiempo libre principalmente a deambular por los puestos de libros, donde leía los libros que no podía comprar fragmento a fragmento, y así adquiría una buena cantidad de conocimientos curiosos. Después cambió de despacho, con un sueldo mayor de veinte chelines a la semana, sin dejar de leer y estudiar. A los veintiocho años pudo escribir un libro, que publicó con el título de *The Enterprising Adventures of Pizarro* («Las emprendedoras aventuras de Pizarro»). Y desde entonces hasta hace bien poco, durante unos cincuenta años, Britton mantuvo una diligente labor literaria, relacionada mayormente con las antigüedades inglesas. Ha publicado ochenta y siete trabajos como poco. El más importante es *The Cathedral Antiquities of England* («Las antigüedades de las catedrales de Inglaterra») en catorce tomos, un trabajo magnífico. De hecho es el mayor monumento de la diligencia infatigable de John Britton.

Loudon, el jardinero paisajista, era un hombre con una personalidad parecida, dotado de una extraordinaria voluntad de trabajo. Hijo de un agricultor asentado en los alrededores de Edimburgo, se acostumbró pronto al trabajo. Su habilidad para dibujar planos y hacer bocetos de paisajes animó a su padre a formarlo como paisajista. Durante su aprendizaje se pasaba dos noches enteras a la semana en vela para estudiar, aunque durante el día trabajaba más que cualquier jornalero. Durante sus horas de estudio aprendió francés y, antes de cumplir los dieciocho años, tradujo la vida de Abelardo para una enciclopedia. Tenía tantas ansias por prosperar en la vida que, con tan solo veinte años, mientras trabajaba como jardinero en Inglaterra, escribió en su cuaderno: «Ya tengo veinte años y tal vez haya pasado un tercio de mi vida y, sin embargo, ¿qué he hecho para beneficiar a mis semejantes?». Una reflexión inusual para un joven de esa edad. Del francés pasó al alemán, lengua que dominó con rapidez. Se hizo cargo de una gran finca con el propósito de introducir mejoras escocesas en el arte de la agricultura, y pronto consiguió obtener unos ingresos considerables. Como el continente se abrió de repente con el fin de la guerra, empezó a viajar con el propósito de observar y dibujó el sistema de jardinería en todos los países, que posteriormente introdujo en la parte histórica de su laboriosa *Encyclopædia of Gardening* («Enciclopedia de la jardinería»). Repitió dos veces sus viajes al extranjero con un propósito similar, cuyo resultado apareció en sus enciclopedias, que tal vez sean las obras más notables de su género, distinguiéndose por el material tan útil e ingente que contiene, reunido todo a fuerza de diligencia y trabajo perseverantes, igualado en pocas ocasiones.

La carrera de Samuel Drew quizá sea menos conocida, pero no por ello menos notable que cualquiera de las que hemos citado. Su padre era un diligente trabajador del municipio de St.

Austell, en Cornualles. Aunque era pobre, se las arregló para enviar a sus dos hijos a una escuela de la zona por la que pagaba un penique a la semana. A Jabez, el mayor, le gustaba aprender y progresaba mucho en sus lecciones; pero Samuel, el pequeño, era un zoquete, muy dado a hacer travesuras y a saltarse las clases. De ahí que fuese su madre quien lo enseñó a leer y a escribir de pequeño. Con ocho años, lo pusieron a trabajar, ganando tres medios peniques lavando mineral en una mina de estaño.

Tras la muerte de su madre, el niño creció sin la presencia de su padre, que, al ser un predicador local metodista, estaba tan ocupado con sus compromisos dando clases que no tenía tiempo para dedicarse a la educación de sus propios hijos. Cuando tenía unos diez años, un zapatero lo contrató como aprendiz, y mientras estuvo en este puesto, pasó muchas penurias y vivió, según sus propias palabras, «como un sapo bajo un rastrillo». A menudo soñaba con huir y convertirse en pirata o algo por el estilo, y parece que su temeridad crecía a medida que se hacía mayor. Siempre se le dio muy bien robar en huertas y, conforme crecía, su mayor placer era participar en una hazaña de caza furtiva o de contrabando. Cuando tenía unos diecisiete años, antes de terminar su aprendizaje, se escapó de casa con dieciséis peniques y medio en el bolsillo. Tenía la intención de embarcarse en un buque de guerra; pero tras hacer noche en un campo de heno, se tranquilizó un poco y al pasar por Liskeard le pidió trabajo a un maestro zapatero, que se lo dio. Mientras estaba allí, su hermano, que lo buscaba, al enterarse del paradero del muchacho, lo encontró y se lo llevó de nuevo a casa. Después de eso, estuvo un tiempo llevando a cabo los quehaceres diarios de una pequeña granja y repartiendo el correo entre St. Austell y Bodmin.

A continuación, Drew se trasladó a los alrededores de Plymouth para seguir trabajando en el ramo de la zapatería, y mientras estaba en Cawsand ganó un premio por jugar al garrote, ya que parece que era un experto. Mientras vivía en esta zona casi perdió la vida en una de las correrías de contrabando en las que aún participaba con ansia, en parte llevado por sus ganas de aventuras y en parte por el amor al dinero, ya que su salario no superaba los ocho chelines a la semana. Una noche se dio aviso en todo Crafthole de que un contrabandista se hallaba frente a la costa y listo para desembarcar su cargamento, ante lo cual la población masculina del lugar (casi todos contrabandistas) se dirigió allí. Un grupo se quedó en las rocas para hacer señales y disponer las mercancías a medida que se desembarcaban, y otro manejaba los botes, estando Samuel Drew en este segundo grupo. Era una noche cerrada y casi no habían descargado nada cuando empezó a soplar aire y a encresparse el mar. Sin embargo, los hombres de los botes decidieron perseverar y dieron varios viajes entre el barco del contrabandista, que ya estaba más alejado, y la costa. El viento le voló el sombrero a uno de los hombres que estaba en el bote de Drew y, en su intento por recuperarlo, este volcó. Tres de los hombres se ahogaron de inmediato y Samuel y otros dos o tres se aferraron a los laterales del bote, pero al ver que estaba a la deriva por el oleaje, decidieron nadar. Estaban a casi cuatro kilómetros de la costa, en una noche cerrada. Después de pasarse casi tres horas en el agua, Drew alcanzó unas rocas cerca de la orilla con un par de compañeros, donde permanecieron, ateridos de frío, hasta la mañana siguiente, cuando los descubrieron y se los llevaron, más muertos que vivos. Abrieron con un hacha un barril de brandi que acababan de desembarcar y se les dio un buen cuenco del licor a los supervivientes. Poco después de eso, Drew fue capaz de caminar tres kilómetros a través de una alta capa de nieve hasta su alojamiento.

Fueron unos comienzos muy poco prometedores, pero este mismo Drew, vago, ladrón de huertas, zapatero, jugador de garrote y contrabandista, dejó atrás la imprudencia de su juventud y acabó siendo un eminente pastor del Evangelio y escribiendo buenos libros. Por suerte, antes de que fuera demasiado tarde, la energía que lo caracterizaba se encauzó en la dirección correcta y consiguió que fuera tan diestro en la bondad como antes lo fue en la maldad. Su padre se lo llevó de vuelta a St. Austell y le buscó trabajo como zapatero ambulante. Quizá su reciente encontronazo con la muerte hizo que el joven se volviera más serio y se enderezara, porque pronto se sintió atraído por los enérgicos sermones del doctor Adam Clarke y se convirtió en miembro de los metodistas. Dado que su hermano murió por estas fechas, la impresión de seriedad se intensificó, y a partir de entonces fue un hombre distinto. Retomó los estudios, ya que casi había olvidado cómo se leía y se escribía; e incluso después de varios años de práctica, un amigo dijo que su letra parecía los trazos de una araña manchada de tinta que anduviera por el papel. Más adelante, cuando Drew hablaba de sí mismo en aquella época, dijo: «Cuanto más leía, más sentía mi propia ignorancia. Todos los ratos de ocio que tenía los usaba para leer esto o aquello. Al tener que ganarme el sustento con trabajo manual, contaba con muy poco tiempo para leer, y a fin de superar esta desventaja, mi método habitual era ponerme un libro por delante mientras comía, y en cada comida leía cinco o seis páginas». Hojear el *Ensayo sobre el entendimiento humano* de Locke fue su primer acercamiento a la metafísica. «Me despertó de mi estupor —dijo— y me animó a abandonar con determinación la perspectiva servil a la que me había acostumbrado».

Después empezó a trabajar por su cuenta, aunque todo su capital ascendía a catorce chelines. Sin embargo, ya había demostrado que era de fiar, así que un vecino molinero se ofreció a darle un préstamo, que aceptó y que devolvió al cabo de un año, ya que el éxito acompañó a su diligencia. Había empezado en la vida con la férrea determinación de «no deberle nada a nadie» y se aferró a eso durante muchas penurias. A menudo se acostaba sin cenar para no endeudarse. Ambicionaba lograr la independencia mediante la diligencia y una estricta frugalidad, y fue consiguiéndolo poco a poco. Mientras trabajaba sin descanso, se esforzó por cultivar la mente, llegando a estudiar astronomía, historia y metafísica. Se sintió impelido a continuar con esto último básicamente porque se necesitaba consultar menos libros que con las otras materias. «Parecía un camino espinoso —dijo—, pero decidí seguirlo de todas maneras, y así empecé a desbrozarlo».

Además de ser zapatero y de estudiar metafísica, Drew se convirtió en predicador local y profesor. Desbordante de actividad, también se metió con entusiasmo en la discusión política, llegando a estar en peligro de convertirse en un cotilla y en un entrometido. Los políticos se pasaban por su zapatería para hablar de política, y él acudía a sus lugares de trabajo por el mismo motivo. Esto le ocupaba tanto tiempo que a menudo necesitaba trabajar hasta medianoche para compensar las horas perdidas durante el día. Los zapateros tienen fama de ser personajes políticos, y el fervor de Drew pronto se convirtió en la comidilla del pueblo. Una noche, mientras trabajaba clavando la suela de un zapato, un niño acercó la boca al ojo de la cerradura al ver la luz encendida en la tienda y gritó con voz chillona: «¡Zapatero! ¡Zapatero! ¡Trabaja de noche y vaguea de día!». Un amigo al que Drew le contó la historia le preguntó: «¿Y no corriste detrás del niño y le diste una tunda?». A lo que él contestó: «No, no, si hubieran disparado una pistola contra mi oreja, no me habría alterado ni desconcertado tanto. Dejé lo que estaba haciendo y me dije. "¡Cierto, cierto! No tendrás que repetírmelo". Para mí, aquel grito fue como la voz de Dios, y siempre ha tenido una palabra oportuna en cada momento de mi vida. De la experiencia aprendí a no dejar para mañana lo que puedas hacer hoy ni a holgazanear cuando debería estar trabajando».

Desde aquel momento Drew abandonó la política y se concentró en su trabajo cotidiano, aunque siguió preparándose en su tiempo libre. Eso sí, nunca permitió que lo segundo interfiriese con su negocio, si bien a menudo le quitaba horas de sueño. Se casó y pensó en emigrar a Estados Unidos, pero siguió trabajando. Sus gustos literarios se decantaron primero por la composición poética y, de algunos de los fragmentos que se han conservado, se deduce que sus especulaciones sobre la inmaterialidad e inmortalidad del alma tuvieron su origen en estas cavilaciones poéticas. Su gabinete era la cocina, donde el fuelle de su mujer le servía de escritorio; y escribía mientras mecía a sus hijos o estos lloraban. Más o menos por esta época se publicó *La edad de la razón*, de Thomas Paine, que despertó gran interés entre los jóvenes lectores, por lo que escribió un panfleto refutando sus argumentos y fue publicado. Más adelante decía que fue *La edad de la razón* lo que lo convirtió en escritor. De su pluma se publicaron varios panfletos muy seguidos y unos años más tarde, mientras seguía trabajando en la zapatería, escribió y publicó su admirable *Essay on the Immateriality and Immortality of the Human Soul*, un ensayo sobre la inmaterialidad y la inmortalidad del alma humana que vendió por veinte libras, una gran suma que le pareció altísima en su momento. El libro fue objeto de muchas ediciones y sigue siendo muy apreciado.

No se le subió el éxito a la cabeza, tal como les pasa a muchos escritores jóvenes, al contrario, mucho después de convertirse en un escritor afamado se le veía barriendo el umbral o ayudando a sus aprendices a cargar con el carbón en invierno. Cuando alguien le decía que se estaba poniendo en entredicho, él respondía: «El hombre que se avergüenza de cargar su propio carbón merece pasar todo el invierno sentado junto a una lumbre vacía». Además, durante un tiempo fue incapaz de ver la literatura como un trabajo con el que ganarse la vida. Su prioridad era asegurarse un medio de vida honesto con su negocio y dedicar a la «lotería del éxito literario», como él la llamaba, solo lo que le sobraba de tiempo. Sin embargo, se abría ante él una nueva y honorable esfera de la vida y, a instancias del doctor Coke, se comprometió con él a ayudarle a componer y terminar ciertas obras que tenía pendientes. Continuó una activa carrera literaria en relación con la iglesia metodista, editando una de sus revistas y supervisando la publicación de muchas de sus obras denominacionales, además de escribiendo en la publicación *Eclectic Review*, donde recopilaba y publicaba sobre la historia de su condado natal, Cornualles, además de otros trabajos. De sí mismo dijo: «Al haberme criado en el estamento más bajo de la sociedad, me he esforzado durante toda la vida por llevar a mi familia a la respetabilidad gracias al esfuerzo honesto, la frugalidad y la alta estima de mi carácter moral. La divina providencia ha premiado mis esfuerzos y ha coronado mis deseos con el éxito».

El difunto Joseph Hume eligió otro camino en la vida, pero trabajó con el mismo ahínco. Era un hombre moderado, pero de gran diligencia y de una honradez intachable en sus propósitos. El lema de su vida fue «perseverancia», y lo siguió a pies juntillas. Al morir su padre cuando él era un niño, su madre abrió una tiendecita en Montrose y se mató a trabajar para mantener a su familia y sacarla adelante con respetabilidad. A Joseph le buscó un puesto como aprendiz de cirujano, y lo educó para la profesión médica. Tras obtener su diploma, hizo varios viajes a la India como cirujano de barco,[1] y más tarde obtuvo un puesto de cadete al servicio de la Compañía de las Indias Orientales. Nadie trabajó con más ahínco ni vivió con más templanza que él y, al ganarse la confianza de sus superiores, que lo consideraron un hombre competente en el cumplimiento de su deber, lo fueron ascendiendo de graduación poco a poco. En 1803 estaba con la división del ejército al mando del general Powell en la guerra anglo-mahratta. Como había muerto el intérprete, decidieron que Hume, que había estado estudiando las lenguas nativas hasta dominarles, ocupara el puesto. También lo nombraron jefe del personal médico. Y por si no bastara con esto para ocupar toda su capacidad, también asumió los cargos de pagador y de administrador de correos, y cumplió satisfactoriamente con sus obligaciones. También se encargó de los grandes contratos para abastecer al comisariado, que llevó a cabo con beneficio para el ejército y para sí mismo. Después de unos diez años de infatigable labor, regresó a Inglaterra con una pensión; y una de las primeras cosas que hizo fue encargarse de los miembros más pobres de su familia.

Sin embargo, Joseph Hume no era un hombre que pudiera disfrutar ociosamente de los frutos de su diligencia; de hecho, el trabajo y estar ocupado eran necesarios para su bienestar y su felicidad. Para conocer a fondo el estado real de su propio país y las condiciones de vida de su población, visitó todas las ciudades del Reino Unido que gozaban de cierta fama en el ámbito industrial. Después viajó por el extranjero, acumulando una gran experiencia sobre los hombres y los estados. De regreso a Inglaterra, entró en el Parlamento en 1812 y continuó como miembro de esa asamblea durante un periodo de unos treinta y cuatro años, con una breve interrupción. Su primer discurso fue sobre el tema de la educación pública, y a lo largo de su larga y honorable carrera se interesó de forma activa por esa y por todas las demás cuestiones pensadas para mejorar la vida del pueblo llano: la reforma penal, las cajas de ahorro, el libre comercio, la economía y el recorte de gastos, la ampliación de la representación y medidas similares, que promovió infatigablemente. Daba igual de qué tarea se encargara, porque se esforzaba en todas con ahínco. No era un buen orador, pero todo el mundo creía que sus palabras salían de los labios de un hombre honesto, decidido y riguroso. Si el ridículo es la prueba de la verdad, tal como dice Shaftesbury, Joseph Hume resistió bien dicha prueba. No hubo hombre del que más se rieran, pero permaneció firme, literalmente, «en su puesto». Perdía a menudo en una discusión, pero la influencia que ejercía se sentía en lo más hondo y llevó a cabo numerosas e importantes mejoras económicas con el voto en contra. La cantidad de arduo trabajo que conseguía llevar a cabo era extraordinaria. Se levantaba a las seis, escribía cartas y arreglaba sus papeles para la Cámara; después del desayuno, recibía a personas con asuntos que tratar, a veces hasta veinte en una mañana. Rara vez había sesión en la Cámara sin que estuviera él, y aunque el debate se prolongara hasta las dos o las tres de la madrugada, puedes dar por descontado que el nombre del señor Hume estaría en cualquier discusión que se produjera. En resumen, llevar a cabo el trabajo que hacía el señor Hume, durante un periodo tan largo, en contra de tantas administraciones, semana tras semana, año tras año (perder votaciones, que te ganen, que se rían de ti, quedarte en muchas ocasiones casi sin apoyos); perseverar en contra de todos los obstáculos posibles, manteniendo la calma en todo mundo y sin aflojar en energía ni perder la esperanza, y vivir para ver que se adoptaban la mayoría de sus medidas y que eran aclamadas tiene que considerarse una de las cosas más maravillosas en la historia del carácter humano.

4

AYUDAS Y OPORTUNIDADES - ACTIVIDADES CIENTÍFICAS

Ni la mano sola ni el entendimiento, dejados a su suerte, pueden lograr mucho; el trabajo se lleva a cabo a través de instrumentos y de ayudas, y su necesidad no es menor para el entendimiento que para la mano.

BACON

La oportunidad tiene pelo en la frente, pero está calva por detrás; si la agarras del flequillo, a lo mejor la retienes, pero como se te escape, ni el mismísimo Júpiter la atraparía de nuevo.

PROVERBIO LATINO

La casualidad ayuda en muy poco a conseguir grandes resultados en la vida. Aunque lo que a veces se llama un «golpe de suerte» llegue tras una audaz aventura, el camino de la diligencia constante y de la perseverancia, aunque más trillado, es el único seguro. Se dice del paisajista Wilson que, cuando terminaba un cuadro de forma tranquila y correcta, se alejaba cierta distancia, con un lápiz atado a la punta de una vara larga y, tras mirar con atención su trabajo, se apresuraba a darle unos toques atrevidos para rematarlo. Pero no a todas las personas que quieran conseguir cierto efecto les servirá eso de tirarle el pincel a un lienzo con la esperanza de pintar un cuadro. La capacidad de dar esos toques sublimes solo se adquiere con el trabajo durante toda la vida, y es muy probable que el artista que no se haya educado a conciencia antes acabe con un borrón en vez de con una obra maestra si intenta pintar a toda velocidad.

El verdadero trabajador se distingue siempre por su esmerada atención y su diligencia. Los hombres más insignes no son los que «desprecian las cosas cotidianas», sino los que se esmeran en mejorarlas. Miguel Ángel explicaba un día a un visitante en su taller lo que había estado haciendo en una estatua desde su visita anterior. «He retocado esta parte, pulido esa, suavizado este rasgo, resaltado ese músculo, dado algo de expresión a este labio, y más energía a esa extremidad». A lo que el visitante contestó: «Pero eso son minucias». El escultor replicó: «Es posible, pero recuerde que las minucias aportan la perfección, y la perfección no es una minucia». También se decía de Nicolas Poussin, el pintor, que la regla de su conducta era que «todo lo que valía la pena hacer valía la pena hacerlo bien» y cuando al final de su vida su amigo Vigneul-Marville le preguntó por qué tenía tan grandísima reputación entre los pintores de Italia, Poussin contestó con vehemencia: «Porque no he descuidado nada».

Aunque hay descubrimientos de los que se dice que se hicieron por casualidad, si se profundiza, se ve que tuvieron muy poco de casualidades. En su mayoría, las llamadas casualidades solo fueron oportunidades cuidadosamente mejoradas por la inteligencia. La caída de la manzana a los pies de Newton se ha citado a menudo como prueba del carácter casual de algunos descubrimientos. Pero la mente de Newton llevaba años consagrada a la laboriosa y paciente investigación del tema de la gravitación, y el hecho de que la manzana cayera delante de sus ojos fue absorbido como solo un genio lo podía absorber y sirvió para iluminar el brillante descubrimiento que presenció ante sus ojos. De la misma manera, las burbujas de jabón de colores brillantes hechas soplando una pipa de fumar normal y corriente (aunque eran minucias e insignificantes como el aire para la mayoría) le sugirieron al doctor Young su preciosa teoría de las «interferencias» y lo condujo a su descubrimiento relacionado con la difracción de la luz. Aunque popularmente se supone que los grandes personajes solo se ocupan de grandes cosas, hombres como Newton y Young estaban preparados para detectar el significado de los hechos más cotidianos y sencillos. En realidad, su grandeza consistía básicamente en su sabia interpretación de estos hechos.

La diferencia entre los hombres consiste, en gran medida, en la inteligencia de sus observaciones. Un proverbio ruso dice sobre el hombre no observador: «Va andando por el bosque y no ve leña». «Los ojos del sabio están en su cabeza, pero el necio camina en la oscuridad», dijo Salomón. «Señor, algunos hombres aprenden más en un teatro de Hampstead que otros en un gran tour por Europa», le dijo Johnson en una ocasión a un elegante caballero que acababa de volver de Italia. La mente ve en la misma medida que los ojos. Donde los espectadores irreflexivos no observan nada, los hombres de visión inteligente se adentran en la fibra misma de los fenómenos que se les presentan, observando con atención las diferencias, haciendo comparaciones y detectando su idea subyacente. Muchos, antes que Galileo, habían visto oscilar ante sus ojos un peso suspendido con un compás medido, pero él fue el primero en detectar el valor que tenía este hecho. Uno de los sacristanes de la catedral de Pisa, después de rellenar con aceite una lámpara que colgaba del techo, la dejó oscilando de un lado a otro y Galileo, que por aquel entonces solo tenía dieciocho años, la observó con detenimiento y concibió la idea de aplicarla a la medición del tiempo. Sin embargo, transcurrieron cincuenta años de estudio y trabajo antes de que completara la invención de su péndulo, cuya importancia en la medición del tiempo y en los cálculos astronómicos difícilmente se puede sobrevalorar. Del mismo modo, Galileo, tras haber oído de pasada que un tal Lippershey, fabricante holandés de anteojos, le había presentado al conde Mauricio de Nassau un instrumento gracias al cual los objetos lejanos parecían cercanos al observador, se interesó por ese fenómeno, lo que condujo a la invención del telescopio, y por lo tanto fue el inicio de importantes descubrimientos astronómicos. Un espectador negligente o un oyente pasivo jamás habrían hecho semejantes descubrimientos.

Mientras el capitán Brown (sir Samuel más adelante) estudiaba la construcción de puentes con el fin de levantar uno barato que cruzara el río Tweed, cerca del cual vivía, paseaba una mañana de otoño por su jardín, cuajado de rocío, cuando vio una diminuta telaraña suspendida sobre su camino. Se le ocurrió de inmediato que se podría construir un puente de cuerdas o cadenas de la misma forma, y así inventó el puente colgante. Cuando a James Watt se le preguntó por el modo de transportar agua a través de tuberías por debajo del río Clyde, a lo largo de su lecho desigual, se fijó un día en el caparazón de una langosta que le llevaron a la mesa y a partir de ese modelo inventó un tubo de hierro que, una vez tendido, resultó ser eficaz para su propósito. Sir Isambert Brunel recibió sus primeras lecciones sobre cómo construir el túnel del Támesis de los pequeños gusanos marinos llamados «bromas». Reparó en cómo estos pequeños moluscos perforaban la madera con su cabeza bien armada, primero en una dirección y después en otra, hasta completar el arco para luego embadurnar el techo y los laterales con una especie de barniz; y al copiar a pies juntillas esta forma de trabajar, pero a gran escala, Brunel pudo por fin llevar a cabo su gran obra de ingeniería.

Es el ojo inteligente del observador atento el que le confiere el valor justo a estos fenómenos aparentemente triviales. Un hecho tan insignificante como ver algas flotando junto a su barco permitió a Colón controlar el motín que surgió entre sus marineros al no descubrir tierra y asegurarles que el tan buscado Nuevo Mundo no estaba lejos. No hay nada tan insignificante que deba permanecer en el olvido y cualquier hecho, por trivial que sea, puede resultar útil de un modo u otro si se interpreta como es debido. ¿Quién se iba a imaginar que los famosos «acantilados blancos de Albión» los habían construido insectos diminutos (detectados únicamente con la ayuda del microscopio), ¡del mismo orden que las criaturas que han salpicado el mar con islas de coral! ¿Y quién puede observar unos resultados tan extraordinarios, surgidos de diminutos trabajos, y atreverse a poner en duda el poder de las cosas pequeñas?

Observar detenidamente las cosas insignificantes es el secreto del éxito en los negocios, en el arte, en la ciencia y en todos los ámbitos de la vida. El conocimiento humano no es más que una acumulación de pequeños hechos, llevada a cabo por sucesivas generaciones de hombres, de modo que los retazos de conocimiento y la experiencia que atesoran va creciendo hasta convertirse en una poderosa pirámide. Pese a que muchos de estos hechos y de estas observaciones parecían a simple vista tener muy poca relevancia, acaban por tener su utilidad, encajando en el lugar que les corresponde. Incluso muchas especulaciones que parecen disparatadas acaban siendo la base de los resultados más evidentemente prácticos. En el caso de las secciones cónicas descubiertas por Apolonio de Perga, pasaron veinte siglos antes de que se convirtieran en la base de la astronomía, una ciencia que permite al navegante moderno abrirse camino en mares desconocidos y trazar en los cielos una ruta infalible hasta su puerto designado. Y si los matemáticos no se hubieran afanado durante tanto tiempo y, para los observadores sin conocimientos, con una aparente falta de resultados en las abstractas relaciones entre líneas y superficies, es probable que muy pocos de nuestros inventos mecánicos hubieran visto la luz.

Cuando Franklin descubrió la naturaleza del rayo y de la electricidad, fue objeto de burlas y la gente preguntó: «¿Para qué sirve?». A lo que su acertada respuesta fue: «¿Para qué sirve un niño? Puede convertirse en un hombre». Cuando Galvani descubrió que la pata de una rana reaccionaba moviéndose al entrar en contacto con distintos metales, era casi impensable que un hecho que parecía tan insignificante condujera a resultados importantes. Sin embargo, ahí estaba el germen del telégrafo eléctrico, que une la inteligencia de los continentes y que, con toda probabilidad antes de que pasen muchos años, «le pondrá un cinto a la tierra». De la misma manera, ciertos trocitos de rocas y fósiles desenterrados e interpretados adecuadamente han dado lugar a la ciencia de la geología y a la minería en sí, en la que se invierten grandes sumas de dinero y da trabajo a un gran número de personas.

La gigantesca maquinaria empleada en la explotación de nuestras minas, así como en el funcionamiento de los molinos, las fábricas, los barcos de vapor y las locomotoras, depende energéticamente también de un organismo tan liviano como las pequeñas gotas de agua expandidas por el calor, conocidas como «vapor», que vemos salir del pico de una tetera, pero que cuando se comprime en el interior de un ingenioso mecanismo, despliega una potencia igual a la de millones de caballos y contiene la fuerza para enfrentarse a las olas e incluso desafiar a los huracanes. La misma fuerza que actúa en las entrañas de la Tierra ha sido la causa de muchas de esas catástrofes casi milagrosas (volcanes y terremotos) que han desempeñado un papel tan potente en la historia del mundo.

Se dice que el marqués de Worcester se fijó por primera vez en el tema de la energía del vapor por casualidad, cuando la tapa hermética de un recipiente que contenía agua caliente salió despedida delante de él mientras estaba preso en la Torre de Londres. Publicó el resultado de sus observaciones en *El siglo de las invenciones*, que constituyó una especie de libro de texto para los investigadores sobre el poder del vapor durante varias generaciones, hasta que Savary, Newcomen y otros, aplicándolo a fines prácticos, lo llevaron al punto en el que Watt lo encontró cuando se le pidió que reparara un modelo de la máquina de vapor de Newcomen, que pertenecía a la Universidad de Glasgow. Esta casualidad supuso una oportunidad para Watt, que no tardó en aprovechar, y dedicó toda su vida a perfeccionar la máquina de vapor.

Este arte de aprovechar las oportunidades y de convertir incluso las ocurrencias casuales en algo útil, orientándolas hacia algún propósito, es uno de los grandes secretos del éxito. El doctor Johnson ha definido la inteligencia como «una mente de gran capacidad general que por casualidad se enfoca en una dirección en concreto». Los hombres que están decididos a encontrar el camino solos siempre tendrán oportunidades de sobra; y si no están a su alcance, las crearán. Los que más han hecho por la ciencia y el arte no son los que han disfrutado de las ventajas de las universidades, de los museos y de las galerías públicas. Tampoco los mejores mecánicos e inventores han recibido formación en los institutos mecánicos. La necesidad, con más frecuencia que la facilidad, ha sido la madre de la ciencia, y el colegio más prolífico ha sido el de la dificultad. Algunos de los mejores trabajadores han contado con las herramientas más rudimentarias para trabajar. Pero no son las herramientas las que hacen al trabajador, sino la habilidad y la perseverancia del hombre en sí. De hecho, es por todos conocido que un mal trabajador nunca ha dado con una herramienta buena. Alguien le preguntó a Opie con qué maravilloso proceso mezclaba sus colores. «Los mezclo con mi cerebro, señor», fue su respuesta. Lo mismo pasa con todos los trabajadores que quieren destacar. Ferguson hizo cosas maravillosas, como su reloj de madera, que medía las horas con precisión, con una navaja normal y corriente, una herramienta al alcance de todo el mundo; pero no todo el mundo es Ferguson. Una cacerola con agua y dos termómetros fueron las herramientas con las que el doctor Black descubrió el calor latente; y un prisma, una lente y una cartulina permitieron a Newton desentrañar la composición de la luz y el origen de los colores. Un eminente erudito extranjero recurrió al doctor Black en una ocasión y le pidió que le enseñara su laboratorio, en el que la ciencia se había enriquecido con numerosos descubrimientos. Cuando el doctor lo llevó a su reducido gabinete, le señaló una vieja bandeja de té en la mesa, que contenía varios vidrios de observación, papeles de pruebas, una pequeña balanza y una cerbatana, y le dijo: «¡Este es todo mi laboratorio!».

Stothard aprendió el arte de combinar colores estudiando con detenimiento las alas de las mariposas. Decía que nadie sabía lo que les debía a estos diminutos insectos. Un palo quemado y la puerta de un granero le sirvieron a Wilkie a falta de lápiz y lienzo. Bewick empezó a dibujar en las paredes de la casa de su pueblo natal, que cubrió con sus bocetos en tiza; y Benjamin West hizo sus primeros pinceles con pelos de la cola del gato. Por la noche Ferguson se tumbaba en el campo envuelto en una manta y hacía un mapa de los cuerpos celestes con un hilo con pequeñas cuentas que tendía entre sus ojos y las estrellas. Franklin le arrebató los relámpagos por primera vez a las nubes cargadas de truenos mediante una cometa hecha con dos palos cruzados y un pañuelo de seda. Watt hizo su primer modelo de la máquina de vapor de condensación con una vieja jeringuilla de anatomista, utilizada para inyectar las arterias antes de la disección. Gifford planteó su primer problema matemático cuando era aprendiz de zapatero, sobre pequeños trozos de cuero que alisó para tal fin; mientras que Rittenhouse, el astrónomo, calculó por primera vez los eclipses en el mango de su arado.

Los momentos más normales y corrientes le brindan a un hombre oportunidades o sugerencias para mejorar si es que está dispuesto a aprovecharlas sin pérdida de tiempo. El profesor Lee se sintió atraído en primer lugar por el estudio del hebreo al encontrarse una Biblia en este idioma en una sinagoga, mientras trabajaba como carpintero en la reparación de las bancas. Lo poseyó el deseo de leer el libro en el original y, tras comprarse un ejemplar barato de segunda mano de una gramática hebrea, se puso manos a la obra y pronto aprendió el idioma por sí mismo. Como dijo Edmund Stone al duque de Argyle, en respuesta a la pregunta de Su Excelencia sobre cómo él, un pobre jardinero, había logrado leer los *Principia* de Newton en latín: «Solo hace falta conocer las veinticuatro letras del alfabeto para aprender todo lo demás que se desee». La diligencia y la perseverancia, así como la mejora constante de las oportunidades, harán el resto.

Sir Walter Scott vio oportunidades de superación personal en todas sus actividades e incluso sacó provecho de las casualidades. Así, en el desempeño de sus funciones como aprendiz de escritor, se adentró por primera vez en las Highlands y entabló amistad con los héroes supervivientes de 1745, lo que le sirvió para sentar las bases de gran parte de sus obras. Más tarde, cuando trabajaba como intendente de la Caballería Ligera de Edimburgo, la coz de un caballo lo incapacitó, de modo que quedó confinado un tiempo en su casa; pero Scott era un enemigo jurado de la ociosidad e inmediatamente puso su mente a trabajar, y en tres días compuso el primer canto del *Canto del último trovador*, su primera gran obra original.

El doctor Priestley, fundador de un nuevo departamento de ciencia y el descubridor de muchos gases, se centró por casualidad en el tema porque residía cerca de una gran fábrica de cerveza. Al ser un observador atento, cuando visitó la cervecería se dio cuenta de la apariencia tan peculiar que acompañaba a la extinción de las astillas encendidas en el gas que flotaba sobre el licor fermentado. Tenía entonces cuarenta años y no sabía nada de química; sin embargo, tuvo acceso a libros que le enseñaron un poco, ya que todavía no se sabía nada sobre el tema. Después empezó a experimentar, ideando su propio aparato, que era muy rudimentario. Los curiosos resultados de sus primeros experimentos condujeron a otros que en sus manos pronto se convirtieron en la ciencia de la química neumática. Más o menos por la misma época, Scheele trabajaba en esto mismo en una remota aldea sueca y descubrió varios gases nuevos, sin más aparatos a su alcance que unas cuantas ampollas de boticario y vejigas de cerdo.

Sir Humphry Davy, cuando era aprendiz de boticario, llevó a cabo sus primeros experimentos con unos instrumentos muy rudimentarios. La mayor parte los improvisó él mismo a partir de los materiales variopintos que el azar puso en su camino. Requisó sin contemplaciones las ollas y las sartenes de la cocina, así como los frascos y los recipientes del despacho de su maestro. Dio la casualidad de que un navío francés naufragó frente a las costas de Land's End, y el cirujano sobrevivió, llevándose consigo su maletín de instrumentos, entre los que había un anticuado aparato de enemas, algo que le enseñó a Davy, con quien entabló cierta amistad. El aprendiz de boticario lo recibió con gran alborozo y lo usó de inmediato como parte de un aparato neumático que él inventó, usando después para que sirviera como bomba de aire en uno de sus experimentos sobre la naturaleza y las fuentes del calor.

Del mismo modo, el profesor Faraday, sucesor científico de sir Humphry Davy, llevó a cabo sus primeros experimentos sobre electricidad con una vieja botella, cuando todavía era encuadernador. Y es curioso que Faraday se sintiera atraído por el estudio de la química al asistir a una de las conferencias de sir Humphry Davy sobre el tema en la Royal Institution (la organización benéfica para la educación y la investigación científicas). Un caballero, miembro de la institución, fue un día a la tienda donde Faraday trabajaba encuadernando libros y lo vio estudiando con detenimiento el artículo dedicado a la electricidad de una enciclopedia que estaba encuadernando. El caballero, tras preguntar, descubrió que le interesaban esos temas y le dio una invitación a la Royal Institution, donde asistió a un curso de cuatro conferencias a cargo de sir Humphry. Tomó notas en las conferencias, que mostró al conferenciante, quien reconoció su exactitud científica y se sorprendió cuando le habló de la humilde ocupación Faraday. Este a su vez le expresó su deseo de dedicarse a los estudios químicos, de lo que sir Humphry intentó disuadirlo en un primer momento; pero el joven persistió y al final fue admitido en la Royal Institution como ayudante; y por fin el manto del brillante aprendiz de botica cubrió los dignos hombros del también brillante aprendiz de encuadernador.

Las palabras que Davy anotó en su cuaderno cuando tenía unos veinte años y trabajaba en el laboratorio del doctor Beddoes en Bristol eran muy típicas de él: «No tengo riquezas, ni poder, ni alcurnia que me recomienden; sin embargo, si vivo, confío en que el hecho de no haber nacido con esas ventajas no disminuya mi capacidad para servir a la humanidad y a mis amigos». Davy poseía la capacidad, como Faraday, de dedicar todo el poder de su mente a la investigación práctica y experimental de un tema en todos sus aspectos; y una mente así pocas veces fracasará, a fuerza de mera diligencia y pensamiento paciente en producir resultados del más alto nivel. Coleridge dijo de Davy: «Su mente tiene energía y elasticidad, lo que le permite aprovechar y analizar todas las cuestiones, llevándolas a sus legítimas consecuencias. Cada tema en la mente de Davy tiene el principio de la vitalidad. Los pensamientos vivos brotan como el césped bajo sus pies». Davy, por su parte, dijo de Coleridge, cuyas habilidades admiraba muchísimo: «Posee la inteligencia más exaltada, los puntos de vista más amplios, el corazón sensible y la mente iluminada, anhelará siempre el orden, la precisión y la regularidad».

De joven, Cuvier paseaba un día por las playas cercanas a Fiquainville, en Normandía, cuando vio a una sepia varada en la arena. El curioso animal le llamó la atención, así que se lo llevó a casa para diseccionarlo e inició el estudio de los moluscos, que lo llevó a convertirse en uno de los más grandes historiadores de la naturaleza. Del mismo modo, la curiosidad de Hugh Miller se despertó por los notables rastros de animales marinos extintos en la antigua arenisca roja con la que trabajaba como cantero. Indagó, observó, estudió y se convirtió en geólogo. «La necesidad me convirtió en cantero —dijo— y me enseñó a ser geólogo».

Sir Joseph Paxton trabajaba como jardinero para el duque de Devonshire cuando el Comité de la Exposición de 1851 pidió que les hicieran los planos de un edificio. Parece que los arquitectos e ingenieros no estaban a la altura cuando Paxton presentó su diseño, y lo novedoso y lo apropiado que era para los fines requeridos hicieron que lo aceptaran de inmediato. El primer boceto lo hizo en una hoja de papel secante en las estancias de la Midland Railway Company en Derby; y este primer tosco boceto ya proporcionaba las características principales del edificio con tanta exactitud como los planos más perfilados que se prepararon posteriormente. La gran idea del Palacio de Cristal era tan palpable en el papel secante como si la hubieran plasmado con toda la gloria de la acuarela y un marco dorado. ¿Fue una idea repentina, una genialidad, el destello de la mente de alguien que, aunque no era arquitecto, debía de tener al menos algo de poeta? En absoluto.

El arquitecto del Palacio de Cristal solo era un hombre que aprovechaba las oportunidades, diligente y meticuloso, que había llevado una vida de trabajo, de dedicada superación personal, de asiduo cultivo del conocimiento. La idea, como el propio sir Joseph Paxton ha demostrado en una conferencia ante la Sociedad de las Artes, fue creada despacio y con paciencia a través de experimentos que se prolongaron durante muchos años; y la Exposición de 1851 solo le brindó la oportunidad de exponer su idea, lo correcto en el momento adecuado, y el resultado fue lo que hemos visto.

Por lo tanto, no es la casualidad lo que ayuda a un hombre en el mundo, sino el propósito y la perseverancia. Esto hace que el hombre perspicaz reconozca las oportunidades y las aproveche. A los débiles, perezosos y sin propósito, las oportunidades más fáciles no les sirven de nada, las dejan pasar sin encontrarles el sentido. Pero es asombroso todo lo que se puede lograr si nos apresuramos a aprovechar e incluso mejorar los intervalos más cortos de acción y esfuerzo posibles. Watt aprendió química y mecánica mientras trabajaba en su oficio de fabricante de instrumentos matemáticos, y aprovechó todas las oportunidades que se le presentaron para ampliar sus conocimientos de idiomas, literatura y principios científicos. Stephenson aprendió aritmética y medición mientras trabajaba como maquinista durante los turnos de noche, y estudió mecánica durante su tiempo libre en casa, preparándose así para su gran obra: la invención de la locomotora de pasajeros. La dedicación de Daiton fue el hábito de su vida. Comenzó desde niño, ya que daba clases en una pequeña escuela del pueblo con tan solo doce años; se encargaba de la escuela en invierno y trabajaba en la granja de su padre en verano. A veces se hacía apuestas para animarse a sí mismo y a sus compañeros a estudiar, aunque se crio como cuáquero. Y en una ocasión, al resolver con acierto un problema, consiguió los medios para comprarse las velas necesarias para el invierno. Se dedicó en cuerpo y alma a registrar sus observaciones meteorológicas hasta un par de días antes de morir, tras haber registrado más de doscientas mil a lo largo de su vida.

Con perseverancia se le puede exprimir todo el jugo a los momentos robados al tiempo. Al eliminar una hora al día de frivolidades y emplearla de la forma adecuada, seguramente una persona normal y corriente podrá mejorar su dominio de una ciencia. Hará que un hombre ignorante pase a ser uno culto en diez años. No podemos permitir que el tiempo pase sin dar sus frutos en la forma de algo aprendido y digno de saberse, de un buen principio acumulado o de algún buen hábito reforzado. El doctor Mason Good tradujo a Tito Lucrecio mientras paseaba en su carruaje por las calles de Londres, haciendo la ronda entre sus pacientes. El doctor Darwin compuso casi todas sus obras de la misma manera, mientras conducía su carruaje de casa en casa por el campo, anotando sus pensamientos en trocitos de papel que llevaba consigo a tal efecto. Matthew Hale escribió sus reflexiones en *Contemplations* mientras viajaba. El doctor Burney aprendió francés e italiano mientras viajaba a caballo en el ejercicio de su profesión de un alumno al que enseñaba música a otro. Kirke White aprendió griego yendo y viniendo del despacho de un abogado; y conocemos personalmente a un hombre de eminente posición en una ciudad manufacturera del norte que aprendió latín y francés mientras hacía recados por las calles de Manchester.

Elihu Burritt atribuyó su primer éxito en la superación personal, no a la inteligencia, de la que renegaba, sino al mero uso de esos valiosos fragmentos de tiempo, llamados «momentos raros». Mientras trabajaba y se ganaba la vida como herrero, llegó a dominar unas dieciocho lenguas antiguas y modernas, y veintidós dialectos europeos. Sin embargo, era muy modesto y sus logros no le parecían extraordinarios. Al igual que otro hombre culto y sabio, de quien se decía que podía estar callado en diez idiomas, Elihu Burritt era capaz de hacer lo mismo en cuarenta. «Quienes conocen mi personalidad desde joven —dijo en una carta a un amigo— sabrán que digo la verdad cuando aseguro que nunca se me pasó por la cabeza vanagloriarme de mis conocimientos... Todo lo que he logrado, o espero lograr, ha sido y será siempre por el laborioso proceso de acumular con paciencia y perseverancia lo necesario para construir el hormiguero: granito a granito, pensamiento a pensamiento, hecho a hecho. Y si alguna vez me movió la ambición, su mayor expresión jamás fue más allá de la esperanza de servir de ejemplo para mis jóvenes compatriotas al usar esos "momentos raros" de valor incalculable».

Daguesseau, uno de los grandes cancilleres de Francia, escribió un voluminoso y competente libro en los repetidos intervalos de espera de la cena aprovechando al máximo sus ratos libres; y madame de Genlis escribió varios de sus deliciosos libros mientras esperaba a la princesa a la que impartía clase a diario. Jeremy Bentham dispuso sus horas de trabajo y de descanso de la misma manera, a fin de no perder ni un momento, basándose en el principio de que es una calamidad perder la más mínima porción de tiempo. Vivía y trabajaba con la conciencia práctica de que los días del hombre están contados y de que llega la noche en que nadie puede trabajar.

Hay una solemne e impactante advertencia a la juventud inscrita en la esfera de All Souls, Oxford: «*Periunt et imputantur*», lo que viene a ser que las horas perecen y quedan a nuestro cuidado. Porque el tiempo, como la vida, nunca se puede recuperar. Melancthon anotaba el tiempo que perdía, para poder así alentar su diligencia y no perder ni una hora. Un erudito italiano puso sobre su puerta una inscripción en la que daba a entender que quienquiera que permaneciese allí debería unirse a sus trabajos. «Nos preocupa la idea de estar robándole tiempo», le dijeron unas visitas a Baxter. A lo que el molesto y directo teólogo contestó: «Desde luego que lo hacen». El tiempo era la finca de la que estos grandes trabajadores, junto con todos los demás, cosecharon una rica herencia de pensamientos y obras para sus sucesores.

La mera monotonía soportada por algunos hombres al llevar a cabo sus tareas es extraordinaria; pero la monotonía la consideraban el precio del éxito. Addison acumuló hasta tres folios de material manuscrito antes de empezar *The Spectator* («El espectador»). Newton escribió su *Cronología* quince veces antes de quedar satisfecho con la versión; y Edward Gibbon redactó *Memorias de mi vida* nueve veces. Hale estudió durante muchos años a razón de dieciséis horas diarias, y cuando se cansaba del estudio del derecho, se distraía con la filosofía y el estudio de las matemáticas. Hume escribía trece horas diarias mientras preparaba su *Historia de Inglaterra*. Montesquieu, en referencia a parte de sus escritos, le dijo a un amigo: «Lo leerás en pocas horas, pero te aseguro que me ha costado tanto trabajo que me han salido canas».

Los hombres reflexivos y estudiosos han recurrido a menudo a la práctica de anotar sus pensamientos y los hechos con el fin de aferrarse a ellos y evitar así que se pierdan en la oscuridad del olvido. Lord Bacon dejó tras de sí muchos manuscritos, titulados *Sudden thoughts set down for use*, que no eran otra cosa que los pensamientos que iba anotando para un uso posterior. Erskine resumió mucho a Burke; y Eldon copió *Coke upon Littleton* por duplicado de su puño y letra, de modo que el libro se convirtió en parte de su propia mente por así decirlo. El difunto doctor Pye Smith, cuando era aprendiz de encuadernador a órdenes de su padre, redactaba numerosos memorandos de todos los libros que leía, con extractos y críticas. Su indomable diligencia a la hora de recopilar material lo marcó toda la vida, y su biógrafo lo describió como «siempre trabajando, siempre adelantado, siempre recopilando». Estos cuadernos/libros demostraron ser más adelante el gran almacén del que sacaba sus ilustraciones, como las «canteras» de Richter.

La misma práctica caracterizó al eminente John Hunter, que la adoptó con el propósito de compensar los defectos de la memoria, ilustrando así las ventajas que se obtienen al plasmar los pensamientos por escrito: «Se parece al inventario que hace un comerciante, sin el que nunca sabría lo que tiene o lo que le falta», decía. John Hunter, cuya capacidad de observación era tal que Abernethy lo llamaba a menudo el «Ojo de Argos», proporcionó un ejemplo ilustre del poder de la paciencia y la dedicación. Recibió una escasísima educación hasta los veinte años, y le costó mucho aprender a leer y a escribir. Trabajó unos años como carpintero en Glasgow, tras lo cual se fue a Londres con su hermano William, donde estaba afincado y trabajaba dando clases y como profesor de anatomía. John entró en su clase de disección como ayudante, pero pronto destacó por encima de su hermano, en parte gracias a su enorme talento innato, pero sobre todo por su dedicación, su paciencia y su infatigable diligencia. Fue uno de los primeros del país en dedicarse con ahínco al estudio de la anatomía comparada, y el profesor Owen tardó diez años por lo menos en organizar todo lo que diseccionó y coleccionó. La colección contiene unos veinte mil especímenes y es el tesoro más valioso de este tipo que haya recopilado un solo hombre. Hunter se pasaba todas las mañanas, desde que amanecía hasta las ocho, en el museo, y durante todo el día ejercía su extensa práctica privada, desempeñaba sus intrincadas funciones como cirujano del Hospital de San Jorge y cirujano general adjunto del ejército, daba conferencias a los estudiantes y supervisaba una escuela de anatomía práctica en su propia casa; y también consiguió sacar tiempo de alguna parte para llevar a cabo complicados experimentos sobre economía animal y redactar varios trabajos de gran importancia científica. A fin de sacar tiempo para semejante carga de trabajo, solo se permitía dormir cuatro horas por la noche y una hora después de comer. Cuando se le preguntó qué método había adoptado para asegurarse el éxito, respondió: «Mi regla consiste en sopesar con detenimiento si algo es factible antes de empezar. Si no lo es, ni lo intento. Si lo es, puedo lograrlo siempre que me esmere lo suficiente; y una vez que empiezo, no paro hasta conseguirlo. A esta regla debo todo mi éxito».

John Hunter dedicó gran parte de su tiempo a recopilar datos concretos sobre asuntos que, antes de su época, se consideraban sumamente triviales. Por esto, muchos de sus contemporáneos supusieron que no hacía más que perder el tiempo y su inteligencia al estudiar con tanto detenimiento el crecimiento de la cornamenta de un ciervo. Pero Hunter estaba convencido de que ningún conocimiento exacto de los hechos científicos carece de valor. Gracias al estudio mencionado, aprendió que las arterias se acomodan a las circunstancias y que se ensanchan según lo requiera la ocasión; y este conocimiento adquirido fue lo que lo animó en un caso de aneurisma en una arteria ramificada a ligar el tronco principal donde ningún cirujano antes que él se había atrevido, salvando así la vida de su paciente. Al igual que otros muchos visionarios, trabajó durante mucho tiempo oculto, cavando y sentando las bases. Era un genio solitario y autosuficiente, que seguía su camino sin el consuelo de la comprensión ni de la aprobación, ya que pocos de sus colegas entendían el fin de sus investigaciones. Pero, al igual que todos los verdaderos trabajadores, no fracasó a la hora de obtener la mejor de las recompensas (esa que no depende tanto de los demás como de uno mismo): la aprobación de la conciencia, que en un hombre de bien llega tras el debido cumplimiento de las obligaciones.

Harvey fue otro trabajador muy perseverante en el mismo campo de la ciencia. Dedicó no menos de ocho largos años a la investigación antes de publicar sus ideas sobre la circulación de la sangre. Repitió y verificó sus experimentos una y otra vez, seguramente al prever la oposición que se encontraría por parte de sus colegas cuando diera a conocer su descubrimiento. El tratado en el que finalmente anunció sus puntos de vista fue muy modesto, pero también sencillo, perspicaz y concluyente. Sin embargo, fue recibido con burlas, como si lo hubiera escrito un advenedizo descerebrado. Durante una temporada no consiguió convencer a nadie y solo recibió insultos y desprecio. Había puesto en tela de juicio la reverenciada autoridad de los antiguos, y se llegó a afirmar que sus opiniones tenían la intención de subvertir la autoridad de las Sagradas Escrituras y de socavar los fundamentos de la moral y de la religión. Su pequeña consulta perdió pacientes y se quedó casi sin amigos. La situación duró varios años, hasta que la gran verdad que Harvey sostuvo contra viento y marea, y que caló en muchas mentes reflexivas, maduró poco a poco gracias a más observadores, y tras casi veinticinco años, llegó a reconocerse como una verdad científica establecida.

Las dificultades a las que se enfrentó el doctor Jenner para promulgar y establecer su descubrimiento de la vacunación como medida efectiva para prevenir la viruela fueron incluso mayores que las de Harvey. Muchos, antes que él, habían sido testigos de la viruela de las vacas y habían oído hablar del rumor que corría entre las lecheras de Gloucestershire, según el cual quien se hubiera contagiado y hubiera pasado dicha enfermedad estaba a salvo de la viruela. Era un rumor de gente insignificante y vulgar, que supuestamente no tenía la menor importancia. Y a nadie se le ocurrió que merecía la pena investigarlo hasta que Jenner se enteró por casualidad. Era joven y estaba estudiando en Sodbury cuando se quedó de piedra por un comentario casual que hizo una muchacha de pueblo al ir a la consulta de su maestro en busca de consejo. Hablaron de la viruela, y la muchacha dijo: «No puedo enfermar de eso, porque ya he pasado la viruela de las vacas». El comentario captó toda la atención de Jenner de inmediato, que se puso a investigar y a seguir el tema. Sus colegas de profesión, a quienes mencionó su teoría sobre el efecto profiláctico de la viruela de las vacas, se rieron de él e incluso amenazaron con expulsarlo de su asociación si insistía en molestarlos con el tema. En Londres tuvo la inmensa suerte de estudiar con John Hunter, a quien le habló de su teoría. El consejo del gran anatomista fue muy típico de él: «No pienses, ponte a ello. Sé paciente, sé riguroso». El consejo le dio alas a Jenner y le transmitió el verdadero arte de la investigación filosófica. Volvió al campo para ejercer su profesión, y siguió haciendo observaciones y experimentos, a lo largo de veinte años. Su fe en su descubrimiento era tal que vacunó a su propio hijo en tres ocasiones. Por fin publicó su teoría en un libro de encuadernación holandesa de unas setenta páginas en el que detallaba los veintitrés casos de personas vacunadas con éxito, a las que después resultó imposible contagiar la viruela ni por contacto directo ni por inoculación. Este tratado se publicó en 1798, aunque llevaba trabajando en su teoría desde 1775 como mínimo, cuando empezó a tomar forma.

¿Cómo se recibió el descubrimiento? Al principio con indiferencia y después con evidente animadversión. Se fue a Londres para explicarles a sus colegas de profesión el proceso de vacunación y sus exitosos resultados; pero fue imposible de lograr y, tras esperar en vano casi tres meses, Jenner regresó a su pueblo natal. Incluso sacaron caricaturas suyas y lo vilipendiaron por su intento de «bestializar» a los hombres mediante la introducción en sus cuerpos de materia enferma procedente de la ubre de una vaca. Cobbett fue uno de sus retractores más furibundos. Desde el púlpito se denunció la vacunación como «diabólica». Se afirmaba que los niños vacunados acababan con «cara de buey», que salían abscesos que indicaban «brotes de cuernos» y que el semblante se «transformaba poco a poco en el de una vaca y la voz, en el bramido de los toros». Sin embargo, la vacunación era una verdad, y pese a la violenta oposición, empezó a extenderse poco a poco la confianza en ella. En un pueblo donde un caballero intentó introducir la práctica, emplumaron a las primeras personas que se ofrecieron voluntarias para vacunarse y las apedreaban si salían de casa hasta que se volvían a encerrar. Dos damas de alcurnia, lady Ducie y la condesa de Berkeley (que se recuerde por siempre su virtud) tuvieron el valor de vacunar a sus propios hijos; y los prejuicios se acabaron de una vez por todas. Los médicos cambiaron de opinión poco a poco y hubo varios que incluso quisieron quitarle al doctor Jenner el mérito del descubrimiento cuando se reconoció por fin su valiosísima importancia. Por fin triunfó la causa de Jenner, al que se recompensó y se le rindieron honores públicamente. En la prosperidad fue tan humilde como en la adversidad. Lo invitaron a mudarse a Londres y le dijeron que podría dirigir una consulta de diez mil libras anuales. Pero su respuesta fue: «¡No! En los primeros años de mi vida busqué los recónditos y corrientes caminos de la vida, el valle, no las montañas, y ahora, en el ocaso de mis días, no me agrada considerarme una persona de fortuna y fama». Jenner seguía vivo cuando se adoptó la vacunación en todo el mundo; y cuando murió, se lo reconocía como benefactor de la humanidad. Cuvier ha dicho: «Si la vacuna fuera el único descubrimiento de la época, bastaría para hacerlo ilustre para siempre».

No menos paciente, decidido y perseverante fue sir Charles Bell en la consecución de sus descubrimientos, relativos al sistema nervioso. En épocas pasadas, prevalecían las nociones más desconcertantes sobre las funciones de los nervios, y esta rama de estudio había avanzado poco desde los tiempos de Demócrito y Anaxágoras tres mil años antes. Sir Charles Bell, en la valiosa serie de trabajos cuya publicación se inició en 1821, adoptó un enfoque totalmente novedoso del tema, basado en una larga serie de experimentos cuidadosos y rigurosos, replicados con frecuencia. Mediante el complejo trazado del sistema nervioso desde el orden más bajo de los seres vivos hasta el hombre (el amo del reino animal), lo mostró «con tanta claridad como si estuviera escrito en nuestra lengua materna», usando sus propias palabras. Su gran descubrimiento consistió en el hecho de que los nervios espinales tienen una función doble y surgen por raíces dobles de la médula espinal, de modo que la capacidad motora se transmite por la parte de los nervios que brotan de una raíz y la capacidad sensorial por la otra. Este tema mantuvo ocupado a sir Charles Bell durante cuarenta años, hasta que presentó su último trabajo ante la Royal Society (la sociedad científica más antigua de Reino Unido), en 1840. Al igual que en los casos de Harvey y Jenner, cuando superó las burlas y la oposición con las que se recibieron sus teorías y se reconoció su veracidad, salieron muchos reclamando haberlo descubierto primero, tanto en su país como en el extranjero. Al igual que Harvey y Jenner, él también perdió pacientes por la publicación de sus valiosos trabajos y dejó constancia de que, después de cada paso en su descubrimiento, se veía obligado a esforzarse todavía más en el trabajo para conservar su reputación como médico. Sin embargo, por fin reconocieron al completo sus grandes méritos y el mismísimo Cuvier, al encontrárselo en su lecho de muerte con la cara desfigurada y vuelta hacia un lado, les dijo a sus ayudantes que eso era prueba de la veracidad de la teoría de sir Charles Bell.

El difunto doctor Marshall Hall estudió con devoción la misma rama de la ciencia. Era hijo del señor Robert Hall, de Basford, cerca de Nottingham, a quien tanto debe la industria manufacturera de este país como inventor del proceso para blanquear con lejía a gran escala, mediante el cual se llevaba a cabo en pocas horas un proceso que antes requería de varias semanas. Es notable que los vecinos del señor Hall apodaran el lugar donde empezó su andadura «Bedlam», nombre que todavía conserva.[1] Al segundo hijo del señor Hall, Samuel, le debe Nottingham en gran medida su actual prosperidad e importancia comercial, derivada de haber inventado el proceso de limpieza del encaje mediante gas, así como el blanqueo del almidón, de modo que las telas de algodón de Nottingham casi no se distinguen del encaje de hilo de lino del continente europeo. El cuarto hijo del señor Hall fue el célebre médico y fisiólogo Marshall Hall, cuyo nombre quedará para la posteridad junto con los de Harvey, Hunter, Jenner y Bell. Durante toda su larga y útil vida fue un observador muy detallado y minucioso, y ningún hecho, por insignificante que pareciera, escapó a su atención. Su importante descubrimiento del sistema nervioso autónomo, por el que será famoso durante mucho tiempo entre los científicos, tuvo lugar en circunstancias la mar de corrientes. Cuando investigaba la circulación neumónica en los tritones, tenía un ejemplar decapitado en la mesa y, al separar la cola y pinchar sin querer el tegumento externo, observó que se movía con energía y que se contorsionaba. No había tocado ni un músculo ni un nervio muscular, así que ¿cuál era el motivo de dichos movimientos? Seguramente ya se hubiera observado algo parecido a menudo, pero el doctor Hall fue el primero en dedicarse en cuerpo y alma a la investigación de sus causas. Al respecto dijo: «No me quedaré satisfecho hasta que lo haya descubierto y aclarado todo». Su dedicación fue casi constante, y se estima que en el transcurso de su vida dedicó no menos de veinticinco mil horas a su investigación experimental y química; al mismo tiempo atendía a muchísimos pacientes en su consulta privada y daba charlas en el Hospital St. Thomas y en otras facultades de Medicina. Parece increíble que la Royal Society rechazara el artículo en el que plasmó su descubrimiento y que solo lo aceptaran al cabo de diecisiete años, cuando la veracidad de sus argumentos ya estaba reconocida por científicos tanto dentro como fuera de su propio país. Una persona como el doctor Bell, tan maravillosa, llena de esperanza, perseverante ante la adversidad, honesta y defensora de la verdad, es un tema de estudio tan provechoso que nos alegramos al saber que es muy posible que en breve publiquen una biografía ensalzando su figura, libro que sin duda estará a su altura.

La vida de sir William Herschel nos da otro notable ejemplo del poder de la perseverancia en otra rama de la ciencia. Su padre era un pobre músico alemán que educó a sus cuatro hijos en la misma profesión. William vino a Inglaterra en busca de fortuna y se alistó en la banda de la milicia de Durham, en la que tocaba el oboe. El regimiento se encontraba en Doncaster, donde el doctor Miller conoció a Herschel y lo oyó interpretar por primera vez un solo para violín de forma sorprendente. El doctor habló con el joven y le cayó tan bien que lo animó a abandonar la banda y vivir con él durante una temporada. Herschel así lo hizo, y mientras estuvo en Doncaster, se dedicó sobre todo a tocar el violín en conciertos, aunque aprovechó el hecho de tener a su disposición la biblioteca del doctor Miller para estudiar en sus horas libres. Como se había construido un nuevo órgano para la iglesia parroquial de Halifax, se anunció que se buscaba un organista, puesto al que Herschel se presentó y que obtuvo. Mientras ejercía de organista y de profesor de música en Halifax, comenzó a estudiar matemáticas por su cuenta. Después de llevar la vida errante de un artista, se sintió atraído por Bath, donde tocó en la banda de la Sala de la Fuente y también ejerció de organista en la capilla Octagon. Unos recientes descubrimientos en el campo de la astronomía le llamaron la atención y le despertaron una fuerte curiosidad, de modo que consiguió que un amigo le prestase un telescopio gregoriano de algo más de medio metro. El pobre músico se sentía tan fascinado por la ciencia que incluso pensó en comprarse un telescopio, pero el precio que el óptico londinense le pidió fue tan alto que decidió construirse uno. Quien sepa lo que es un telescopio reflector y la habilidad necesaria para preparar el espéculo metálico cóncavo que forma la parte más vital del aparato podrá hacerse una idea de la dificultad de esta empresa. Sin embargo, Herschel consiguió, después de un largo y laborioso esfuerzo, terminar un telescopio de metro y medio, con el que tuvo la satisfacción de observar el anillo y los satélites de Saturno. No satisfecho con este logro, procedió a fabricar sucesivamente otros telescopios de dos metros y medio, tres y hasta seis. En la construcción del telescopio de dos metros y medio, fabricó no menos de doscientos espéculos antes de producir uno que soportara cualquier potencia que se le aplicase, un ejemplo sorprendente de su perseverante diligencia. Mientras medía a la perfección los cielos con sus instrumentos, seguía ganándose la vida tocando para los refinados asiduos de la Sala de la Fuente de Bath. Estaba tan entusiasmado con sus observaciones astronómicas, que se escapaba de la sala durante un intervalo, se pasaba por su telescopio y volvía contento a su oboe. Fue así como Herschel descubrió la Georgium Sidus, cuya órbita y velocidad de movimiento calculó al milímetro, y le envió el resultado a la Royal Society. Poco después fue nombrado Astrónomo Real y, gracias a la amabilidad de Jorge III, ocupó un puesto honorífico de por vida. Llevó sus honores con la misma mansedumbre y humildad que le habían distinguido en sus días de anonimato. Quizá no pueda encontrarse entre todos los científicos a un seguidor de la ciencia tan gentil y paciente, y a la vez tan distinguido y exitoso en mitad de las adversidades.

La carrera de William Smith, el padre de la geología inglesa, no es menos interesante e instructiva como ejemplo de esfuerzo paciente y perseverante, y de cultivo diligente de cualquier oportunidad presentada, aunque tal vez sí sea menos conocida. Nació en 1769, hijo de un campesino de Churchill, en Oxfordshire. Su padre murió cuando él solo era un niño, por lo que recibió una educación muy escasa en la escuela del pueblo e incluso esta tuvo que enfrentarse a su costumbre de no asistir a clase y de vagabundear. Como su madre se casó por segunda vez, un tío suyo, también granjero, se hizo cargo de él y lo educó. Aunque al tío no le hacía gracia la afición del muchacho a vagabundear, recogiendo «libras de piedra», «guijarros» y otras curiosidades pétreas que yacían esparcidas por las tierras colindantes, le dio los medios para comprarse algunos de los libros necesarios con los que instruirse en los rudimentos de la geometría y de la agrimensura, ya que el muchacho ya estaba destinado al oficio de agrimensor. Una de sus cualidades características incluso de pequeño era su capacidad de observación aguda y certera; y que nunca se olvidaba de algo que veía bien, aunque solo fuera una vez. Empezó a dibujar, intentó colorear y se instruyó en las artes de la medición y la agrimensura. Todo sin una educación formal. Y gracias a su esfuerzo por culturizarse, pronto alcanzó tal nivel que consiguió un puesto como ayudante de un agrimensor local, también autodidacta, que estaba ocupándose de un extenso proyecto en la zona. Este puesto le proporcionó a William Smith una gran experiencia como agrimensor, y en el ejercicio de sus funciones tenía que recorrer a menudo Oxfordshire y los condados colindantes. Una de las primeras cuestiones sobre las que reflexionó en profundidad fue la disposición de los diversos suelos y estratos de los que se percató en las tierras que inspeccionaba o recorría, sobre todo la situación de la tierra roja con respecto al lías y las rocas que había encima. La inspección de varias minas de carbón que tuvo que llevar a cabo en el curso de su carrera en 1792 y 1793 le brindaron más experiencia; e incluso en esta época temprana, cuando solo tenía veintitrés años, parece que contempló la posibilidad de hacer un modelo de los estratos de la tierra.

Por aquel entonces se habían puesto en marcha muchos planes para construir nuevos canales, y el señor Smith, con una gran visión para los negocios, anduvo los pasos para cualificarse como topógrafo de canales. Mientras trabajaba en la nivelación de un proyecto para un canal en Gloucestershire, se le ocurrió la idea de una ley general relativa a los estratos del distrito. Teorizó que los estratos que yacían sobre el carbón no estaban dispuestos horizontalmente, sino inclinados, y en una dirección concreta, hacia el este; asemejándose a gran escala «al aspecto de rebanadas de pan superpuestas con mantequilla en medio». Poco después confirmó esta teoría con la nivelación que llevó a cabo en dos valles paralelos, en los que los estratos de «tierra roja», «lías» y «piedra franca» u «oolita» se encontraron inclinados hacia el este, hundiéndose por debajo del nivel para dejar paso al siguiente. Poco después pudo comprobar la veracidad de su teoría a mayor escala, cuando lo eligieron para gestionar los canales en Inglaterra y Gales justo después de la aprobación del proyecto de ley sobre canales en que había estado trabajando. Durante su viaje, en el que fue desde Bath hasta Newcastle-on-Tyne y volvió por Shropshire y Gales, su aguda mirada no se perdió un solo detalle. Tomaba notas a toda prisa del aspecto y la estructura del terreno por el que pasaba con sus compañeros, atesorando sus observaciones para un futuro uso. Su visión geológica era tan aguda que, aunque el camino por el que pasó de York a Newcastle en el coche de postas estaba alejado entre quince y veinticinco kilómetros de las colinas de caliza y oolita del este, estaba convencido de su composición por el contorno y la posición relativa, y por la orografía de su superficie en relación con el lías y la «tierra roja» que de vez en cuando se veían en el camino.

Los resultados generales de su observación fueron los siguientes: observó que las masas rocosas de las zonas occidentales de Inglaterra se inclinaban por regla general hacia el este y el sudeste; que las areniscas rojas y las margas situadas por encima de las capas de carbón pasaban por debajo del lías, la arcilla y la caliza, que estas a su vez pasaban por debajo de las arenas, las calizas amarillas y las arcillas que formaban la meseta de las colinas de Cotteswold, mientras que estas a su vez pasaban por debajo de los grandes depósitos de caliza que había en las zonas orientales de Inglaterra. Observó además que cada capa de arcilla, arena y piedra caliza contenía sus propias clases peculiares de fósiles; y tras haber reflexionado mucho sobre el tema, llegó a la novedosa conclusión de que cada depósito distinto de animales marinos en cada uno de estos estratos indicaba un fondo marino diferente, y que cada capa de arcilla, arena, caliza y piedra marcaba una época distinta en la historia de la Tierra.

Esta idea cobró vida en su mente y fue incapaz de hablar ni de pensar en otra cosa. En las reuniones del canal, cuando se esquilaba a las ovejas, en reuniones del condado y en asociaciones agrícolas, «Strata Smith» («Smith el Estratos»), tal como lo apodaron, siempre hablaba del tema que lo obsesionaba. Había hecho un descubrimiento importantísimo, sí, pero todavía era un completo desconocido en el mundo científico. A estas alturas preparaba un mapa de la estratificación de Inglaterra; pero lo convencieron de que lo retrasara, ya que todo su tiempo lo empleaba en llevar a cabo las obras del canal de carbón de Somersetshire, que lo mantuvieron ocupado durante seis años. De todas formas, siguió observando los hechos de forma infatigable y alcanzó tal pericia a la hora de captar la estructura interna de una zona y de detectar las capas de estratos a partir de su configuración externa que a menudo pedían su opinión sobre el drenaje de grandes extensiones de terreno, en las que, gracias a su extenso conocimiento geológico, tuvo muchísimo éxito, labrándose una gran reputación.

Un día, mientras examinaba la colección de fósiles perteneciente al reverendo Samuel Richardson, en Bath, Smith asombró a su amigo al desordenarla de repente para organizarla de inmediato según su orden estratigráfico: «Estos proceden del lías azul; estos de la arena y la piedra franca que están por encima; estos de la tierra de Fuller y estos de la piedra de construcción de Bath». La luz se hizo nuevamente en la mente del señor Richardson, que se convirtió a la doctrina de William Smith. Pero los geólogos de la época no se dejaron convencer con tanta facilidad y no les hacía gracia que un topógrafo desconocido quisiera enseñarles la ciencia de la geología. Sin embargo, William Smith tenía el ojo y la mente para penetrar en lo más hondo de la tierra; veía sus fibras y su esqueleto, como si intuyera su organización. Su conocimiento de los estratos en la zona de Bath era tan exacto, que una noche mientras cenaba en casa del reverendo Joseph Townsend le recitó al señor Richardson los diferentes estratos en orden de aparición descendente, los veintitrés que había, empezando por la caliza hasta llegar al carbón, por debajo del cual todavía no se habían determinado. A lo que añadió una lista de los fósiles más curiosos que se habían recogido en las diversas capas de roca. Se imprimió y difundió ampliamente en 1801.

A continuación decidió perfilar los estratos de todas las zonas alejadas de Bath a las que pudiera llegar con sus medios. Durante años viajó de un lado para otro, unas veces a pie y otras a caballo, así como en coches de postas, recuperando a menudo durante los trayectos nocturnos el tiempo que había perdido de día para no descuidar sus compromisos profesionales. Cuando un encargo requería que se alejara de su casa, como cuando se trasladó de Bath a Holkham, en Norfolk, para dirigir la irrigación y el drenaje de las tierras que el señor Coke tenía en ese condado, iba a caballo y se desviaba del camino a menudo para observar las características geológicas de la zona que atravesaba.

Durante varios años se dedicó a viajar a lugares recónditos de Inglaterra e Irlanda, recorriendo más de quince mil kilómetros al año, y fue en mitad de estos incesantes y rigurosos viajes cuando se las apañó para plasmar en papel sus crecientes teorías sobre lo que él consideraba, con razón, una nueva ciencia. No se olvidaba de ninguna observación, por trivial que pareciera, ni pasaba por alto oportunidad alguna de recoger nuevos datos. Siempre que podía, se hacía con registros de sondeos, secciones naturales y artificiales que dibujaba a una escala constante de ocho yardas por pulgada para después colorear. De sus agudas dotes de observación tenemos el siguiente ejemplo: cuando llevaba a cabo una de sus excursiones geológicas por el campo cerca de Woburn, al acercarse al pie de las colinas de caliza de Dunstable, le comentó a su compañero: «Si hay alguna grieta al pie de estas colinas, puede que encontremos "dientes de tiburón"», y no tuvieron que avanzar mucho antes de recoger seis junto a la blanca grieta de una nueva zanja. Tal como dijo más adelante de sí mismo: «El hábito de la observación se apoderó de mí, se asentó en mi mente, se convirtió en un compañero constante en mi vida y se activaba nada más empezar a pensar en un viaje, de modo que lo normal era que saliera bien pertrechado de mapas, a veces ya con comentarios sobre materiales o sobre los caminos, escritos antes de comenzar. Por lo tanto y al igual que el lienzo de un pintor, mi mente estaba preparada para esas primeras impresiones».

Pese a su labor valiente e infatigable, sucedieron muchas cosas que impidieron la prometida publicación del mapa geológico nacional de William Smith, titulado *Map of the Strata of England and Wales*, un mapa de los estratos de Inglaterra y Gales, y no fue hasta 1814 cuando por fin logró, con la ayuda de varios amigos, presentarle al mundo los frutos de sus veinte años de incesante trabajo. Para llevar a cabo sus investigaciones y recopilar la extensa serie de datos y de observaciones necesarios para su propósito, tuvo que hacer uso de las ganancias de sus actividades laborales durante ese periodo; incluso vendió su pequeña propiedad a fin de conseguir los medios para visitar zonas remotas de la isla. También emprendió una explotación de canteras cerca de Bath, que fracasó, y se vio en la necesidad incluso de vender su valiosa colección geológica (que compró el Museo Británico), sus muebles y su biblioteca, quedándose solo con sus documentos, sus mapas y sus secciones, que no le servían a nadie más. Soportó las pérdidas y las desgracias con una entereza ejemplar y, en medio de todo, siguió trabajando con alegre coraje y paciencia incansable. Los últimos años de su vida los dedicó a actividades de ingeniería y topografía en el norte de Inglaterra, actuando también como el administrador sir J. V. B. Johnstone, de Hackness, cerca de Scarborough. Murió en Northampton, en agosto de 1839, cuando se dirigía a la reunión de la British Association («Asociación Británica») en Birmingham.

Cuesta elogiar de más el primer mapa geológico de Inglaterra, que debemos a la diligencia de este valiente hombre de ciencia. Un consumado escritor dice de dicho mapa: «Fue un trabajo tan magistral en su concepción y tan correcto en su esquema general que sirvió de base no solo para la creación de mapas posteriores de las islas británicas, sino para los mapas geológicos de todas las demás partes del mundo, dondequiera que se hayan llevado a cabo». En los departamentos de la Geological Society («Sociedad Geológica») puede verse todavía el mapa de Smith, un gran documento histórico, viejo y desgastado, que reclama una renovación de sus descoloridos tintes. Si cualquier persona familiarizada con el tema lo compara con trabajos posteriores de una envergadura similar, verá que ninguna de las categorías básicas sufrirá en la comparación, ya que el principal añadido a los mapas de Smith fue la complicada anatomía de las rocas silúricas de Gales y del norte de Inglaterra, obra de Murchison y Sedgwick.[2] Pero los hombres de ciencia reconocieron y honraron la genialidad del topógrafo de Oxfordshire como era debido durante su vida. En 1831 la Geological Society de Londres le concedió la medalla Wollaston, «a cuenta de su condición como descubridor original en la geología inglesa y en especial por haber sido el primero del país en descubrir y enseñar la identificación de estratos, y en determinar su sucesión por medio de los fósiles incrustados». William Smith, con su seriedad y sencillez, se ganó una fama tan duradera como la ciencia que tanto amaba. En palabras del escritor antes citado: «Hasta que no se descubra formalmente cuál fue la primera aparición de las sucesivas formas de vida, no es fácil imaginar qué otro descubrimiento en geología podría alcanzar el mismo valor que el que debemos al genio William Smith».

Hugh Miller era un hombre de condición parecida, de gustos igual de sencillos y de una capacidad de observación estupenda que también se dedicó con éxito a la geología. El libro en el que él mismo ha contado la historia de su vida (*My Schools and Schoolmasters*, en el que habla de sus estudios y sus maestros) es interesantísimo y está pensado para ser muy práctico. Es la historia de la formación de un carácter verdaderamente noble e independiente con los orígenes más humildes, unos orígenes que comparte la gran mayoría de las personas de este país; y nos enseña a todos, pero sobre todo a los hombres pobres, lo que cada cual es capaz de lograr por sí mismo. La vida de Hugh Miller está llena de lecciones sobre el desarrollo personal y la dignidad, y muestra la eficacia de ambas cosas para forjar a un hombre de capacidad honrosa y reputación intachable. Su padre se ahogó en el mar cuando él era pequeño, quedándose al cuidado de su madre viuda. Recibió algo de formación, pero sus mejores maestros eran los niños con los que jugaba, los hombres con los que trabajaba y los amigos y los familiares con los que vivía. Leía mucho y sobre muchos temas, y obtenía perlas de sabiduría de muchas fuentes poco convencionales: obreros, carpinteros, pescadores y marineros, ancianas y, sobre todo, de las viejas rocas que salpicaban las orillas del Cromarty Frith. Con un gran martillo que había pertenecido a su bisabuelo, un viejo pirata, el muchacho iba desmenuzando las piedras y así fue acumulando trozos de mica, pórfido, granate y similares. A veces se pasaba el día en el bosque, y allí también despertaban la atención del muchacho las peculiares curiosidades geológicas que encontraba en su camino. Mientras buscaba entre las piedras y las rocas de la playa, a veces los jornaleros que acudían a llenar sus carretas con algas le preguntaban con humilde ironía «si estaba sacando plata de las piedras», pero tuvo la mala suerte de no poder responder nunca que sí. Sus tíos estaban ansiosos por que se ordenara párroco, porque la ambición de muchos escoceses pobres con ganas de prosperar era ver a un miembro de la familia «llevar la batuta en el púlpito». Estos bondadosos tíos incluso estaban dispuestos a pagarle la universidad, aunque únicamente contaban con las ganancias de su propio trabajo. Sin embargo, el muchacho tenía objeción de conciencia: no sentía la vocación; y los tíos, al aceptar que tenía razón, desistieron. Hugh comenzó a trabajar de aprendiz en la profesión que eligió: cantero. Emprendió su carrera profesional en una cantera que daba al Cromarty Frith. Esta cantera acabó siendo una de sus mejores escuelas. Las increíbles formaciones geológicas que presentaba le despertaron la curiosidad. El joven cantero se fijó en la franja de piedra de color rojo intenso que había debajo y en la franja de arcilla de color rojo pálido que había encima, e incluso en temas tan poco emocionantes encontró material que observar y sobre el que reflexionar. Allí donde otros no veían nada, él encontraba analogías, diferencias y peculiaridades que lo hacían pensar. Se limitó a mantener los ojos y la mente abiertos. Era formal, diligente y perseverante, y ese fue el secreto de su crecimiento intelectual.

Los curiosos restos orgánicos, en su mayoría de especies antiguas y extinguidas de peces, de helechos y de amonites, que se podían ver a lo largo de la costa gracias a la acción de la marea o que quedaban a la vista por su cincel y su martillo de cantero, despertaron su curiosidad. Nunca dejó de lado el tema, sino que siguió acumulando observaciones y comparando formaciones hasta que por fin, muchísimos años después, cuando ya no trabajaba como cantero, le brindó al mundo su interesante obra sobre la vieja arenisca roja, que le otorgó de inmediato la fama de reputado geólogo. Pero este trabajo fue el fruto de largos años de paciente observación e investigación. Como él mismo afirma con modestia en su autobiografía: «el único mérito que me corresponde en este caso es el de la investigación paciente, un mérito en el que cualquiera puede rivalizar conmigo o superarme; y esta humilde cualidad que es la paciencia, cuando se desarrolla como es debido, puede conducir a desarrollos de ideas más extraordinarios que incluso la inteligencia».

El eminente geólogo inglés, ya difunto, John Brown fue, al igual que Miller, cantero en sus comienzos y aprendió el oficio en Colchester para después trabajar como oficial de albañilería en Norwich. Más tarde comenzó a trabajar como constructor por cuenta propia en Colchester, donde se labró un porvenir gracias a su frugalidad y dedicación. Se fijó por primera vez en el estudio de los fósiles y las conchas mientras trabajaba de cantero y empezó una colección que más tarde se convertiría en una de las mejores de Inglaterra. Sus investigaciones a lo largo de las costas de Essex, Kent y Sussex sacaron a la luz algunos restos de elefante y de rinoceronte magníficos, y los más valiosos los donó al Museo Británico. Durante los últimos años de su vida se concentró en el estudio de los foraminíferos de la caliza, de los que hizo varios descubrimientos interesantes. Tuvo una vida útil, feliz y honrosa, y murió en Stanway, en Essex, en noviembre de 1859, a la avanzada edad de ochenta años.

Sir Roderick Murchison es otro ilustre investigador de la misma rama de la ciencia. Un escritor de la revista *Quarterly Review* lo cita como «un singular ejemplo de un hombre que, tras haber pasado la primera parte de su vida como soldado y sin haber contado con la ventaja (o la desventaja, según se mire) de una formación científica, en vez de conformarse con ser un caballero rural que disfruta cazando el zorro ha conseguido labrarse una reputación científica tan buena como seguramente duradera gracias a su inquietud y su sagacidad innatas, su incansable dedicación y su celo. En primer lugar, se decidió por un distrito inexplorado y difícil en casa, y a lo largo de los años examinó sus formaciones rocosas, las clasificó en grupos naturales, asignó a cada una su conjunto característico de fósiles y fue el primero en descifrar dos grandes capítulos de la historia geológica del mundo, que de ahora en adelante siempre tienen que ir asociadas a su nombre. No contento con esto, también usó los conocimientos que adquirió de esta manera a la disección de grandes zonas, tanto en su país como en el extranjero, de modo que se convirtió en el descubridor geológico de grandes territorios que antes habían sido "terræ incognitæ"». Pero sir Roderick Murchison no es solo un geólogo. Su infatigable labor en muchas ramas del saber ha contribuido a que se sitúe entre los científicos más completos y consumados.

5

TRABAJADORES DEL ARTE

> Si lo que brillaba tanto a lo lejos
> resulta no ser nada en tu mano,
> la virtud reside, una vez más,
> en la lucha, no en la recompensa.
>
> R. M. MILNES

Sir Joshua Reynolds creía tanto en la fuerza del trabajo que aseguraba que la excelencia en el arte «puede adquirirse ya se exprese gracias a la genialidad, el gusto o un don del cielo». En una carta a Barry, dijo: «Quien esté decidido a sobresalir en la pintura, o en cualquier otro arte, debe concentrar todos sus esfuerzos en ese único afán desde que se levanta hasta que se acuesta». Y en otra ocasión dijo: «Los que están decididos a sobresalir deben ir a su trabajo, quieran o no, mañana, tarde y noche; no será pan comido, requerirá un gran esfuerzo». Pero aunque sin duda la entrega diligente es absolutamente necesaria para alcanzar la más alta distinción en el arte, también es cierto que sin la destreza adecuada uno no se convierte en artista por más aplicado que se sea. El don lo otorga la naturaleza, pero se perfecciona mediante la formación personal, que es mucho más útil que la educación impartida en las escuelas.

Es muy notable que los artistas más distinguidos de nuestro país no hayan nacido en un ámbito artístico o con un estatus social que por norma favorece la aparición de la genialidad artística. Casi todos ellos han tenido que abrirse camino a base de tesón, enfrentándose a la pobreza y a múltiples obstáculos. Como ejemplos, Gainsborough y Bacon eran hijos de pañeros; Barry era un marinero irlandés; Maclise, aprendiz de banquero en Cork; Opie y Romney, al igual que Íñigo Jones, eran carpinteros; West era hijo de un modesto agricultor cuáquero de Pensilvania; Northcote era relojero; Jackson, sastre; Etty, impresor; Reynolds, Wilson y Wilkie eran hijos de clérigos; Lawrence era hijo de un tabernero; y Turner, de un barbero. Bien es cierto que varios de nuestros pintores tuvieron alguna relación previa con el arte, aunque de forma muy humilde, como Flaxman, cuyo padre vendía moldes de escayola; o Bird, que decoraba bandejas de té; o Martin, que pintaba carruajes; o Wright y Gilpin, que pintaban barcos; o Chantrey, que era tallista y dorador; o David Cox, Stanfield y Roberts, que eran pintores de decorados.

Todos estos hombres alcanzaron la distinción en sus diversas carreras a menudo en circunstancias de lo más adversas. No ascendieron por suerte ni por casualidad, sino por pura entrega y trabajo duro. Aunque algunos hicieron fortuna, esa nunca fue su principal motivación. De hecho, el mero amor al dinero no podía sostener los esfuerzos del artista en los inicios de su abnegada carrera. El placer de la búsqueda ha sido siempre su mejor recompensa; la fortuna que siguió no fue más que una casualidad. Muchos artistas de carácter noble han preferido seguir la inclinación de su genialidad antes que discutir con el público por el precio de su trabajo. José de Ribera, el Españoleto, vivió en sus propias carnes la experiencia ficticia de Jenofonte, y después de haber adquirido los lujos materiales, prefirió apartarse de ellos y volvió voluntariamente a la pobreza y al trabajo. Cuando a Miguel Ángel le preguntaron su opinión respecto a una obra que un pintor se había esmerado en exponer con ánimo de lucro, dijo: «Creo que seguirá siendo un pobre hombre mientras muestre un afán tan extremo por enriquecerse».

Al igual que sir Joshua Reynolds, Miguel Ángel era un gran creyente en el poder del trabajo y sostenía que no había nada que la imaginación concibiera que no pudiera plasmarse en mármol si la mano obedecía con vigor a la mente. Él mismo era un trabajador infatigable y atribuía su capacidad de estudiar durante más horas que la mayoría de sus contemporáneos a sus austeros hábitos de vida. Un poco de pan y vino era lo único que necesitaba durante la mayor parte del día cuando estaba ocupado en su trabajo, y muy a menudo se levantaba en plena noche para reanudar sus labores. En esas ocasiones, acostumbraba a fijar las velas con las que trabajaba en el ala de un sombrero de cartón. A veces estaba demasiado cansado como para desvestirse y dormía con la ropa puesta, dispuesto a ponerse a trabajar en cuanto el sueño lo refrescara. Su dibujo preferido era el de un anciano en una carreta, con un reloj de arena encima y la inscripción *ANCORA IMPARO!*, que significa «todavía estoy aprendiendo».

Tiziano también fue un trabajador infatigable. Su célebre *Muerte de san Pedro mártir* le llevó ocho años, y su *Última cena*, siete. En su carta a Carlos V dijo: «Le envío a Su Majestad *La última cena* después de haber trabajado en ella casi a diario durante siete años» (*doppo, sette anni lavorandovi quasi continuamente*). Pocos piensan en el paciente trabajo y la larga formación que conllevan las grandes obras de un artista. Parecen sencillas y rápidas, pero la capacidad de llevarlas a cabo con esa facilidad se ha adquirido a base de dificultades. «Me cobras cincuenta ducados —le dijo el noble veneciano al escultor— por un busto que solo te ha llevado diez días de trabajo». A lo que el artista respondió: «Se le olvida que he estado treinta años aprendiendo a hacer ese busto en diez días». Una vez, cuando se le reprochó a Domenicino su lentitud a la hora de terminar un cuadro que le habían encargado, replicó: «Lo estoy pintando continuamente en mi interior». El difunto sir Augustus Callcott era tan concienzudo que hizo no menos de cuarenta bocetos distintos antes de empezar su famoso *Rochester*. Esta repetición constante es una de las principales condiciones del éxito en el arte, al igual que en la vida misma.

El arte es, en efecto, una larga labor por más que la naturaleza nos otorgue un don artístico. En la mayoría de los casos se manifiesta de forma precoz. Hay ejemplos de esta manifestación precoz en las vidas de casi todos los grandes artistas. La anécdota de West es bien conocida. Cuando solo tenía siete años, impresionado por la belleza de su sobrino recién nacido que estaba durmiendo en su cuna, corrió en busca de papel y lo dibujó en tinta roja y negra. El pequeño incidente reveló el artista que llevaba dentro, y ya le fue imposible olvidar su inclinación. West podría haber sido un gran pintor de no haberse visto perjudicado por un éxito demasiado precoz. Aunque grande, su fama no fue fruto del estudio, las pruebas y las dificultades, y no ha sido duradera. De niño, Richard Wilson, se entretenía dibujando figuras de hombres y animales en las paredes de la casa de su padre con un palo quemado. Al principio se dedicó a pintar retratos, pero un día, estando en Italia, visitó la casa de Zucarelli y, cansado de esperar, empezó a pintar la escena que veía por la ventana de la habitación de su amigo. Cuando Zucarelli llegó, quedó tan encantado con el dibujo que le preguntó si había estudiado paisajismo, a lo que él respondió que no. «En ese caso —le dijo— te aconsejo que lo hagas, porque seguro que tienes un gran éxito». Wilson siguió el consejo, estudió y trabajó mucho, y se convirtió en el primer gran paisajista inglés. Cuando era pequeño, sir Joshua Reynolds se olvidaba de sus clases y solo le gustaba dibujar, por lo que su padre lo regañaba. El muchacho estaba destinado a la profesión de médico, pero no pudo reprimir su fuerte instinto artístico y se hizo pintor. En su época de colegial, Gainsborough iba a dibujar a los bosques de Sudbury y a los doce años ya era un artista consagrado; era un gran observador, un pintor diligente y no había ningún detalle peculiar de cualquier escena que contemplara que escapara a su incansable lápiz. William Blake, hijo de un calcetero, se dedicaba a dibujar diseños en el reverso de las facturas de su padre y a hacer bocetos en el mostrador. Edward Bird, con tan solo tres o cuatro años, se subía a una silla y dibujaba figuras en las paredes, a las que llamaba soldados franceses e ingleses. Le compraron una caja de colores y su padre, deseoso de poner en práctica su amor por el arte, lo puso de aprendiz de fabricante de bandejas de té. A partir de este oficio, fue elevándose poco a poco, mediante el estudio y el trabajo, y llegó a ser miembro de la London Royal Academy.

Hogarth, aunque se aburría muchísimo durante las clases, disfrutaba dibujando las letras del abecedario, y sus ejercicios escolares sobresalían más por los adornos con los que los embellecía que por la materia de los ejercicios en sí. En este último aspecto lo superaba cualquier cabeza hueca de la escuela, pero en los adornos era el primero. Su padre lo puso a trabajar de aprendiz en una platería, donde aprendió a dibujar y también a grabar cucharas y tenedores con blasones y realces. De la plata pasó a aprender por sí mismo el grabado en cobre, sobre todo grifos y otros monstruos habituales en los escudos heráldicos, en el curso de cuya práctica se volvió ambicioso y empezó a delinear las variedades del carácter humano. La singular excelencia que alcanzó en este arte fue sobre todo el resultado de una cuidadosa observación y del estudio. Poseía el don de memorizar los rasgos precisos de cualquier rostro notable y de reproducirlos después sobre el papel, y lo cultivaba con tesón. Sin embargo, si se cruzaba en su camino alguna forma singularmente fantástica o un rostro extravagante, hacía un boceto de él en el acto, con la uña del pulgar, y se lo llevaba a casa para ampliarlo en su tiempo libre. Se sentía poderosamente atraído por lo original y lo fantástico, y deambulaba por muchos lugares recónditos con el propósito de encontrarse con gente peculiar. Gracias a este cuidadoso almacenamiento mental, más tarde fue capaz de plasmar en sus obras una inmensa cantidad de pensamientos y observaciones atesoradas. De ahí que sus cuadros reflejen con tanta veracidad los caracteres de la gente, las costumbres e incluso los pensamientos de la época en la que vivió. La verdadera pintura, según él mismo dijo, solo puede aprenderse en una escuela: la de la naturaleza. Sin embargo, no fue un hombre muy culto, salvo en los conocimientos que él mismo perseguía. Su educación escolar fue escasísima, apenas llegó a perfeccionar el arte de deletrear, aunque más tarde se encargó de rellenar lagunas de conocimiento. Durante mucho tiempo se encontró en una situación muy difícil, pero pese a ello trabajó con un corazón alegre. Aunque era pobre, se las arreglaba para vivir dentro de sus escasos medios y se jactaba con orgullo de ser «un pagador puntual». Cuando superó todas sus dificultades y se convirtió en un hombre famoso y próspero, le encantaba recordar sus primeros trabajos y las privaciones, y volver a librar esa batalla que terminó de forma tan honorable como hombre y tan gloriosa como artista. «Recuerdo la época —dijo en una ocasión— en la que fui cabizbajo a la ciudad con apenas un chelín, pero tan pronto como recibí diez guineas por un plato, volví a casa, cogí la espada y salí con toda la confianza de un hombre que tenía los bolsillos a rebosar».

«Trabajo y perseverancia» era el lema del escultor Banks, que él mismo ponía en práctica y recomendaba encarecidamente a los demás. Su conocida amabilidad indujo a muchos jóvenes aspirantes a buscarlo para pedirle consejo y ayuda, y se cuenta que un día un muchacho llamó a su puerta para verlo con este objeto, pero la criada, enfadada por el fuerte golpe que había dado, lo regañó y estaba a punto de echarlo cuando Banks salió al oírla. El niño estaba en la puerta con unos dibujos en la mano. «¿Qué quieres de mí?», preguntó el escultor. «Señor, si le place, quiero que me admitan en la Royal Academy para dibujar». Banks le explicó que él no podía conseguirle la admisión, pero le pidió que le enseñara los dibujos. Al examinarlos, le dijo: «¡Todavía te queda un poco para ir a la Royal Academy! Esfuérzate en tus estudios y procura dibujar mejor a Apolo. Vuelve dentro de un mes y enséñamelo». El muchacho se fue a casa, donde dibujó y trabajó con redoblada diligencia y, al cabo de un mes, volvió a casa del escultor. El dibujo era mejor, pero Banks le envió de vuelta otra vez con buenos consejos para que siguiera trabajando y estudiando. El muchacho regresó a su puerta una semana después. Su dibujo había mejorado mucho, y Banks le dijo que se alegrara, porque si lo admitían, lograría un gran reconocimiento. El muchacho era Mulready, y el augurio del escultor se cumplió con creces.

Aunque Nollekens procedía de una familia de artistas, su padre murió muy joven y él quedó tan desamparado que tuvo que abrirse camino en el mundo poco a poco. No tenía mucha educación escolar, apenas sabía leer y tenía escasos conocimientos de ortografía y gramática; sin embargo, aunque no llegó a ser un gran artista, sí que alcanzó el éxito. Entró en el taller de un escultor desconocido, Scheemakers, y mientras trabajaba en su arte preferido, también hacía recados durante el día y era tan cuidadoso que las criadas a menudo le pedían los días de colada que llevara los recipientes con agua. «Andando muy despacio —como describió más tarde— para salvar la espuma y que las muchachas pudieran lavar con toda su fuerza». A medida que adquiría más conocimientos sobre su arte, se fue presentando a los premios de la Royal Society of Arts, que ganó dos años sucesivos. Decidido a visitar Roma, viajó de la forma más humilde posible y llegó a la Ciudad Eterna con solo veinte guineas en el bolsillo y sin ningún amigo. Sin embargo, se puso manos a la obra con voluntad. Primero ganó diez guineas por un bajorrelieve tallado en piedra, y al año siguiente la Royal Society of Arts le concedió cincuenta guineas por un grupo escultórico en mármol. Estando en Roma, Garrick y Sterne le encargaron sus bustos, lo que le proporcionó más dinero y, mejor todavía para él, reputación. Cuando regresó a Londres para abrir su negocio, ya había acumulado un pequeño capital, dado que sus privaciones de juventud lo obligaron a cultivar el hábito de la frugalidad. Mejoró como artista, y el doctor Johnson, de quien hizo un sensacional busto, dijo de él en una ocasión: «Mi amigo Joe Nollekens es capaz de reproducir cualquier cabeza». Sin embargo, Nollekens no era un genio, y sus biógrafos confiesan que todos sus logros fueron fruto de un extenuante trabajo y una aplicación incesante.

John Flaxman fue un verdadero genio, uno de los artistas más grandes que ha dado Inglaterra. Era, además, una persona de magnífico carácter, y su vida proporcionó muchas lecciones saludables para los hombres de cualquier posición social. Flaxman era hijo de un humilde vendedor de moldes de escayola en New Street, Covent Garden, y de niño enfermaba tan a menudo que tenía la costumbre de sentarse detrás del mostrador de la tienda, apoyado en cojines mientras se entretenía dibujando y leyendo. Un clérigo benévolo, llamado Matthews, pasó un día por la tienda y encontró al niño intentando leer un libro. Al preguntarle qué era, descubrió que se trataba de un ejemplar de las biografías de Cornelio Nepote que su padre le había comprado por unos peniques en un puesto de libros. El caballero, después de conversar un poco con el niño, le dijo que ese no era un libro apropiado para él y prometió llevarle uno adecuado al día siguiente. El amable reverendo, el señor Matthews, dijo que tras ese casual encuentro con el pequeño lisiado detrás del mostrador de la tienda de moldes de escayola comenzó una amistad que acabó convirtiéndose en una de las mejores de su vida. Le llevó varios libros, entre ellos Homero y *El Quijote*, con los que Flaxman se deleitó enormemente, en aquel entonces y siempre. Su mente pronto se llenó del heroísmo que se respiraba entre las páginas de la obra de Homero y, rodeado por las figuras de estuco de Ajax y Aquiles de la tienda de su padre, pronto se apoderó de él la ambición de diseñar y de plasmar en formas poéticas a aquellos majestuosos héroes. No tardó en coger la tiza negra para empezar a trabajar con divino entusiasmo a fin de plasmar de forma visible las acciones de griegos y troyanos.

Al igual que les sucede a muchos jóvenes, sus primeros diseños eran toscos. Su orgulloso padre se los mostró un día a Roubilliac, el escultor, que los rechazó con un despectivo «¡Uf!». Sin embargo, el muchacho tenía madera de artista, era trabajador y paciente, y continuó trabajando sin cesar en sus libros y dibujos.

Luego puso a prueba sus jóvenes facultades modelando figuras con yeso de París, cera y arcilla; algunas de estas primeras obras aún se conservan, no por su mérito, sino porque son curiosas al mostrar los primeros esfuerzos saludables de un genio paciente. El niño tardó mucho en poder andar, y solo aprendió a hacerlo cojeando sobre muletas. Por eso no pudo acompañar a su padre a ver la procesión de la coronación de Jorge III, aunque le suplicó que le llevara una de las medallas de la coronación que se iban a distribuir entre la multitud. Había demasiada gente para que el padre pudiera conseguir una en la refriega, pero para no decepcionar al pequeño inválido, consiguió un botón chapado con el sello de un caballo y un jinete, que le regaló a su hijo como medalla de la coronación. En aquella época se dedicaba a hacer impresiones de todos los sellos y medallas que le gustaban, de ahí que codiciara la medalla.

Cuando su salud física mejoró, el pequeño Flaxman se deshizo de sus muletas. El amable señor Matthews lo invitó a su casa, donde su esposa le explicó Homero y Milton. También lo ayudaron en su formación personal, dándole clases de griego y latín, que después continuaba en casa. Mientras estaba bajo la tutela de la señora Matthews, intentaba plasmar en papel con su carboncillo los pasajes que le llamaban la atención. Sin embargo, sus dibujos no debían de ser muy extraordinarios, porque cuando le mostró a Mortimer, el artista, un dibujo de un ojo que había hecho, el caballero exclamó con afectada sorpresa: «¿Es una ostra?». El sensible muchacho se sintió muy dolido y durante un tiempo evitó enseñarles sus dibujos a los artistas, que aunque son muy susceptibles a las críticas a veces ellos mismos se muestran salvajes para criticar a los demás. Al final, a fuerza de perseverancia y estudio, mejoró tanto dibujando que la señora Matthews le consiguió un encargo de una dama para que dibujara seis originales en carboncillo de temas de Homero. ¡Su primer encargo! Un gran acontecimiento en la vida del muchacho. El primer sueldo de un cirujano; el primer contrato de un abogado; el primer discurso de un legislador; la primera aparición de un cantante en el escenario; el primer libro de un autor..., todos son similares al interés que despierta en un artista su primer encargo. El muchacho cumplió debidamente y recibió los halagos y el dinero por su trabajo.

A los quince años, Flaxman fue aceptado como estudiante en la Royal Academy of Arts. Frecuentaba sobre todo la compañía de Blake y Stothard, jóvenes de gustos y genio afines, amables y afables, pero apasionados por el arte. Pese a su carácter retraído, Flaxman pronto se hizo conocido entre los estudiantes, que esperaban grandes cosas de él. No defraudó sus expectativas. A los quince años ganó el premio de plata, y al año siguiente se convirtió en candidato al oro. Todo el mundo profetizaba que se llevaría la medalla, pues no había nadie que lo superase en habilidad y laboriosidad. El joven hizo todo lo que pudo, y posteriormente afirmó con honestidad que merecía el premio, pero no lo logró y fue Engleheart (de quien luego no se supo más) quien se llevó la medalla de oro. Este fracaso le sirvió muchísimo, pues las derrotas no abaten durante mucho tiempo a los resueltos, solo sirven para despertar sus verdaderos poderes. «Dadme tiempo —le dijo a su padre— y crearé obras que la Royal Academy se sentirá orgullosa de reconocer». Redobló sus esfuerzos, se entregó a fondo, diseñó y modeló sin cesar y, en consecuencia, hizo progresos constantes y bastante rápidos. Sin embargo, la pobreza amenazaba el hogar de su padre. El negocio del yeso no era muy lucrativo y el joven Flaxman, con resuelta abnegación, redujo sus horas de estudio y se dedicó a ayudar a su padre en los humildes detalles de la empresa familiar. Dejó a un lado a Homero para coger la espátula de yeso. Estaba dispuesto a trabajar en las tareas más humildes del oficio con tal de mantener a la familia y alejar al lobo de la puerta. El aprendizaje del oficio fue duro, pero le sirvió de mucho. Lo familiarizó con el trabajo constante y cultivó en él el espíritu de la paciencia. El trabajo podía ser duro, pero era saludable.

Por suerte, la habilidad del joven Flaxman para el diseño había llegado a oídos del señor Wedgwood, que lo buscó con el propósito de emplearlo en el diseño de modelos mejorados de porcelana y loza que se producirían en su fábrica. Puede parecer que Flaxman trabajaba en una rama humilde del arte, pero en realidad no era así. Un artista puede estar trabajando realmente en su vocación mientras diseña un artículo tan común como una tetera o una jarra de agua; artículos de uso diario para la gente que el público tiene delante todos los días y que pueden convertirse en vehículos para transmitir conocimientos artísticos y culturales. De esta manera, el artista más ambicioso puede ofrecerles a sus compatriotas un beneficio práctico mayor que ejecutando una obra elaborada que luego pueda vender por miles de libras y que acabe en la galería de algún rico, donde quedará oculta a la vista del público. Antes de la época de Wedgwood, los diseños que figuraban en nuestra porcelana y loza eran horribles tanto en el dibujo como en la ejecución, y él decidió mejorar ambos aspectos. Cuando fue en busca de Flaxman, le dijo: «Bueno, muchacho, he oído que eres un buen dibujante y un diseñador inteligente. Soy fabricante de cerámica, me llamo Wedgwood. Quiero que diseñes algunos modelos para mí. Nada fantástico, sino sencillo, de buen gusto y correcto. Te pagaré bien. ¿Te parece un trabajo indigno?». A lo que Flaxman respondió: «De ninguna manera, señor. El trabajo es de mi gusto. Deme unos días, venga de nuevo y verá lo que puedo hacer». Wedgwood accedió: «Muy bien. Trabaja pues. Necesito esos diseños. Son para vasijas de todo tipo. Teteras, jarras, tazas de té y platillos. Pero, sobre todo, quiero diseños para una vajilla completa. Empieza con eso. Quiero uno para la mesa real. Piensa en eso, muchacho. Lo que diseñes será para los ojos de la realeza». Y la respuesta de Flaxman fue: «Lo haré lo mejor que pueda, señor, se lo aseguro». Y el amable caballero salió de la tienda tal como había entrado.

Flaxman hizo todo lo que pudo. Cuando el señor Wedgwood regresó, había preparado una numerosa serie de modelos para diversas piezas de cerámica. Consistían principalmente en pequeños grupos en delicado bajorrelieve, con temas sacados de la historia y de poemas antiguos. Muchos de ellos todavía existen, y algunos igualan en belleza y sencillez a sus diseños para mármol. Los célebres jarrones etruscos, muchos de los cuales se encontraban en museos públicos y en gabinetes, le proporcionaron los mejores ejemplos de forma, y los embelleció con sus elegantes y propios diseños. El Stuart's Athens, un libro donde se reproducían imágenes de objetos griegos cotidianos y que se había publicado no hacía mucho, también le proporcionó muestras de los utensilios griegos en su forma más original, y no tardó en adoptar lo mejor de ellos y en alcanzar nuevas y maravillosas cotas de elegancia y de belleza. Flaxman se dio cuenta de que estaba trabajando en algo grandioso, nada menos que en educación popular, y más adelante se enorgullecería de sus primeros trabajos, gracias a los cuales pudo cultivar al mismo tiempo su amor por lo bello, difundir el gusto por el arte entre el pueblo y llenarse los bolsillos, a la par que promovía la prosperidad de su amigo y benefactor.

Dedicado a estas tareas, durante varios años Flaxman creó pocas obras de arte, y a intervalos poco frecuentes. Llevaba una vida tranquila, apartada y sencilla, trabajando durante el día y dibujando y leyendo por las tardes. Era tan pobre que hasta entonces solo había podido encontrar yeso de París para sus obras, ya que el mármol era un material demasiado caro para él. Hasta entonces solo había realizado una estatua en este material, y fue un encargo.

Por fin en 1782, a los veintisiete años de edad, abandonó el techo paterno y alquiló una pequeña casa y un estudio en Wardour Street, en el Soho. Y, además, se casó. Ann Denman se llamaba su esposa; una mujer alegre, de alma brillante y noble. Creyó que al casarse con ella podría trabajar con un espíritu más intenso, ya que, al igual que él, Ann era una apasionada de la poesía y el arte, y además era una entusiasta admiradora del genio de su marido. Sin embargo, cuando sir Joshua Reynolds, que era soltero, conoció a Flaxman poco después de que este contrajera matrimonio, le dijo: «Bueno, Flaxman, me han dicho que estás casado. Si es cierto, te aseguro que tu vida de artista está acabada». Flaxman fue directo a su casa, se sentó junto a su esposa, le tomó una mano entre las suyas y le dijo: «Ann, mi vida de artista está acabada». A lo que ella preguntó: «¿Cómo es posible, John? ¿Qué ha sucedido? ¿Y quién es el culpable?». Su respuesta fue: «Ha sucedido en la iglesia y la culpable es Ann Denman». Tras lo cual le contó la conversación con sir Joshua, cuya opinión era bien conocida y había dicho a menudo que si los estudiantes querían sobresalir, debían emplear todas las facultades de su mente en su arte, desde que se levantaban hasta que se acostaban; y también que ningún hombre podía ser un gran artista a menos que estudiara las grandes obras de Rafael, Miguel Ángel y otros, en Roma y Florencia. «Y yo —siguió Flaxman, que se puso de pie para enfatizar su altura, que era escasa— quiero ser un gran artista». Su esposa le aseguró: «Y un gran artista serás y también visitarás Roma si es realmente necesario para que lo seas». Al oírlo, Flaxman le preguntó: «Pero ¿cómo?». La réplica de la valiente esposa fue: «Trabaja y economiza. Nunca permitiré que se diga que Ann Denman acabó con la vida de John Flaxman como artista». Y así fue como la pareja decidió emprender el viaje a Roma cuando sus medios económicos se lo permitieran. «Iré a Roma —dijo Flaxman— y le demostraré al presidente que el matrimonio beneficia al hombre, no lo perjudica. Y tú, Ann, me acompañarás».

Con paciencia y alegría, esta afectuosa pareja siguió adelante durante cinco años más en la humilde casita de Wardour Street; siempre con la vista puesta en el largo viaje a Roma. No lo olvidaron en ningún momento, ni gastaron a lo loco un solo penique que pudieran ahorrar para los gastos. No le hablaron a nadie de su proyecto, ni le solicitaron ayuda a la Royal Academy. Confiaron en los frutos de su paciente trabajo y en su amor para perseguir y alcanzar su objetivo. Durante este tiempo, Flaxman expuso muy pocas obras. No podía permitirse el lujo del mármol para experimentar con diseños originales, pero obtenía frecuentes encargos de monumentos, con cuyos beneficios se mantenía. Seguía trabajando para los Wedgwood, que demostraron ser buenos pagadores y, en general, prosperaba, era feliz y miraba la vida con esperanza. Sus vecinos lo respetaban, y quienes lo conocían apreciaban mucho su sinceridad, su honradez y su generosidad sin ostentaciones. El respeto que generaba le valió incluso honores y trabajos locales, hasta el punto de que en una ocasión fue elegido por los contribuyentes para recaudar la tasa de vigilancia del distrito de St. Anne, y se lo pudo ver yendo de un lado a otro con un frasco de tinta colgado del ojal, recaudando el dinero.

Al final, después de haber ahorrado una cantidad suficiente, la pareja partió hacia Roma. Una vez allí, se aplicó diligentemente al estudio y se ganaba la vida, como otros artistas de escasos recursos, haciendo copias de obras antiguas. Los turistas ingleses iban a su estudio a hacerle encargos, y fue en aquella época cuando creó sus bellos diseños basados en las obras de Homero, Esquilo y Dante. El precio que cobraba por ellos era moderado, quince chelines por pieza, pero trabajaba tanto por el arte como por el dinero, y la belleza de sus diseños le granjeó nuevos amigos y mecenas. Esculpió *Céfalo y Aurora* para el generoso Thomas Hope y *La Furia de Athamas* para el conde de Bristol. Después se preparó para regresar a Inglaterra, con el gusto mejorado y desarrollado tras sus aplicados estudios. Sin embargo, antes de abandonar Italia, las Academias de Florencia y de Carrara reconocieron su mérito nombrándolo miembro.

Su fama lo había precedido hasta Inglaterra, y pronto encontró abundantes y lucrativos trabajos. Durante su estancia en Roma, recibió el encargo de crear su famoso monumento en recuerdo de lord Mansfield, que se erigió en el transepto norte de la Abadía de Westminster poco después de su regreso. Allí se alza con majestuosa grandeza, un monumento al genio del propio Flaxman: tranquilo, sencillo y severo. No es de extrañar que Banks, el escultor, entonces en el apogeo de su fama, exclamara al verlo: «¡Este hombrecillo nos supera a todos!».

Cuando los mandamases de la Royal Academy se enteraron del regreso de Flaxman, y sobre todo cuando tuvieron la oportunidad de ver y admirar su noble retrato-estatua de Mansfield, se mostraron ansiosos por tenerlo como miembro. La Royal Academy of Arts siempre se ha caracterizado por ayudar a los fuertes y cuando un artista demuestra que es capaz de labrarse una buena reputación sin su ayuda es cuando se muestra más dispuesta a «patrocinarlo». Flaxman permitió que añadieran su nombre a la lista de candidatos, y lo eligieron de inmediato. Sus progresos fueron rápidos y no dejó de trabajar. La perseverancia y el estudio, que habían madurado su genialidad, lo llevaron a la grandeza y fue de triunfo en triunfo. Además, se convirtió en un nuevo personaje. El niño que comenzó sus estudios detrás del mostrador de un pobre vendedor de moldes de escayola en New Street, Covent Garden, era en aquel entonces un hombre de gran intelecto y reconocida supremacía en el arte, que instruía a los nuevos aspirantes... ¡en calidad de profesor de Escultura en la Royal Academy! Ningún otro era más merecedor de ocupar ese distinguido cargo, porque nadie es tan capaz de instruir a otros como el que ha aprendido a lidiar con las dificultades y a superarlas por sí mismo y gracias al fruto de sus propios esfuerzos. El cáustico Fuseli se refería a sus clases como los «sermones del reverendo John Flaxman», ya que el escultor era un hombre religioso, cosa que Fuseli no era. Sin embargo, Flaxman se desenvolvió bien en su papel como profesor, tal como puede comprobar cualquiera que lea sus instructivas *Lectures on Sculpture*, que recoge sus clases en un libro.

Las esculturas de Flaxman son conocidas en casi toda Inglaterra. Su muda poesía embellece la mayoría de nuestras catedrales y muchas de nuestras iglesias rurales. Cualquier obra que realizara este hombre llevaba impresa alma y significado, encarnando alguna elevada idea cristiana de caridad, de amor, de resignación, de afecto o de bondad. Su peculiar genialidad brillaba de forma rutilante en este tipo de monumentos. Sus obras poseen una ternura y una elegancia que ningún otro artista ha podido superar, ni siquiera igualar. Sus bocetos ilustrativos de la *Oración del Señor*, publicados en litografía hace algunos años, exhiben esta cualidad peculiar de su genialidad al brillo de una luz sorprendente. En los monumentos históricos tuvo menos éxito, aunque sus homenajes a Reynolds y Nelson, en la catedral de San Pablo, son obras nobles que siempre serán admiradas.

Flaxman empezó a envejecer después de una vida larga, apacible y feliz. La pérdida de su querida esposa Ann fue un duro golpe para él, pero la sobrevivió varios años, durante los cuales realizó su célebre *Escudo de Aquiles* y su noble *Arcángel Miguel venciendo a Satanás*, quizá sus dos obras maestras.

Chantrey era un hombre más robusto, inglés hasta la médula. Era un poco rudo, pero cordial en el trato. Se enorgullecía de su exitosa lucha contra las adversidades que lo acosaron en sus primeros años de vida y, sobre todo, de su independencia. Nació en Norton, cerca de Sheffield. Su padre murió cuando él era solo un niño, y su madre se casó de nuevo. El joven Chantrey montaba un asno cargado con lecheras hasta la vecina ciudad de Sheffield, donde vendía leche a los clientes de su madre. Ese fue el humilde comienzo de su carrera empresarial, del que fue elevándose gracias a sus esfuerzos hasta alcanzar la gloria como artista. Dado que su padrastro no le caía bien, lo enviaron a trabajar con un tendero de Sheffield. El negocio le resultaba muy desagradable; pero mientras pasaba un día por delante del escaparate de un tallista, los maravillosos objetos le llamaron la atención y, encantado con la idea de ser tallista, suplicó que lo liberaran del empleo con el tendero. El amigo de la familia aceptó y así fue como lo contrataron como aprendiz de tallista y dorador, empleo que mantuvo durante siete años. Su nuevo maestro, además de tallista en madera, era también comerciante de grabados y modelos de yeso; y Chantrey se puso enseguida a imitarlos, estudiando con gran disposición y energía. Dedicaba todas sus horas libres a dibujar, a modelar y a perfeccionarse, trabajando a menudo hasta bien entrada la noche. Antes de terminar su aprendizaje, a la edad de veintiún años, le pagó a su maestro la cantidad que fue capaz de reunir, cincuenta libras, para cancelar el contrato y poder dedicarse a la carrera de artista. Se trasladó a Londres y, con el sentido común que lo caracterizaba, buscó trabajo como ayudante de tallista, estudiando pintura y modelando en sus horas libres. Entre esos trabajos de ayudante se ocupó de la decoración del comedor del señor Rogers, el poeta, una estancia en la que posteriormente siempre fue bien recibido y en la que se complacía señalándoles sus primeras obras a los invitados con los que coincidía a la mesa de su amigo.

De regreso a Sheffield durante una visita profesional, se anunció en los periódicos locales como pintor de retratos en lápices y miniaturas, y también al óleo. Por su primer retrato, un cuchillero le pagó una bien ganada guinea; y por un retrato al óleo, un confitero le pagó ¡cinco libras y unas botas altas! Chantrey no tardó en volver a Londres para estudiar en la Royal Academy of Arts, y la siguiente vez que regresó a Sheffield se anunció como artista dispuesto a modelar bustos de yeso de sus conciudadanos, así como a pintar retratos. Incluso lo seleccionaron para diseñar un monumento a un vicario fallecido de la ciudad, que llevó a cabo para satisfacción general. Cuando estaba en Londres, utilizaba como estudio una habitación situada sobre un establo, y allí fue donde esculpió su primera obra original para una exposición. Se trataba de una gigantesca cabeza de Satanás. Hacia el final de su vida, un amigo que pasaba por su estudio se quedó impresionado por esa cabeza que yacía en un rincón. «Eso —dijo el escultor— fue lo primero que hice después de llegar a Londres. La esculpí en un ático, con un sombrero de cartón en la cabeza; y como entonces solo podía permitirme una vela, la coloqué en el sombrero para que se moviera conmigo y me alumbrara en cualquier dirección». Flaxman vio y admiró dicha cabeza en la exposición de la Royal Academy y recomendó a Chantrey para que esculpiera los bustos de cuatro almirantes, un encargo del Naval Asylum de Greenwich. Dicho encargo lo llevó a otros, y dejó de pintar. Sin embargo, durante ocho años no había ganado ni cinco libras con la escultura. Su famoso busto de Horne Tooke tuvo tanto éxito que, según sus propias cuentas, le reportó encargos por valor de doce mil libras.

Chantrey había triunfado, pero había trabajado con ahínco y se había ganado a pulso su éxito. Fue seleccionado entre dieciséis competidores para crear la estatua de Jorge III para la ciudad de Londres. Pocos años después, llevó a cabo el exquisito monumento de *Los niños dormidos*, que está hoy en la catedral de Lichfield, una obra incomparable en ternura sentimental y belleza poética. A partir de ese momento su carrera fue creciendo en reconocimientos, fama y prosperidad.

Su paciencia, laboriosidad y perseverancia fueron los medios que le permitieron alcanzar la grandeza. La naturaleza lo dotó de genialidad, y su sentido común le permitió emplear ese precioso don como una bendición. Era prudente y astuto, como los hombres entre los que había nacido. El diario de bolsillo que lo acompañó en su viaje por Italia contenía notas sobre arte, registros de los gastos diarios y los precios del mármol. Tenía gustos sencillos y engrandeció sus mejores obras por la mera fuerza de la sencillez. Su estatua de Watt, en la iglesia de Handsworth, es la consumación misma del arte; sin embargo, no puede ser más sencilla y desprovista de artificio. Su generosidad con sus colegas artistas necesitados fue espléndida, pero sin ostentaciones. En resumidas cuentas, Chantrey fue un escultor nacional, y su carácter y su carrera fueron tales que lograron que los ingleses se sintieran justamente orgullosos de él. La fortuna que amasó durante su vida de duro trabajo la legó a la Royal Academy of Arts para la promoción del arte británico.

Esa misma diligencia, honesta y persistente, caracterizó también la carrera de David Wilkie. Hijo de un humilde párroco escocés, dio tempranos indicios de inclinación artística y, aunque era un estudiante negligente e inepto, era un dibujante meticuloso de rostros y figuras. De pequeño era callado y ya demostraba ese carácter tranquilo y concentrado que lo distinguió durante toda su vida. Siempre buscaba una oportunidad para dibujar, de modo que las paredes de su casa o la arena lisa de la orilla del río le resultaban igual de convenientes para su propósito. Cualquier tipo de herramienta le servía; al igual que Giotto, encontraba un lápiz en un palo quemado, un lienzo preparado en cualquier piedra lisa y el tema para un cuadro en cualquier mendigo harapiento que veía. Cuando visitaba una casa, a menudo dejaba su marca en las paredes como señal de su presencia, a veces para disgusto de las pulcras amas de casa. En resumen, que pese a la aversión de su padre, el párroco, a la «pecaminosa» profesión de pintor, la fuerte inclinación de Wilkie no se vio frustrada y se convirtió en artista, abriéndose camino con valentía entre las dificultades. Aunque rechazaron su primera solicitud de admisión en la Scottish Academy of Arts en Edimburgo, debido a la rudeza y a la falta de precisión de las piezas presentadas, perseveró para producir mejores obras hasta que lo admitieron. Sin embargo, sus progresos fueron lentos. Se aplicó con diligencia al dibujo de la figura humana y perseveró con la determinación de triunfar, como si tuviera una resuelta confianza en el resultado. En vez del humor excéntrico o de la aplicación caprichosa de muchos jóvenes que se creen genios, mantuvo una entrega constante hasta el punto de que él mismo atribuía su éxito a su tenaz perseverancia más que a un don natural superior. «El único elemento que promovió el avance progresivo de mi lápiz fue el trabajo perseverante», afirmó. En Edimburgo ganó algunos premios, pensó en dedicarse a la pintura de retratos, con vistas a obtener una remuneración mayor y más segura, pero al final se atrevió a seguir la línea con la que se había hecho famoso y pintó su *Feria de Pitlessie*. Y lo más audaz de todo: decidió trasladarse a Londres, ya que ofrecía un marco mucho más amplio para el estudio y el trabajo. De ese modo, el humilde muchacho escocés llegó a la ciudad y pintó *Los políticos del pueblo* mientras vivía en unos sencillos aposentos y ganaba dieciocho chelines a la semana.

Pese al éxito de ese cuadro y a los encargos que lo siguieron, Wilkie siguió viviendo en la pobreza durante mucho tiempo. Los precios que alcanzaban sus obras no eran elevados, ya que les dedicaba tanto tiempo y trabajo que sus ganancias siguieron siendo relativamente escasas durante muchos años. Estudiaba cada obra con sumo cuidado de antemano. No añadía ni eliminaba nada en caliente. Algunas le llevaron años, retocándolas, mejorándolas, hasta que por fin las entregaba. Al igual que el de Reynolds, su lema era «¡Trabajo, trabajo, trabajo!» y, también como él, manifestaba una gran aversión por los artistas parlanchines. Los habladores tal vez siembren, pero son los silenciosos los que cosechan. «¡Vamos a hacer algo!», exclamaba para reprender indirectamente a los locuaces y amonestar a los ociosos. Entre ellos estaba su amigo Haydon, que siempre hablaba mucho del arte refinado, pero hacía muy poco por promoverlo. Quizá Haydon tenía más «genialidad» que Wilkie, pero carecía de persistencia, no era un trabajador aplicado. Quien no termina de hablar no empieza a hacer. Mientras el silencioso Wilkie trabajaba y progresaba, el entusiasmo del charlatán Haydon por el arte refinado se quedaba en sus exclamaciones. Haydon era incapaz de conseguir lo que intentaba hacer con sus figuras musculares hidrópicas y siempre fracasaba, mientras que Wilkie lo daba todo y tenía éxito. El uno, irregular en sus hábitos, aspiraba a un ideal inalcanzable; el otro, mejorando de forma constante su peculiar talento, aspiraba firmemente al éxito que tenía a su alcance y lo conseguía. La carrera de Haydon fue una advertencia y un ejemplo para los artistas con don natural. Formaba parte de ese numeroso grupo de personas dispuestas a quejarse sin razón de la ceguera y de la ingratitud del mundo. Pero, como en la mayoría de estos casos, el peor enemigo de Haydon fue él mismo. Si se hubiera dedicado a trabajar la mitad del tiempo que se pasó quejándose, se habría convertido en el gran hombre que aspiraba a ser. Mientras él se presentaba como un genio perseguido, Wilkie, con la sencillez propia del verdadero genio, no se quejaba en absoluto, sino que trabajaba con ahínco, entregándose al máximo, y el mundo no dejó de reconocer sus méritos. Ni Flaxman, ni Reynolds, ni Chantrey malgastaron saliva lamentándose de su suerte, sino que se esforzaron con denuedo para merecer el apoyo y el aliento que recibían. A Haydon le gustaba más verse en la prensa que tener un trabajo fijo, y por eso nunca alcanzó la ambición de su vida. A diferencia del honesto Barry que, como Haydon, no dejaba de darse cabezazos contra los muros de piedra, les pedía prestado a sus amigos el dinero que no ganaba. Así vivió durante muchos años. Al final, recurrió a su pobre y agotado padre todo el tiempo que pudo, y cuando esa fuente falló, envió cartas mendigando apoyo a los mecenas del «arte refinado». Su vida, de hecho, ilustraba ese dicho que asegura que «una bolsa vacía no puede mantenerse en pie». Aunque sus ideas sobre el arte eran nobles, sus ideas sobre la vida eran simples. Hablaba con elocuencia, pero actuaba con mezquindad; y aunque presumía de su independencia, su día a día era una constante humillación.

Turner, el más grande de nuestros paisajistas, era un hombre de carácter completamente distinto. Su padre lo destinó a que continuara su oficio de barbero, que ejercía en Maiden Lane, hasta que un día el boceto que el muchacho había hecho de un escudo de armas sobre una bandeja de plata llamó la atención de un cliente, a quien su padre estaba afeitando, y lo animó para que le permitiera a su hijo seguir su inclinación. Así fue como por fin comenzó su carrera artística profesional. Aprendió en sus inicios con Malton, que en aquel momento también tenía a otro alumno, Thomas Girtin, cuya genialidad era afín a la de Turner, y mantuvo vivo en él ese ardiente espíritu de emulación y trabajo que nunca dejó de ser su característica distintiva, incluso después de haber alcanzado la cima de su fama. Girtin y Turner, aunque opuestos en carácter y disposición, eran grandes amigos, y cuando el pobre Girtin murió, con la vida tan prometedora que tenía por delante y con menos de treinta años, no hubo doliente más afectuoso que su compañero y competidor. Como todos los artistas jóvenes, Turner tuvo que enfrentarse a muchas dificultades que fueron mayores cuanto más estrecheces pasaba. Pero siempre estaba dispuesto a trabajar y a esmerarse en su obra, por humilde que fuera. Ofrecía sus servicios por media corona para pintar por la noche cielos con tinta china sobre los dibujos de otras personas, y de paso se llevaba la cena. Así ganaba dinero y adquiría experiencia. Luego se dedicó a ilustrar guías, almanaques y todo tipo de libros que necesitaran frontispicios baratos. «¿Qué mejor ejercicio podría haber encontrado? Como práctica, era estupenda», diría después. Lo hacía todo con esmero y a conciencia, sin descuidar nunca su trabajo, aunque le pagaran mal. Su objetivo era tanto aprender como vivir; siempre lo daba todo y nunca dejaba un dibujo sin haber superado en algo su trabajo anterior. Un hombre que trabajaba así estaba seguro de llegar lejos, y sus avances en técnicas y aplicación del pensamiento era, según las palabras de Ruskin, «tan constante como la creciente luz del amanecer». Sin embargo, la genialidad de Turner no necesita ningún panegírico. Su mejor monumento son las grandes obras que le legó a la nación, que serán siempre el recuerdo más duradero de su fama.

Muchos artistas han tenido que enfrentarse a privaciones que han puesto a prueba su valor y resistencia antes de triunfar. Nunca sabremos cuántos se habrán hundido en ellas. A lo largo de su carrera, Martin se enfrentó a muchísimas dificultades. Más de una vez se encontró al borde de la inanición mientras trabajaba en su primer gran cuadro. Se dice de él que en una ocasión se encontró reducido a su último chelín —una moneda muy brillante—, que había conservado precisamente por su brillo, pero al final se vio en la necesidad de cambiarlo por pan. Fue a la panadería, compró una hogaza y ya salía con ella, cuando el panadero se la arrebató y le devolvió el chelín. La brillante moneda le había fallado en su hora de necesidad, ¡era un chelín falso!

De regreso a sus aposentos, rebuscó en su baúl algún resto de mendrugo para saciar el hambre. Sostenido en todo momento por la fuerza victoriosa del entusiasmo, prosiguió su proyecto con una energía incontenible. Tuvo el valor de seguir trabajando y de esperar; y cuando, pocos días después, encontró la oportunidad de exponer su cuadro, la aprovechó y se hizo famoso. Como muchos otros grandes artistas, su vida demuestra que pese a las circunstancias externas la genialidad, apoyada en el trabajo constante, es el escudo protector, y que la fama, aunque llegue tarde, nunca negará de forma indefinida sus favores al verdadero mérito.

Por más disciplina y práctica según los métodos académicos que emplee un artista, fracasará a menos que él mismo tome parte activa en el trabajo. Como todo hombre culto, principalmente debe ser autodidacta. Cuando Pugin, que se había criado en el gabinete de su padre, aprendió todo lo que pudo de arquitectura según las fórmulas habituales, se dio cuenta de que había aprendido muy poco y de que debía empezar por el principio y pasar por la disciplina del trabajo. En consecuencia, el joven Pugin se ofreció como carpintero en el teatro de Covent Garden, trabajando primero bajo el escenario, luego entre bambalinas y al final sobre el propio escenario. De este modo adquirió familiaridad con el trabajo y cultivó un gusto arquitectónico particular, promovido por la diversidad del empleo mecánico en un gran teatro operístico. Cuando la temporada llegaba a su fin y el teatro cerraba sus puertas, trabajaba en un velero entre Londres y algunos puertos franceses, ejerciendo al mismo tiempo un lucrativo negocio. Siempre que tenía ocasión, desembarcaba y dibujaba cualquier edificio antiguo, y sobre todo cualquier catedral o iglesia con la que se encontrara. Después hacía viajes especiales al continente con el mismo propósito y volvía a casa cargado de dibujos. Así se afanaba y trabajaba, asegurándose la distinción y la excelencia que acabó alcanzando.

La carrera de George Kemp, el arquitecto del precioso Monumento a Scott en Edimburgo, es un ejemplo similar de entrega al trabajo. Era hijo de un pastor pobre que ejercía su profesión en la ladera sur de las colinas de Pentland. En mitad de aquella bucólica soledad, el muchacho no tenía ocasión de disfrutar de la contemplación de bellas obras de arte. Sin embargo, cuando tenía diez años, el dueño de las ovejas que su padre pastoreaba lo envió a Roslin a hacer un recado y la visión del hermoso castillo y de la capilla pareció crear una intensa y duradera impresión en su mente. Probablemente para poder disfrutar de su amor por la construcción arquitectónica, el muchacho le suplicó a su padre que lo dejara ser carpintero, y así fue como aprendió de un carpintero del pueblo vecino. Una vez cumplido el aprendizaje, fue a Galashiels en busca de trabajo, recorriendo el trayecto a pie. Mientras avanzaba con trabajo por el valle del Tweed con sus herramientas a cuestas, un carruaje lo adelantó cerca de la torre de Elibank y el cochero, tras preguntarle cuánto le quedaba por andar —sin duda por sugerencia de su señor que iba solo en el interior— y enterarse de que se dirigía a Galashiels, lo invitó a montar en el pescante a su lado y continuar el trayecto con ellos. Resultó que el amable caballero que se encontraba en el interior no era otro que sir Walter Scott, que viajaba en el ejercicio de sus funciones oficiales como juez de Selkirkshire. Mientras trabajaba en su oficio en Galashiels, Kemp tuvo frecuentes oportunidades de visitar las abadías de Melrose, Dryburgh y Jedburgh, y de estudiarlas a fondo.

Inspirado por su amor por la arquitectura, recorrió como carpintero la mayor parte del norte de Inglaterra, sin dejar nunca de inspeccionar y de hacer bocetos de cualquier bello edificio gótico que encontraba. En una ocasión, mientras trabajaba en su oficio en Lancashire, caminó ochenta kilómetros hasta York, pasó una semana examinando detenidamente la catedral y regresó a pie. A continuación lo encontramos en Glasgow, donde permaneció cuatro años, estudiando la hermosa catedral durante su tiempo libre. Regresó de nuevo a Inglaterra, esta vez más al sur, y estudió Canterbury, Winchester, Tintern y otras catedrales muy conocidas. En 1824 se propuso viajar por Europa con el mismo objetivo mientras se ganaba la vida con el ejercicio de su oficio. Comenzó en Boulogne, y desde allí se dirigió a París por Abbeville y Beauvais, pasando unas semanas en cada lugar haciendo dibujos y estudios. Su habilidad como mecánico, y sobre todo sus conocimientos sobre molinos, le aseguraban encontrar un empleo con facilidad dondequiera que fuera; de ese modo podía elegir su lugar de trabajo, que invariablemente se encontraba en la vecindad de alguna hermosa construcción gótica antigua, en cuyo estudio ocupaba sus horas de ocio. Después de un año de trabajo, viajes y estudios en el extranjero, ciertos asuntos familiares lo obligaron de un día para otro a volver a casa, de modo que regresó a Escocia. Continuó sus estudios y se convirtió en un experto en dibujo y perspectiva. Melrose era su ruina favorita, y dibujó varios bocetos detallados del edificio, uno de los cuales, que lo mostraba «restaurado», fue grabado más adelante. También obtuvo algún empleo como modelador de diseños arquitectónicos, y más tarde hizo dibujos para una obra comenzada por un grabador de Edimburgo, al estilo de la obra de Britton, *Cathedral Antiquities of England*. Era una tarea muy afín a sus gustos, y trabajó en ella con un entusiasmo que aseguró su rápido avance, recorriendo a pie media Escocia y viviendo como un mecánico ordinario, mientras hacía dibujos que no tenían nada que envidiarles a los de los eminentes artistas. Como el promotor de la obra murió de forma repentina, se canceló su publicación y Kemp buscó otro trabajo. Pocos conocían la genialidad de este hombre, ya que era muy taciturno y humilde, cuando el Comité del Monumento a Scott ofreció un premio al mejor diseño. Los competidores eran numerosos, incluyendo algunos de los nombres más ilustres de la arquitectura clásica, pero el diseño seleccionado por unanimidad fue el de George Kemp, que entonces trabajaba en la abadía de Kilwinning, en Ayrshire, a muchos kilómetros de distancia, cuando le llegó la carta comunicándole la decisión del comité. Pobre Kemp. Poco después de este acontecimiento encontró una muerte prematura y no vivió para ver el primer resultado de su infatigable trabajo y de su formación autodidacta plasmado en piedra, uno de los monumentos más bellos y apropiados que se han erigido jamás en honor al genio literario.

Entre los artistas vivos que han luchado honorablemente por salir de la pobreza y alcanzar la fama podemos mencionar a John Gibson, un hombre rebosante de un entusiasmo y un amor genuinos por su arte, que lo sitúan muy por encima de las sórdidas tentaciones que impulsan a las naturalezas más mezquinas a hacer del tiempo la medida del beneficio. Nació en Gyffn, cerca de Conway, en el norte de Gales, hijo de un jardinero. Desde muy pequeño dio muestras de su gran talento tallando madera con una navaja común, y su padre, consciente de dicho talento, tomó la sabia decisión de enviarlo a Liverpool para que trabajase como aprendiz de un ebanista y escultor de madera. Mejoró rápidamente en su oficio, y algunas de sus tallas fueron muy admiradas. A los dieciocho años hizo en cera una pequeña figura del Tiempo, que llamó mucho la atención. Los señores Francey, escultores de Liverpool, compraron el contrato del muchacho y lo tomaron como aprendiz durante seis años, durante los cuales su notable genialidad se manifestó en muchas obras puras y originales. De allí se trasladó a Londres y después a Roma, y adquirió fama en toda Europa.

Robert Thorburn, otro miembro de la Royal Scottish Academy al igual que John Gibson, nació de padres pobres. Su padre era un humilde zapatero en la ciudad de Dumfries, en Escocia. Además de Robert, tenía otros dos hijos, uno de los cuales sigue destacando en su ciudad natal como hábil tallador de madera. Un día, una señora fue a casa del zapatero y vio a Robert, que entonces solo era un niño, dibujando sobre un taburete que le servía de mesa. Examinó su trabajo y, viendo que tenía aptitudes para ello, se interesó por conseguirle alguna ocupación en el dibujo y pidió ayuda a otras personas que pudieran impulsar sus estudios artísticos. El muchacho era muy diligente, meticuloso, tranquilo y callado, se relacionaba poco con sus compañeros y tenía pocas amistades. Alrededor de 1830 algunos caballeros de la ciudad le proporcionaron a Thorburn los medios para trasladarse a Edimburgo, donde fue admitido en la Royal Scottish Academy. Allí tuvo la suerte de estudiar con maestros competentes, y sus progresos fueron rápidos e innegables. Después de residir en Edimburgo durante unos años, se trasladó a Londres, donde, según tengo entendido, tuvo la suerte de conseguir el mecenazgo del duque de Buccleuch. Sin embargo, huelga decir que pese a lo útil que haya podido resultar dicho mecenazgo a la hora de introducirlo en el círculo de la alta sociedad, no habría podido convertirse en el gran artista que sin duda es sin un talento innato y una entrega diligente.

Noel Paton, otro conocido pintor, comenzó su carrera artística en Dunfermline y Paisley como dibujante de patrones para bordar a mano mantelerías y muselinas. Al mismo tiempo trabajaba diligentemente en sus estudios artísticos superiores, en los que se incluía la figura humana. Al igual que Turner, estaba dispuesto a dedicarse a cualquier tipo de trabajo, y en 1840, siendo todavía un muchacho, se dedicó entre otras cosas a ilustrar el Renfrewshire Annual. Se abrió camino paso a paso, sin prisa pero sin pausa y siguió siendo un desconocido hasta la exposición de las caricaturas premiadas para el Parlamento, cuando su cuadro *El espíritu de la Religión* (que se llevó uno de los primeros premios) lo reveló al mundo como el gran artista que era. Las obras que ha expuesto desde entonces, como *La reconciliación de Oberón y Titania*, *El hogar* o *Tryste ensangrentado*, han mostrado un avance constante en su capacidad artística y cultural.

Sin embargo, quizá el ejemplo más sorprendente de trabajo perseverante en la formación artística se encuentre en la carrera de James Sharples, el herrero de Blackburn. Nació en Wakefield, Yorkshire, en 1825, en el seno de una familia de trece hijos. Su padre trabajaba en la fundición de hierro y se trasladó a Bury para dedicarse a su negocio cuando los niños eran todavía pequeños. Los niños no recibieron educación escolar, pero todos empezaron a trabajar tan pronto como fueron capaces; y alrededor de los diez años James empezó como ayudante del herrero en la fundición de los señores Lee, Cousin y Diggle, donde estuvo durante unos dos años. Después se marchó a la fábrica de motores de los señores Clarkson y Kay, donde su padre trabajaba como herrero. Su trabajo consistía en calentar y transportar remaches para los caldereros. Aunque su jornada de trabajo era muy larga —a menudo desde las seis de la mañana hasta las ocho de la tarde—, su padre se las ingeniaba para enseñarle algo cuando llegaba a casa, y fue así como aprendió parcialmente a leer y escribir. Durante el transcurso de su trabajo entre los caldereros ocurrió un incidente que despertó en él el deseo de aprender a dibujar. De vez en cuando el capataz lo dejaba al cargo del cordel de tiza con la que se hacían los diseños de las calderas en el suelo del taller. En dichas ocasiones, el capataz se encargaba del cordel y dirigía al muchacho para que marcara las dimensiones adecuadas. James pronto llegó a dominarlo de tal manera que el capataz lo consideró de gran ayuda, y en sus horas de ocio en casa le encantaba practicar dibujando diseños de calderas sobre el suelo de su madre. Una vez, mientras esperaban la llegada desde Manchester de la tía de su madre que iba de visita, ocasión para la que se había adecentado la casa al máximo, el muchacho se puso de inmediato a hacer sus operaciones habituales en el suelo nada más llegar de la fundición. Su diseño de una gran caldera en tiza estaba muy avanzado cuando su madre llegó con la visita y, para su consternación, encontró al muchacho sin lavar y el suelo todo pintarrajeado. La tía, sin embargo, se mostró complacida con la diligencia del muchacho, alabó su diseño y recomendó a su madre que le proporcionara papel y lápices al «barrendero», como ella lo llamaba.

Su hermano mayor, que al igual que él también acostumbraba a trabajar por las tardes, se dedicaba al dibujo mecánico una vez terminada la jornada laboral y le recomendó a James que practicara el dibujo de figuras y paisajes. James empezó a hacer copias de litografías, pero desconocía por completo las reglas de la perspectiva y los principios de la luz y la sombra. Sin embargo, siguió trabajando y poco a poco fue adquiriendo destreza en la copia. A los dieciséis años se matriculó en el Mechanics' Institution de Bury con el propósito de asistir a la clase de dibujo, que impartía un barbero que era artista aficionado. Allí asistió a una clase a la semana durante tres meses. El profesor le recomendó que sacara de la biblioteca un ejemplar del libro *Practical treatise on painting* de Burnet, un manual práctico de pintura, pero como aún no sabía leer con soltura, se veía obligado a pedirle a su madre, y a veces a su hermano mayor, que le leyeran pasajes del libro mientras él escuchaba sentado. Dado que no saber leer le resultaba un gran impedimento, y deseoso de dominar el contenido del libro de Burnet, dejó de asistir a la clase de dibujo después del primer trimestre y se dedicó en cuerpo y alma a aprender a leer y a escribir en casa. Pronto lo consiguió, y cuando se incorporó de nuevo al instituto durante otro trimestre y sacó el libro de Burnet por segunda vez, no solo fue capaz de leerlo, sino también de hacer resúmenes escritos para su uso futuro. Estudiaba el libro con tanto afán que acostumbraba a levantarse a las cuatro de la mañana para leerlo y copiar pasajes. A las seis se iba a la fundición y trabajaba hasta las seis o a veces hasta las ocho de la tarde, y volvía a casa para comenzar con nuevo entusiasmo el estudio del manual práctico de Burnet, que continuaba muy a menudo hasta altas horas de la madrugada. También dedicaba parte de sus noches a dibujar y a hacer copias de dibujos. Con *La última cena* de Leonardo da Vinci se pasó una noche entera. Se iba a la cama, pero su mente estaba tan absorta en el tema que no podía dormir y se levantaba de nuevo para retomar el lápiz.

A continuación intentó pintar al óleo, para lo cual se procuró un lienzo tras comprar un trozo de tela en una tienda de paños, extenderlo sobre un bastidor y cubrirlo con plomo blanco, y así empezó a pintar sobre él con colores comprados a un pintor. Pero su trabajo resultó un fracaso total, porque el lienzo estaba áspero y rugoso, y la pintura no se secaba. Dado lo extremo de la situación, le pidió ayuda a su antiguo maestro, el barbero, de quien descubrió que se podía conseguir lienzo ya preparado y que había colores y barnices fabricados especialmente para pintar al óleo. Tan pronto como sus medios se lo permitieron, compró una pequeña cantidad de los artículos necesarios y empezó de nuevo, con su maestro aficionado enseñándolo a pintar; y el alumno lo hizo tan bien que superó la copia del maestro. Su primer cuadro fue una copia de un grabado llamado *Esquila de ovejas*, que luego vendió por media corona. Ayudado por una guía de pintura al óleo de un chelín, continuó trabajando en sus ratos libres y poco a poco adquirió un mejor conocimiento de sus materiales. Se hizo su propio caballete, su propia paleta para aplicar la pintura y su propia caja para guardarlas, y fue comprando las pinturas, los pinceles y los lienzos a medida que podía reunir el dinero trabajando horas extra. Era lo poco que sus padres le permitían quedarse de su sueldo, ya que la carga de mantener a una familia muy numerosa les impedía ayudarlo más. Era habitual que fuera andando a Manchester por las tardes para comprar pintura y lienzos por valor de dos o tres chelines, y que regresara casi a medianoche, después de caminar veintinueve kilómetros, a veces mojado y completamente agotado, pero siempre con una esperanza inagotable y una determinación invencible. El progreso que este artista autodidacta experimentó posteriormente lo describió él mismo: «Los siguientes cuadros que pinté —ha escrito— fueron un paisaje a la luz de la luna, una pieza de fruta y uno o dos más. Luego se me ocurrió pintar *La fragua*. Hacía tiempo que lo estaba pensando, pero no había intentado plasmarlo en un dibujo. En ese momento, sin embargo, hice un esbozo del tema sobre papel y luego procedí a pintarlo sobre lienzo. El cuadro solo representa el interior de un gran taller como en el que he estado acostumbrado a trabajar, aunque no reproduce ninguno en particular. Es, por tanto, fruto de mi imaginación. Después de haber esbozado el tema me di cuenta de que, para poder llevarlo a cabo con éxito, era indispensable tener conocimientos de anatomía que me permitieran delinear con precisión los músculos de las figuras. Mi hermano Peter me prestó ayuda en esta coyuntura y tuvo la amabilidad de comprarme el libro *Anatomical Studies of Bones and Muscles* de Flaxman, para poder estudiar el esqueleto y los músculos humanos, pero que en aquel momento estaba fuera de mi alcance, pues costaba veinticuatro chelines. El libro era para mí un gran tesoro, y lo estudié con afán, levantándome a las tres de la mañana para dibujar siguiendo sus instrucciones, y de vez en cuando haciendo que mi hermano Peter me sirviera de modelo a esa hora intempestiva. Aunque poco a poco fui mejorando con la práctica, pasó algún tiempo antes de que sintiera la confianza necesaria para seguir adelante con mi cuadro. También sentía que me obstaculizaba mi falta de conocimiento de la perspectiva, algo que me esforcé por remediar estudiando meticulosamente la obra *Principles* de Brook Taylor; y poco después reanudé mi labor con el cuadro. Mientras estudiaba la perspectiva en casa, solicité trabajar en los trabajos más pesados de herrería en la fundición, y por esta razón, ya que se tarda mucho más en calentar el hierro en esos puestos en concreto, disponía de algunos minutos libres a lo largo del día, que empleaba para hacer esbozos en perspectiva sobre la chapa de hierro colocada delante del horno en el que trabajaba».

Así, trabajando y estudiando asiduamente, James Sharples avanzó de forma constante en el conocimiento de los principios del arte y adquirió mayor facilidad en su práctica. Unos dieciocho meses después de terminar su aprendizaje, pintó un retrato de su padre, que atrajo considerable atención en la ciudad, al igual que el cuadro de *La fragua*, que terminó poco después. Su éxito con los retratos le valió incluso un encargo del capataz de la fundición para que pintara a su familia en grupo y Sharples lo hizo tan bien que el hombre no solo le pagó el precio acordado de dieciocho libras, sino treinta chelines más. Mientras trabajaba en este cuadro en concreto, dejó de trabajar en la fundición y pensó en abandonar por completo su oficio y dedicarse a la pintura en exclusiva. Procedió a pintar varios cuadros, entre otros una cabeza de Cristo, una idea original, una obra de tamaño natural y una panorámica de Bury. Sin embargo, dado que no le encargaban suficientes retratos para mantenerse ocupado o proporcionarle unos ingresos estables, el sentido común lo llevó a retomar el delantal de cuero y a seguir trabajando en su honrado oficio de herrero, empleando sus horas de ocio en grabar su cuadro de *La fragua*. La idea del grabado se le ocurrió de la siguiente manera. Un comerciante de arte de Manchester, a quien le enseñó el cuadro, insinuó que en manos de un grabador hábil sería una obra muy buena. Sharples concibió de inmediato la idea de grabarlo él mismo, aunque desconocía por completo este arte. Las dificultades que encontró y que superó con éxito para llevar a cabo su proyecto son descritas por él mismo de la siguiente manera:

«Había visto un anuncio de un fabricante de planchas de acero de Sheffield en el que figuraba una lista de los precios a los que suministraba planchas de diversos tamaños y, tras fijarme en una de dimensiones apropiadas, le envié el importe, junto con una pequeña suma adicional para que me mandase algunas herramientas de grabado. No podía especificar los artículos que quería, porque entonces no sabía nada sobre el proceso en sí. Sin embargo, junto con la plancha llegaron tres o cuatro buriles y una aguja de grabar; esta última la estropeé antes de conocer su uso. Mientras trabajaba en la plancha, la Amalgamated Society of Engineers ofreció un premio al mejor diseño para un cuadro emblemático, al que decidí presentarme, y tuve la suerte de ganarlo. Poco después me trasladé a Blackburn, donde conseguí trabajo en la fábrica del señor Yate, ingeniero, como herrero de máquinas; y seguí empleando mi tiempo libre en dibujar, pintar y grabar, como antes. Con el grabado progresé muy despacio debido a las dificultades que experimenté al no poseer las herramientas adecuadas. Decidí entonces tratar de fabricar algunas que se ajustaran a mi propósito, y después de varios fracasos logré fabricar muchas que he utilizado en el curso de mis grabados. También me encontraba muy perdido por la falta de una lupa adecuada, y parte de la plancha fue hecha sin más ayuda que la que me proporcionaban los anteojos de mi padre, aunque más tarde logré conseguir una lupa adecuada, que me fue de la mayor utilidad. Mientras estaba grabando la plancha sucedió algo que casi me hizo abandonarla por completo. A veces me veía obligado a dejarla durante un tiempo considerable, cuando me apremiaban otros trabajos y para protegerla de la oxidación acostumbraba a frotar las partes grabadas con aceite. Sin embargo, al examinar la plancha después de uno de esos intervalos, descubrí que el aceite se había convertido en una sustancia oscura y pegajosa muy difícil de quitar. Intenté sacarlo con una aguja, pero descubrí que me llevaría casi tanto tiempo como grabar las partes de nuevo. El problema me tenía desesperado, pero al final se me ocurrió hervirlo en agua con sosa y después frotar las partes grabadas con un cepillo de dientes. Una vez superadas las mayores dificultades, lo único que necesitaba para llevar a buen término mi trabajo era paciencia y perseverancia. No recibí consejos ni ayuda de nadie para terminar la plancha. Así que, en caso de que la obra posea algún mérito, puedo reclamarlo como mío; y si en su realización he contribuido a demostrar lo que puede hacerse con perseverancia y determinación, ese es el único mérito que deseo reclamar».

Nada más lejos de mi intención que entrar en cualquier crítica de *La fragua* como grabado; sus méritos ya han sido reconocidos en *Art Journal*, *Athenæum*, *Critic* y otras revistas. La ejecución de la obra ocupó las horas de ocio vespertino de James Sharples durante un periodo de cinco años y solo cuando llevó la plancha al impresor vio por primera vez una plancha grabada creada por otro hombre. A este retrato sin ambages del trabajo y la genialidad se añade otro rasgo, de carácter doméstico. «Llevo siete años casado —dice— y durante ese tiempo mi mayor placer, después de terminar mi trabajo diario en la fundición, ha sido retomar el lápiz o el buril, a menudo hasta altas horas de la noche, mientras mi esposa se sentaba a mi lado y me leía algún libro interesante», un testimonio sencillo, pero hermoso, del sentido común y de la genuina rectitud de corazón de este trabajador tan interesante y meritorio.

La misma diligencia y aplicación que hemos visto que son necesarias para adquirir la excelencia en la pintura y la escultura se requieren de igual manera en el arte hermano de la música, siendo las dos primeras la poesía de la forma y el color; y la tercera, la de los sonidos de la naturaleza. Händel fue un trabajador infatigable y constante. Nunca se dejó vencer por el desánimo y su energía parecía aumentar cuanto más lo golpeaba la adversidad. Ni siquiera claudicó cuando sufrió la mortificación de que lo declararan deudor insolvente. Al contrario, al cabo de un año produjo su *Saúl*, *Israel en Egipto*, la música para la Oda de Dryden, sus *Doce Grandes Conciertos* y la ópera *Júpiter en Argos*, que se cuentan entre sus mejores obras. Como dice de él su biógrafo: «Se enfrentó a todo y, sin ayuda de nadie, llevó a cabo el trabajo de doce hombres».

Haydn, hablando de su arte, dijo: «Consiste en abrazar un tema y perseguirlo». «Trabajar —decía Mozart— es mi principal placer». La máxima favorita de Beethoven era: «No existen barreras que les digan a los hombres con talento y a los aspirantes aplicados: "Prohibido pasar de aquí"». Cuando Ignaz Moscheles le entregó a Beethoven su partitura de *Fidelio* para piano, encontró escrito al pie de la última página: «Acabado, con la ayuda de Dios». Beethoven se apresuró a escribir justo debajo: «¡Vamos, hombre, ayúdate a ti mismo!». Ese fue el lema de su vida artística. Johann Sebastian Bach dijo de sí mismo: «Fui diligente; quien sea igual de perseverante que yo tendrá el mismo éxito». Pero no cabe duda de que Bach nació con una pasión por la música que constituyó el resorte principal de su diligencia y fue el verdadero secreto de su éxito. Solo era un jovenzuelo cuando su hermano mayor, deseoso de orientar sus habilidades en otra dirección, destruyó una colección de estudios que el joven Sebastian, al que se le negaban las velas, había copiado a la luz de la luna, lo que demuestra la fuerte inclinación natural de la genialidad del muchacho. En 1820, Bayle escribió en Milán refiriéndose a Giacomo Meyerbeer: «Es un hombre con cierto talento, pero no un genio. Vive solo y trabaja quince horas al día en la música». Pasaron los años, y el duro trabajo de Meyerbeer hizo aflorar por completo su genialidad, como demuestra en *Roberto el diablo*, *Los hugonotes*, *El profeta* y otras obras que se cuentan entre las mejores óperas de la época moderna.

Aunque la composición musical no es un arte en el que los ingleses se hayan distinguido mucho hasta el momento, ya que sus energías los han dirigido en su mayor parte hacia otras direcciones más prácticas, no nos faltan ejemplos autóctonos del poder de la perseverancia en este empeño. Thomas Augustine Arne era hijo de un tapicero y su padre lo había destinado a la abogacía, pero su amor por la música era tan grande que no pudo evitar dedicarse a ella. Vivió con estrecheces mientras trabajaba en el bufete de un abogado; pero para satisfacer sus gustos, acostumbraba a tomar prestada una librea para ir a la galería del Teatro de la Ópera, destinada en aquel entonces a los empleados domésticos. Sin que su padre lo supiera, hizo grandes progresos con el violín, algo que su padre descubrió por casualidad durante la visita a la casa de un caballero vecino, para su sorpresa y consternación, cuando descubrió a su hijo tocando el instrumento principal con un grupo de músicos. Este incidente decidió el destino de Arne. Su padre no se opuso a sus deseos, y el mundo perdió así un abogado, pero ganó un músico de gran gusto y delicadeza de sentimientos que añadió muchas obras valiosas a nuestro patrimonio de música inglesa.

La carrera de William Jackson, el autor de *La liberación de Israel*, un oratorio que ha sido interpretado con éxito en las principales ciudades de su condado natal de York, proporciona una interesante ilustración del triunfo de la perseverancia sobre las dificultades en la búsqueda de la ciencia musical. Es hijo de un molinero de Masham, un pueblecito situado en el valle del Yore, en el extremo noroeste de Yorkshire. El gusto musical parece haber sido herencia familiar, ya que su padre tocaba el pífano en la banda militar de los voluntarios de Masham y cantaba en el coro parroquial. Su abuelo también era el principal cantor y campanero de la iglesia del pueblo, y uno de los primeros placeres musicales del niño fue asistir al toque de campanas los domingos por la mañana. Durante el servicio, su asombro era aún mayor cuando el organista tocaba el órgano, cuyas puertas se abrían por detrás para que el sonido se extendiera por completo en la iglesia, por lo que los registros, los tubos, los barriles, las grapas, el teclado y las clavijas quedaban totalmente expuestos, para asombro de los niños sentados en la galería trasera, y sobre todo para el de nuestro joven músico. A los ocho años empezó a tocar con el viejo pífano de su padre que, sin embargo, no tocaba la nota re. Sin embargo, su madre remedió la dificultad comprándole una flauta dulce; y poco después un caballero del vecindario le regaló una flauta de plata. Como el niño no progresaba en su «aprendizaje de los libros», ya que les dedicaba más tiempo al críquet, a la pelota y al boxeo que a sus lecciones escolares —el maestro del pueblo lo dejó por imposible—, sus padres lo enviaron a un colegio en Pately Bridge. Allí encontró una agradable compañía en el coro del pueblo, en Brighouse Gate, y con ellos aprendió solfeo según la tradición inglesa. De este modo, se familiarizó con la lectura musical, en la que pronto se convirtió en un experto. Sus progresos asombraron a los miembros del coro, y regresó a casa lleno de ambiciones musicales. Aprendió a tocar el viejo piano de su padre, pero con escasos resultados melódicos, y empezó a desear poseer un órgano, aunque no tenía medios para conseguirlo. Por aquel entonces, el secretario de un municipio cercano había comprado un organillo por una suma insignificante, ya que no funcionaba, después de que una compañía recorriera los condados del norte con su espectáculo. El secretario trató de arreglar el instrumento, pero no lo consiguió. Al final decidió probar la habilidad del joven Jackson, que había logrado hacer algunas modificaciones y mejoras en el órgano de la iglesia parroquial. De ese modo, lo llevó a casa del muchacho en un carro tirado por un burro, y en poco tiempo el instrumento quedó reparado y volvió a tocar sus antiguas melodías para gran satisfacción del propietario.

El joven pensó que podía ser capaz de construir un organillo y decidió hacerlo. Su padre y él se pusieron manos a la obra, y aunque sin práctica en carpintería, a fuerza de duro trabajo y tras muchos fracasos, al final lo consiguieron. Construyeron un organillo que tocaba diez melodías de forma bastante decente, y en el vecindario se vio como una maravilla. A partir de entonces, llamaban con frecuencia al joven Jackson para reparar los órganos viejos de las iglesias y para añadirles nueva música a los organillos. Todo para la satisfacción de sus clientes. Después procedió a la construcción de un órgano con teclas para lo cual adaptó las de un viejo clavicordio. Aprendió a tocarlo, estudiándose la *Gramática musical* de Callcott Thorough por las tardes, sin abandonar su oficio de molinero durante el día. De vez en cuando, también recorría el país como músico ambulante, con un asno y un carro.

Durante el verano trabajaba en el campo, recolectando nabos, y cosechando el heno y demás cultivos, pero nunca le faltó el consuelo de la música en sus horas de ocio vespertinas. A continuación probó suerte con la composición musical, y doce o trece de sus himnos acabaron en las manos del señor Camidge, de York, tras presentárselos como «obra de un muchacho molinero de catorce años». El señor Camidge se mostró complacido con ellos, marcó los pasajes objetables y se los devolvió con la alentadora observación de que tenían mucho mérito y debía «seguir componiendo».

En Masham se creó una banda de música, a la que se unió el joven Jackson y de la que acabó siendo director. Tocaba todos los instrumentos por turnos, y así adquirió un considerable conocimiento práctico de su arte; también compuso numerosas melodías para la banda. Como la iglesia contaba con un nuevo órgano, lo nombraron organista. Abandonó su empleo como molinero y comenzó a fabricar velas de sebo, empleando sus horas libres en el estudio de la música. En 1839 publicó su primer himno *Que canten los fértiles valles*; y al año siguiente ganó el primer premio del Huddersfield Glee Club por su *Hermanas de Lea*. *Que el Señor nos asista*, su otro himno, y el *Salmo 103*, escrito para doble coro y orquesta, son muy conocidos. Entre estas obras menores, Jackson procedió a la composición de su oratorio *La liberación de Israel de Babilonia*. Su práctica consistía en anotar las ideas a medida que se le iban ocurriendo y después, por las tardes, las escribía en partitura cuando salía del trabajo en la tienda de velas. Su oratorio se publicó por partes a lo largo de 1844 y 1845, y publicó el último coro el día de su vigésimo noveno cumpleaños. La obra fue muy bien recibida por la crítica musical y se ha representado con frecuencia con gran éxito en las ciudades del norte.

El señor Jackson vive en Bradford y no hace mucho tuvo el honor de dirigir la magnífica coral de Bradford delante de Su Majestad en el Palacio de Buckingham. En esa ocasión, así como en el Palacio de Cristal, se interpretaron con gran éxito algunas hermosas piezas de su composición, pertenecientes a su obra *El año*, ya publicada en su totalidad.

Este es un breve esbozo de la carrera de un músico inglés autodidacta, que promete, en la madurez de sus facultades, ocupar un alto rango entre los compositores nativos. Su vida no es más que otro ejemplo del poder del desarrollo personal y de la fuerza del valor y la diligencia, que le permiten a un hombre superar y vencer dificultades y obstáculos de índole en absoluto ordinaria.

6

EL TRABAJO Y LA ARISTOCRACIA INGLESA

> Trabajador hacendoso, hígado sano,
> fuerza para trabajar, éxito asegurado.
>
> ROBERT BROWNING

El trabajo práctico, realizado con conocimiento y vigor, nunca deja de tener éxito. Ayuda a un hombre a progresar y a elevarse, resalta su carácter individual y estimula en gran medida la acción de los demás. Puede que no todos se eleven por igual, sino que cada uno lo haga, en conjunto, de acuerdo con sus méritos. Como reza el proverbio toscano: «Aunque todos no puedan vivir en la plaza, todos pueden sentir el sol».

Ya me he referido a algunos ilustres plebeyos que ascendieron en la vida desde sus orígenes humildes gracias a su trabajo constante y aplicado, y podría señalar que hasta la aristocracia ofrece ejemplos igualmente instructivos. Una de las razones por las que la nobleza inglesa ha logrado conservar tan bien su vigor y elasticidad se debe al hecho de que, a diferencia de los aristócratas de otros países, de vez en cuando ha recibido la mejor sangre industrial del país, que es «el hígado, el corazón y el cerebro de Gran Bretaña». Al igual que el legendario Anteo, se ha revigorizado y refrescado manteniendo con frecuencia los pies sobre la madre tierra y mezclándose libremente con esa antiquísima clase noble: la de los trabajadores. Tal y como lord Chesterfield dejó claro cuando colocó como los primeros de su linaje a «ADAM de Stanhope; EVE de Stanhope».

No cabe duda de que la sangre de todos los hombres fluye de fuentes igualmente remotas, y de que no hace muchos siglos las raíces de la mayoría de las familias de este país estaban estrechamente mezcladas en el tronco teutónico común del que deriva nuestro origen. Los grandes rasgos dominantes de la raza (el trabajo, la energía y el espíritu de independencia) siguen siendo los mismos hoy en día. Todavía aflora la audacia aventurera de los vikingos de vez en cuando en nuestros soldados y marineros, así como en los oficiales aristocráticos que los comandan. Y el espíritu noble asoma tanto por debajo del atuendo del campesino como del armiño del aristócrata.

Además, se ha producido un constante ascenso y descenso en la sociedad, y hay nuevas familias que han ocupado el lugar de las antiguas, que en muchos casos han pasado a engrosar las filas del pueblo llano.

Las guerras civiles y las rebeliones arruinaron a la antigua nobleza y dispersaron a sus familias, pero no las destruyeron. Se convirtieron en agricultores, mecánicos y obreros, mezclándose de nuevo con la gran raza industrial de la que habían surgido en un principio. De esa forma, no hace muchos años, se descubrió al heredero del conde de Mar en la persona de un minero de Northumberland; y en la actualidad, se cree que el legítimo heredero del Simon de Montfort, el primer barón de Inglaterra, es un guarnicionero de Tooley Street. Hugh Miller, cuando trabajaba como albañil cerca de Edimburgo, tenía en su cuadrilla a un peón que era uno de los numerosos pretendientes al título de conde de Crauford. Lo único que necesitaba para que su reclamación fuera válida era un certificado de matrimonio y en muchas ocasiones, durante el trabajo diario, se oía un grito: «¡John, conde de Yearl, tráenos más cal!».

La mayor parte de nuestra aristocracia es relativamente moderna, en lo que a títulos se refiere, pero no es menos noble por haber sido reclutada en gran medida de las filas de los honrados trabajadores.

En la antigüedad, el próspero comercio de Londres dirigido por hombres enérgicos y emprendedores fue una prolífica fuente de linajes. Así, Thomas Cornwallis, el comerciante de Cheapside fue el primer conde de Cornwallis; William Capel, el pañero, fue el primer conde de Essex; y William Craven, el sastre, el primer conde de Craven. El actual conde de Warwick no desciende de «el Hacedor de Reyes», sino de William Greville, el comerciante de lana; mientras que los más recientes duques de Northumberland no tienen su origen en los Percy, sino en Hugh Smithson, un respetable boticario londinense. Los fundadores de las familias de Dartmouth, Radnor, Ducie y Pomfret fueron un peletero, un fabricante de seda, un sastre y un comerciante de Calais, respectivamente. Los fundadores de los linajes de Tankerville, Dormer y Coventry fueron comerciantes. Los antepasados del conde de Romney y de lord Dudley y Ward eran orfebres y joyeros; y lord Dacres fue banquero en el reinado de Carlos I, de la misma manera que lo es lord Overstone en el de la reina Victoria. Edward Osborne, el primer duque de Leeds, fue aprendiz de William Hewet, un rico pañero del Puente de Londres, a cuya única hija rescató valientemente de morir ahogada, saltando al Támesis tras ella, y con la que finalmente se casó. Entre otros linajes procedentes del comercio se encuentran los de Fitzwilliam, Leigh, Petre, Cowper, Darnley, Hill y Carrington. Los fundadores de los linajes de Foley y de Normanby eran hombres notables en muchos aspectos y merece la pena conservar la historia de sus familias, ya que es un sorprendente ejemplo que demuestra la fuerza del carácter.

El padre de Richard Foley, el fundador de la familia, era un pequeño terrateniente que vivía en los alrededores de Stourbridge en tiempos de Carlos I. Aquel lugar era entonces el centro de la metalurgia de las Midland, y a Richard lo educaron para trabajar en una de las ramas de esa industria: la de la fabricación de clavos. Así fue como observó el enorme trabajo y la pérdida de tiempo que suponían el torpe proceso usado en aquella época para dividir las barras de hierro necesarias en la fabricación de los clavos. Parecía que los fabricantes de clavos de Stourbridge estaban perdiendo poco a poco su negocio, como consecuencia de la importación de clavos de Suecia, por cuya culpa se vendían muy mal. Se supo que los suecos eran capaces de hacerlos mucho más baratos porque usaban maquinaria para la división de las barras de hierro, sustituyendo de esa manera el laborioso proceso que todavía se empleaba en Inglaterra.

Una vez comprobado ese dato, Richard Foley decidió convertirse en maestro del nuevo proceso. Desapareció repentinamente de los alrededores de Stourbridge y no se supo de él durante varios años. Nadie sabía adónde había ido, ni siquiera su propia familia, ya que no les había informado de su propósito para no fracasar. Apenas tenía dinero en el bolsillo, pero se las arregló para llegar a Hull, donde se embarcó en un navío con destino a un puerto sueco y trabajó para pagarse el pasaje. La única propiedad que poseía era su violín, y al desembarcar en Suecia mendigó y tocó el violín hasta llegar a las minas de Dannemora, cerca de Upsala. Era un músico excelente, además de un hombre agradable, y pronto se congració con los trabajadores de la industria metalúrgica. Lo recibían en todas las fábricas, cuyas distintas estancias recorría siempre que le dieran acceso, y aprovechó la oportunidad que se le ofrecía para almacenar en su mente todo lo que veía y así poder aprender el proceso de división de las barras de hierro, que era su propósito inicial. Después de una larga estancia, desapareció de repente sin que nadie supiera adónde había ido.

Al llegar a Inglaterra, comunicó los resultados de su viaje al señor Knight y a otra persona de Stourbridge, que confiaron en él lo suficiente como para adelantarle los fondos necesarios con el fin de construir edificios y maquinaria con la que dividir las barras de hierro mediante el nuevo proceso. Sin embargo, cuando se puso a trabajar, para gran disgusto y decepción de todos, sobre todo de Richard Foley, se descubrió que la maquinaria no funcionaba o que, en todo caso, no partía las barras de hierro.

Foley desapareció de nuevo. Pensaron que la vergüenza y la mortificación por su fracaso lo habían alejado para siempre. Sin embargo, no fue así. Foley había decidido dominar el secreto de dividir las barras de hierro y no pensaba cejar en su empeño. Partió de nuevo a Suecia, acompañado de su violín como antes, y encontró el camino hasta las fábricas metalúrgicas, donde los trabajadores volvieron a recibirlo con alegría. Para asegurarse de que el violinista no volvía a desaparecer, en esa ocasión le dieron alojamiento en la misma fábrica. Era tal la aparente falta de inteligencia del hombre, salvo para tocar el violín, que los trabajadores no sospecharon del propósito de su juglar, a quien de este modo ayudaron a alcanzar el objetivo de su vida. En esa ocasión examinó a fondo las máquinas y el proceso, y pronto descubrió la causa de su fracaso. Hizo dibujos o calcos de la maquinaria tan bien como pudo, ya que esa era una rama del arte bastante nueva para él, y después de permanecer en el lugar el tiempo suficiente para comprobar que sus observaciones eran certeras y de dejar constancia en sus bocetos de forma clara e inequívoca, abandonó la fábrica, llegó a un puerto sueco y se embarcó rumbo a Inglaterra. Un hombre tan decidido no podía sino tener éxito. De nuevo entre sus sorprendidos amigos, hizo las mejoras necesarias, y los resultados fueron totalmente satisfactorios. Gracias a su habilidad y diligencia, no tardó en sentar las bases de una inmensa fortuna, al tiempo que restauraba el tejido industrial de un enorme distrito. Siguió supervisando el trabajo durante toda la vida, ayudando y alentando todas las obras benéficas en el vecindario. Fundó una escuela en Stourbridge y su hijo Thomas (un gran mecenas de Kidderminster), que fue juez principal de Worcestershire en la época de Cromwell, fundó un hospicio, todavía existente, para la educación gratuita de los niños de Old Swinford. Los primeros Foley eran puritanos. Richard Baxter parece haber mantenido relaciones familiares e íntimas con varios miembros de la familia y los menciona con frecuencia en su obra *Life and Times*, donde nos narra su vida. Cuando lo nombraron juez del condado, Richard Foley le pidió a Baxter que se hiciera cargo de dar el acostumbrado sermón. Baxter lo describe en su libro como «un hombre de trato tan justo e intachable que todos aquellos con los que alguna vez tuvo que ver alabaron su gran integridad y honestidad, que nadie cuestionó jamás». Carlos II le concedió el título nobiliario a la familia.

William Phipps, el fundador del linaje de los Mulgrave o los Normanby, fue un hombre tan notable a su manera como Richard Foley. Su padre era armero —un inglés fortachón— y se estableció en Woolwich, Maine, que entonces formaba parte de nuestras colonias inglesas en América. Nació en 1651, en el seno de una familia de no menos de veintiséis hijos (de los cuales veintiuno eran varones), cuya única fortuna residía en sus robustos corazones y fuertes brazos. William parecía tener bastante sangre marina danesa en las venas, y no le gustaba la vida tranquila pastoreando ganado de sus primeros años. Dada su naturaleza audaz y aventurera, anhelaba convertirse en marinero y recorrer el mundo. Trató de enrolarse en algún barco, pero al no encontrarlo, se hizo aprendiz de un constructor naval, con el que aprendió a fondo su oficio, adquiriendo las artes de la lectura y la escritura durante sus horas de ocio. Una vez terminado su aprendizaje y después de trasladarse a Boston, cortejó y se casó con una viuda de cierta posición económica, tras lo cual estableció un pequeño astillero propio, construyó un barco y, haciéndose a la mar en él, se dedicó al comercio de la madera, que ejerció de forma diligente y continua durante unos diez años.

Un día, mientras paseaba por las sinuosas calles del viejo Boston, oyó a unos marineros hablar entre sí de un naufragio que acababa de producirse frente a las Bahamas. Se trataba de un barco español que supuestamente llevaba mucho dinero a bordo. Su espíritu aventurero despertó de inmediato, y tras reunir sin pérdida de tiempo una tripulación, zarpó hacia las Bahamas. El pecio no se hallaba lejos de la costa, por lo que lo encontró con facilidad y consiguió recuperar gran parte de la carga, pero muy poco dinero. El resultado fue que apenas pudo sufragar los gastos. Sin embargo, el éxito había sido tal que estimuló su espíritu emprendedor y cuando le hablaron de otro barco con una carga mucho mayor, que había naufragado cerca de Puerto Plata más de medio siglo antes, tomó de inmediato la decisión de ir en su busca para encontrar el tesoro.

Sin embargo, como era demasiado pobre como para emprender semejante empresa sin una poderosa ayuda, se embarcó rumbo a Inglaterra con la esperanza de obtenerla allí. La fama de su éxito en la localización del pecio de las Bahamas lo precedió. Se dirigió directamente al gobierno y, gracias a su contagioso entusiasmo, logró vencer la inercia habitual de las mentes de los funcionarios y Carlos II puso a su disposición la Rose Algier, un barco de dieciocho cañones y noventa y cinco hombres, a cuyo mando lo puso.

Phipps zarpó en busca del barco español con la intención de apoderarse del tesoro hundido. Llegó sano y salvo a la costa de La Española, pero la dificultad radicaba en la localización del barco hundido. Según sus datos, el naufragio tuvo lugar hacía más de cincuenta años, y Phipps solo contaba con los rumores tradicionales del suceso. Había una amplia costa que explorar y un océano extenso, sin rastro alguno del barco naufragado. Sin embargo, contaba con un corazón fuerte y estaba lleno de esperanza. Puso a sus marineros a trabajar para explorar con redes el fondo marino a lo largo de la costa, y durante semanas no pescaron más que algas, guijarros y trozos de roca. Ningún otro trabajo podía ser más duro para los marineros, que empezaron a refunfuñar y a murmurar que el capitán los había embarcado en una misión absurda.

Al final, los murmullos fueron aumentando de volumen y los hombres se amotinaron. Un grupo corrió un día al alcázar y exigió que se abandonara el viaje. Sin embargo, Phipps no era un hombre que se dejara intimidar. Detuvo a los cabecillas y envió a los demás de vuelta a sus tareas. Coincidió que fue necesario fondear el barco cerca de una pequeña isla para repararlo y, a fin de aligerarlo, desembarcaron la mayor parte de las provisiones. Como el descontento seguía aumentando entre la tripulación, los hombres que estaban en tierra urdieron un nuevo complot para apoderarse del barco, arrojar a Phipps por la borda y darse a la vida pirata contra los españoles en los Mares del Sur. Pero era necesario asegurarse los servicios del carpintero jefe, al que pusieron al corriente del complot. El hombre se mostró fiel y aprovechó la oportunidad para informar a Phipps del peligro que corría. En cuanto estuvo al tanto, reunió a su alrededor a los hombres que sabía que eran leales, ordenó que cargaran los cañones del barco que apuntaban a la costa y levantó la pasarela que comunicaba con la nave. Cuando los amotinados aparecieron, Phipps los saludó y les dijo que les dispararía si se acercaban a las provisiones (que aún estaban en tierra), y los hombres se retiraron. Temerosos de verse abandonados en una isla desierta, arrojaron sus armas e imploraron que se les permitiera volver a su deber. Se accedió a la petición y se tomaron las precauciones oportunas contra futuras fechorías.

Phipps aprovechó la primera oportunidad que se le presentó para desembarcar a los que se habían amotinado y contratar a otros hombres en su lugar. Sin embargo, cuando por fin retomó sus exploraciones, descubrió que era absolutamente necesario dirigirse a Inglaterra para reparar el barco. Para aquel entonces había obtenido información más precisa sobre el lugar donde se había hundido el barco del tesoro español y, aunque todavía estaba frustrado, confiaba más que nunca en el éxito final de su empresa.

De regreso en Londres, informó del resultado de su viaje al Almirantazgo, que se declaró complacido con sus esfuerzos, pero no había tenido éxito y no quisieron confiarle otro barco. Había un nuevo rey en el trono, Jacobo II, y el gobierno tenía problemas, por lo que Phipps y su proyecto soñado habían recurrido a ellos en vano. Intentó reunir los medios necesarios mediante una suscripción pública. Al principio se rieron de él, pero su incesante persistencia acabó dando frutos y, tras cuatro años de exponerle su proyecto a la gente importante, durante los cuales vivió en la pobreza más absoluta, al final lo consiguió. Se fundó una empresa con veinte participantes, y el principal era el duque de Albermale, el hijo del general Monk, que contribuyó entregando gran parte del dinero necesario para el proyecto.

Al igual que Foley, Phipps tuvo más suerte en su segundo viaje que en el primero. El barco llegó sin accidentes a Puerto Plata, a las cercanías del arrecife que se suponía que había sido el escenario del naufragio. Su primer objetivo fue construir una barca robusta capaz de llevar ocho o diez remos, en cuya construcción participó Phipps en persona. También se dice que construyó una máquina con el fin de explorar el fondo del mar, similar a lo que ahora se conoce como la campana de buceo. Dicha máquina aparecía mencionada en los libros, pero Phipps sabía poco de libros y puede decirse que reinventó el aparato para su propio uso. También contrató indígenas para que bucearan, ya que su destreza en la búsqueda de perlas y otras operaciones submarinas era muy notable. Una vez que estuvieron en el arrecife, los hombres se pusieron a trabajar. Sumergieron la campana de buceo y durante muchas semanas se emplearon sin descanso los diversos métodos de arrastre del fondo del mar, pero sin ninguna perspectiva de éxito. Sin embargo, Phipps aguantó el tipo confiando en el éxito, casi contra toda esperanza. Un día, por fin, un marinero que miraba por encima de la borda hacia el agua cristalina vio una curiosa planta marina que crecía en lo que parecía ser una grieta de la roca y pidió a un buzo indígena que bajara a buscarla. Cuando el hombre subió con la planta, le dijo que en el mismo lugar yacían varios cañones de barco. La información fue recibida al principio con incredulidad, pero al investigar más a fondo resultó ser cierta. Se procedió a la búsqueda y, poco después, apareció un buzo con un lingote de plata maciza en los brazos. Cuando se la enseñaron a Phipps, exclamó: «¡Gracias a Dios! ¡Somos ricos!». La campana de buceo y los demás buceadores empezaron a trabajar con ahínco, y en pocos días se consiguió un tesoro por valor de unas trescientas mil libras, con el que Phipps zarpó para Inglaterra. A su llegada, hubo quienes intentaron presionar al rey para que embargara el buque y su cargamento, bajo el pretexto de que Phipps no le dio a Su Majestad información exacta de su empresa cuando solicitó el permiso. Sin embargo, el rey replicó que sabía que Phipps era un hombre honrado, y que sus amigos y él debían repartirse todo el tesoro, aunque hubiera regresado con el doble del valor previsto. La parte de Phipps ascendía a unas veinte mil libras esterlinas, y el rey, para mostrar su aprobación por su energía y honradez en la dirección de la empresa, le confirió el honor de caballero. También fue nombrado gobernador de Nueva Inglaterra y durante el tiempo que ocupó el cargo, prestó valerosos servicios a la madre patria y a los colonos contra los franceses, mediante expediciones contra Port Royal y Quebec. También ocupó el cargo de gobernador de Massachusetts, tras lo cual regresó a Inglaterra y murió en Londres en 1695.

A lo largo de la última parte de su carrera, Phipps no se avergonzaba de aludir a su origen humilde y se enorgullecía de haber pasado de la condición de vulgar carpintero de barcos a disfrutar los honores de un caballero y a ejercer el gobierno de una provincia. Cuando se sentía desconcertado por los asuntos públicos, decía que le resultaría más fácil volver a sus herramientas. Se le recuerda como un hombre íntegro, honesto, patriota y valiente, una herencia igual de noble que el resto del legado del linaje de los Normanby.

William Petty, el fundador de los Lansdowne, era un hombre de la misma energía y entrega al prójimo. Era hijo de un pañero de condición humilde de Romsey, en Hampshire, y nació en 1623. Durante su infancia recibió una educación aceptable en la escuela de su pueblo natal, tras lo cual decidió perfeccionarse estudiando en la Universidad de Caen, en Normandía. Allí se las ingenió para ganarse la vida, sin la ayuda de su padre, ejerciendo una especie de pequeña venta ambulante con «un reducido surtido de mercancías».

De regreso a Inglaterra, empezó a trabajar de aprendiz con un capitán de navío, que lo maltrataba pegándole con una cuerda «por su mala vista». Abandonó el oficio de marinero disgustado y comenzó a estudiar Medicina. Una vez en París, se dedicó a la disección, durante la cual también dibujó diagramas para Hobbes, que entonces estaba escribiendo su tratado sobre óptica. Se vio reducido a tal pobreza que subsistió durante dos o tres semanas a base de nueces. Pero de nuevo empezó a comerciar a pequeña escala, ganándose la vida de forma honrada, y en poco tiempo pudo regresar a Inglaterra con dinero en el bolsillo. Como era un ingenioso mecánico, patentó una copiadora de cartas. Comenzó a escribir sobre artes y ciencias, y practicó la química y la física con tanto éxito que pronto tuvo una buena reputación. Tras asociarse con otros hombres con sus mismos intereses, empezaron a hablar del proyecto de formar una sociedad dedicada a la ciencia, y las primeras reuniones de la Royal Society se celebraron en sus aposentos. Pasó un tiempo en Oxford como adjunto del profesor de Anatomía, que sentía una gran repugnancia por la disección. En 1652 su diligencia fue recompensada con el nombramiento de médico del ejército en Irlanda, adonde se dirigió, y mientras estuvo allí fue el asistente médico de los tres hombres que ocuparon sucesivamente el cargo de lord teniente: Lambert, Fleetwood y Henry Cromwell. Tras haberse otorgado a los soldados puritanos grandes extensiones de tierras confiscadas, Petty observó que estaban muy mal medidas y, pese a sus muchas ocupaciones, se comprometió a hacer el trabajo él mismo. Sus nombramientos llegaron a ser tan numerosos y lucrativos que los envidiosos lo acusaron de corrupción y lo mantuvieron apartado. Sin embargo, durante la Restauración recuperó el favor de los poderosos.

Fue un incansable emprendedor, inventor y organizador de empresas. Uno de sus inventos fue un barco de doble fondo, para navegar contra viento y marea. Publicó tratados sobre tintorería, filosofía naval, fabricación de paños de lana, aritmética política y muchos otros temas. Fundó fábricas metalúrgicas, abrió minas de plomo y comenzó una pesquería de sardinas y una empresa para el comercio de madera. Entre tanto, encontró tiempo para participar en los debates de la Royal Society, a los que contribuyó en gran medida. Les dejó una importante fortuna a sus hijos, el mayor de los cuales fue nombrado barón Shelburne. Su testamento es un curioso documento que ilustra a la perfección su carácter. Contiene un resumen de los principales acontecimientos de su vida y el progresivo aumento de su fortuna. Sus sentimientos sobre la pobreza lo caracterizan: «En cuanto a los legados para los pobres —dijo—, tengo diversas opiniones. A los mendigos por oficio y elección, no les doy nada. Pero a los que no tienen nada por la mano de Dios, debemos mantenerlos. A los que han sido criados sin oficio ni beneficio, que los sustenten sus familias. Por lo tanto, estoy satisfecho de haber ayudado a todos mis parientes pobres y de haber ayudado a muchos a ganarse el pan, de haber trabajado en obras públicas y de haber buscado, mediante invenciones, verdaderas obras benéficas. Por la presente, conjuro a todos los que participan de mis bienes, de vez en cuando, a que hagan lo mismo por su cuenta y riesgo. No obstante, por costumbre y para mayor seguridad, les doy veinte libras a los más necesitados de la parroquia en la que muero». Fue enterrado en la antigua y preciosa iglesia normanda de Romsey, el lugar donde nació como hijo de un hombre pobre, y en el lado sur del coro todavía se puede ver una losa lisa —cortada por un obrero analfabeto— con la inscripción: AQUÍ DESCANSA SIR WILLIAM PETTY.

Otra familia, ennoblecida por la invención y el comercio en nuestros días, son los Strutt, de Belper. Jedediah Strutt se aseguró de ascender a las clases nobles en 1758, cuando inventó la máquina para tejer medias, sentando así las bases de una fortuna que los posteriores portadores del apellido han incrementado en gran medida y empleado noblemente. El padre de Jedediah era un agricultor y productor de malta que hizo muy poco por la educación de sus hijos. Sin embargo, todos prosperaron. Jedediah era el segundo hijo y, mientras trabajaba como agricultor en Blackwell, cerca de Normanton, se enteró por el hermano de su esposa, que era calcetero y conocía bien el sistema para tejer medias, de que se habían hecho algunos intentos infructuosos de tejerlas con una máquina. Siendo ingenioso por naturaleza y autodidacta en mecánica, se animó a investigar sobre el tema y después de sacrificar considerable tiempo, trabajo y medios, por fin logró perfeccionar su invento, tras lo cual fundó en Derby, junto con su hermano, una fábrica de medias que tuvo gran éxito. Más tarde, se unió a Arkwright y, al darse cuenta de inmediato del valor que tenía su invento para la industria textil del algodón, encontró los medios para obtener su patente y creó grandes fábricas textiles en Cromford, Derbyshire. El señor Edward Strutt tenía un genio inventivo similar al de su padre, y se dice que inventó una mula autopropulsada, cuyo éxito solo se vio impedido porque la habilidad mecánica de la época no estaba a la altura de su fabricación. Una vez finalizada la sociedad con Arkwright, los Strutt levantaron sus fábricas textiles en Milford, cerca de Belper, que da título con dignidad al actual cabeza de familia.

No menos empeño y energía han demostrado muchos hombres valientes, tanto en el presente como en el pasado, que se han ganado un título nobiliario por su valor en tierra y mar. Por no mencionar a los antiguos señores feudales, cuya propiedad dependía del servicio militar y que tan a menudo encabezaron la vanguardia de los ejércitos ingleses en los grandes enfrentamientos nacionales. Puedo señalar a Nelson, a St. Vincent y a Lyons, a Wellington, a Hill, a Hardinge, a Clyde y muchos más en épocas recientes, que se han ganado noblemente su posición por los distinguidos servicios prestados. Sin embargo, casi siempre ha sido el honorable ejercicio de la profesión jurídica lo que ha caracterizado la diligencia de la clase aristocrática. No menos de setenta títulos de nobleza británicos, incluidos dos ducados, los fundaron abogados de éxito. Es cierto que Mansfield y Erskine pertenecían a familias nobles, pero este último daba gracias a Dios por no haber conocido a ningún lord salvo a los de su propia familia.[1] Los demás eran, en su mayoría, hijos de abogados, tenderos, clérigos, comerciantes y miembros de la clase media trabajadora. De esta profesión surgieron los linajes de Howard y Cavendish, cuyos primeros miembros fueron jueces; los de Aylesford, Ellenborough, Guildford, Shaftesbury, Hardwicke, Cardigan, Clarendon, Camden, Ellesmere, Rosslyn; y otros más cercanos a nuestros días, como Tenterden, Eldon, Brougham, Denman, Truro, Lyndhurst, St. Leonards, Cranworth, Campbell y Chelmsford.

El padre del eminente lord Lyndhurst era retratista; y el de St. Leonards, peluquero en Burlington Street. El joven Edward Sugden fue al principio recadero en la oficina del difunto señor Groom, un tasador certificado de Henrietta Street, en Cavendish Square. Fue allí donde el futuro lord canciller de Irlanda recibió sus primeras nociones de derecho. El origen del difunto lord Tenterden era quizá el más humilde de todos, y no se avergonzaba de ello, pues consideraba que la diligencia, el estudio y la constancia, gracias a los cuales alcanzó su eminente posición, se debían enteramente a sí mismo. Se cuenta de él que en una ocasión llevó a su hijo Charles a un local situado frente a la fachada occidental de la catedral de Canterbury y que le dijo mientras lo señalaba: «Charles, mira esta tiendecita; te he traído aquí a propósito para enseñártela. ¡En ese sitio se afeitaba tu abuelo por un penique! Esa es la reflexión más orgullosa de mi vida». Lord Tenterden fue de pequeño cantor en la catedral, y se da la curiosa circunstancia de que su destino en la vida cambió por un desengaño. Un día, mientras hacía la ruta por los condados ingleses con el juez Richards, asistieron al servicio religioso en la catedral y cuando Richards elogió la voz de un cantante del coro, lord Tenterden dijo: «¡Ah! Ese es el único hombre al que he envidiado. Ambos optamos a una plaza en el coro cuando éramos estudiantes en esta ciudad, pero se la dieron a él».

No menos notable fueron los ascensos al distinguido cargo de lord presidente del Poder Judicial del rudo Kenyon y del robusto Ellenborough. E igual de notable es el hombre al que acaban de nombrar lord canciller de Inglaterra, hijo de un ministro parroquial de Fifeshire. Durante muchos años trabajó con ahínco como periodista, mientras se preparaba con diligencia para el ejercicio de su profesión. Se dice de él que, al principio de su carrera, estaba acostumbrado a caminar de una localidad a otra, ya que era demasiado pobre como para permitirse el lujo de desplazarse de otra manera. Pero paso a paso fue ascendiendo, sin prisa, pero sin pausa, hasta alcanzar la eminencia y la distinción que siempre acompañan a una vida profesional de entrega, honorable y enérgica, tanto en la abogacía como en cualquier otro ámbito.

Ha habido otros casos tan ilustres de lores cancilleres que han ascendido por la escalera de la fama y el honor con igual energía y éxito. La carrera del difunto lord Eldon es quizá uno de los ejemplos más notables. Era hijo de un carbonero de Newcastle y de pequeño fue un niño más travieso que estudioso. Fue el chivo expiatorio en la escuela, por lo que recibió terribles palizas, ya que el robo de huertos era una de las hazañas favoritas del futuro lord canciller. Su padre pensó primero en ponerlo de aprendiz de tendero y después estuvo a punto de decidirse a formarlo en su propio oficio de carbonero, pero para entonces su primogénito (William, lord Stowell), que había obtenido una beca para Oxford, le escribió diciéndole: «Manda a Jack conmigo, puedo hacer algo mejor por él». Y así John fue a Oxford, donde, gracias a la influencia de su hermano y a su propia diligencia, consiguió una beca. Sin embargo, cuando estaba en casa durante las vacaciones, tuvo la mala suerte —o la buena, como resultó al final— de enamorarse. Se fugó a Escocia con su novia y se casó con ella, arruinándose la vida en opinión de sus amigos. No tenía casa ni hogar cuando contrajo matrimonio y ni siquiera había ganado un penique. Perdió la beca y también perdió la posibilidad de hacer carrera en la Iglesia, que era el objetivo de la familia para él. En consecuencia, se dedicó al estudio del derecho. A un amigo le dijo en una carta: «Me he casado precipitadamente, pero estoy decidido a trabajar mucho para mantener a la mujer que amo».

John Scott llegó a Londres y se acomodó en una casita en Cursitor Lane, donde se dedicó al estudio del derecho. Trabajaba con gran diligencia y resolución. Se levantaba a las cuatro de la madrugada y estudiaba hasta bien entrada la noche, atándose una toalla mojada a la cabeza para mantenerse despierto. Como era demasiado pobre para estudiar con un abogado con experiencia, copió tres volúmenes de una colección manuscrita de resoluciones judiciales precedentes. Mucho tiempo después, cuando ya era lord canciller, le dijo un día a su secretario mientras pasaba por Cursitor Lane: «Aquí estaba mi primera casa. Recuerdo recorrer muchas veces esta calle con seis peniques en la mano en busca de arenques para la cena». Cuando por fin lo llamaron para ejercer la abogacía, esperó mucho tiempo para encontrar trabajo. El primer año solo ganó nueve chelines. Durante cuatro años asistió con asiduidad a los tribunales de Londres y de los distritos del norte, sin mucho más éxito. Ni siquiera encontraba trabajo en su ciudad natal, y rara vez tenía que defender casos que no fueran de personas sin recursos. Los resultados eran tan desalentadores que casi había decidido renunciar a su oportunidad de trabajar en Londres y establecerse en alguna ciudad de provincias como abogado rural. Su hermano William le escribió a la familia: «La vida laboral para el pobre Jack es aburrida, ¡aburridísima! Pero al igual que se libró de ser tendero, carbonero y cura rural, también se ha librado de ser abogado rural».

Finalmente se presentó una oportunidad que le permitió a John Scott exhibir los extensos conocimientos jurídicos que con tanto trabajo había adquirido. En uno de los casos para los que lo contrataron, defendió un argumento legal en contra de los deseos tanto del procurador como del cliente que lo había contratado. El presidente de la sección civil del Tribunal de Apelaciones decidió en su contra, pero en una apelación ante la Cámara de los Lores, lord Thurlow revocó la decisión justo por el mismo argumento que Scott había defendido. Aquel día, al salir de la Cámara, un abogado le dio una palmada en el hombro y le dijo: «Muchacho, ya tienes el pan ganado de por vida». Y la profecía resultó cierta. Lord Mansfield decía que pasó directamente de no ganar un chelín a obtener tres mil libras anuales, y Scott podría haber dicho lo mismo. Tan rápido fue su progreso que en 1783, con solo treinta y dos años, fue nombrado consejero del rey, al cargo de los tribunales de los condados del norte, y con un asiento en el Parlamento por el municipio de Weobley. Fue en el aburrido, pero inquebrantable, trabajo de la primera parte de su carrera donde sentó las bases de su éxito futuro. Se ganó su fama gracias a la perseverancia, el conocimiento y la habilidad, que cultivó con diligencia. Con el tiempo lo nombraron procurador y fiscal general, y fue ascendiendo de forma constante hasta ocupar el cargo más alto que podía otorgarle la Corona, el de lord canciller de Inglaterra, que desempeñó durante un cuarto de siglo.

Henry Bickersteth era hijo de un cirujano de Kirkby Lonsdale, en Westmoreland, y él mismo se formó en esa profesión. Mientras estudiaba en Edimburgo, se distinguió por su trabajo y aplicación a la ciencia de la medicina. De regreso a Kirkby, Lonsdale, participó de forma activa en la clínica de su padre, pero no le gustaba la profesión y la ignorancia de la ciudad de provincias lo entristecía. No obstante, continuó perfeccionándose con tesón y se dedicó a especular sobre las ramas superiores de la fisiología. Siguiendo sus deseos, su padre consintió en enviarlo a Cambridge, donde ambicionaba obtener el título de médico con vistas a ejercer en la metrópoli. Sin embargo, la intensa dedicación a sus estudios lo debilitó y, para reponer fuerzas, aceptó el puesto de médico de viaje de lord Oxford. Durante su estancia en el extranjero, aprendió italiano y adquirió una gran admiración por la literatura en ese idioma, pero su afición por la medicina no se acrecentó. De manera que decidió abandonarla. Sin embargo, se graduó al regresar a Cambridge y se deduce que trabajó con ahínco porque acabó como el mejor de su promoción. Tras llevarse una desilusión porque no lo aceptaron en el ejército, se decantó por la abogacía y se matriculó como estudiante en Inner Temple. Trabajó con tanto afán en el derecho como lo había hecho en la medicina. Le dijo a su padre en una carta: «Todo el mundo me dice "Al final lo conseguirás, solo tienes que perseverar", y aunque no acabo de ver cómo es posible, intento creerlo y seguiré esforzándome al máximo». A los veintiocho años se colegió como abogado, pero aún le quedaba mucho por delante. Tenía escasos medios y vivía de las contribuciones de sus amigos. Durante años estudió y esperó. Pero no despegaba. No malgastaba el dinero en ocio, ni en ropa, ni siquiera en lo más básico. Luchaba de forma infatigable para salir adelante. En una carta a la familia, confiesa «apenas sé cómo voy a seguir luchando hasta tener el tiempo y la oportunidad para afianzarme». Después de tres años de espera sin éxito, les dijo por carta a sus amigos que en vez de seguir siendo una carga para ellos durante más tiempo, estaba dispuesto a abandonar la idea y regresar a Cambridge, «donde estoy seguro de que recibiré apoyo y algunas ganancias». Los amigos le enviaron otra pequeña contribución económica y siguió adelante. El trabajo fue llegando poco a poco. Al ver que se desenvolvía con soltura en asuntos menores, se le confiaron casos de mayor importancia. Era un hombre que aprovechaba todas las oportunidades legítimas que se le presentaban, sobre todo si eran para mejorar. Su inquebrantable diligencia pronto fue la fuente de su riqueza. Al cabo de unos años no solo pudo prescindir de la ayuda de su familia, sino que estaba en condiciones de pagar con intereses las deudas que había contraído. Los nubarrones se habían disipado, y la carrera posterior de Henry Bickersteth estuvo rodeada de honorabilidad, fortuna y distinguida fama. Acabó siendo nombrado presidente de la sección civil del Tribunal de Apelaciones y ocupó un escaño en la Cámara de los Lores como barón Langdale. Su vida nos ofrece otro ejemplo más del poder de la paciencia, la perseverancia y el trabajo concienzudo para elevar el carácter del individuo y coronar sus labores con el éxito más rotundo.

Y hasta aquí la historia de algunos de los hombres distinguidos que se han abierto camino de forma honorable hasta la posición más alta, y se han ganado las mayores recompensas de su profesión, mediante el trabajo honesto y el tesón.

7

ENERGÍA Y VALOR

El mundo es de los valientes.

PROVERBIO ALEMÁN

En todo cuando hizo... lo hizo con todo su corazón. Y triunfó.

2CRO 31,21

Se ha conservado un famoso discurso de un anciano nórdico, muy característico del carácter teutón. «No creo ni en ídolos ni en demonios —dijo—, solo confío en mi propia fuerza de cuerpo y alma». El antiguo blasón grabado en un pico con el lema «Encontraré un camino o lo crearé» es una expresión de la feroz independencia y del materialismo práctico que sigue distinguiendo hoy en día a los descendientes de los escandinavos. De hecho, no hay nada más característico de su mitología que un dios con un martillo. El carácter de un hombre se ve en las pequeñas cosas, e incluso solo viendo su forma de empuñar un martillo podemos suponer su energía. Así, un eminente francés clavó con una sola frase la cualidad característica de los habitantes de un distrito particular, donde un amigo suyo tenía intención de asentarse y comprar tierras. «Cuidado —le dijo—, ni se te ocurra comprar. Conozco a los hombres de ese departamento. Los alumnos que vienen de allí a nuestra escuela de veterinaria en París no golpean el yunque con fuerza; les falta energía. Así que no obtendrás un rendimiento satisfactorio de ningún capital que inviertas en la zona». Una crítica fina del carácter, que señala un observador atento y reflexivo, y sorprendentemente ilustrativa del hecho de que es la energía de los individuos lo que le da fuerza a un estado y le confiere un valor incluso al mismo suelo que cultivan. Como dice el refrán francés: *Tant vaut l'homme, tant vaut sa terre*, que no es ni más ni menos que el valor del hombre le pone valor a su tierra.

El cultivo de esta cualidad es importantísimo. El ahínco con el que se persiguen los objetos dignos es la base de la verdadera grandeza de carácter. La energía le permite a un hombre abrirse camino a través del fastidioso trabajo pesado y de los detalles áridos, y lo impulsa hacia delante y hacia arriba en cada estación de la vida. Con ella se consigue más que con la genialidad, con la mitad de decepciones y peligro. Para lograr el éxito en cualquier empresa no se requiere talento eminente, sino propósito; no se requiere el mero poder de conseguir objetivos, sino la voluntad de trabajar con energía y perseverancia. Por lo tanto, la energía de la voluntad puede definirse como el poder central del carácter de un hombre. En resumen: es el Hombre mismo. Da impulso a todas sus acciones y les pone alma a todos sus esfuerzos. La verdadera esperanza se basa en ella. Y la esperanza es el perfume de la vida. En la abadía de Battle hay tallado un hermoso lema heráldico en un casco roto: *L'ESPOIR EST MA FORCE*, o la esperanza es mi fuerza, que podía ser el lema de la vida de todo hombre. «¡Ay del pusilánime!», dice Jesús Ben Sirá. La verdad es que no hay mejor bendición que la de tener un corazón robusto.

Aunque un hombre fracase en sus esfuerzos, será una gran satisfacción para él gozar de la consciencia de haber hecho todo lo posible. En la vida humilde, nada puede ser más alentador y hermoso que ver a un hombre que combate el sufrimiento con paciencia, que triunfa en su integridad y que, cuando le sangran los pies y le flaquean las piernas, sigue caminando gracias al valor.

Los simples deseos y anhelos solo sirven para engendrar una especie de avidez en las mentes jóvenes a menos que se manifiesten rápidamente en actos y hechos. No servirá de nada esperar como hacen muchos «hasta que aparezca Von Blücher», sino que deben luchar y perseverar como hizo Wellington. El buen propósito una vez formado debe llevarse a cabo con presteza y sin desviarse del camino. En muchos ámbitos del día a día, la monotonía y el trabajo deben soportarse con alegría como la disciplina necesaria de la vida. Hugh Miller dice que la única escuela en la que se le enseñó bien fue «la escuela mundial en la que el trabajo y las dificultades son maestros severos, pero nobles». Aquel que permite que su tesón flaquee o que elude el trabajo con pretextos frívolos ha emprendido el camino seguro al fracaso. Evita pensar que una tarea recién emprendida es imposible de lograr y pronto lograrás el objetivo con alegría. Carlos IX de Suecia creía firmemente en el poder de la voluntad, incluso en su juventud. Mientras ponía la mano sobre la cabeza de su hijo menor cuando se le encomendaba una tarea difícil, exclamaba: «¡Lo logrará, lo logrará!». El hábito del trabajo constante y aplicado se hace relativamente fácil con el tiempo, como cualquier otro hábito. Así, incluso las personas de cerebro normal y de voluntad poco destacable podrán llegar lejos si se aplican con seriedad y de forma infatigable a la consecución de una meta. Fowell Buxton depositó su confianza en los medios ordinarios y en la aplicación extraordinaria, haciendo realidad el mandato bíblico: «Todo lo que tu mano encuentra posibilidad de hacer, hazlo mientras puedes», y él mismo atribuyó su notable éxito en la vida a su práctica de «ser un hombre entregado a hacer las cosas de una en una».

Las cosas que merecen la pena no pueden lograrse sin un trabajo valeroso. El hombre debe su crecimiento principalmente a esa lucha activa de la voluntad, a ese encuentro con la dificultad que llamamos esfuerzo. Y es asombroso descubrir con qué frecuencia se producen resultados en un principio imposibles. La anticipación transforma por sí misma la posibilidad en realidad. Nuestros deseos son a menudo los precursores de las cosas que somos capaces de llevar a cabo. Por el contrario, a los tímidos y los vacilantes todo les parece imposible, y solo porque lo piensan. Se cuenta de un joven oficial francés que se paseaba de un lado para otro de sus aposentos diciendo: «¡Seré mariscal de Francia y un gran general!». Este ardiente deseo fue el presentimiento de su éxito, pues llegó a ser un comandante distinguido, y murió como mariscal de Francia.

El señor Walker, autor de *Original*, tenía tanta fe en el poder de la voluntad, que se dice que en una ocasión decidió estar bien, y lo estuvo. Esto puede suceder una vez; pero aunque sea más seguro que otros métodos, no siempre tendrá éxito. El poder de la mente sobre el cuerpo es grande, sin duda, pero podemos llegar al punto de forzarlo y provocar un problema físico grave. Se cuenta de Muley Moluc, el líder moro, que mientras yacía enfermo, casi agotado por una enfermedad incurable, tuvo lugar una batalla entre sus tropas y las de los portugueses. En el momento crítico de la lucha, se levantó de su litera, arengó a su ejército, que condujo a la victoria, y justo después se dejó caer, exhausto, y murió.

Es la voluntad —un propósito firme— lo que le permite a un hombre hacer o ser lo que se proponga ser o hacer. Un hombre santo decía: «Eres todo lo que desees. Porque tal es la fuerza de nuestra voluntad, unida a la divina, que todo lo que deseamos ser, seriamente, y con verdadera intención, llegamos a serlo. Nadie que desee ardientemente ser sumiso, paciente, modesto o liberal se queda sin cumplir su deseo». Se cuenta la historia de un carpintero al que un día vieron cepillando el sillón de un juez con más cuidado que de costumbre, y cuando le preguntaron la razón, respondió: «Lo hago porque deseo hacerlo más cómodo para cuando yo me siente en él». Y, por extraño que parezca, el hombre llegó a sentarse en ese mismo sillón como juez.

Sin importar cuáles sean las conclusiones teóricas a las que puedan haber llegado los lógicos sobre la libertad de la voluntad, cada individuo tiene la sensación de que en la práctica es libre de elegir entre el bien y el mal, que no es una simple brizna de hierba arrojada al agua para confirmar la dirección de la corriente, sino que lleva en su interior el poder de un nadador fuerte y es capaz de salir por sí mismo, de surcar las olas y de avanzar siguiendo su propio curso independiente. Nuestra voluntad no tiene restricción alguna, y sentimos y sabemos que no estamos atados, como por un hechizo, en lo que a nuestros actos se refiere. Si pensáramos lo contrario, no tendríamos deseo alguno de alcanzar la excelencia. Todos los asuntos y la conducta de la vida, con sus reglas domésticas, sus acuerdos sociales y sus instituciones públicas, proceden de la convicción práctica de que la voluntad es libre. ¿Dónde estaría la responsabilidad sin ella? ¿Y cuál sería la ventaja de enseñar, aconsejar, predicar, reprender y corregir? ¿De qué servirían las leyes si no fuera por la creencia universal, o más bien el hecho universal, de que los hombres las obedecen o no según lo decidan de forma individual? En cada momento de nuestra vida, la conciencia proclama que nuestra voluntad es libre. Es lo único verdaderamente nuestro, y usarla bien o mal depende solo de nosotros como individuos. No estamos sometidos a nuestros hábitos o a nuestras tentaciones, somos nosotros los que los dominamos a ellos. Incluso al ceder, la conciencia nos dice que podríamos resistir y que si estuviéramos decididos a dominarlos, no nos costaría más trabajo que el de decidir hacerlo.

«Ya tienes edad —dijo Félicité Robert Lammenais una vez, dirigiéndose a un joven irresponsable— de tomar decisiones propias. Si esperas más, es posible que acabes gimiendo en la tumba que tú mismo te habrás cavado, incapaz de levantar la lápida. La voluntad es el hábito más fácil de adquirir. De modo que aprende a desear las cosas con fuerza y decisión. Ánclate y deja la vida errante. Deja de ir de un lado para otro como una hoja marchita, arrastrada por el viento».

Buxton tenía la convicción de que un joven podía ser lo que quisiera, siempre que tomara una decisión firme y se atuviera a ella. En una carta a uno de sus hijos, escribió: «Estás en ese periodo de la vida en el que debes girar a la derecha o a la izquierda. Ahora debes dar pruebas de principios, determinación y fortaleza de ánimo o hundirte en la ociosidad y adquirir los hábitos y el carácter de un joven desganado e ineficaz. Una vez que caigas en esa rutina, no te será fácil volver a levantarte. Estoy seguro de que un joven puede ser lo que le plazca. En mi caso fue así. [...] Gran parte de mi felicidad, así como de la prosperidad que he alcanzado en la vida, ha sido el resultado del cambio que hice a tu edad. Si te propones ser enérgico y trabajador de verdad, puedes estar seguro de que durante toda tu vida tendrás motivos para alegrarte de haber sido lo bastante inteligente como para tomar esa determinación y actuar en consecuencia». Dado que la voluntad, considerada sin tener en cuenta la dirección, no es más que constancia, firmeza y perseverancia, será obvio que todo depende de la dirección y de los motivos adecuados. Orientada hacia el goce de los sentidos, la voluntad fuerte puede ser un demonio y el intelecto solo su esclavo degradado. Pero orientada hacia el bien, la voluntad fuerte es un rey y el intelecto es el ministro del más alto bienestar del hombre.

«Donde hay voluntad hay un camino», dice un viejo y acertado refrán. Quien se propone hacer una cosa escalará sin duda alguna los obstáculos que se le presenten en el camino y se asegurará el éxito. Pensar que somos capaces es asegurar que lo somos. Decidir que vamos a conseguir un logro es sinónimo de conseguirlo. Así, la resolución sincera se parece mucho a la omnipotencia. La fuerza del carácter de Suwarrow residía en el poder de su voluntad y, como la mayoría de las personas resueltas, lo predicaba como sistema. «Lo has deseado a medias», le decía a la gente que fracasaba. Como Richelieu y Napoleón, quería desterrar la palabra «imposible» del diccionario. Detestaba por encima de todas las cosas los «no sé», los «no puedo» y los «imposible». «¡Aprende! ¡Hazlo! ¡Inténtalo!», exclamaba. Su biógrafo ha dicho de él que fue un ejemplo notable de lo que se puede obtener gracias al desarrollo enérgico y al ejercicio de las facultades, cuyos gérmenes están en todos los corazones humanos.

Una de las máximas favoritas de Napoleón era: «La verdadera sabiduría es la determinación enérgica». Su vida, más que la de la mayoría de los demás, dejó bien claro lo que puede lograr una voluntad poderosa y sin escrúpulos. Sustentó su trabajo con toda la fuerza de su cuerpo y de su mente. Un buen número de gobernantes imbéciles, así como las naciones que gobernaban, cayeron ante él sucesivamente. Se le dijo que los Alpes se interponían en el camino de sus ejércitos. «No habrá Alpes», dijo y se construyó el paso a través del Simplón, que recorre una zona antes casi inaccesible. «"Imposible" —dijo— es una palabra que solo se encuentra en el diccionario de los tontos». Era un hombre que trabajaba de forma incesante. A veces empleaba y agotaba a cuatro secretarios a la vez. No perdonaba a nadie, ni siquiera a sí mismo. Su ejemplo inspiró a otros hombres y les dio una nueva vida. «Creé a mis generales del barro», decía. Pero todo fue en vano, porque su gran egoísmo fue su ruina, así como la ruina de Francia, a la que dejó presa de la anarquía. Su vida nos enseña la lección de que el poder (por más enérgico que sea) sin beneficencia es letal para quien lo ostenta y para sus súbditos; y que el conocimiento, o el saber, sin bondad no es sino el principio encarnado del mal.

Nuestro Wellington fue un hombre mucho mejor. No menos resuelto, firme y persistente, pero mucho más abnegado, concienzudo y verdaderamente patriótico. El objetivo de Napoleón era la gloria. La consigna de Wellington, como la de Nelson, era el deber. Se dice que la primera palabra no aparece ni una sola vez en sus despachos. La segunda aparece a menudo, pero nunca acompañada de declaraciones altisonantes. Las dificultades no avergonzaban ni intimidaban a Wellington por grandes que fueran. Su energía aumentaba en proporción a los obstáculos que debía superar. La paciencia, la firmeza y la resolución con las que soportó las enloquecedoras vejaciones y las gigantescas dificultades de las guerras en la península ibérica son, tal vez, de lo más sublime que se puede encontrar en la historia. En España

Wellington no solo exhibió la genialidad de un general, sino la sabiduría integral de un estadista. Aunque su temperamento natural era irritable en extremo, su alto sentido del deber le permitía contenerlo, y aquellos que lo rodeaban encontraban su paciencia inagotable. Su gran carácter no se vio empañado por la ambición, la avaricia ni cualquier otra pasión negativa. Aunque era un hombre de gran individualidad, demostraba una gran variedad de rasgos positivos. Como general, igualó a Napoleón. Fue tan rápido, vigoroso y audaz como Clive. Estuvo a la altura de Cromwell como estadista. Y fue tan puro y noble como Washington. El gran Wellington dejó tras él una reputación imperecedera, cimentada en penosas batallas ganadas con habilidad, una fortaleza inagotable, una audacia sublime y quizá una paciencia más sublime si cabe.

La energía suele manifestarse en la prontitud y la decisión. Cuando al explorador y aventurero John Ledyard le preguntaron cuándo estaría listo para partir hacia África, respondió con prontitud: «Mañana por la mañana». La prontitud de Von Blücher le valió el nombre de «mariscal Adelante» en el ejército prusiano. Cuando a John Jervis, después conde de St. Vincent, le preguntaron cuándo estaría listo para unirse a la tripulación de su barco, respondió: «Ahora mismo». Y cuando a sir Colin Campbell, designado para el mando del ejército indio, le preguntaron cuándo podía partir, su respuesta fue: «Mañana», una prueba de su éxito posterior. Porque lo que gana las batallas es, a menudo, la capacidad de tomar decisiones rápidas y la prontitud de actuar, así como de aprovechar al instante los errores del enemigo. «Cada momento desaprovechado —dijo Napoleón— es una oportunidad para que aparezcan problemas», y a menudo decía que venció a los austriacos porque nunca valoraron el tiempo. Mientras ellos se entretenían, él los derrotaba.

La India ha sido, durante el último siglo, un gran campo para el despliegue de la energía británica. Desde Clive hasta Havelock y Clyde hay una larga y honorable lista de nombres distinguidos tanto en la legislación como en las guerras. Wellesley, Munro, Elphinstone, Bentinck, Metcalfe, Outram, Edwardes y los Lawrence. Otro gran nombre, aunque mancillado, es el de Warren Hastings, hombre de voluntad intrépida y un trabajador infatigable. Su familia era antigua e ilustre, pero las vicisitudes de su fortuna y su lealtad mal correspondida a la causa de los Estuardo los llevaron a la ruina, de modo que acabaron perdiendo la propiedad familiar de Daylesford, de la que habían sido dueños durante cientos de años. Sin embargo, el último Hastings de Daylesford le entregó la casa parroquial a su segundo hijo, y fue en su casa, muchos años después, donde nació Warren Hastings, su nieto. El niño aprendió a leer y escribir en la escuela del pueblo de Daylesford, sentado con los hijos de los campesinos. Jugaba en los campos que antes les pertenecían a sus antepasados y siempre tenía presente quiénes fueron los leales y valientes Hastings de Daylesford. Fue un niño ambicioso y se dice que un día de verano, cuando solo tenía siete años y estaba acostado en la orilla del arroyo que atravesaba sus antiguas tierras, decidió que algún día recuperaría las posesiones familiares. Era el deseo romántico de un niño, pero vivió para hacerlo realidad. El sueño se convirtió en una pasión, arraigada en su propia vida, y persiguió su objetivo desde la juventud hasta la madurez, con esa fuerza de voluntad tranquila, pero indomable, que era la peculiaridad más llamativa de su carácter. El pobre huérfano se convirtió en uno de los hombres más poderosos de su tiempo. Recuperó la fortuna familiar, compró la antigua propiedad y reconstruyó la mansión. «Cuando gobernaba a cincuenta millones de asiáticos bajo un sol tropical —dice Macaulay—, rodeado por las preocupaciones de la guerra, de las finanzas y de la legislación, su objetivo seguía siendo Daylesford. Y cuando su larga vida pública, tan singularmente marcada por el bien y el mal, por la gloria y el oprobio, terminó para siempre, se retiró a Daylesford para morir».

Sir Charles Napier fue otro líder en la India de extraordinario valor y determinación. Como dijo una vez cuando se vio rodeado de dificultades en una de sus campañas: «Lo único que consiguen es afianzar más mis pies en la tierra». Su batalla de Miani fue una de las hazañas más extraordinarias de la historia. Con dos mil hombres, de los que solo cuatrocientos eran europeos, se enfrentó a un ejército de treinta y cinco mil baluchis, robustos y bien armados. Al parecer, fue un acto de la mayor temeridad, pero el general confiaba en sí mismo y en sus hombres. Cargó contra el ejército enemigo subiendo un alto terraplén que formaba su muralla defensiva, y durante tres horas se libró la batalla mortal.

Cada hombre de aquella pequeña fuerza, inspirado por su comandante, se convirtió por un momento en un héroe. Los baluchis, pese a su ventaja de veinte contra uno, fueron obligados a retroceder. Es este tipo de coraje, tenacidad y perseverancia decidida lo que gana las batallas de los soldados y, de hecho, todas las batallas. Un poco más de velocidad ayuda a ganar la carrera y demuestra el arrojo. Un avance más ayuda a ganar la campaña. Cinco minutos más de valor y arrojo ayudan a ganar la lucha. Aunque tengas menos fuerza que tu oponente, lo igualarás y lo superarás si la mantienes más tiempo y la concentras más. La respuesta del padre espartano a su hijo cuando este se quejaba de que su espada era demasiado corta de «Añádele un paso» puede aplicarse a todo en la vida.

Napier adoptó el método correcto de inspirar a sus hombres

con su propio espíritu heroico. Trabajaba con tanto ahínco como cualquier soldado raso. «El gran arte de mandar —dijo— consiste en asumir una parte justa del trabajo. El hombre que dirige un ejército no puede tener éxito a menos que ponga toda su mente en el trabajo. Cuantos más problemas, más trabajo hay que hacer. Cuanto más peligro, más coraje hay que demostrar, hasta que todo se supera». Un joven oficial, que lo acompañó en su campaña en las colinas de Cutchee, dijo una vez: «Cuando lo veo a su edad siempre a lomos de su caballo, me pregunto ¿cómo puedo estar ocioso yo que soy joven y fuerte? Me metería en la boca de un cañón cargado si él me lo ordenara». Cuando le repitieron el comentario a Napier, dijo que era una gran recompensa por sus esfuerzos. La anécdota de su encuentro con el malabarista indio ilustra de manera sorprendente su fría valentía, así como su notable sencillez y honestidad de carácter. Después de una batalla, un famoso malabarista indio visitó el campamento y realizó sus hazañas delante del general, de su familia y de su personal. Entre otras actuaciones, el hombre cortó en dos con un golpe de su espada una lima o limón colocado en la mano de su ayudante. Napier pensó que todo era un numerito falso entre el malabarista y su ayudante. Dividir con un golpe de espada en la mano de un hombre un objeto tan pequeño, sin tocar la carne, le parecía imposible, aunque Walter Scott relata un incidente similar en su romance *El Talismán*. Para dejarlo claro, el general ofreció su propia mano para el experimento y extendió el brazo derecho. El malabarista miró atentamente la mano y dijo que no haría la prueba. «¡Sabía que te descubriría!», exclamó Napier. «Un momento —añadió el hombre—, déjeme ver su mano izquierda». Napier extendió el brazo izquierdo y el malabarista dijo con firmeza: «Si mantiene el brazo firme, lo haré». «Pero ¿por qué la mano izquierda y no la derecha?». «Porque tiene la mano derecha hueca en el centro y existe el riesgo de cortar el pulgar; la izquierda es más alta, y el peligro será menor». Napier se sobresaltó. «Me asusté —dijo— . Vi que era una verdadera proeza manejar la espada con esa delicadeza, y si no hubiera retado al hombre delante de mi personal, para ponerlo a prueba, reconozco que me habría retirado. Sin embargo, me puse la lima en la mano y extendí el brazo con firmeza. El malabarista se puso en posición y, de un rápido golpe, cortó la lima en dos trozos. Sentí el filo de la espada en la mano como si un hilo frío la hubiera atravesado. Debemos admirar —añadió— a los valientes espadachines de la India, a quienes nuestros buenos compañeros derrotaron en Miani».

La reciente y terrible lucha en la India ha servido para poner de relieve, quizá más que ningún otro acontecimiento anterior de nuestra historia, la decidida energía y la confianza de nuestro carácter nacional. Aunque la burocracia inglesa puede caer a menudo en errores gigantescos y ridículos, los hombres de la nación generalmente se las ingenian para salir de ellos con un heroísmo rayano en lo sublime. En mayo de 1857, cuando la revuelta estalló en la India como un trueno, las fuerzas británicas se habían reducido al mínimo y estaban dispersas por una gran extensión de territorio, muchas de ellas en remotos acantonamientos. Los regimientos de Bengala, uno tras otro, se levantaron contra sus oficiales, se separaron y corrieron hacia Delhi. Los motines y las rebeliones se extendieron como la pólvora por las provincias, y el grito de auxilio se elevó de este a oeste. Los ingleses mantenían sus posiciones en pequeños destacamentos, asediados y rodeados, aparentemente incapaces de resistir. Su derrota parecía tan cercana, y la ruina total de la causa británica en la India tan segura, que podría decirse de ellos, como se había dicho antes: «Estos ingleses nunca saben cuándo han sido derrotados». Según esa máxima, deberían haber sucumbido en aquel momento a un destino inevitable.

Cuando el resultado del levantamiento aún parecía incierto, Holkar, uno de los príncipes nativos, consultó a su astrólogo en busca de información. La respuesta fue: «Si matan a todos los europeos menos a uno, ese quedará para luchar y reconquistar». Ni siquiera en el peor momento de todos —cuando, como en Lucknow, un reducido grupo de soldados británicos, civiles y mujeres, resistieron en medio de una ciudad y una provincia sublevada contra ellos— hubo una sola palabra de desesperación ni un pensamiento de rendición. Aunque estuvieron incomunicados durante meses y no sabían si la India estaba perdida o seguía en su poder, nunca dejaron de confiar en el valor y la devoción de sus compatriotas, aunque estuvieran lejos. Sabían que mientras un grupo de hombres de raza inglesa se mantuviera unido en la India, no los abandonarían a su muerte. Nunca soñaron con otra cosa que no fuera la superación de esa desgracia y el triunfo final. En el peor de los casos, no podían sino caer en su puesto y morir en el cumplimiento de su deber. Es necesario que te recuerde los nombres de Havelock, Neill y Outram, hombres de los que podría decirse con razón que tenían el corazón de un caballero, el alma de un creyente y el temperamento de un mártir. De todos ellos podría decirse que sus vidas transcurrieron en el paciente desempeño de unos servicios poco destacables, pero que el estallido de la rebelión les brindó la oportunidad de demostrar que poseían las cualidades de un héroe. De hecho, lo mismo podría decirse de cada soldado raso que se distinguió en aquella gran lucha. Por desesperada que fuera la tarea de recuperarse de esa terrible y extendida calamidad, se encontraron hombres para hacerlo. Hombres cuyas vidas habían transcurrido hasta aquel entonces en el desempeño de meras tareas rutinarias, cuyos nombres no se habían oído antes y que podrían haber muerto siendo desconocidos de no ser porque la ocasión puso a prueba sus cualidades más elevadas, como ingleses bien educados, de corazón valiente y alma noble. En el transcurso de la lucha que siguió, se desplegó una cantidad de energía individual de carácter extraordinario y quizá hasta inesperado, y hombres y mujeres, soldados y civiles, de todas las posiciones en los distritos sublevados se convirtieron en héroes durante una temporada.

Se ha dicho que Delhi se tomó, y la India se salvó, por el carácter personal de sir John Lawrence. El apellido Lawrence ya era sinónimo de poder en las provincias del noroeste. Su seriedad en el cumplimiento del deber, su celo y su esfuerzo personal eran extraordinarios, y los hombres que servían a sus órdenes parecían estar inspirados por su propio espíritu. Se decía de él que su simple carácter valía un ejército. Lo mismo podría decirse de su hermano sir Henry, que organizó la fuerza del Punjab que tuvo un papel tan destacado en la toma de Delhi. Ambos hermanos inspiraron a quienes los rodeaban una confianza y un amor perfectos. Vivieron entre la gente e influyeron poderosamente en ella para bien. Por encima de todo, como dice el coronel Edwardes, «crearon modelos en las mentes de los jóvenes, que copiaron en sus andanzas por el mundo. Promovieron la confianza y engendraron una escuela de vida que todavía sigue vigente». Sir John Lawrence tuvo a su lado a hombres como Montgomery, Nicholson, Cotton y Edwardes, tan rápidos, decididos y de almas tan nobles como él. John Nicholson era un hombre refinado, varonil y noble «Todo un hakem», decían de él los nativos, «una torre de fuerza», tal y como lo caracterizó lord Dalhousie. Destacaba hiciera lo que hiciese porque se entregaba en cuerpo y alma. Un grupo de faquires, arrastrados por el entusiasmo de su admiración por el hombre, incluso comenzó a adorar a «Nikkil Seyn». Nicholson castigó a algunos de ellos por su locura, pero aun así continuaron con el culto. Puedo citar un ejemplo de su incansable energía y persistencia en su persecución de los amotinados del 55.º regimiento sepoy, ocasión en la que pasó veinte horas seguidas en la silla de montar, y recorrió más de setenta millas. Cuando el enemigo levantó su estandarte en Delhi, Lawrence y Montgomery, que contaban con el apoyo de la gente del Punjab gracias a la admiración y la confianza que se habían ganado, se esforzaron al máximo para mantener su provincia en orden, mientras enviaban a todos los soldados disponibles, tanto europeos como sijs, contra esa ciudad. Sir John le escribió al comandante en jefe para que «se agarrara a las narices de los rebeldes», mientras las tropas avanzaban a marchas forzadas bajo el mando de Nicholson, «el paso de cuyo caballo de guerra podía oírse a kilómetros de distancia», como dijo de él más tarde un rudo sij que lloró sobre su tumba.

El sitio y la toma de Delhi fue el acontecimiento más ilustre que tuvo lugar en el curso de aquella gigantesca lucha. El asedio de Lucknow, durante el cual el mero esqueleto de un regimiento británico, el 32.º, resistió durante seis meses contra doscientos mil enemigos armados, ha despertado quizá un mayor interés; pero Delhi fue la hazaña bélica de la que Gran Bretaña tiene más motivos para sentirse orgullosa. Allí también eran los británicos los que estaban sitiados, aunque fueran ostensiblemente los sitiadores. No eran más que un pequeño grupo de hombres «a la intemperie», no más de tres mil setecientas bayonetas, europeas y nativas, sin ninguna defensa o apoyo salvo su indomable coraje y tenacidad, asaltados día tras día por un ejército de rebeldes que en un momento dado llegó a contar con setenta y cinco mil hombres, entrenados según la disciplina europea por oficiales ingleses y provistos de municiones de guerra casi inagotables. La pequeña y heroica banda se sentó delante de la ciudad bajo los ardientes rayos de un sol tropical. La muerte, las heridas y la fiebre no consiguieron apartarlos de su propósito. Treinta veces fueron atacados por un número abrumador de enemigos, y treinta veces los hicieron retroceder hacia sus defensas. Como dijo el capitán Hodson, uno de los más valientes: «Me atrevo a afirmar que ninguna otra nación del mundo se habría quedado aquí o evitado la derrota si lo hubiera intentado». Esos héroes no vacilaron en ningún momento en el cumplimiento de su trabajo. Aguantaron y lucharon con una resistencia sublime y no se relajaron hasta que, abriéndose paso a través de la «inminente brecha mortal», tomaron la ciudad y la bandera británica se desplegó de nuevo en los muros de Delhi. Todos eran grandes: soldados rasos, oficiales y generales. Hombres que dejaron atrás arados y talleres, o formados en las mejores escuelas y universidades. Todos mostraron el mismo heroísmo cuando la emergencia lo requirió. Tanto los soldados rasos, acostumbrados a una vida de privaciones, como los jóvenes oficiales, criados en hogares lujosos, demostraron su hombría y salieron de aquella terrible prueba con el mismo honor. Nunca ha habido mejor ejemplo ilustrativo de la fuerza nativa y de la solidez de la raza inglesa, así como de la formación varonil y de la disciplina. Allí se demostró enfáticamente que, después de todo, el mejor producto de Inglaterra son sus hombres. Se pagó un precio terrible por este gran capítulo de nuestra historia, pero si los que sobreviven, y los que vendrán después, se benefician de la lección y el ejemplo, puede que no se haya comprado a un precio demasiado alto.

Sin embargo, no menos energía y valor han demostrado los ingleses en otros ámbitos de acción, de carácter más pacífico y benéfico que la guerra. Henry Martyn, William Carey, John Williams, David Livingstone y muchos otros trabajadores igual de distinguidos como misioneros han ilustrado con la misma nobleza el poder de la acción enérgica en sus solitarios trabajos entre las poblaciones indígenas de la India, África y las islas del Pacífico.

Todos estos grandes misioneros partieron de una posición humilde en la vida. El padre de Henry Martyn era un trabajador de una mina en Gwennap, Cornualles, aunque gracias a su diligencia y habilidad llegó a ser asistente. A él lo enviaron a la escuela en Truro y después a Oxford, donde no consiguió obtener la beca a la que aspiraba. En St. John's, Cambridge, tuvo más éxito. Se aplicó con ahínco y en 1801 se coronó como el mejor estudiante de matemáticas de la promoción. Sintió en su interior el poder para lograr la distinción en cualquier cosa que eligiera, pero tras haber quedado muy impresionado por el sermón del reverendo Simeon, y después de que le presentaran a algunos de los principales miembros de la «Secta Clapham», decidió abrazar la carrera de misionero y llevar el Evangelio al lejano oriente. En 1805 se embarcó para la India bajo el auspicio de la London Missionery Society, una sociedad que aglutinaba a los misioneros, y se le puede considerar el pionero de las labores misioneras en ese amplio campo.

Trabajó con ahínco durante cinco años en Indostán, traduciendo la Biblia al persa, al indostanés y al árabe. Luego se dirigió a Persia, donde sufrió unas fiebres y, dado que quedó muy afectado, se vio obligado a abandonar su trabajo y a regresar a casa. Sin embargo, la muerte lo sorprendió antes de cruzar la frontera de Asia Menor y murió en Fokat, en 1812, a los treinta y dos años.

No menos energía y abnegación en la misma carrera demostró John Williams, el mártir de Erromanga. Aunque se lo consideraba un muchacho aburrido, era hábil en su oficio y poseía una buena resistencia física. Lo contrató como aprendiz un herrero de City Road, y durante algún tiempo estuvo más dispuesto a participar en la juerga con sus compañeros que a ocuparse de pensamientos serios. Sin embargo, cultivó sus habilidades manuales y era habitual verlo en sus horas de ocio trabajando en la fragua de su maestro, quien a la larga acostumbraba a contar con él para cualquier trabajo que requiriese una delicadeza o habilidad especiales. También le gustaba colgar campanas y otros trabajos que lo alejaban del taller. Un sermón casual que escuchó hizo que se tomara la vida más en serio y se convirtió en catequista.

En algunas de las reuniones de la iglesia se le dio a conocer la causa de las misiones, por lo que decidió dedicarse a esta labor. Fue aceptado por la London Missionery Society y el herrero le permitió marcharse antes de que expirara su contrato. Las islas del océano Pacífico fueron el escenario de su labor, en particular Huahine (Tahití), Raiatea y Rarotonga. Al igual que los apóstoles, hacía trabajos manuales de herrería, jardinería y construcción naval, y se esforzaba por enseñar a los isleños las artes de la vida civilizada al mismo tiempo que los instruía en las verdades de la religión. Lo mataron los salvajes en el curso de su infatigable labor en la costa de Erromanga. Y no hay nadie más digno que él de llevar la corona de mártir.

La carrera del doctor Livingstone es la más interesante de todas. Ha contado la historia de su propia vida con la modestia y sencillez que lo caracterizan. Sus antepasados eran Highlanders pobres pero honrados, y se cuenta de uno de ellos, famoso en la zona por su sabiduría y prudencia, que cuando en su lecho de muerte llamó a sus hijos les dijo estas palabras, el único legado que podía dejarles: «A lo largo de mi vida —dijo— he buscado entre las historias familiares y no he podido encontrar a un solo hombre deshonesto entre nuestros antepasados. Así que si alguno de vosotros o alguno de vuestros hijos toma un camino deshonesto, no será porque lo lleve en la sangre. No es típico de esta familia. Solo os dejo este precepto: sed honrados». A los diez años, Livingstone empezó a trabajar en una fábrica de algodón cerca de Glasgow, uniendo en las hiladoras las hebras que se partían. Con parte de su primer sueldo semanal compró una gramática latina y comenzó a aprender esa lengua, estudio que prosiguió durante años en una escuela nocturna. Se quedaba repasando sus lecciones hasta las doce o más tarde si su madre no lo mandaba antes a la cama porque tenía que levantarse temprano para trabajar en la fábrica desde las seis. De este modo, se dedicó a leer a Virgilio y a Horacio, y cualquier otro libro, excepto novelas, que se cruzaba en su camino. Sobre todo eran obras científicas y libros de viajes. En sus horas libres, que no eran muchas, se dedicaba a la botánica, recorriendo los alrededores para recoger plantas. Seguía leyendo incluso pese al estruendo de la maquinaria de la fábrica, colocando el libro sobre la máquina hiladora en la que trabajaba para poder leer frase tras frase a medida que pasaba por delante. De este modo, el perseverante muchacho adquirió muchos conocimientos útiles y, conforme fue creciendo, se apoderó de él el deseo de convertirse en misionero entre los indígenas. Con este objetivo se propuso obtener una educación médica, a fin de estar mejor preparado. Por ese motivo, ahorró todo lo que pudo mientras asistía a las clases de Medicina y Griego, así como a las conferencias de Teología, en Glasgow, durante varios inviernos, aunque el resto del año seguía trabajando en la fábrica de algodón. Logró mantenerse con sus propios ingresos durante toda su carrera universitaria, sin haber recibido nunca ni un penique de ayuda. «Repasando ahora —dice con honestidad— esa vida de trabajo, no puedo sino sentirme agradecido de que fuera tan importante en mi educación más temprana. Si fuera posible, me gustaría empezar la vida de nuevo de la misma forma humilde y repetir ese entrenamiento tan duro». Cuando por fin terminó sus estudios, escribió su tesis en latín, aprobó los exámenes y lo admitieron como licenciado en el Colegio de Médicos y Cirujanos. Al principio pensó en ir a China, pero la guerra que entonces asolaba aquel país le impidió llevar a cabo esa idea. Así que tras ofrecerle sus servicios a la London Missionery Society lo enviaron a África, adonde llegó en 1840. Su intención siempre fue ir a China por sus propios medios, y asegura que la única pena que sintió al ir a África a cargo del grupo de misioneros fue que «no era muy agradable para alguien acostumbrado a trabajar por su cuenta acabar, en cierto modo, dependiendo de otros». Al llegar a África se puso a trabajar con gran vigor. Como no podía aceptar la idea de limitarse a participar en las labores de otros, se dedicó a una amplia esfera de trabajo independiente, y para ello se preparó realizando trabajos manuales en la construcción y otros empleos artesanales, además de la enseñanza que, según dice, «me dejaban por lo general tan agotado e incapacitado para el estudio por las tardes como cuando trabajaba en la fábrica de algodón». Mientras trabajaba entre los batsuana, cavaba zanjas, construía casas, cultivaba campos, criaba ganado y enseñaba a los nativos mientras trabajaba con ellos. Al principio, cuando partía a pie con un grupo de ellos en un largo viaje, escuchaba sus comentarios sobre su aspecto y sus facultades. «No es fuerte —decían—. Es muy delgado y solo parece corpulento porque lleva esos sacos (pantalones). Pronto estirará la pata». Eso hizo que al misionero se le encendiera la sangre de las Highlands escocesas y que se olvidara del cansancio mientras los obligaba a caminar a toda velocidad durante días enteros, hasta que los oyó expresar opiniones adecuadas sobre sus facultades físicas. Lo que hizo en África, y cómo trabajó, se puede leer en su *Missionary Travels*, un libro donde narra sus viajes y que es uno de los más fascinantes del género que jamás se hayan escrito. Uno de sus últimos actos conocidos describe perfectamente su forma de ser. La Birkenhead, una lancha de vapor que había llevado a África, resultó ser un fracaso, así que mandó construir otra con un coste estimado de dos mil libras esterlinas. Su intención era pagar ese dinero con los ahorros que había reservado para sus hijos, procedentes de los beneficios de sus viajes. «Los niños tendrán que arreglárselas solos», fue la frase con la que acompañó la carta para pedir el dinero.

La vida de John Howard fue todo un ejemplo del poder de perseguir un objetivo con perseverancia y actuar con paciencia. Su magnífica vida demostró que incluso la debilidad física podía mover montañas cuando se querían lograr los objetivos que marcaba el deber. La idea de mejorar la condición de los prisioneros lo obsesionó por completo, casi como una pasión, y ni el trabajo, ni el peligro, ni el sufrimiento corporal pudieron desviarlo de ese gran propósito. Aunque era un hombre sin una gran inteligencia y de talento moderado, tenía un corazón puro y una voluntad férrea. En vida alcanzó un éxito notable, aunque su influencia no decayó tras su muerte, ya que ha seguido afectando no solo la legislación inglesa, sino las de todas las naciones civilizadas hasta el día de hoy. Sin embargo, conocemos tan bien la vida de Howard gracias a los trabajos del señor Hepworth Dixon que prefiero citar algunos ejemplos menos conocidos de este rasgo típico del carácter inglés.

Jonas Hanway destacó en su época por su integridad como comerciante y por su vocación pública como patriota y filántropo, aunque su nombre es ahora casi desconocido. Fue uno de los muchos hombres pacientes y perseverantes que han hecho de Inglaterra lo que es, hombres que se contentan con afanarse en el trabajo que se les encomienda y que se van a descansar agradecidos cuando lo terminan:

> «Sin dejar más monumento que un mundo
> mejorado por sus vidas».

Nació en 1712 en Portsmouth, donde su padre, almacenero en los muelles, murió en un accidente, quedándose huérfano muy joven. Su madre se trasladó con su familia a Londres, donde los mandó a la escuela y se esforzó por educarlos de forma respetable. A los diecisiete años, mandaron a Jonas a Lisboa como aprendiz de un comerciante, donde su gran atención a los negocios, su puntualidad y su estricto honor e integridad le granjearon el respeto y la estima de todos quienes lo conocieron. Volvió a Londres y en 1743 aceptó ser socio de una importante casa mercantil de San Petersburgo, muy activa en el comercio del mar Caspio, que por aquel entonces estaba empezando. El señor Hanway viajó a Rusia con el propósito de ampliar el negocio y, poco después de su llegada, se vio en la necesidad de visitar personalmente las principales plazas comerciales. De ahí que pusiera rumbo a Persia con una caravana de veinte carretas cargadas con fardos de tela inglesa. Tardó diez días en llegar a Moscú desde San Petersburgo, siete días después entró en la estepa y tras ocho días más llegó a Zuritzen, en el Volga. Allí se embarcó para Astracán y superó con dificultad la peligrosa travesía por el río, que por aquel entonces estaba infestado de bandas de ladrones que vivían del saqueo de los comerciantes. De Astracán zarpó con rumbo a Astrabad, en la orilla sudoriental del Caspio, donde no había terminado de desembarcar los fardos cuando estalló una revuelta y le confiscaron la mercancía, y aunque la recuperó en gran parte más adelante, perdió beneficios. Incluso se organizó un complot para apresarlos a su grupo y a él, por lo que se hizo a la mar y, después de afrontar grandes peligros, que sobrellevó con paciencia y valor, en una embarcación abierta, llegó a Gilan sano y salvo. Esta huida fue el germen de las palabras que más adelante adoptó como lema vital: «No desesperes nunca». Después de recorrer cientos de kilómetros entre bandas hostiles, se dispuso a abandonar el país, pero invirtió el dinero que había obtenido por la venta de la mercancía que había recuperado en comprar seda cruda, que acabó siendo una empresa exitosa. A continuación, residió en San Petersburgo durante cinco años, donde montó un negocio lucrativo y próspero.

Como un pariente le legó algunas propiedades y tenía medios suficientes para regresar a Inglaterra, Hanway abandonó Rusia y volvió a su país natal en 1750, después de pasar ocho años fuera. Su objetivo al regresar a Inglaterra fue, en sus propias palabras, «cuidar su salud (que era extremadamente delicada) y hacer todo el bien que pudiera, tanto a sí mismo como a los demás». Dedicó el resto de su vida a actos benéficos y de apoyo a sus congéneres. Llevó una vida tranquila a fin de poder emplear una mayor parte de su dinero en la beneficencia. Una de las primeras mejoras públicas a las que se dedicó fue la de los caminos de la metrópoli. Las calles de Londres se encontraban entonces en un estado lamentable: mal pavimentadas, llenas de surcos y de agujeros, además de sucísimas. Los letreros se movían entre chirridos sobre las aceras, que estaban separadas de la calzada por hileras de postes; pero eran tan estrechas que casi no se podían cruzar dos personas a pie y a los transeúntes les caían torrentes de agua sucia procedente de los desagües que sobresalían a ambos lados de la calle. El señor Hanway se dedicó en cuerpo y alma al tema e insistió en la necesidad de mejorar la situación con tanta terquedad que al final consiguió la intervención de la legislatura. Un accidente que tuvo el carruaje del presidente de la Cámara de los Comunes (el señor Onslow), al pasar por la estrecha entrada cerca de Craig's Court, en Charing Cross, contribuyó a llamar la atención de la opinión pública sobre el tema y se aprobó la ley por la que se nombraban comisionados; desde entonces, las calles de Londres han pasado a ser un digno ejemplo de la riqueza de la metrópoli en la misma medida en la que antes daban pena.

En 1775, después de que resurgiera el viejo y más que recurrente rumor de que iba a tener lugar una invasión francesa ya que se decía que se había congregado una formidable escuadra y un gran ejército en Brest con el supuesto objetivo de invadir este país, el señor Hanway se concentró en buscar la mejor forma de mantener nuestra estirpe marinera. Se descubrió que no se estaba cumpliendo con la ley aprobada durante el reinado de la reina Ana, que ordenaba a todos los capitanes de barcos de treinta toneladas o más a tomar uno o más aprendices de la región, por lo que el señor Hanway mandó imprimir un sinfín de cartas instando a los patrones de barcos mercantes a cumplir con la ley, pero la voz de un solo individuo era demasiado débil como para que le hicieran caso cuando había intereses egoístas de por medio. Sin embargo, como estaba decidido a hacer todo lo posible por remediar la situación, Hanway convocó una reunión con los comerciantes y los armadores en el edificio de la Royal Exchange, y allí les propuso constituirse en una asociación con el fin de preparar a voluntarios y muchachos para servir en los navíos del rey. La propuesta fue recibida con entusiasmo. Se constituyó la asociación y se nombraron sus directivos, con el señor Hanway como director de todas las operaciones. El resultado fue la creación en 1756 de la Marine Society, una institución que ha demostrado ser una gran baza nacional y que en la actualidad sigue teniendo mucha utilidad. Seis años después de que se creara la asociación, se preparó a 5.451 muchachos y a 4.787 voluntarios, que se sumaron a la marina, y en la actualidad sigue operando, de modo que anualmente unos seiscientos niños pobres reciben una cuidada educación y se preparan como aprendices de marineros, sobre todo en barcos mercantes.

El señor Hanway dedicó el resto de su tiempo libre a mejorar o a crear importantes instituciones públicas en la metrópoli. Desde muy pronto se interesó activamente por el Foundling Hospital, un hogar para niños fundado por Thomas Coram muchos años antes. En 1739 se obtuvo la carta constitutiva y de 1742 a 1749 se construyó un hospital para acoger a los niños expósitos. La institución se financiaba con una gran cantidad de dinero. Se recaudaron no menos de diez mil libras con las actuaciones musicales de Händel, que también regaló un órgano para la capilla y le dio la partitura de *El Mesías* a los conservadores. El Parlamento concedió diez mil libras, y la institución dispuso de tantos fondos que los conservadores abrieron sus puertas para recibir a «todos los niños de menos de dos meses que se ofrezcan». Como consecuencia, mandaron a muchísimos niños cuyos padres eran capaces de mantenerlos y de educarlos. Aunque la causa de los niños expósitos estaba de moda, como muchas otras causas sin sentido, pronto se corrió el peligro de hacer mucho más daño que bien y se empezó a temer que la humanidad pudiera incluso resultar inhumana. El señor Hanway fue uno de los primeros en comentarlo, al darse cuenta de que ofrecerles a los padres egoístas la posibilidad de que el hospital atendiera y cuidara a sus hijos podría provocar el libertinaje, así como romper los lazos naturales que unen las familias. De modo que pagó cincuenta libras para poder ejercer de conservador y estar en mejor posición de frenar el mal. Emprendió esta lucha en contra de la obra benéfica que estaba de moda en la época, manteniéndose firme en su propósito hasta que consiguió que la caridad recuperase sus verdaderos objetivos. Y el tiempo y la experiencia han demostrado con creces que estaba en lo cierto. En 1771 el Parlamento retiró sus subvenciones y, desde entonces, el hospital se mantiene con donaciones benéficas privadas, que han demostrado ser más que suficientes. En 1758 el Magdalen Hospital también se fundó en gran medida por el trabajo del señor Hanway, y hay motivos para creer que esta institución ha conseguido enderezar el camino de muchas mujeres pobres que se habrían torcido de otro modo. El señor Hanway acostumbraba a invitar a su casa a las que se habían recuperado gracias a la intervención de la institución, momento que aprovechaba para infundirles fuerzas y robustecer sus buenos propósitos mientras velaba con amabilidad por su bienestar.

Sin embargo, la causa que John Hanway apoyó con mayor perseverancia fue la de los niños pobres de su zona. El trabajo que Howard llevó a cabo posteriormente a favor de los reclusos no le resultó más honroso que el de Hanway a favor de los hijos inocentes e indefensos de los más desfavorecidos. Las penurias y el abandono con los que crecían entonces los niños pobres de la zona, así como su tasa de mortalidad, eran espantosos, pero no estaba de moda hacer algo para subsanar la situación, como en el caso de los niños expósitos. Así que Jonas Hanway se dedicó en cuerpo y alma a la tarea. Solo y sin ayuda, primero averiguó el alcance de la situación. Revisó las viviendas miserables e insalubres de las clases más pobres de Londres y visitó los pabellones de enfermos de los hospicios, cerciorándose así cuidadosamente de la gestión de cada hospicio de la metrópoli y de sus alrededores. Con el fin de averiguar de qué manera los legisladores de los países extranjeros se habían enfrentado al mismo problema, viajó a Francia, recorrió Holanda y visitó todas las instituciones en las que acogían a los pobres que se encontró en su camino, tomando nota de lo que creía que se podía aplicar con éxito de vuelta en casa. Esto lo mantuvo ocupado durante cinco años y, a su regreso a Inglaterra, fue publicando el resultado de sus observaciones. Sin embargo, el relato era tan triste que pocos se lo creyeron, y se granjeó muchos enemigos a cuenta de atreverse a publicar los nombres de todos los funcionarios públicos de cada región, sin importar su posición social, bajo cuya responsabilidad habían muerto niños por abandono. Resulta que en un asilo para pobres, en St. Clement Danes, a una enfermera le encargaron el cuidado de veintitrés niños pobres en 1765, de los cuales dieciocho murieron, dos abandonaron la institución y otros tres quedaban con vida. De los setenta y cuatro niños que entraron en los hospicios de St. Andrew y St. George, Holborn, sesenta y cuatro murieron el mismo año. En algunas zonas más pobladas, no se encontró un solo niño al cabo de doce meses, todos habían muerto. Cada vez que alguien le discutía sus afirmaciones, publicaba los nombres de los niños, la fecha de cada nacimiento e ingreso, el tiempo que había vivido el niño y el nombre de su cuidadora. A continuación, viajó por toda Inglaterra para comparar la mortalidad en los asilos para pobres del interior con los de la metrópoli, y en todas partes encontró la misma mortalidad excesiva, derivada del hacinamiento, la mala ventilación y la negligencia. La publicación de hechos tan sorprendentes, así como la conocida integridad del hombre, no podían sino provocar una reacción incluso en las personas más indiferentes, y muchos hospicios se reformaron y se mejoraron de inmediato. En 1761 consiguió que se promulgara una ley que obligaba a todos los distritos de Londres a llevar un registro anual de los niños que recibían, que daban de alta y que morían, y se encargó de que se implementase, ya que supervisó en persona que así fuera con una vigilancia infatigable. Iba de un asilo para pobres a otro por la mañana y de un parlamentario a otro por la tarde, día tras día y año tras año, aguantando todos los desaires, respondiendo a todas las objeciones y acomodándose a todas las circunstancias. Al final, tras una perseverancia difícilmente igualable y después de casi diez años de trabajo, consiguió que se aprobara una ley (7 Geo. III. c. 39) por la que se ordenaba que todos los niños de los distritos que estaban entre los de mayor mortalidad no recibieran cuidados en los asilos para pobres, sino que los enviaran a varios kilómetros de la ciudad, hasta que cumplieran los seis años, bajo el cuidado de tutores que se elegirían cada tres años. Los pobres la llamaron «Ley para mantener vivos a los niños», y los registros de los años posteriores a su aprobación, comparados con los años previos, demostraron que se salvaron miles de vidas gracias a la juiciosa intervención de este hombre bueno y sensato.

Allí donde se llevara a cabo una obra benéfica en Londres se podía asegurar que Jonas Hanway había participado. Una de las primeras leyes para la protección de los niños deshollinadores se aprobó gracias a su influencia.[1] Un destructivo incendio en Montreal y otro en Bridgetown, Barbados, le brindaron la oportunidad de recaudar fondos para socorrer a los damnificados. Su nombre aparecía en todas las listas, y su altruismo y su honestidad eran reconocidos por todos. Pero no se le permitió malgastar por completo su pequeña fortuna al servicio de los demás. Cinco importantes ciudadanos de Londres encabezados por el señor Hoare, el banquero, sin el conocimiento del señor Hanway, acudieron en grupo a ver a lord Bute, ministro por aquel entonces, y solicitaron en nombre de sus conciudadanos que se tuvieran en cuenta los servicios desinteresados que este buen hombre había prestado al país. El resultado fue su nombramiento, poco después, como uno de los comisionados para el avitualIamiento de la marina.

Uno de los problemas sociales menores contra los que alzó la voz el señor Hanway fueron las propinas que las personas que visitaban una casa les daban a los criados, algo que estos habían llegado a considerar un derecho. En una ocasión, el señor Hanway pagó de esta manera, uno a uno, a los criados de un respetable amigo con el que había cenado: «Señor, su abrigo». Un chelín. «Su sombrero». Un chelín. «Su bastón». Un chelín. «Su paraguas». Un chelín. «Señor, sus guantes». A esto último, Hanway contestó: «Pues puedes quedarte con los guantes, porque no valen un chelín». Esta absurda práctica fue finalmente sofocada por la sátira, y el golpe mortal se lo dio la comedia *High Life below Stairs* («La alta vida de la servidumbre»), de James Townley.

La salud del señor Hanway se resintió mucho hacia el final de su vida y, aunque tuvo que renunciar a su puesto como comisionado para el avituallamiento de la marina, fue incapaz de permanecer ocioso. Se dedicó a la implantación de la escuela dominical, que estaba en sus comienzos; a la ayuda a los negros pobres, que deambulaban muchos de ellos por las calles de la ciudad; o a mitigar el sufrimiento de las clases más desfavorecidas y abandonadas de la sociedad. Pese a que conocía bien la miseria en todas sus formas, fue una persona muy alegre; y de no ser por dicha alegría jamás habría podido, con su débil cuerpo, llevar a cabo tanto trabajo autoimpuesto. A nada le temía tanto como a la inactividad. Aunque frágil, era atrevido e infatigable, y su valor moral no tenía rival. Puede que parezca una trivialidad mencionar que fue el primero en atreverse a recorrer las calles de Londres cubriéndose con un paraguas. Pero que cualquier comerciante se atreva a pasear por Cornhill con un sombrero tradicional chino, ya se dará cuenta del valor moral que hay que tener para no quitárselo. Después de llevar un sombrero durante treinta años, el señor Hanway vio que el accesorio se usaba con normalidad.

Hanway era un hombre de un honor intachable, veraz e íntegro, y se podía confiar en todo lo que decía. Sentía tal respeto, casi reverente, por el carácter del comerciante honrado que fue el único tema del que acabó haciendo elogio. Ponía en práctica todo lo que profesaba, y su conducta fue irreprochable como comerciante primero y como comisionado para el avituallamiento de la marina después. No aceptaba el más mínimo favor de ningún contratista; y cuando se le enviaba algún regalo mientras estaba en la comisión de avituallamiento, lo devolvía con un agradecimiento al tiempo que indicaba que «tenía por norma no aceptar nada a título personal mientras estaba en el desempeño de su cargo». Cuando a los setenta y cuatro años se dio cuenta de que se le escapaba la vida, se preparó para la muerte con la misma alegría con la que habría preparado un viaje al campo. Saldó todas sus cuentas, se despidió de sus amigos, puso en orden todas sus cosas, se arregló con pulcritud y exhaló su último aliento en mitad de una frase que comenzó con la palabra «Dios». La propiedad que tenía a su nombre no alcanzaba el valor de dos mil libras y, como no tenía familiares que la quisieran, la dividió entre varios huérfanos y personas pobres con quienes había entablado amistad a lo largo de su vida. Este es el resumen de la hermosa vida de Jonas Hanway: un hombre honesto, vital, trabajador y sincero como pocos.

La vida de Granville Sharp es otro ejemplo sorprendente del poder de un solo individuo, uno que más tarde se convirtió en el noble grupo de trabajadores por la causa de la abolición de la esclavitud, entre los que destacaban Clarkson, Wilberforce, Buxton y Brougham. Pero por más importancia que tuvieran estos hombres en la causa, Granville Sharp fue el primero y quizá el más importante de todos en cuanto a perseverancia, vitalidad y valentía. Comenzó su vida como aprendiz de un comerciante de telas en Tower Hill; pero dejó esa ocupación tras terminar el aprendizaje y empezó a trabajar de asistente en la Ordnance Office, el organismo encargado de la intendencia militar, y mientras ocupaba un puesto tan humilde también se dedicaba en su tiempo libre a la emancipación de los negros. Incluso de aprendiz estaba dispuesto a presentarse voluntario para llevar a cabo cualquier tarea que resultase útil. Fue así como, durante su etapa de aprendiz, otro compañero que se hospedaba en el mismo alojamiento y que era unitario iniciaba a menudo discusiones sobre religión, en las que el compañero unitario le insistía en que la errónea creencia trinitaria de Granville sobre ciertos pasajes de las Sagradas Escrituras se debía a su falta de conocimiento de la lengua griega. Algo que se dispuso a remediar de inmediato por las noches, de modo que pronto adquirió un profundo conocimiento del griego. Una controversia similar con otro compañero también aprendiz, judío en esta ocasión, sobre la interpretación de las profecías lo llevó a aprender hebreo.

Sin embargo, lo que encauzó la principal labor de su vida tuvo origen en su generosidad y su benevolencia. La cosa sucedió de esta manera: su hermano William, cirujano en Mincing Lane, atendía gratuitamente a los pobres, y entre los numerosos solicitantes de ayuda en su consulta había un pobre africano llamado Jonathan Strong. Al parecer, el hombre negro había recibido un trato tan brutal de su amo, un abogado de Barbados que se encontraba entonces en Londres, que se había quedado cojo y casi ciego, y era totalmente incapaz de trabajar; y su amo, al considerar que ya no tenía el menor valor, y que solo le acarrearía gastos, lo dejó tirado en las calles de Londres. Este pobre hombre, plagado por las enfermedades, se mantuvo mendigando durante un tiempo, hasta que encontró a William Sharp, quien le dio algunas medicinas y poco después consiguió que lo ingresaran en el hospital de St. Bartholomew, donde se curó. Cuando salió del hospital, los dos hermanos lo mantuvieron para que no tuviera que volver a la calle, pero sin imaginarse siquiera en aquel momento que alguien pudiera reclamar su propiedad. Incluso le consiguieron a Strong un trabajo con una boticaria, a quien sirvió durante dos años, y fue mientras ayudaba a su señora a pasar por detrás de un carruaje cuando su antiguo amo, el abogado de Barbados, lo reconoció y decidió recuperar la posesión del esclavo, que volvía a ser valioso porque había recuperado la salud. El abogado usó a dos funcionarios del ayuntamiento para que detuvieran a Strong, al que retuvieron en la prisión para deudores hasta que pudieran mandarlo a las Indias Occidentales. Strong, que recordó estando retenido el trato amable que Granville Sharp le había dispensado unos años antes, le mandó una carta pidiéndole ayuda. Sharp había olvidado el nombre de Strong, pero envió a una persona para que hiciera averiguaciones, que volvió para decirle que los carceleros negaban tener a nadie con ese nombre a su cargo. Eso despertó sus sospechas, de modo que fue derecho a la prisión e insistió en ver a Jonathan Strong. Cuando lo dejaron entrar, reconoció al pobre hombre, detenido como un esclavo recapturado. El señor Sharp le ordenó al jefe de la prisión que no entregara a Strong a nadie, o se atuviera a las consecuencias, hasta que hubiera comparecido ante el alcalde mayor de Londres, a quien Sharp acudió de inmediato, obteniendo una orden de comparecencia para las personas que habían capturado y encarcelado a Strong sin una orden judicial. Como consecuencia, las partes comparecieron ante el alcalde mayor y durante el proceso se supo que el antiguo amo de Strong ya lo había vendido a otra persona, que presentó la factura de compra-venta y reclamó al negro como de su propiedad. Dado que no se presentó ningún cargo contra Strong, y como el alcalde no tenía competencias para sentencias sobre la cuestión legal de si Strong era libre o no, lo puso en libertad, y el esclavo salió del tribunal detrás de su benefactor sin que nadie se atreviera a tocarlo. El amo del hombre notificó de inmediato a Sharp que tomaría medidas para recuperar la posesión de su esclavo negro, del que había sido despojado; y entonces comenzó el prolongado y poderoso proceso a favor del hombre negro esclavizado, que forma una de las páginas más brillantes de la historia inglesa.

Por esta época (1767), la libertad personal del inglés, aunque defendida en teoría, sufría grandes atropellos y se violaba casi a diario. La leva forzosa para la marina era una práctica común y, además de las patrullas de reclutamiento, había bandas organizadas por todo Londres y el resto de las grandes ciudades a fin de secuestrar a hombres para el servicio de la Compañía de las Indias Orientales. Y cuando no se necesitaban hombres para la India, los mandaban a las plantaciones de las colonias americanas. En los periódicos de Londres y de Liverpool se anunciaba abiertamente la venta de esclavos negros. Por ejemplo, el *Gazetteer* del 18 de abril de 1769 ponía a la venta: «en la posada Bull and Gate, en Holborn, un alazán castrado, un carromato y un muchacho negro bien hecho y de buen carácter». En aquel entonces se ofrecían recompensas, como pasa ahora en los Estados

Esclavistas de América, por recuperar y aprehender esclavos fugitivos, y por transportarlos a ciertos barcos en el río. Que nadie se avergonzaba de reconocer abiertamente la esclavitud queda claro por un anuncio en el *Daily Advertiser* del 16 de mayo de 1768, que ofrecía una recompensa a quien capturara a un muchacho negro y lo llevara, o diera noticias suyas, al señor Alderman Beckford, en Pall Mall. El *Public Advertiser* del 28 de noviembre de 1769 contiene este anuncio: «Se vende una niña negra, propiedad de J. B., de once años, que es bastante hábil, tiene maña con la aguja y habla inglés perfectamente; tiene un carácter excelente y una buena disposición. Pregunte al señor Owen, en la posada Angel, detrás de la iglesia de St. Clement, en el Strand». Esta era la situación cuando Granville Sharp se entregó en cuerpo y alma a su gran obra. Aunque solo era un asistente en una oficina pública, sin influencia alguna, y solo tenía como armas la integridad y la valentía de abanderar una buena causa, fue capaz de reivindicar la libertad personal de las personas y establecer como un hecho lo que hasta ese momento solo había sido una teoría: ¡que el esclavo que pone un pie en suelo británico se convierte en libre al momento!

De momento, la situación en Inglaterra del esclavo antes mencionado no estaba nada clara. Las sentencias dictadas por los tribunales eran muy diversas y no se basaban en ningún principio establecido. Aunque la creencia popular era la de que no podía haber esclavos en Inglaterra, había juristas de gran renombre que se posicionaron totalmente en contra. Por lo tanto, el fiscal general, el señor Yorke, y el procurador general de Inglaterra, el señor Talbot, concluyeron que el esclavo no se convertía en hombre libre al llegar a Inglaterra, que la posesión de su amo no cambiaba en absoluto y que su amo podría obligar al esclavo a volver a las plantaciones. Los abogados a los que recurrió el señor Sharp en busca de consejo para defenderse de las medidas tomadas contra él en el caso de Jonathan Strong estaban de acuerdo con esta posición, y el amo de Jonathan Strong le dijo que Mansfield, el eminente decano de los jueces, así como todos los abogados más insignes eran de la misma opinión. Eso habría provocado la desesperación en alguien menos valiente y formal que Granville Sharp, pero en él solo sirvió para estimular su determinación de depender de sí mismo en la ardua batalla que se le presentaba. «Abandonado de esta manera por los profesionales —dijo—, me vi obligado por falta de asistencia legal a lanzarme a la autodefensa a la desesperada, aunque desconocía por completo los fundamentos del derecho y de su práctica, ya que nunca había abierto un libro de derecho (salvo la Biblia) en la vida, hasta el momento en el que me comprometí a repasar los índices de una biblioteca de derecho que mi librero había comprado hacía poco».

Durante el día se dedicaba a los asuntos del departamento de intendencia, donde ocupaba el puesto más laborioso. Por lo tanto, se veía en la necesidad de llevar a cabo nuevos estudios a altas horas de la noche o a primeras horas de la mañana. Confesó que él mismo se estaba convirtiendo en una especie de esclavo. Para disculparse por haber tardado tanto en contestar a una carta de un amigo, le escribió: «Me declaro absolutamente incapaz de mantener correspondencia. El poco tiempo que le he podido robarle al sueño nocturno y a las primeras horas de la mañana lo he empleado por necesidad en el estudio de algunos puntos de derecho, que no admitían demora y que, sin embargo, requerían de la investigación más profunda. Y no he dudado en emplear de vez en cuando incluso el tiempo libre de un domingo para esta tarea, porque mi trabajo no ha sido con ánimo de lucro, sino con ánimo de hacer el bien y de prevenir la injusticia señalando algunas corrupciones notorias en los caminos trillados de la ley, lo que me ha permitido ser de ayuda a algunas personas, espero que con buen efecto».

A fin de llevar a cabo el objetivo que se había marcado, dedicó todos sus ratos libres durante los dos siguientes años al minucioso estudio de las leyes de Inglaterra que afectaban a la libertad personal, sumergiéndose en una ingente cantidad de documentos secos y enrevesados, aridísimos, y resumiendo todas las leyes parlamentarias más importantes, las sentencias judiciales y las opiniones de reputados abogados por el camino. En su tediosa investigación no contó con la ayuda de instructores, ayudantes o consejeros. Le fue imposible encontrar a un solo abogado que estuviera de su parte. Sin embargo, los resultados de su investigación fueron tan gratificantes para él como sorprendentes para los juristas. «Gracias a Dios —escribió—, no hay nada en ninguna ley o estatuto inglés, al menos que yo haya podido encontrar, que justifique la esclavitud de otras personas». Creía ver por fin una solución clara a las dificultades que habían entorpecido los anteriores juicios en casos de personas negras. Había levantado todas las piedras en su investigación y descubrió que, efectivamente, no podía haber esclavos en Inglaterra. Se había plantado y ya no tenía dudas. Redactó sus conclusiones de forma resumida: fue una declaración sencilla, clara y firme, a la que llamó «Sobre la injusticia de tolerar la esclavitud en Inglaterra», y repartió entre los abogados más insignes de la época copias que él mismo mandó imprimir. El amo de Strong, al descubrir el tipo de hombre al que se enfrentaba, se inventó varias excusas para posponer el juicio contra Sharp, hasta que le ofreció un acuerdo, que se rechazó. Granville siguió repartiendo el resumen de su investigación entre los abogados, hasta que los que se ocupaban de la causa contra Jonathan Strong se negaron a seguir adelante y el resultado fue que el demandante fue obligado a pagar las costas por no continuar con la denuncia. El resumen se publicó en 1769.

La vindicación del emancipado Jonathan Strong condujo, como era de esperar, a que el señor Sharp estudiara el tema del comercio de esclavos, y le mandó una carta al arzobispo de Canterbury implorándole que usara su poderosa influencia, carta que al parecer no obtuvo respuesta. Mientras tanto, se produjeron otros casos de secuestro de negros en Londres y su envío a las Indias Occidentales para su venta. Siempre que Sharp tenía conocimiento de un caso de este tipo, se ponía manos a la obra de inmediato para rescatar a esa persona. Fue así como la esposa de un tal Hylas, un africano, fue secuestrada y enviada a Barbados, tras lo cual Sharp, en nombre de Hylas, interpuso una demanda contra el agresor, consiguió una sentencia a su favor junto con una indemnización por daños y perjuicios, y la esposa de Hylas regresó libre a Inglaterra. La mente de Sharp se abrió por completo a la magnitud del abuso contra el que luchaba sin ayuda en aquel momento y estuvo pendiente para evitar que el problema siguiera agravándose.

Otro secuestro de una persona negra, llevado a cabo con muchísima crueldad, tuvo lugar en 1770 e hizo que se pusiera a perseguir a los agresores de inmediato. A un africano llamado Lewis lo apresaron una noche oscura dos marineros contratados por la persona que lo reclamaba como de su propiedad, lo tiraron al agua y lo subieron a un bote, donde lo amordazaron y lo ataron de manos y pies; después remaron río abajo y lo subieron a un barco con destino a Jamaica, donde lo iban a vender como esclavo a su llegada a la isla. Sin embargo, los gritos del pobre hombre llamaron la atención de algunos vecinos, ya que al lado de la casa de la que lo habían sacado a rastras vivía la señora

Banks, madre del más tarde célebre sir Joseph Banks, y a la mañana siguiente la buena señora fue derecha al señor Granville Sharp, conocido a estas alturas como el amigo de los negros, y le informó del ultraje. Sharp consiguió de inmediato una orden para traer de vuelta a Thomas Lewis y se dirigió a Gravesend, pero al llegar allí el barco había zarpado hacia el sur. Consiguió una orden de *habeas corpus*, que se envió a Spithead, y antes de que el barco pudiera abandonar las costas de Inglaterra, se notificó la orden judicial. Encontraron al esclavo encadenado al palo mayor, con la cara bañada por las lágrimas mientras miraba con expresión desdichada la tierra de la que lo estaban arrancando. Lo liberaron de inmediato y lo llevaron de vuelta a Londres, donde se emitió una orden contra el autor del ultraje. Difícilmente se podría haber superado la rápida reacción mental y de actuación demostrada por el señor Sharp en esta situación, pero él se acusó a sí mismo de lentitud. El caso se juzgó ante lord Mansfield, que, como se recordará, ya había manifestado una opinión totalmente contraria a la de Granville Sharp. En esta ocasión, el señor Dunning, uno de los abogados que representaban al hombre negro, declaró ante el tribunal con la obra del señor Sharp en la mano que estaba dispuesto a «mantener que ningún hombre puede ser legalmente detenido como esclavo en este país». Sin embargo, lord Mansfield evitó plantear la cuestión u ofrecer cualquier opinión sobre la situación jurídica en cuanto a la libertad personal del esclavo, pero lo liberó porque el demandado no podía aportar ninguna prueba de que Lewis fuera de su propiedad.

Por lo tanto, la cuestión de la libertad de las personas negras en Inglaterra seguía sin decidirse; pero mientras tanto, el señor Sharp continuó firme en su empresa de hacer el bien y, gracias a su infatigable labor y a su prontitud de acción, se añadieron muchas más personas a la lista de las rescatadas. Al final tuvo lugar el importante caso de James Somerset, uno del que se dice que se eligió por mutuo deseo de Mansfield y del señor Sharp con el fin de aclarar legalmente de una vez por todas la cuestión. Somerset llegó a Inglaterra con su amo, que lo abandonó allí. Más tarde, dicho amo intentó apresarlo y enviarlo a Jamaica para venderlo. El señor Sharp, como de costumbre, se ocupó inmediatamente del caso y contrató a un abogado para que lo defendiera. Lord Mansfield dio a entender que el caso era de tal interés general que debería pedir la opinión de todos los jueces al respecto. El señor Sharp tuvo la impresión de que tendría que enfrentarse a un gran oponente, pero su determinación no se tambaleó. Por suerte para él, su labor en esta dura lucha había empezado a dar frutos. Cada vez había más interés por el tema y muchos abogados insignes se declararon abiertamente de su parte.

La causa de la libertad personal, que estaba en entredicho, se juzgó justamente por lord Mansfield con la ayuda de tres jueces más, y se resolvió atendiendo al amplio derecho esencial y constitucional de todo hombre en Inglaterra a la libertad de su persona, a menos que la ley lo prive de ella. No es necesario contar con pelos y señales este gran juicio. Se argumentó largo y tendido, y la causa se extendió en el tiempo, aplazándose varias veces, pero al final lord Mansfield, en cuya fuerte mente habían calado poco a poco los argumentos del abogado, basados en gran parte en la obra de Granville Sharp, dictó sentencia y lo hizo diciendo que los jueces lo tenían tan claro que no había necesidad de buscar la opinión del tribunal al completo. Después declaró que es imposible apoyar la esclavitud, que nunca estuvo en uso en Inglaterra y que nunca se reconoció por ley; por lo tanto, había que liberar al hombre llamado James Somerset. Al conseguir esta sentencia, Granville Sharp abolió de forma efectiva el comercio de esclavos, que hasta el momento se llevaba a cabo sin tapujos en las calles de Liverpool y de Londres. Pero también estableció el maravilloso axioma de que en cuanto un esclavo pusiera pie en suelo inglés, sería libre. Y no cabe duda de que esta gran sentencia de lord Mansfield se debe en gran medida al empeño firme, decidido y valiente del señor Sharp en la causa de principio a fin.

No es necesario seguir la carrera de Granville Sharp. Continuó trabajando de forma infatigable en buenas obras; contribuyó a la fundación de la colonia de Sierra Leona como asilo para negros rescatados y trabajó para mejorar la condición de los nativos en las colonias americanas. Inspirado por su amor al carácter y la constitución ingleses, promovió la ampliación y la extensión de los derechos políticos del pueblo inglés y se esforzó por abolir la leva para reclutar forzosamente a marineros. En esta última empresa se encontró con la vehemente oposición de la gran estrella literaria de la época, el doctor Johnson, que aplastó los argumentos del humilde empleado de intendencia al tiempo que defendía con firmeza el derecho y la conveniencia de la leva. Aunque Sharp no podía responder con facilidad a la gran influencia del doctor, sabía que la justicia y la verdad estaban de su lado. «La palabrería y la grandilocuencia de un discurso no pueden alterar la naturaleza de las cosas —dijo Sharp—. No estoy preparado para replicar de inmediato a argumentos sutiles, de modo que es posible que parezca desconcertado; aunque, de hecho, esté convencido de que son totalmente insignificantes». Pero Granville Sharp sostenía que el marinero británico, al igual que el negro africano, tenía derecho a la protección de la ley; y que el hecho de que eligiera la vida marinera no anulaba en modo alguno sus derechos y sus privilegios como inglés, entre los que él situaba en primer lugar la libertad personal. El señor Sharp también trabajó, aunque sin éxito, para restablecer la amistad entre Inglaterra y sus colonos en América; y cuando se inició la guerra fratricida de la Revolución Americana, su sentido de la integridad era tan escrupuloso que, decidido a no involucrarse en modo alguno en un asunto tan antinatural, renunció a su puesto en la oficina de intendencia. En una carta al señor Boddington, el secretario del departamento, dijo: «No puedo volver a mi trabajo mientras se lleva a cabo una guerra sangrienta, injustamente a mi juicio, en contra de mis conciudadanos; y sin embargo, renunciar a mi puesto sería renunciar a una vocación que, por mi dedicación durante casi dieciocho años y por no haberme buscado otro medio de subsistencia durante un periodo tan largo, se ha convertido ahora en mi única profesión y medio de vida». Sin embargo, lo hizo. Muchos calificaron esta conducta de quijotesca; pero en él fue el resultado de una ética ejemplar.

Entre las obras posteriores de Sharp se encuentran el establecimiento de la Iglesia episcopal en América, la fundación de la Sociedad Bíblica,[2] la Unión Protestante y otras instituciones con un objetivo similar; pero se aferró hasta el final al gran objetivo de su vida: la abolición de la esclavitud. Para llevar adelante esta obra y organizar la labor de los cada vez más numerosos amigos de esta causa, se fundó la Society for the Abolition of the Slavery («Sociedad para la Abolición de la Esclavitud»), y aparecieron nuevos hombres, inspirados por el ejemplo y el celo de Sharp, para ayudarlo. Su fuerza se convirtió en la de ellos, y esa pasión abnegada en la que había trabajado durante tanto tiempo sin ayuda acabó calando en la propia nación. Sus herederos directos fueron Clarkson, Wilberforce, Brougham y Buxton, que trabajaron como él, con la misma fuerza y la misma determinación, hasta que por fin se abolió la esclavitud en todos los dominios británicos. Pero aunque estos últimos nombres se identifiquen más a menudo con el triunfo de esta gran causa, el mérito principal pertenece sin lugar a dudas a Granville Sharp. No sintió el aliento de las aclamaciones populares cuando comenzó su trabajo. Estaba solo, enfrentado a la opinión de los abogados más hábiles y a los prejuicios más arraigados de la época; y luchó en solitario, con su esfuerzo, y a su costa, la batalla más memorable a favor de la constitución de este país y de las libertades de los súbditos británicos de la que se tiene constancia en los tiempos modernos. Lo que sucedió después fue consecuencia principalmente de su infatigable constancia. Él encendió la antorcha que prendió otras mentes y que se fue pasando de mano en mano hasta que todo quedó iluminado.

Antes de la muerte de Granville Sharp, Clarkson ya había centrado su atención en la causa de la esclavitud de los negros. Incluso la había elegido como tema de un ensayo universitario, y se obsesionó tanto con ella que no podía desentenderse. Se dice que un día, cerca de Wade's Mill, en Hertfordshire, se apeó del caballo, se sentó desconsolado en la hierba junto al camino y, después de pensarlo largo y tendido, decidió dedicarse en cuerpo y alma a esta labor. Tradujo su ensayo del latín al inglés, le añadió ilustraciones y lo publicó. Después varias personas que compartían su causa se congregaron a su alrededor. La Society for the Abolition of the Slave-Trade («Sociedad para la Abolición del Comercio de Esclavos»), que le era desconocida, ya se había formado, y cuando se enteró de su existencia, se sumó a sus filas. Renunció a todas sus oportunidades en la vida para dedicarse a esta causa. Wilberforce fue elegido para liderar la causa en el Parlamento, pero Clarkson fue el principal responsable de recopilar y organizar la inmensa cantidad de pruebas presentadas para apoyar la abolición. Cabe mencionar un curioso ejemplo de la perseverancia de Clarkson. Los partidarios de la esclavitud, en su defensa del sistema, sostenían que solo los negros capturados en batalla eran vendidos como esclavos y que si no los vendían de esa manera, se les reservaba un destino aún más espantoso en su propio país. Clarkson estaba al tanto de las cacerías llevadas a cabo por los traficantes de esclavos, pero no tenía testigos para demostrar su existencia. ¿Dónde encontrar uno? Dio la casualidad de que un caballero que conoció en uno de sus viajes le habló de un joven marinero, en cuya compañía había estado un año antes, que había participado en una de esas expediciones de caza de esclavos. El caballero no sabía su nombre y solo pudo darle una descripción muy general. No sabía dónde se encontraba, solo que pertenecía a un navío de guerra que estaba en dique seco, pero no podía decir en qué puerto. Con estos retazos de información, Clarkson decidió presentar a este hombre como testigo. Visitó en persona todas las ciudades portuarias donde había barcos reparándose en dique seco; subió a bordo y examinó todos los barcos sin éxito, hasta que llegó al último puerto y encontró al joven, su presa, en el último barco que le quedaba por visitar. El joven resultó ser uno de sus testigos más valiosos y eficaces.

Mantuvo correspondencia durante años con más de cuatrocientas personas y recorrió más de cincuenta y cinco mil kilómetros en busca de pruebas. Una enfermedad provocada por el continuado esfuerzo lo incapacitó y lo dejó agotado, pero no se apartó de la lucha hasta que su pasión por fin despertó la mente de la opinión pública y suscitó las apasionadas simpatías de todos los hombres de bien por los esclavos.

Después de una ardua y larga lucha, se abolió el comercio de esclavos. Pero aún quedaba por conseguir otro gran logro:

la abolición de la esclavitud en todos los dominios británicos. Y aquí, una vez más, se impuso la fuerte determinación. De los líderes de la causa, ninguno se distinguió como Fowell Buxton, que ocupó el puesto de Wilberforce en la Cámara de los Comunes. Buxton era un muchacho fortachón y serio, que se distinguía por su férrea voluntad y que en un principio se manifestó con una terquedad violenta y dominante. Su padre murió cuando era niño, pero por suerte contó con una madre muy sensata que educó su voluntad con sumo esmero, de modo que aprendiera a obedecer, pero al mismo tiempo alentándolo a decidir y a actuar por cuenta propia en aquellos temas en los que se podía dejar la decisión en sus manos. Su madre creía que una férrea voluntad, si se dirigía a temas adecuados, era una cualidad valiosa, y actuó en consecuencia. Cuando otros le hablaban de la cabezonería del niño, ella replicaba: «Da igual, es cabezón ahora, pero ya verás como al final se arregla». Fowell aprendió muy poco en la escuela, y se podía decir que era un zoquete y un holgazán. Obligaba a otros chicos a hacerle los deberes mientras él se pasaba el día correteando. Volvió a casa a los quince años, un muchacho fortachón y desgarbado, aficionado solo a la navegación, al tiro, a la equitación y a los deportes, que pasaba casi todo el tiempo con el guardabosques, un hombre de buen corazón e inteligente observador de la vida y la naturaleza, aunque no sabía leer ni escribir. Buxton era un diamante en bruto, pero necesitaba cultura, formación y desarrollo. En esta etapa de su vida, cuando sus hábitos se estaban formando para bien o para mal, acabó relacionándose con la familia Gurney, famosa por sus grandes cualidades sociales, así como por su cultura intelectual y su espíritu filantrópico. Más adelante decía que la relación con los Gurney le enriqueció la vida. Alentaron sus intentos de culturizarse, y cuando fue a la Universidad de Dublín y obtuvo allí altos honores, la pasión que le animaba la mente, dijo: «fue devolverles los premios que ellos me dieron primero y que me permitieron ganar». Se casó con una de las hijas de la familia y comenzó su vida como empleado de sus tíos, los Hanbury, los cerveceros de Londres. Su fuerza de voluntad, que de niño le hacía tan difícil de tratar, se había convertido en la columna de su carácter, y lo hacía infatigable y apasionado en todo lo que emprendía. Volcaba toda su fuerza y corpulencia en su trabajo; y el gran gigante, Elephant Buxton («Buxton el Elefante») lo llamaban, ya que medía dos metros o así, se convirtió en uno de los hombres más vigorosos y prácticos. «Era capaz de elaborar cerveza durante una hora —decía—, dedicarme a las matemáticas a la siguiente y ponerme a disparar a la siguiente, y en todas lo daba todo». Había una fuerza y una determinación invencibles en todo lo que hacía. Lo admitieron como socio y se convirtió en el gerente de la empresa; y el vasto negocio que dirigía sintió su influencia en cada detalle y prosperó muchísimo más. Tampoco permitía que su mente permaneciera en barbecho, ya que dedicaba las tardes con devoción a seguir culturizándose, estudiando y digiriendo a Blackstone, a Montesquieu e inteligentes análisis sobre la ley inglesa. Sus máximas en la lectura eran: «nunca empezar un libro sin terminarlo»; «nunca dar por terminado un libro hasta dominarlo»; y «estudiarlo todo con toda la mente».

Con tan solo treinta y dos años, Buxton entró en el Parlamento y adoptó de inmediato el puesto de influencia del que está seguro todo hombre honesto, serio y bien informado que entra en la asamblea donde se encuentran los mejores caballeros del mundo. Se dedicó principalmente a la emancipación total de los esclavos en las colonias británicas. Él mismo atribuía el gran interés que pronto sintió por este tema a la influencia de Priscilla Gurney, perteneciente a la familia Earlham, una mujer de refinado intelecto y buen corazón, rebosante de virtudes. Cuando estaba en su lecho de muerte, en 1821, mandó llamar repetidamente a Buxton y lo instó a «convertir la causa de los esclavos en el gran objetivo de su vida». Exhaló su último aliento intentando exhortarlo a comprometerse, aunque no llegó a terminar la frase. Buxton nunca olvidó su consejo; le puso su nombre a una de sus hijas, y el día que ella se casó, el 1 de agosto de 1834 (el día de la emancipación de los esclavos), después de que su Priscilla fuera liberada de su servicio filial y saliera de la casa paterna acompañada de su marido, Buxton se sentó y le escribió lo siguiente a un amigo: «La novia acaba de irse, todo ha salido a pedir de boca y ¡y no hay un solo esclavo en las colonias británicas!».

Buxton no era un genio, ni un gran líder intelectual ni un descubridor, sino básicamente un hombre serio, directo, decidido y enérgico. De hecho, todo su carácter queda reflejado con contundencia en sus propias palabras, que todo joven podría grabarse en el alma: «Cuanto más vivo —dijo—, más seguro estoy de que la gran diferencia entre los hombres, entre los débiles y los poderosos, los grandes y los insignificantes, es la energía (la invencible determinación), un objetivo que, una vez fijado, es ¡o muerte, o victoria! Esta cualidad logrará cualquier cosa que se pueda lograr en este mundo. Sin ella no hay talento, ni situación, ni oportunidad, que pueda convertir en hombre a un ser de dos patas».

8

CUALIDADES EMPRESARIALES

¿Ves a un hombre diligente en sus negocios? Estará delante de los reyes.

Proverbios de Salomón

Ese hombre solo es de la parte inferior del mundo que no está educada para los negocios y las empresas.

Owen Feltham

Hazlitt, en uno de sus ingeniosos ensayos,[1] representa al hombre de negocios como un hombre cruel en una carreta, atado a un oficio o a una profesión; supuestamente lo único que tiene que hacer es seguir los pasos de los demás, dejar que las cosas sigan su curso. «El gran requisito para una gestión próspera —dice— de los asuntos cotidianos es la falta de imaginación o de cualquier idea, salvo las de la costumbre y del interés en el ámbito más reducido». Pero nada podría ser más sesgado, y falso de hecho, que semejante definición. Por supuesto, hay hombres de negocios de mente estrecha, como también hay científicos, literatos y legisladores de mente estrecha. Pero también hay hombres de negocios de gran mente, capaces de actuar a escalas mayores. Como dijo Burke en su discurso sobre el proyecto de ley de la India, conoció a estadistas que eran vendedores ambulantes y a comerciantes que actuaban con el espíritu de un estadista.

Si tenemos en cuenta las cualidades necesarias para dirigir con éxito cualquier tarea importante (se requieren una aptitud especial; actuar con presteza en situaciones de emergencia; capacidad para organizar el trabajo de un gran número de hombres; mucho tacto y conocimiento de la naturaleza humana; formación constante y creciente experiencia en los asuntos prácticos de la vida), debemos pensar que es obvio que la escuela de los negocios no es ni mucho menos tan reducida como algunos quieren hacernos creer. El señor Helps se ha acercado mucho más a la verdad al decir que los consumados hombres de negocios son casi tan raros como los grandes poetas (quizá más raros son los verdaderos santos y los mártires). De hecho, no se puede asegurar de forma tan categórica de ninguna otra actividad que «los negocios hacen a los hombres».

Sin embargo, también ha sido una de las falacias preferidas de los ineptos en cualquier época decir que los hombres de mayor inteligencia no sirven para los negocios. Pero Shakespeare fue un director de teatro con éxito y quizá se enorgullecía más de sus cualidades prácticas en esa capacidad que de escribir sus obras de teatro y sus poemas. Pope opinaba que el principal objetivo de Shakespeare al cultivar la literatura era asegurarse una independencia honesta. De hecho, parece que ha sido totalmente indiferente a la reputación literaria. No se sabe que supervisara la publicación de una sola obra, ni que autorizara su impresión siquiera, y la cronología de sus escritos sigue siendo un misterio. Lo que sí se sabe con certeza es que prosperó en sus negocios y que ganó lo suficiente para poder retirarse en Stratford-upon-Avon, su pueblo natal.

Chaucer fue soldado en sus comienzos y después un eficaz comisario de aduanas, así como inspector de bosques y tierras pertenecientes a la Corona. Spenser fue secretario del lord gobernador de Irlanda, y se dice que era muy sagaz y atento en asuntos de negocios. Milton, que era maestro de escuela, ascendió posteriormente al puesto de secretario del Consejo de Estado durante la Commonwealth; y el libro de órdenes existente del Consejo, así como muchas de las cartas de Milton que se conservan, dan abundantes pruebas tanto de su actividad como de su utilidad en ese cargo. Sir Isaac Newton demostró ser un gran director de la Casa de la Moneda, y la nueva acuñación de 1694 se llevó a cabo bajo su supervisión directa. Cowper se enorgullecía de su puntualidad en los negocios, aunque confesaba que «nunca conoció a un poeta, salvo él mismo, que fuera puntual en nada». Pero frente a esto podemos contraponer las vidas de Wordsworth y Scott: el primero fue distribuidor de sellos y el segundo fue secretario del Tribunal Supremo de Escocia; y ambos, aunque grandes poetas, eran hombres de negocios muy puntuales y prácticos. David Ricardo, además de las ocupaciones de su negocio diario como corredor de bolsa de Londres, con el que amasó una gran fortuna, fue capaz de concentrarse también en su tema favorito (sobre el que arrojó mucha luz), los principios de la economía política, gracias a que era un sagaz hombre de negocios y un filósofo profundo. Tenemos abundantes ejemplos, incluso en nuestros días, del hecho de que la inteligencia más sublime no es incompatible con el desempeño activo y eficiente de las obligaciones diarias. Grote, el gran historiador de Grecia, es un banquero londinense. Y no hace mucho que John Stuart Mill, uno de nuestros más grandes pensadores vivos, se retiró del departamento de examinadores de la Compañía de las Indias Orientales, llevándose consigo la admiración y la estima de sus compañeros, no por sus sesudas opiniones filosóficas, sino por la enorme eficacia que consiguió en su oficina y la forma tan satisfactoria con la que dirigió los asuntos de su departamento.

El camino del éxito en los negocios pasa sin remisión por el camino del sentido común. Pese a todo lo que se dice sobre los «golpes de suerte», la mejor clase de éxito en la vida de cualquier hombre no llega por casualidad. El único «buen momento» que cabe esperar es el que podamos crear nosotros mismos. La fábula de los trabajos de Hércules es, de hecho, la lección de todas las acciones y los éxitos humanos. Cada joven debería sentir desde el principio que si quiere llevar una vida útil y feliz, debe confiar principalmente en sí mismo y en sus propias fortalezas. El difunto lord Melbourne plasmó un consejo útil en una carta que escribió a lord John Russell, en respuesta a una solicitud de provisión para uno de los hijos de Moore, el poeta: «Querido John: te devuelvo la carta de Moore —escribió—. Haré lo que quieres al respecto cuando dispongamos de los medios. Creo que lo que se haga debe hacerlo el propio Moore. Esto es más claro, directo e inteligible. Hacer provisiones para los jóvenes es difícil de justificar, además de que es lo más perjudicial para ellos. Piensan que tienen mucho más de lo que tienen en realidad y no se esfuerzan en lo más mínimo. Los jóvenes solo deberían oír una cosa: "Tienes que labrarte tu propio camino y depende de tu esfuerzo si te mueres de hambre o no". Hazme caso, &c., MELBOURNE».

No es bueno para la naturaleza humana que el camino de la

vida sea demasiado fácil. Es mejor verse en la necesidad de matarse a trabajar y pasar estrecheces a que lo tengamos todo hecho y nos podamos tumbar a descansar. De hecho, empezar la vida con medios relativamente modestos parece un estímulo tan necesario para trabajar que casi se puede considerar una de las condiciones esenciales para el éxito en la vida. De ahí que un eminente juez, cuando se le preguntó qué era lo que más contribuía al éxito en la abogacía, respondiera: «Algunos triunfan por su gran talento, otros por sus buenos contactos, otros de milagro, pero la mayoría por empezar sin un chelín». También es un dicho común en Manchester que los hombres que tienen más éxito en los negocios son los que llegan al mundo en mangas de camisa, mientras que los que empiezan con fortunas generalmente las pierden.

He oído hablar de un arquitecto de logros importantes, un hombre que se había perfeccionado mediante largos estudios y viajes por las tierras clásicas de Oriente, que regresó a casa para ejercer su profesión. Decidió empezar en cualquier parte, siempre que pudiera encontrar trabajo. De este modo, se metió en el negocio relacionado con las demoliciones, una de las áreas más bajas y peor remuneradas de la profesión de arquitecto. Pero tuvo la sensatez de no considerarlo indigno de su oficio y se propuso ir ascendiendo, de modo que fue un buen comienzo. Un caluroso día de julio, un amigo se lo encontró sentado a horcajadas sobre el tejado de una casa, ocupado en sus quehaceres. Se pasó una mano por el rostro sudoroso y exclamó: «¡Bonito trabajo para un hombre que ha recorrido toda Grecia!». Sin embargo, hizo el trabajo que le correspondía, y lo hizo a conciencia; perseveró hasta que poco a poco fue alcanzando ramas mejor remuneradas y, por fin, llegó a ser uno de los nombres más respetados de su profesión.

La necesidad es siempre el primer estímulo para el trabajo; y aquellos que la reconducen con prudencia, perseverancia y energía pocas veces fracasarán. Visto así, la necesidad del trabajo no es un castigo, sino una bendición, la raíz misma y el manantial de todo lo que llamamos progreso en los individuos y civilización en las naciones. De hecho, cabe preguntarse si podría imponerse al hombre una maldición más pesada que la completa satisfacción de todos sus deseos sin necesidad de esfuerzo, sin hueco para sus esperanzas, deseos o luchas. La sensación de que la vida está desprovista de cualquier motivo o necesidad para la acción debe ser de lo más angustioso e insoportable para un ser racional. Cuando el marqués de Spínola le preguntó a sir Horace Vere de qué murió su hermano, este contestó: «Murió de no tener nada que hacer». A lo que Spínola replicó: «¡Ay! Es que eso basta para matarnos a cualquiera».

Los que fracasan en la vida son muy propensos a fingirse un inocente herido y a concluir de inmediato que todos han tenido la culpa de sus desgracias personales, todos menos ellos mismos. Un literato publicó hace poco un libro en el que describía sus numerosos fracasos en los negocios, admitiendo sin tapujos al mismo tiempo que no sabía multiplicar, seguramente porque no se había tomado la molestia de aprender. Pero en vez de asumir la culpa de sus fracasos, esta eminencia se dispuso a echarle toda la culpa a la veneración que se siente por el dinero. Lamartine tampoco vaciló en profesar su profundo desprecio por la aritmética; pero si no la hubiera despreciado tanto, lo más probable es que no hubiéramos tenido que asistir al bochornoso espectáculo de sus admiradores pidiendo dádivas para darle sustento en la vejez.

Hay un proverbio ruso que dice que la desgracia es vecina de la estupidez; y por norma se descubrirá que los hombres que están siempre lamentándose de su mala suerte en realidad solo están cosechando las consecuencias de su propia negligencia, su mala administración, su imprevisión o falta de diligencia. El doctor Johnson, que llegó a Londres con una sola guinea en el bolsillo y que una vez se describió a sí mismo con precisión en su despedida en una carta dirigida a un aristócrata como Impransus, o «sin cenar», ha dicho con absoluta sinceridad: «Todas las quejas que se hacen del mundo son injustas. Nunca he conocido a un hombre meritorio desatendido; generalmente el fracaso ha sido culpa suya».

La definición que hace el diccionario de «negocios» demuestra hasta qué punto este término engloba la vida práctica. Es: ocupación, dependencia, utilidad o interés que se logra, comercio, gestión, ganancia. Todos los seres humanos tenemos obligaciones que cumplir y, por tanto, la necesidad de cultivar la capacidad de cumplirlas, ya sea en el ámbito de la administración de una casa, de la dirección de un comercio, del ejercicio de una profesión o del gobierno de una nación.

La atención, la diligencia, la exactitud, la meticulosidad, la puntualidad y la prontitud son las principales cualidades que se requieren para dirigir con eficacia cualquier tipo de negocio. A simple vista pueden parecer cualidades insignificantes, pero son vitales para la felicidad, el bienestar y la utilidad humanas. Son insignificantes, sí, pero la vida se compone de nimiedades comparativas. Es la repetición de actos insignificantes lo que constituye no solo la suma del carácter humano, sino también lo que determina el carácter de las naciones. Y el punto en el que los hombres o las naciones se han desmoronado, porque casi en todos los casos se verá que se dividieron al descuidar las cosas insignificantes.

Se cuenta de un conocido fabricante de Manchester que, al

retirarse de los negocios, le compró una gran finca a un aristócrata y que formaba parte del acuerdo que se quedaría con la casa tal como estaba, con todo el mobiliario. Sin embargo, al tomar posesión descubrió que habían retirado un armario que estaba en el inventario, y al preguntarle al antiguo propietario, este le dijo: «En fin, es cierto que ordené que se lo llevaran, pero no pensé que se fuera a preocupar usted por un detalle tan insignificante en una compra tan grande». A lo que el fabricante contestó: «Si no me hubiera preocupado toda la vida por los detalles insignificantes, no me habría podido comprar esta propiedad. Y me va a tener que perdonar, pero a lo mejor si usted se hubiera preocupado más por dichos detalles, no habría tenido que venderla».

Los ejemplos que ya he dado de grandes trabajadores en diversas ramas de la industria, el arte y la ciencia hacen que sea innecesario insistir más en la importancia de la disposición perseverante en cualquier ámbito de la vida. La experiencia cotidiana nos dice que la atención constante a los detalles es la raíz del progreso humano y que la diligencia es la madre de la buena suerte. La rigurosidad también es muy importante, así como una señal inequívoca de la buena formación de un hombre. Rigurosidad en la observación, rigurosidad en el habla, rigurosidad en las transacciones. Lo que se hace en los negocios debe estar bien hecho; porque es mejor llevar a cabo a la perfección poco trabajo antes que hacer diez veces más, pero sin terminar nada. Un hombre decía: «Quédate un poco para que podamos terminar antes».

Sin embargo, se presta muy poca atención a la importantísima cualidad que es la rigurosidad. Tal como una eminencia en la ciencia práctica dijo hace poco: «Sorprende que haya conocido a tan pocas personas capaces de definir un hecho con rigurosidad y precisión». En cambio, así es como se tramitan hasta los detalles más insignificantes en los negocios, lo que a menudo hace que nos ganemos la enemistad o nos granjeemos la amistad de alguien. Aunque demuestre virtud, capacidad y buena conducta en otros aspectos, no se puede confiar en la persona que es poco rigurosa por norma: hay que revisar su trabajo, lo que provoca una infinidad de molestias, enfados y problemas. Nunca se pronunció mayor verdad que la dicha por el señor Dargan, el contratista ferroviario irlandés, en una reunión pública en Dublín. «He oído hablar mucho de la independencia que íbamos a conseguir de esta, de esa y de aquella fuente; sin embargo, siempre he tenido la convicción de que nuestra independencia industrial depende de nosotros mismos. La industria y la precisa rigurosidad serían la base de Irlanda. Es cierto que hemos dado un paso; pero la perseverancia es indispensable para alcanzar el éxito al final».

Una de las cualidades características de Charles James Fox era su meticulosidad en todo lo que hacía. Cuando lo nombraron secretario de Estado, le sentaron mal algunos comentarios sobre lo mal que escribía, de modo que se buscó un profesor de caligrafía y estuvo escribiendo copias como un colegial hasta que mejoró lo suficiente. Aunque era un hombre corpulento, se le daba de maravilla interceptar pelotas jugando al tenis, y cuando le preguntaron cómo lo conseguía, replicó con sorna: «Porque soy muy meticuloso». La misma rigurosidad que demostraba en los asuntos menores la tenía en otros de mayor importancia y adquirió su fama, como el pintor, por «no descuidar nada».

Es esencial tener un método, ya que permite llevar a cabo mayor cantidad de trabajo satisfactoriamente. «Tener un método —en palabras de Cecil, que sería más adelante lord Burleigh— es como guardar cosas en una caja. Un buen empaquetador meterá mucho más que uno malo». La rapidez con la que Cecil despachaba sus asuntos era extraordinaria, pues su máxima era: «El camino más corto para hacer muchas cosas es hacerlas una sola a la vez», y nunca se dejaba algo sin hacer con la intención de retomarlo cuando tuviera más tiempo. Cuando los negocios lo apremiaban, prefería interrumpir sus horas de comida y de descanso antes que saltarse parte del trabajo. La máxima de Witt era como la de Cecil: «Las cosas de una en una». Decía: «Si tengo cosas que hacer, no pienso en nada más hasta que las termino. Si algún asunto doméstico requiere mi atención, se la presto por completo hasta que esté todo en orden». La rapidez al despachar asuntos llega con la práctica. A un ministro francés, que se distinguía tanto por su prontitud en los negocios como por su constante asistencia a espacios de ocio, respondió lo siguiente cuando le preguntaron cómo se las apañaba para combinar ambas cosas: «Me limito a no dejar nunca para mañana lo que puedo hacer hoy». Lord Brougham ha dicho que cierto estadista inglés invirtió el proceso y que su máxima era no hacer nunca hoy lo que pudiera posponerse para el día siguiente. Por desgracia, esto lo hacen muchos, además de ese ministro ya casi olvidado; es una práctica de indolentes y de fracasados. Dichos hombres también son propensos a confiar en los subalternos, que no siempre son de fiar. Hay que atender los asuntos importantes en persona. «Si quieres que se haga algo, ve tú y hazlo. Si no quieres que se haga, manda a otra persona», reza un dicho popular. Un indolente caballero rural tenía una propiedad libre de cargas que producía unas quinientas libras anuales. Cuando se endeudó, vendió la mitad de dicha propiedad y le arrendó la otra mitad a un diligente agricultor durante veinte años. Al final del contrato, el agricultor fue a pagar el alquiler y le preguntó al dueño si estaría dispuesto a vender la granja. «Pero ¿la compraría?», preguntó el dueño, sorprendido. «Sí, siempre que nos pongamos de acuerdo en el precio». El caballero comentó: «Es rarísimo. Por favor, dígame cómo es posible que yo no pudiera vivir con el doble de tierras, por las que no tenía que pagar alquiler, mientras que usted me está pagando doscientas libras anuales por su granja y puede, en cuestión de unos años, comprarla». La respuesta fue: «Es muy sencillo. Usted se quedó sentado y dijo: "Ve". Yo me levanté y dije: "Ven". Usted se quedó de brazos cruzados mientras disfrutaba de su propiedad. Yo me levanté por las mañanas y me ocupé de mis asuntos».

Sir Walter Scott, al contestarle a un joven que había conseguido trabajo y le pedía consejo, le dio la siguiente respuesta, muy acertada: «Cuidado con toparte con algo que sucede a menudo si no exprimes el tiempo al máximo. Me refiero a lo que las mujeres llamar "holgazanear". Tu lema debe ser: *Hoc age*. Haz de inmediato lo que haya que hacer y descansa después del trabajo, nunca antes. Cuando un regimiento está en marcha, a menudo la retaguardia se desconcierta porque el frente no se mueve de manera constante y sin interrupciones. Lo mismo pasa con el trabajo. Si las tareas que tienes delante no se despachan de forma instantánea, constante y regular, las demás se van acumulando hasta que todas reclaman tu atención a la misma vez, y no hay cerebro humano que soporte la confusión».

Se puede estimular la pronta respuesta con una debida consideración del valor del tiempo. Un filósofo italiano llamaba al tiempo «su propiedad»; una propiedad que no produce nada de valor sin cultivarla, pero que si se mejora como es debido, nunca deja de recompensar las labores del trabajador diligente. Si se deja en barbecho, el producto no serán más que malezas nocivas y vicios de todo tipo. Una de las utilidades de un trabajo estable es que nos mantiene alejados de la maldad, ya que una mente ociosa invita al diablo a que nos tiente y un hombre perezoso es siervo del diablo. Tener trabajo es como estar ocupado por un inquilino, mientras que estar ocioso es estar vacío; y cuando se abren las puertas de la imaginación, la tentación encuentra una entrada fácil y los malos pensamientos se cuelan en tropel. En el mar se sabe que los hombres están más dispuestos a refunfuñar y a amotinarse cuanto más ociosos están. De ahí que un viejo capitán, cuando no había nada más que hacer, diera la orden de «limpiar el ancla».

Los hombres de negocios están acostumbrados a citar la máxima de que el tiempo es oro, pero es mucho más. El buen aprovechamiento del tiempo es culturizarse, mejorar y desarrollar la personalidad. Una hora diaria malgastada en tonterías o en holgazanería, si se dedicara a la superación personal, haría que un hombre ignorante se convirtiera en un sabio en pocos años; y esa misma hora, si se usa para buenas obras, haría que su vida fuera fructífera y su muerte, una cosecha de obras dignas. Quince minutos al día dedicados a la mejora personal se notarán al cabo del año. Los buenos pensamientos y la experiencia acumulada con tiento no ocupan lugar y nos los llevamos a todas partes, sin que estorben, como compañeros. Un buen uso del tiempo es la forma de asegurarse el ocio. Nos permite llevar a cabo el trabajo en vez de dejar que este nos arrastre. A su vez, un mal cálculo del tiempo hace que vayamos siempre corriendo, desconcertados, y que tengamos que enfrentarnos a problemas, y la vida se convierte en un intento por llevarlo todo adelante, algo que a menudo acaba en desastre. Nelson dijo una vez: «Debo todo mi éxito en la vida a haberme adelantado siempre un cuarto de hora».

Algunos no piensan en el valor del dinero hasta que se quedan sin él, y muchos hacen lo mismo con su tiempo. Dejan que las horas pasen sin hacer nada y después, cuando ven que la vida se les escapa, recuerdan que deben usarla con más cabeza. Pero es posible que el hábito de la desgana y de la ociosidad ya haya arraigado, por lo que son incapaces de romper los lazos con los que se han permitido atarse. La riqueza perdida se puede recuperar gracias a la diligencia; el conocimiento perdido, gracias al estudio; la salud perdida, gracias a la moderación o la medicina; pero el tiempo perdido ya no vuelve.

Una consideración adecuada del valor del tiempo inspirará también hábitos de puntualidad. «La puntualidad es la educación de los reyes», dijo Luis XIV. También es un deber de los caballeros y una necesidad de los hombres de negocios. No hay nada que genere más confianza en un hombre que la práctica de esta virtud y nada quebranta antes la confianza que su ausencia. Quien cumple con su cita y no te hace esperar demuestra que tiene en cuenta tu tiempo tanto como el suyo propio. Así pues, la puntualidad es una de las formas con las que demostramos respeto por las personas con quienes tenemos que reunirnos en la vida. También se puede considerar diligencia, porque una cita es un contrato, implícito o explícito, y quien no lo cumple falta a la confianza, además de usar de forma deshonesta el tiempo de otras personas, por lo que su reputación sufre. Llegamos a la conclusión de que la persona que es descuidada con el tiempo será descuidada con los negocios, por lo que no se le puede confiar asuntos importantes. Cuando el secretario de Washington se excusó por llegar tarde y le echó la culpa a su reloj, su superior le dijo con parsimonia: «En ese caso, te tienes que buscar otro reloj. O yo otro secretario».

El hombre impuntual perturba la paz y la serenidad de los demás. Todas las personas con las que tiene que tratar acaban de los nervios de vez en cuando. Llega tarde por norma; solo es regular en su irregularidad. Lleva a cabo su holgazanería como si fuera un sistema, siempre llega a las citas después de la hora, aparece en la estación después de que el tren haya salido y manda la carta cuando se ha cerrado la oficina de correos. Así el trabajo es un caos y todas las personas implicadas acaban desquiciadas. Por lo general, los hombres que van siempre retrasados también lo están en lo relativo al éxito, y el mundo los deja de lado, de modo que se suman a las filas de los que no dejan de refunfuñar y de culpar a la suerte. El difunto señor Tegg, el editor, que ascendió desde una cuna humilde, dijo de sí mismo que él «había vivido con mendigos y que había tenido el honor de estar en presencia de la realeza», y que atribuía su éxito en la vida principalmente a tres cosas: puntualidad, autosuficiencia e integridad de palabra y de obra.

Es asombroso todo lo que un hombre de negocios enérgico puede lograr gracias al trabajo metódico y a la cuidadosa economía de su tiempo. Parece incluso que cuantos más negocios tiene, más tiempo libre le queda para otros asuntos. Se dice de lord Brougham que cuando estaba en pleno apogeo del ejercicio de su profesión, presidiendo la Cámara de los Lores y la Sala de la Cancillería, encontraba tiempo para estar al frente de unas diez asociaciones públicas, una de las cuales era la Society for the Diffusion of Useful Knowledge («Sociedad para la difusión del conocimiento útil») y que era muy puntual cuando asistía, procurando siempre estar sentado cuando llegaba la hora de la reunión.

Además de estas cualidades de trabajo ordinarias, los mejores hombres de negocios requieren discreción, percepción rápida y firmeza en la ejecución de sus planes. El tacto en los negocios también es importante, y aunque es algo innato en cierto sentido, puede cultivarse y desarrollarse mediante la observación y la experiencia. Los hombres que poseen esta cualidad ven con rapidez el modo correcto de actuar, y si tienen un firme propósito, también llevan a buen puerto sus empresas con rapidez. Estos hombres revitalizan la industria, le imprimen su carácter a cada trabajo que emprenden y se encuentran entre los agentes más poderosos para el progreso de la sociedad.

De todo esto se concluye que el éxito en la gestión de los negocios consiste en gran medida en la atención continuada a los detalles; en resumen, a lo que comúnmente se llama «rutina» y a veces «burocracia». La rigurosidad, la disciplina, la puntualidad, la meticulosidad, el pago de las deudas, la organización..., todo es rutina. Desde luego que una rutina ciega y necia entorpece los negocios, pero una rutina inteligente los facilita muchísimo, al mismo tiempo que es el único freno a la temeridad y a la incapacidad de los individuos cuando hay que dirigir negocios con grandes departamentos. En el caso de un negocio en manos de una sola persona, como el de un comerciante o fabricante, se podrá actuar con más celeridad y no habrá que hacer tantos controles, ya que solo hay que consultar al dueño, y a este lo estimula el interés propio por controlar de cerca todo lo que sucede en su empresa. Pero allí donde el interés propio es menos activo y donde hay empresas mayores, como una corporación o un gobierno, administradas por trabajadores, es inevitable que la rutina se complique con comprobaciones. Porque aunque la mayoría de los hombres son honestos, es necesario prever que haya algún renegado o algún ladrón.

El difunto duque de Wellington era un fiel seguidor de rutinas porque también era un grandísimo hombre de negocios. Poseía todas las cualidades que conforman a esta clase de hombres. Era muy puntual, nunca recibía una carta sin mandar acuse de recibo o sin contestarla, y normalmente se encargaba de los más nimios detalles de todos los asuntos que se le encomendaban, ya fueran civiles o militares. La capacidad que tenía para los negocios era su don, el don del sentido común. Y tal vez no exagere si aseguro que nunca perdió una batalla por ser un grandísimo hombre de negocios.

Cuando era suboficial, se sintió insatisfecho por la lentitud con la que ascendía y, tras pasar dos veces de la infantería a la caballería, y viceversa, sin progresar, le solicitó a lord Camden, entonces virrey de Irlanda, un empleo en el departamento de Ingresos o Hacienda. De haber tenido éxito, sin duda habría sido un jefe de departamento magnífico, como también habría sido un magnífico comerciante o fabricante. Pero rechazaron su solicitud y permaneció en el ejército hasta convertirse en uno de los generales británicos más importantes.

El duque empezó su carrera militar activa a las órdenes del duque de York y del general Walmoden, en Flandes y en Holanda, donde aprendió, entre desgracias y derrotas, que los malos acuerdos comerciales y el mal mando consiguen arruinar la moral de un ejército. Diez años después de entrar en el ejército, era coronel en la India, y sus superiores lo consideraban un oficial de diligencia y energía infatigables. Se ocupaba de los detalles más minuciosos del servicio y procuraba que la disciplina de los soldados fuera ejemplar. «El regimiento del coronel Wellesley —escribió el general Harris en 1799— es un regimiento modelo; es digno de elogio en cuanto a comportamiento militar, disciplina, instrucción y conducta ordenada». Poco después fue nombrado gobernador de la capital de Mysore. Fue en la guerra contra los mahratas cuando tuvo que demostrar por primera vez sus dotes como general; y a los treinta y cuatro años ganó la memorable batalla de Assaye, con un ejército compuesto por mil quinientos británicos y cinco mil sepoys, que se impuso a veinte mil soldados de infantería mahratas y treinta mil de caballería. Sin embargo, la brillante victoria no empañó en lo más mínimo su ecuanimidad ni afectó a su honesto carácter.

Poco después de esta batalla, se le presentó la oportunidad de exhibir sus admirables cualidades prácticas como administrador. Puesto al mando de un importante distrito justo después de la toma de Seringapatam, su primer objetivo fue establecer un rígido orden y una férrea disciplina entre sus propios hombres. Enardecidas por la victoria, las tropas estaban muy revueltas. «Mándenme al mariscal preboste y pónganlo a mis órdenes —dijo—. Es imposible esperar orden y seguridad hasta que no se cuelgue a algunos de los saqueadores». La rígida severidad de Wellington en el campo de batalla, aunque temida, resultó ser la salvación de sus tropas en muchas campañas. Su siguiente paso fue restablecer los mercados y reabrir la afluencia de suministro. El general Harris le escribió al gobernador general para elogiar al coronel Wellesley por la perfecta disciplina que había establecido y por sus «juiciosas y magistrales disposiciones con respecto a los suministros, que abrieron un abundante mercado libre e inspiraron confianza a los comerciantes de todo tipo». La misma atención y dominio de los detalles lo caracterizaron durante toda su carrera india, y es digno de mención que uno de sus más hábiles despachos a lord Clive, lleno de información práctica en cuanto a la marcha de la campaña, lo escribió mientras la columna que comandaba estaba cruzando el Toombuddra frente al ejército, muy superior en número, de Doondiah, apostado en la orilla opuesta, y cuando un sinfín de asuntos muchísimo más delicados le rondaban la mente. Sin embargo, una de sus cualidades más reseñables era poder desentenderse temporalmente de la tarea que tenía entre manos y concentrar toda su mente en asuntos totalmente distintos, ya que las peores adversidades no conseguían acobardarlo ni intimidarlo.

A su regreso a Inglaterra y ya con una grandísima reputación como general, sir Arthur Wellesley encontró trabajo de inmediato. En 1808 se puso bajo su mando un ejército de diez mil hombres destinado a liberar Portugal. Desembarcó, luchó y ganó dos batallas, y firmó el Convenio de Sintra. Tras la muerte de sir John Moore, se le confió el mando de una nueva expedición a Portugal. Wellington se vio terriblemente superado a lo largo de estas campañas peninsulares. De 1809 a 1813 nunca tuvo bajo su mando más de treinta mil soldados británicos, en un momento en que se le oponían en la Península unos trescientos cincuenta mil franceses, en su mayoría veteranos, dirigidos por algunos de los generales más hábiles de Napoleón. ¿Cómo iba a enfrentarse a unas fuerzas tan superiores con perspectivas de éxito? Su claro discernimiento y su fuerte sentido común pronto le indicaron que debía adoptar un enfoque distinto al de los generales españoles, a los que derrotaban sin remedio y cuyas tropas se dispersaban cada vez que se aventuraban a ofrecer batalla en campo abierto. Se dio cuenta de que aún tenía que crear el ejército que debía enfrentarse a los franceses con alguna posibilidad razonable de éxito.

Por lo tanto, después de la batalla de Talavera en 1809, cuando se encontró rodeado por todas partes por fuerzas francesas que lo superaban en número, se replegó a Portugal, donde llevó a cabo la política que había establecido a esas alturas. Lo hizo para poner al ejército portugués bajo el mando de oficiales británicos y enseñarlos a combatir codo con codo con sus propias tropas al mismo tiempo que evitaba una posible derrota al no entrar en combate. Según su lógica, así destruiría la moral de los franceses, que no podían vivir sin victorias; y cuando su propio ejército estuviera listo para la acción y el enemigo estuviera desmoralizado, caería sobre los franceses con todo su poderío.

Las extraordinarias cualidades demostradas por lord Wellington a lo largo de estas legendarias campañas solo se pueden apreciar después de leer sus despachos, que contienen el relato sin ambages de las múltiples formas y medios por los que sentó las bases de su éxito. Jamás un hombre tuvo que superar tantas dificultades y obstáculos, que surgieron tanto por la imbecilidad, la falsedad y las intrigas del gobierno británico de la época como del egoísmo, la cobardía y la vanidad de la gente a la que fue a salvar. De hecho, puede decirse de él que sostuvo la guerra en España gracias a la firmeza individual y a la autosuficiencia, que nunca le fallaron ni en sus momentos más bajos. No solo tuvo que luchar contra los veteranos de Napoleón, sino también mantener el control de las juntas españolas y de la regencia portuguesa. Pasó grandes apuros para obtener provisiones y ropa para sus tropas, y es increíble que mientras se enfrentaba al enemigo en la batalla de Talavera, los españoles, que huyeron, se abalanzaron sobre las guarniciones del ejército británico, ¡y los rufianes lo saquearon! Estas y otras vejaciones las soportó el duque con una paciencia y un dominio de sí mismo sublimes, y mantuvo su rumbo, frente a la ingratitud, la traición y la oposición, con una firmeza indomable. No descuidó nada y se ocupó en persona de todos los detalles importantes. Cuando descubrió que no podía obtener alimentos procedentes de Inglaterra para sus tropas y que debía depender de sus propios recursos para alimentarlas, comenzó de inmediato a comerciar con maíz a gran escala, en colaboración con el ministro británico en Lisboa. Se crearon billetes de comisaría, con los que se compraron cereales en los puertos del Mediterráneo y en Sudamérica. Una vez que consiguió llenar sus almacenes, el excedente se vendió a los portugueses, muy necesitados de provisiones. No dejó nada al azar, sino que previó cualquier contingencia. Prestaba atención a los más mínimos detalles del servicio y, de vez en cuando, concentraba todas sus energías en asuntos que parecían muy ignominiosos, como el calzado de los soldados, los utensilios de cocina, botiquines, las galletas y el forraje para los caballos. Sus magníficas cualidades para los negocios se notaban a cada paso y por el cuidado con el que preveía todas las contingencias y la atención personal que le prestaba a los detalles no cabe duda de que sentó las bases de su gran éxito.[2] Fue así como transformó un ejército de novatos en los mejores soldados de Europa, con los que declaró que era posible ir a cualquier parte y hacer cualquier cosa.

Ya hemos hablado de su extraordinaria capacidad para abstraerse del trabajo que tenía entre manos, por muy absorbente que fuera, y concentrar sus energías en los detalles de un asunto totalmente distinto. Como ejemplo, Napier cuenta que, mientras se preparaba para librar la batalla de Salamanca, tuvo que exponer a los ministros la inutilidad de contar con un préstamo; fue desde San Cristóbal de la Cuesta, en el mismo campo de batalla, donde demostró lo absurdo de intentar establecer un banco portugués y estaba en las trincheras de Burgos cuando diseccionó el plan financiero de Funchal y expuso la locura de intentar vender los bienes de la Iglesia; y en cada ocasión demostró estar tan familiarizado con estos temas como con el más mínimo detalle del funcionamiento de un ejército.

Otra de las cualidades que demostraba al excelente hombre de negocios era su absoluta honradez. Mientras que Soult saqueó y se llevó de España numerosos cuadros de gran valor, Wellington no se apropió de un solo penique. Cuando cruzó la frontera con Francia, seguido de cuarenta mil españoles que buscaban «hacer fortuna» con el pillaje, primero reprendió a sus oficiales y después, al comprobar que era imposible contenerlos,

los mandó de vuelta a su país. Es increíble que incluso en Francia, ¡la plebe huía de sus compatriotas y se iba con sus posesiones a la zona inglesa en busca de protección! Al mismo tiempo, Wellington les escribía a los ministros británicos: «Las deudas nos abruman y casi no puedo salir de casa porque los acreedores me están esperando para reclamar lo que se les debe». Jules Maurel, al hablar del carácter del duque, dice: «Nada puede ser más grandioso ni más sincero y noble que esta admisión. Este viejo soldado, después de treinta años de servicio, este hombre de férrea voluntad, un general victorioso que ha entrado en el país del enemigo a la cabeza de un inmenso ejército, ¡les tiene miedo a sus acreedores! Es un miedo que pocas veces ha perturbado a los conquistadores y a los invasores; y dudo que los anales de la guerra puedan presentar algo comparable a esta sublime sencillez». Pero si se le hubiera planteado la cuestión al propio duque, seguramente habría negado su intención de comportarse de forma grandiosa o noble, sino que habría considerado el pago puntual de sus deudas como el modo mejor y más honorable de llevar a cabo sus negocios.

Lo certera que es la vieja máxima de que «la honestidad es la mejor política» se comprueba con la experiencia cotidiana. La rectitud y la integridad tienen tanto éxito en los negocios como en todo lo demás. Como el digno tío de Hugh Miller le aconsejaba: «En todas las transacciones, trata a tu vecino como si fuera de la casa (buena medida, bien colmada y rebosante), y verás como no pierdes al final». Un conocido cervecero atribuía su éxito a lo generoso que era usando la malta. Se acercaba a la cuba, probaba la cerveza y decía: «Sigue estando muy pobre, muchachos. Echadle más malta». El cervecero le imprimía su carácter a la cerveza y eso acabó proporcionándole una gran reputación en Inglaterra, en la India y en las colonias que sentó las bases de una gran fortuna. La integridad de palabra y de obra debería ser la piedra angular de todas las transacciones comerciales, para el comerciante y el fabricante debe ser lo que el honor es para el soldado y la caridad para el cristiano. Incluso en la profesión más humilde siempre habrá hueco para ejercer esta rectitud de carácter. Hugh Miller habla del albañil con quien hizo su aprendizaje como alguien que «ponía su conciencia en cada piedra que colocaba». De esta manera, el verdadero mecánico se enorgullecerá de la minuciosidad y de la fiabilidad de su trabajo, y el contratista, de la honradez en el cumplimiento de su contrato en todos los aspectos. El fabricante honesto no solo tendrá honor y se labrará una reputación, sino que también obtendrá un éxito sustancial gracias a la autenticidad del artículo que produce; y el comerciante lo conseguirá gracias a la honradez de lo que vende y a que es lo que aparenta ser. El barón Dupin, refiriéndose a la decencia de los ingleses en general, que consideraba una de las principales causas de su éxito, comentó: «Podemos tener éxito durante un tiempo mediante el fraude, la sorpresa o la violencia; pero solo podemos tener éxito de forma permanente por medios totalmente opuestos a esos. No es solo el valor, la inteligencia, la actividad del comerciante y del fabricante lo que mantiene la superioridad de sus productos y el carácter de su país. Las responsables son en mayor medida su sabiduría, su economía y, sobre todo, su decencia. Si alguna vez en las islas británicas el ciudadano útil perdiera estas virtudes, podemos estar seguros de que para Inglaterra, como para cualquier otro país, los barcos de un comercio degenerado, rechazados en todas las costas, desaparecerían rápidamente de aquellos mares cuya superficie surcan ahora con los tesoros del universo para cambiarlos por los tesoros de la industria de los tres reinos».

Hay que admitir que el comercio pone a prueba el carácter

quizá incluso con más severidad que cualquier otra actividad. Somete a las pruebas más severas la honestidad, la abnegación, la justicia y la veracidad; y los hombres de negocios que pasan por tales pruebas sin mácula puede que sean dignos de tan gran honor como los soldados que demuestran su valor en medio del fragor de la batalla. Y para crédito de las multitudes de hombres comprometidos en los diversos ámbitos del comercio, soy de la opinión de que aprueban con nota por norma. Si reflexionamos un momento sobre la enorme cantidad de riqueza (el dinero en efectivo que pasa a todas horas por las manos de comerciantes, agentes, corredores de bolsa y empleados de banca) que se confía a diario incluso a subordinados, que seguramente ganen lo justo para sobrevivir, y comprobamos las pocas veces que se quebranta la confianza pese a toda esa tentación, habrá que admitir que esta honradez cotidiana dice mucho de la naturaleza humana, ya que ni siquiera nos tienta a vanagloriarnos de ella. Sería sorprendente la misma confianza que se tienen los hombres de negocio entre ellos, tal como implica el sistema de crédito, que se basa principalmente en el concepto del honor, de no ser una práctica tan común en las transacciones comerciales. El doctor Chalmers ha dicho con mucho acierto que la confianza implícita con la que los comerciantes están acostumbrados a confiar en agentes distantes (a lo mejor al otro lado del mundo), depositando inmensas fortunas en manos de otras personas a las que solo las recomienda su carácter, quizá sea el mayor homenaje que se pueden hacer los hombres unos a otros.

Aunque la honestidad por suerte sigue en aumento entre las clases populares y la comunidad empresarial de Inglaterra sigue teniendo un corazón justo, empleando su honradez en sus diferentes ocupaciones, por desgracia hay, como ha sucedido en todas las épocas, demasiados casos de flagrante deshonestidad y fraude, llevados a cabo por quienes tienen falta de escrúpulos, especulan con los negocios y son egoístas en sus prisas por hacerse ricos. Hay comerciantes que adulteran sus productos, contratistas que «estafan», fabricantes que nos dan un tejido de mala calidad en vez de lana, «tela» en vez de algodón, herramientas de hierro fundido en vez de acero, agujas sin ojos, navajas hechas solo «para vender» y productos adulterados de muchas formas. Pero esto son solo las excepciones, hombres codiciosos y de mente débil que, aunque amasen una fortuna que seguramente no podrán disfrutar, jamás conseguirán un carácter honesto ni se asegurarán aquello sin lo cual la riqueza no es nada: una conciencia satisfecha. «El bribón no me engañó a mí, sino a su propia conciencia», dijo el obispo Latimer de un cuchillero que le hizo pagar dos peniques por un cuchillo que no valía un penique. El dinero ganado a base de estafar, engañar e inflar los precios puede deslumbrar durante un tiempo a los ojos de los irreflexivos; pero las burbujas que soplan los pícaros sin escrúpulos, una vez infladas del todo, solo brillan para estallar. Los Sadleir, los Dean Paul y los Redpath acaban teniendo un triste final incluso en este mundo; y aunque las estafas exitosas de otros no sean «descubiertas» y se puedan quedar con las ganancias de sus tropelías, será más una maldición que una bendición.

Es posible que el hombre honrado a más no poder no se enriquezca tan rápido como el deshonesto y sin escrúpulos; pero el éxito será más verdadero, ganado sin fraude ni injusticias. Y aunque un hombre no tenga éxito durante un tiempo, debe ser honesto. Es mejor perderlo todo y conservar el carácter. Porque el carácter es en sí mismo una fortuna; y si el hombre de altos principios se mantiene en su camino con valentía, el éxito le llegará sin duda y no se le negará la mayor recompensa de todas. Wordsworth describe bien al guerrero feliz, como la persona:

Que comprende su confianza, y a ella
se mantiene fiel con un único objetivo;
Y por eso no se agazapa, ni acecha
por riquezas, honor o una propiedad mundana;
a quien deben seguir, sobre quien deben caer,
cual maná, si acaso llegan.

Como ejemplo del hombre mercantil de altas miras, formado en honestas prácticas de negocios y distinguido por su justicia, su rectitud y su honradez en todos sus tratos, podemos hablar de la carrera bien conocida de David Barclay, nieto de Robert Barclay, de Ury, autor de la aclamada *Apology for the Quakers* («Apología de los cuáqueros»). Durante muchos años fue el jefe de una gran empresa en Cheapside, dedicada principalmente al comercio con América; pero al igual que Granville Sharp, estaba tan en contra de la guerra con nuestras colonias americanas que decidió retirarse por completo del comercio. Mientras fue comerciante, se distinguió tanto por su talento, sus conocimientos, su integridad y su poder como por su patriotismo y su generosa filantropía. Fue un espejo de veracidad y honradez; y tal como corresponde al buen cristiano y a un auténtico caballero, su palabra siempre se consideró tan buena como su aval. Su posición y su gran carácter animaron a los ministros de la época a pedirle consejo en muchas ocasiones; y cuando le preguntaron en la Cámara de los Comunes sobre el tema de la disputa americana, expresó su opinión con tanta claridad y apuntaló sus palabras con tantos argumentos que lord North reconoció públicamente que había obtenido más información de David Barclay que de todos los demás al este de Temple Bar. Cuando se retiró de los negocios, no lo hizo para descansar y llevar una vida ociosa, sino para emprender nuevas obras útiles para los demás. Al disponer de muchos medios, tenía la sensación de que todavía le debía a la sociedad ser un gran ejemplo. Fundó un asilo para pobres cerca de su residencia en Walthamstow, que mantuvo pese a los grandes costes durante varios años, hasta que consiguió convertirlo en una fuente de consuelo, así como de independencia, para las familias pobres de buena disposición de la zona. Cuando se hizo con una propiedad en Jamaica, decidió liberar a todos los esclavos de inmediato, aunque le supuso un coste de diez mil libras. Envió a un agente que alquiló un barco e hizo transportar a la pequeña comunidad de esclavos a uno de los Estados libres de América, donde se establecieron y prosperaron. Al señor Barclay le aseguraron que los negros eran demasiado ignorantes y bárbaros como para ser libres, y por eso decidió demostrar en la práctica que esa afirmación era mentira. Para disponer de sus ahorros, se nombró ejecutor de su propio testamento, y en vez de legarles una fortuna a sus parientes cuando muriera, les prestó su generosa ayuda en vida, los observó y los ayudó en sus respectivas carreras, y así no solo sentó las bases, sino que vivió para ver la madurez de algunas de las mayores y más prósperas empresas de la metrópoli. Creemos que en la actualidad algunos de nuestros comerciantes más eminentes, como los Gurney, los Hanbury y los Buxton se enorgullecen de reconocer con gratitud todo lo que le deben a David Barclay por haber sido quien los introdujo en esa vida y por los beneficios que sus consejos y su apoyo les reportó a principios de su carrera. Un hombre como él representa la honradez y la integridad mercantiles de su país, y es un modelo y un ejemplo para los hombres de negocios que están por venir.

9

EL DINERO - USO Y ABUSO

No para esconderlo en un seto,
ni para pagar un botones en el tren,
sino por el glorioso privilegio
de ser independiente.

BURNS

No pidas prestado ni prestes,
porque quien presta a menudo pierde dinero y al amigo,
y pedir prestado daña la buena economía.

SHAKESPEARE

El uso que un hombre hace del dinero (el que gana, el que ahorra y el que gasta) es quizá una de las mejores pruebas de su sabiduría práctica. Aunque el dinero no debe considerarse como el objetivo principal en la vida del hombre, tampoco es un asunto menor que deba considerarse con desprecio, ya que representa en gran medida los medios para la comodidad física y el bienestar social. De hecho, algunas de las mejores cualidades de la naturaleza humana están íntimamente relacionadas con el buen uso del dinero, como la generosidad, la honestidad, la justicia y el sacrificio, así como las virtudes prácticas de la frugalidad y previsión. En el lado opuesto encontramos la avaricia, el fraude, la injusticia y el egoísmo, manifestados por los obsesionados con las ganancias, y los vicios de la tacañería, la extravagancia y la imprevisión, por parte de quienes hacen mal uso y abusan de los medios que les han confiado. Tal como sabiamente dice Henry Taylor en sus reflexivas *Notes from Life* («Notas de la vida»): «De modo que la justa medida y la forma correcta de ganar, ahorrar, gastar, donar, aceptar, prestar, tomar prestado y legar dinero harían casi a un hombre perfecto».

La comodidad en la vida es algo que todo hombre tiene permitido intentar conseguir por todos los medios dignos. Asegura la satisfacción física necesaria para cultivar la mejor parte de su naturaleza y le permite proveer a toda su casa, algo sin lo cual un hombre «es peor que un infiel», dice el evangelista. Tampoco debemos darle la espalda al deber, ya que el respeto que nuestros semejantes nos profesan depende bastante de la manera en la que aprovechemos las oportunidades que se nos presentan para nuestro honrado progreso en la vida. El mismo esfuerzo que hay que hacer para tener éxito en la vida con este fin es educativo, porque estimula la autoestima de un hombre, saca a relucir sus cualidades prácticas y lo disciplina en el ejercicio de la paciencia, de la perseverancia y de otras virtudes del estilo. El hombre previsor y cuidadoso debe ser por fuerza un hombre reflexivo, ya que no vive solo para el presente, sino que con previsión hace preparativos para el futuro. También debe ser un hombre templado y demostrar abnegación, porque no hay nada más calculado para fortalecer el carácter. John Sterling dice una gran verdad al afirmar que «la peor educación que enseña la abnegación es mejor que la mejor educación que enseña todo lo demás sin eso». Los romanos emplearon con razón la misma palabra (*virtus*) para designar el valor, que es en el sentido físico lo que la virtud es en el sentido moral; ya que la mayor virtud de todas es la victoria sobre nosotros mismos.

¿Qué cualidad hace que las clases desfavorecidas de este país no sean abnegadas? La capacidad para sacrificar una insignificante gratificación en el presente por un bien futuro. Es normal que las clases que más trabajan valoren más el dinero que ganan. Sin embargo, la rapidez con la que tantas personas están acostumbradas a dilapidar sus ganancias en bebida y comida hace que se queden indefensas y que dependan de las frugales. Hay muchos hombres entre nosotros que, aunque disfrutan de un confort y una independencia suficientes, a menudo tienen lo justo para vivir y no pueden hacer frente a imprevistos, y esto causa una gran indefensión social y mucho sufrimiento. Cuando una delegación fue a ver a lord John Russell por los impuestos que se les aplicaban a las clases trabajadoras del país, el aristócrata aprovechó la oportunidad para decir: «¡Pueden estar seguros de que el gobierno de este país no gravaría a las clases trabajadoras en una medida similar a la que se gravan a sí mismos cuando compran bebidas alcohólicas!».[1]

De todas las grandes cuestiones públicas, no hay ninguna más importante que esta, no hay mayor reforma que busque más adeptos. Pero hay que admitir que la «abnegación y el desarrollo personal» no serían buenos lemas de campaña para los mítines, y por desgracia el patriotismo actual tiene poca consideración por cosas tan mundanas como la economía individual y la previsión, aunque solo su práctica asegura la verdadera independencia de las clases trabajadoras. «La prudencia, la frugalidad y la buena administración son excelentes artistas para arreglar las malas rachas. Ocupan poco espacio en cualquier alojamiento, pero proporcionarían un remedio más eficaz para los males de la vida que cualquier ley de reforma que haya pasado por las dos cámara del Parlamento», dijo Samuel Drew, el zapatero y filósofo. Sócrates dijo: «El que quiera mover el mundo, que se mueva primero a sí mismo». O como reza un antiguo dicho: «Si atendieran todos a su reforma propia, sería muy fácil reformar una nación».

Sin embargo, es habitual que se crea que es mucho más fácil reformar la constitución de la Iglesia y del Estado que reformar la más mínima de nuestras malas costumbres; y en estos temas nos gusta más, como demuestra la práctica, empezar por los vecinos que por nosotros mismos.

Cualquier hombre que viva al día siempre será de una clase inferior. Por fuera seguirán sintiéndose impotentes e indefensos, aferrados a las faldas de la sociedad, un deporte que no parece pasar de moda. Como no se respetan a sí mismos, fracasarán a la hora de ganarse el respeto de los demás. En las crisis comerciales esta clase de hombres tienen que acabar arruinados. Como ansían el poder que les proporciona administrar unos ahorros, por reducidos que estos sean, estarán a merced de cualquiera y si tienen los sentimientos adecuados, se echarán a temblar al pensar en el posible futuro de sus esposas e hijos. «El mundo siempre ha estado dividido en dos clases —les dijo una vez el señor Cobden a los trabajadores de Huddersfield—: los que han ahorrado y los que han gastado, los frugales y los manirrotos. La construcción de todas las casas, los molinos, los puentes y los barcos, así como la ejecución del resto de las grandes obras que han hecho que el hombre se civilice y sea feliz, las han llevado a cabo los ahorradores, los frugales; y los que han malgastado sus recursos han sido siempre esclavos de los primeros. Así lo ha dictado la naturaleza y la Providencia; y yo sería un impostor si le prometiese a un miembro de cualquier clase social que va a progresar siendo inconsciente y ocioso, no teniendo previsión».

Igual de acertado fue el consejo que dio el señor Bright a una asamblea de trabajadores en Rochdale, en 1847, cuando después de expresar su creencia de que en lo referente a la honradez, se encontraba repartida de forma bastante equitativa entre todas las clases sociales, usó las siguientes palabras: «Solo hay un camino seguro para cualquier hombre, o cualquier grupo, por el cual puede mantener su posición actual si es buena o ascender si es mala. Y me refiero a la práctica de las virtudes de la diligencia, la frugalidad, la templanza y la honradez. No hay un verdadero camino por el que los hombres puedan dejar atrás una posición que consideran incómoda e insatisfactoria, en lo que se refiere a su condición mental o física, salvo practicar esas virtudes gracias a las cuales un sinfín de hombres de su misma clase no dejan de avanzar y de mejorar. ¿Qué es lo que ha conformado, lo que ha creado de hecho, la clase media de este país, sino las virtudes que he mencionado? Hubo una época en la que casi no había clases sociales en Inglaterra, salvo la más alta, que tuviera las mismas condiciones que la clase más baja en este momento. ¿Cómo es posible que cientos de miles de hombres que viven actualmente en nuestro país, de clase media, tienen educación, están cómodos y disfrutan de una felicidad y una independencia que nuestros antepasados ni imaginaron? Pues gracias a la práctica de estas; porque afirmo que no ha habido tantas virtudes en otra época como las que se encuentran ahora en la gran clase media de nuestra comunidad. Cuando hablo de la clase media, me refiero a la clase que se encuentra entre la clase privilegiada, la más rica, y la clase más pobre de la comunidad; y recomendaría a todos los hombres que no les presten la menor atención a los escritores ni a los oradores, sean quienes sean, que les digan que esta clase o aquella, que esta ley o aquella, que este gobierno o aquel, pueden hacer ciertas cosas por ellos. Después de reflexionar y de observar mucho, puedo asegurarles que las clases trabajadoras de este país solo pueden mejorar su condición de la manera en la que se han hecho otras tantas cosas; es decir, mediante la práctica de esas virtudes y confiando en sí mismas».

No hay motivos para que el trabajador medio de este país no tenga una condición útil, honorable, respetable y feliz. Las clases trabajadoras en conjunto podrían (con pocas excepciones) ser tan frugales y virtuosas, y estar tan bien informadas y condicionadas como muchos individuos que pertenecen a dichas clases y que ya se han labrado un camino por sí mismos. Todos los hombres podrían ser fácilmente lo que son algunos. Usa los mismos medios y obtendrás los mismos resultados. Que haya una clase de hombres que vivan de su trabajo diario en cada propiedad es el mandato divino, y sin duda es un mandato justo y sabio, pero que dicha clase sea cualquier cosa menos frugal e inteligente y que no esté feliz y satisfecha no es designio de la Providencia, sino que es culpa de la debilidad, la autoindulgencia y la maldad del hombre en sí. El sano espíritu de desarrollo personal creado entre los trabajadores ayudaría más que cualquier otra medida para elevarlos como clase, y esto se consigue no rebajando a otros, sino igualándolos por arriba, de modo que tengan un nivel alto y cada vez más desarrollado de religión, inteligencia y virtud. «Toda la filosofía moral —dice Montaigne— se puede aplicar tanto a la vida más normal y corriente como a la más espléndida. Cada hombre lleva en su interior todas las condiciones humanas posibles».

Racionar los propios medios con el único objetivo de atesorar es algo muy mezquino; pero hacerlo con el objetivo de ser independiente es una de las muestras más inequívocas del carácter varonil, y cuando se practica con el propósito de proveer para aquellos que dependen de nosotros delata una cualidad muy noble. Es la exhibición de la autoayuda en uno de sus mejores exponentes. El padre de Francis Horner le dio este buen consejo al principio de su vida: «Aunque deseo que disfrutes de comodidad en todos los ámbitos, nunca me cansaré de inculcarte que seas ahorrativo. Es una virtud necesaria para todos; y aunque los hombres más superficiales la desprecien, sin duda conduce a la independencia, que es un gran objetivo para todo hombre de gran espíritu». Las líneas de Burns citadas al principio de este capítulo contienen la idea clave, pero por desgracia sus actos desdecían sus palabras y el ideal que tenía era mucho mejor que la realidad que practicaba. Cuando estaba en su lecho de muerte, le escribió a un amigo: «¡Ay!, Clarke, empiezo a sentir lo peor. La pobre viuda de Burns, y seis de sus queridos retoños huérfanos y desamparados; aquí estoy débil como una lágrima de mujer. Pero mejor no hablar más de esto..., es la mitad de mi dolencia».

Todo hombre debe procurar vivir dentro de sus posibilidades. Esta práctica es la esencia misma de la honradez. Porque si un hombre no se las arregla para vivir de forma honrada dentro de sus posibilidades, va a vivir de forma deshonesta de los medios de otro. Los que son descuidados con los gastos personales y que solo tienen en cuenta su gratificación, sin pensar en la comodidad de los demás, suelen descubrir el auténtico valor del dinero cuando ya es demasiado tarde. Aunque generosas por naturaleza, estas personas tacañas a menudo se ven empujadas al final a hacer cosas muy mezquinas. Despilfarran el dinero y el tiempo, se hipotecan el futuro y anticipan sus ganancias, de modo que se ven en la necesidad de arrastrar una carga de deudas y obligaciones que afectan muchísimo su comportamiento como hombres libres e independientes. El efectivo que muchas personas desperdician inútilmente es una cantidad que a menudo serviría de base para una fortuna y una independencia que duraría toda la vida. Estos derrochadores son sus peores enemigos, aunque es habitual encontrarlos entre quienes se quejan de lo injusto que es el mundo. Pero si un hombre no es su propio amigo, ¿cómo va a esperar que lo sean los demás? A los hombres organizados de medios moderados siempre les queda algo en el bolsillo para ayudar a los demás, mientras que los derrochadores y los descuidados que se lo gastan todo nunca encuentran la oportunidad de ayudar a nadie. Sin embargo, es una mala decisión acumular sin más. La estrechez de miras en la vida y en los negocios suele conducir al fracaso. Se dice que el que tiene alma de un penique nunca llega a los dos. La generosidad y el desprendimiento, al igual que la honradez, son la mejor política. Aunque Jenkinson, en *El vicario de Wakefield*, engañaba a su bondadoso vecino Flamborough de una forma u otra cada año: «Flamborough ha ido aumentando su riqueza, mientras que yo he llegado a la pobreza y a la cárcel». Y la vida real cuenta con un sinfín de casos de resultados brillantes de un curso de política generosa y honrada. Se dice que una bolsa vacía no se mantiene en pie, pues igual le pasa al hombre endeudado. La deuda lo convierte todo en una tentación. Rebaja la autoestima de un hombre, lo pone a merced de su comerciante y de su criado, y lo convierte en esclavo en muchos aspectos, ya que no puede decir que es su propio amo ni mirar al mundo a la cara con valentía. También es difícil para un hombre endeudado ser sincero; de ahí que se diga que la mentira cabalga a lomos de la deuda. El deudor tiene que poner excusas a su acreedor para aplazar el pago del dinero que le debe y seguramente también inventar falsedades. Para un hombre con una sana determinación es muy fácil no incurrir en la primera obligación; pero la facilidad con la que se ha incurrido en ella a menudo se convierte en una tentación para la segunda; y muy pronto el desdichado prestatario se enreda tanto que ningún esfuerzo tardío puede liberarlo. El primer paso en la deuda es como el primer paso en la mentira, casi implica la necesidad de seguir por ese camino, deuda tras deuda, como mentira tras mentira. Haydon, el pintor, datό su decadencia en el día que pidió prestado dinero por primera vez. Se dio cuenta de la verdad del dicho popular inglés «Quien pide prestado acaba desolado». La entrada más llamativa de su diario es: «Aquí comenzó la deuda y la obligación, de las que nunca me he librado y de las que nunca me libraré mientras viva». Haydon estaba acostumbrado desde hacía mucho tiempo a pedirle dinero prestado a su pobre padre, que no le exigía obligaciones a cambio. Muy diferente fue el noble espíritu demostrado por Fichte, que cuando luchaba contra la pobreza, dijo: «Durante años nunca he aceptado un cuarto de penique de mis padres, porque tengo siete hermanas, todas jóvenes y sin educar en parte, y porque tengo un padre que, si yo lo permitiera, en su bondad me concedería lo que pertenece por derecho a sus otros hijos». Por este mismo motivo, Fichte se negó incluso a aceptar regalos de sus humildes padres.

El doctor Johnson sostenía que endeudarse pronto es la ruina. Sus palabras sobre el tema tienen mucho peso y son dignas de recordar. «No te acostumbres a ver la deuda como un inconveniente, porque descubrirás que es una calamidad. La pobreza quita tantos medios para hacer el bien y crea tanta incapacidad para resistir el mal, ya sea físico o moral, que hay que evitarla por todos los medios honestos... Que tu mayor preocupación sea no estar en deuda con nadie. Decide con firmeza no ser pobre; gasta poco de lo que tengas. La pobreza es una gran enemiga de la felicidad humana; desde luego que destruye la libertad y hace impracticables algunas virtudes y otras extremadamente difíciles. La frugalidad no solo es la base de la tranquilidad, sino de la generosidad. Ningún hombre que quiera ayuda para sí mismo puede ayudar a otros. Hay que tener lo suficiente antes de que nos sobre».

Es obligación de todo hombre encarar sus asuntos y llevar cuenta de los ingresos y gastos. El uso de un poco de aritmética en esta simple tarea te será de gran ayuda. La prudencia exige que vivamos un poco por debajo de nuestras posibilidades más que un poco por encima, pero esto solo es posible si se cumple un plan de vida fielmente a través del cual puedan cumplirse ambos fines. John Locke aconsejaba encarecidamente este camino: «Nada mantiene a un hombre en su rumbo como tener delante de sus ojos el estado de su situación en un libro de cuentas». El duque de Wellington llevaba una contabilidad detallada y rigurosa de todo el dinero que recibía y gastaba. «Me ocupo personalmente de pagar mis facturas —le dijo al señor Greg— y le aconsejo a todo el mundo que haga lo mismo. Antes acostumbraba a dejarlo en manos de un criado de confianza, pero me curé de ese espanto cuando una mañana recibí por sorpresa unas deudas enormes de uno o dos años de antigüedad. El criado había especulado con mi dinero y no había pagado las facturas». Al hablar de las deudas, dijo: «Esclavizan a un hombre. A menudo he pasado apuros económicos, pero nunca me he endeudado». Washington era tan particular en ese aspecto como Wellington en los negocios, y es interesante que no desdeñara examinar hasta el más mínimo gasto de su casa, ya que estaba decidido a vivir honradamente dentro de sus posibilidades, incluso mientras ocupaba el alto cargo de presidente de la Unión Americana.

El almirante Jervis, conde de St. Vicent, ha contado la historia de las adversidades que pasó al principio, así como de su determinación de no endeudarse. «Mi padre tenía una familia muy numerosa, con medios limitados —dijo—. Me entregó veinte libras al empezar, y eso fue todo lo que me dio en la vida. Después de llevar bastante tiempo en mi puesto [en el mar], quise reengancharme por otros veinte años, pero rechazaron la petición. Este rechazo me avergonzó y me hice una promesa, que he mantenido, de no comprar nada sin que estuviera claro que podía pagarlo. De inmediato cambié mi estilo de vida, abandoné el comedor, viví solo y acepté la prestación del barco, que me bastó de sobra. Me lavé y me remendé la ropa. Me hice unos pantalones con la ropa de cama. Y tras haber ahorrado el dinero necesario para recuperar mi honor, pagué, y desde entonces he vivido dentro de mis posibilidades». Durante seis años, Jervis soportó penurias, pero mantuvo la dignidad, estudió su profesión con éxito y poco a poco, sin pausa, ascendió hasta la más alta graduación por méritos propios y coraje. Samuel Drew describe así su primera lección de economía: «Cuando era pequeño, me las apañé para conseguir unos cuantos peniques y al llegar a St. Austell en un día de feria, lo puse todo en un monedero. El monedero vacío me recordaba a menudo mi insensatez, y dicho recuerdo me ha resultado tan útil desde entonces como el silbato para Franklin».

Es muy importante que los jóvenes empiecen bien, porque es al principio de la vida cuando se adopta la conducta que pronto se convierte en hábito. Si empiezas bien, el hábito de hacerlo bien te resultará tan fácil como el de hacerlo mal. Se dice que cuando se comienza bien, ya está hecha la mitad del trabajo; de la misma manera que un buen comienzo es la mitad de la batalla. Muchos jóvenes prometedores se han malogrado de forma irremediable por un primer paso en falso al comienzo de la vida; mientras que otros de talentos mucho menos prometedores han triunfado por el mero hecho de empezar bien y continuar de la misma manera. El buen comienzo práctico es, hasta cierto punto, un aval, una promesa y una garantía del próspero resultado final. Hay muchos desgraciados que ahora se arrastran por la vida, miserables ellos mismos y fuente de dolor para los demás, que podrían haber levantado cabeza y prosperado si en vez de limitarse a satisfacerse con frases de que iban a hacer el bien, se hubieran puesto manos a la obra y hubieran tenido un buen comienzo práctico.

Sin embargo, muchos están impacientes por obtener resultados. No se conforman con empezar desde la posición en la que lo hicieron sus padres, sino que quieren hacerlo donde estos lo dejaron. Quieren disfrutar de los frutos del trabajo sin haberse esforzado por conseguirlos. Son incapaces de esperar por los resultados del trabajo y de la diligencia, y se adelantan disfrutándolos con una indulgencia precoz. Cuando le preguntaron a un digno matrimonio escocés por qué su hijo había enfermado tan pronto en la vida, dio la siguiente explicación: «Cuando empezamos a vivir juntos, trabajábamos de sol a sol, y vivíamos a base de gachas y cosas por el estilo, y fuimos aumentando poco a poco nuestras comodidades a medida que mejoraban nuestros medios, hasta que al final pudimos comer un poco de carne asada y a veces un pollo hervido; pero nuestro hijo Jock empezó por donde nosotros lo habíamos dejado, empezó por el pollo». Esto mismo se puede aplicar a mejores condiciones de vida que las de esta pareja.

El señor Hume dio en la diana cuando afirmó una vez en la Cámara de los Comunes (aunque sus palabras suscitaron las risas) que el nivel de vida en Inglaterra es demasiado alto. A la clase media se le da muy bien vivir hasta el límite de sus posibilidades, incluso por encima, con un «estilo» de vida que tiene efectos muy nocivos en la sociedad en general. Quiere educar a los niños como caballeros o, mejor dicho, como hombres «elegantes», aunque a menudo el resultado es que acaban siendo del montón. Adquieren unos gustos por la ropa, el estilo, los lujos y las diversiones que nunca serán la base sólida de un carácter viril ni caballeroso. Y el resultado es que tenemos a un sinfín de caballeretes desperdigados por el mundo que recuerdan a algunos de los barcos rescatados en el mar, con un mono como único tripulante.

Hay una ambición desmedida por ser «elegante». Mantenemos las apariencias a expensas de la honradez con demasiada frecuencia y, aunque no seamos ricos, debemos parecerlo. Debemos ser «respetables», aunque solo en el sentido más mezquino, en la vulgar apariencia. No tenemos el valor de abrirnos camino con paciencia en la condición que Dios ha decidido darnos, sino que debemos vivir en un elegante estado que nos complazca, y todo para gratificar la vanidad de ese insustancial mundo elegante del que formamos parte. Hay una lucha y una presión constantes por conseguir los asientos de primera fila del teatro social, durante las cuales se pisotea toda la noble abnegación y se aplastan algunas personalidades estupendas hasta matarlas. No hace falta describir todo el despilfarro, toda la desdicha y toda la pobreza que provoca la ambición de deslumbrar a los demás con el resplandor de un aparente éxito mundano. Los perversos resultados se muestran de mil maneras: en los fraudes cometidos por hombres que se atreven a ser deshonestos, pero no a parecer pobres; y en los desesperados intentos de conseguir una fortuna con rapidez, aunque en estas ocasiones no hay que apiadarse de los que fracasan, sino de los cientos de familias inocentes que tan a menudo se ven envueltas en su ruina.

El difunto sir Charles Napier, al despedirse de su mando en la India, hizo algo audaz y honesto al publicar su enérgica protesta, plasmada en su última orden general a los oficiales del ejército indio, contra la vida «ligera» que llevaban tantos jóvenes oficiales en ese destino y que los conducía a obligaciones ignominiosas. Sir Charles insistió enérgicamente en ese famoso documento en lo que casi se había perdido de vista, en que «la honradez es inseparable del carácter de un caballero de pura cepa» y que «beber champán y cerveza sin pagar, y montar a caballo sin pagar, es ser un tramposo y no un caballero». Los hombres que vivían por encima de sus posibilidades y a los que llevaban ante los tribunales, a menudo sus propios criados, por deudas contraídas al llevar vidas extravagantes tal vez fueran oficiales por haber comprado su comisión, pero no eran caballeros. El comandante en jefe aseguraba que la costumbre de estar siempre endeudado convertía a los hombres en insensibles a los sentimientos propios de un caballero. No bastaba con que un oficial supiera luchar, pelear; cualquier bulldog podía hacerlo. Pero ¿mantenía siempre su palabra, pagaba sus deudas? Insistía en que estos eran algunos rasgos de honor que iluminaban la carrera del auténtico caballero y soldado. Sir Charles Napier quería que todos los oficiales británicos fueran como Bayard. Sabía que debían ser «intrépidos», pero también quería que fueran «irreprochables». Sin embargo, hay muchos jóvenes, tanto en la India como en casa, capaces de abrir un camino en caso de emergencia en mitad de un fuego abrasador y de llevar a cabo actos desesperados de valor que, en cambio, no pueden o no quieren ejercer el valor moral necesario que les permita resistir cualquier nimia tentación que se les presente. Son incapaces de pronunciar un valiente «No» o un «No puedo permitírmelo» ante las invitaciones del placer y del disfrute, y están dispuestos a enfrentarse a la muerte antes que al ridículo de sus compañeros.

A medida que va viviendo, el joven avanza por un camino flanqueado por tentaciones a ambos lados; y el inevitable efecto de ceder es la degradación en mayor o menor grado. El contacto con ellas tiende a robarle sin que se dé cuenta una parte del elemento eléctrico divino del que su naturaleza está cargada; y su único modo de resistirse es pronunciar y mantener un enérgico y decidido «No». Debe decidirse de inmediato, sin esperar a deliberar y a sopesar razones; porque el joven, al igual que «la mujer que delibera se pierde». Muchos deliberan sin tomar una decisión, pero «no decidir es decidir». Hallamos una imagen clara del hombre en la oración: «No nos dejes caer en la tentación». Pero la tentación aparecerá para poner a prueba la determinación del joven; y una vez que se ceda, el poder para resistirse se debilita cada vez más y más. Una vez que se ceda, se pierde un poco de virtud. Si resistes con hombría, la primera decisión te dará fuerzas para toda una vida; si la repites, se convertirá en costumbre. La fortaleza de la defensa debe basarse en las costumbres que se desarrollan en los primeros años de la vida; ya que se ha establecido con acierto que la maquinaria de la existencia moral se mueva principalmente a través de los hábitos a fin de reducir el desgaste de los grandes principios internos. Son los buenos hábitos, que se dejan entrever en los actos cotidianos más insignificantes, los que constituyen en el fondo la mayor parte de la conducta moral del hombre.

Hugh Miller ha contado que gracias a una decisión tomada de joven se salvó de una de las fuertes tentaciones tan peculiares de una vida de trabajo duro. Cuando trabajaba como albañil, era habitual que sus compañeros bebieran de vez en cuando y un día le tocaron dos vasos de whisky, que se bebió. Cuando llegó a casa, se encontró con que, al abrir su libro preferido, los *Ensayos* de Bacon, las letras le bailaban delante de los ojos y que era incapaz de encontrarles sentido. «Tuve la sensación de que la condición a la que yo mismo me había reducido era degradación. Me había rebajado, por mis propios actos, a un nivel menor de inteligencia del que tenía el privilegio de ostentar, y aunque dicho estado tal vez no fuera el más favorable para tomar una decisión, en aquel momento decidí que jamás volvería a sacrificar mi capacidad de disfrute intelectual por beber; y con la ayuda de Dios, pude mantenerme firme en mi decisión». Decisiones como esta son las que a menudo constituyen los puntos de inflexión en la vida de un hombre y sientan las bases de su futuro carácter. Y este escollo, en el que Hugh Miller podría haber naufragado de no haber desplegado su fuerza moral en el momento oportuno para cambiar de rumbo, es uno contra el que tanto los jóvenes como los mayores deben estar siempre en guardia. Se trata de una de las peores y más mortíferas, además de extravagantes, tentaciones que se interponen en el camino de la juventud. Sir Walter Scott decía que «de todos los vicios la bebida es el más incompatible con la grandeza». No solo eso, sino que es incompatible con la economía, la decencia, la salud y la vida honrada. Cuando un joven no puede contenerse, debe abstenerse. El caso del doctor Johnson es el de muchos. En referencia a sus propios hábitos dijo: «Señor, puedo abstenerme, pero no puedo moderarme».

Sin embargo, para luchar de forma enérgica y con éxito contra cualquier hábito vicioso, no debemos contentarnos con luchar en el mundano terreno de la prudencia, aunque resulte útil, sino tomar posiciones en una moral más elevada. Las ayudas mecánicas, como las promesas, pueden serles útiles a algunos, pero lo más importante es establecer un estándar de pensamiento y de acción elevado, y esforzarse por fortalecer y purificar los principios, así como por reformar los hábitos. Para ello el joven debe estudiarse a sí mismo, controlar los pasos que da y comparar sus pensamientos y sus actos con su estándar. Cuanto más se conozca a sí mismo, más humilde será y quizá menos confiará en sus propias fuerzas. Pero la disciplina que se adquiere al resistir las gratificaciones presentes para asegurarse una gratificación mayor en el futuro es mucho más valiosa. Es el trabajo más noble en el proceso de educarse, porque:

> La verdadera gloria
> brota de la conquista silenciosa de nosotros mismos,
> Y sin eso el conquistador solo es
> el primer esclavo.

Se han escrito muchos libros populares con el propósito de contarle al público el gran secreto para amasar una fortuna. Pero no hay ningún secreto, de lo que dan fe los dichos de todos los países: «Nadie da duros a cuatro pesetas», «Cuídate en el penique y las libras se cuidarán solas», «Un penique ahorrado es un penique ganado», «La diligencia es la madre de la buena suerte», «Sin sacrificio no hay beneficio», «Quien algo quiere algo le cuesta», «No hay miel sin hiel», «La holgazanería es la clave para la pobreza», «Trabaja y se te proveerá», «Hierba pace quien la paga», «El mundo es de los mansos y los trabajadores», «No se puede ahorrar cuando ya se ha gastado», «Acuéstate sin cena y amanecerás sin deuda», «A quien madruga Dios lo ayuda», «A casa empeñada no la salva buena arada». Estas perlas de sabiduría popular encarnan la experiencia atesorada de muchas generaciones en cuanto al mejor medio de prosperar en el mundo. Estaban en boca de la gente mucho antes de que se inventaran los libros y, como otros proverbios, fueron los primeros códigos de moral popular. Además, han resistido la prueba del tiempo, y la experiencia cotidiana sigue dando cuenta de lo certeros, fuertes y sólidos que son. Los proverbios de Salomón están llenos de sabiduría en cuanto a la fuerza del trabajo, así como en cuanto al uso y el abuso del dinero: «El que es perezoso en el trabajo es hermano del que es un gran derrochador», «Observa a la hormiga, perezoso, considera su forma de actuar y sé sabio». Dice que la pobreza recaerá sobre el ocioso, «como quien viaja y desea como un hombre armado», mientras que del trabajador y recto dice: «La mano del diligente hace rico», «Quien no ara a causa del frío, mendigará en la siega y nada tendrá», «El borracho y el glotón llegarán a la pobreza; y la somnolencia vestirá al hombre con harapos», «El perezoso dice que hay un león en las calles», «¿Ves a un hombre diligente en sus negocios? Estará delante de los reyes». Aunque el mejor de todos es: «Es mejor obtener sabiduría que oro; porque la sabiduría es mejor que los rubíes y no se puede comparar con cualquier cosa que se pueda desear».

La mera diligencia y el ahorro contribuirán en gran medida a que cualquier persona con facultades ordinarias de trabajo sea comparativamente independiente. Incluso un trabajador puede serlo, siempre que administre con tiento sus recursos y controle los gastos inútiles. Un penique es muy poco y, sin embargo, la comodidad de miles de familias depende de que se gaste y se ahorre de forma adecuada. Si un hombre permite que los peniques, el fruto de su duro trabajo, se le escapen de entre los dedos (en la cervecería, en esto o en aquello), descubrirá que su vida se diferencia en poco de la de un animal de carga. En cambio, si cuida hasta el último penique (metiendo algunos peniques todas las semanas en una inversión, en un fondo de seguros, otros en una cuenta de ahorro, y les confía el resto a su esposa para que los gaste con cabeza, con vistas al mantenimiento adecuado y a la educación de su familia), pronto se dará cuenta de que su atención a los detalles le reportará beneficios, cada vez más, aumentando la comodidad en casa y liberándole la mente del miedo al futuro. Si un hombre trabajador tiene ambición y posee riqueza de espíritu (una riqueza que trasciende con mucho todas las meras posesiones mundanas), no solo puede ayudarse a sí mismo, sino también ayudar provechosamente a los demás a lo largo de su vida. Podemos ilustrar que esto no es imposible ni para un trabajador de un taller con la notable carrera de Thomas Wright, de Manchester, cuya vida ofrece una prueba más del poder de la perseverancia paciente para prosperar y de la influencia que puede ejercer en beneficio de sus semejantes incluso la persona más humilde que es diligente para mejorar sus oportunidades.

¿Quién iba a decir que una de las tareas más difíciles y en apariencia imposibles, la reinserción de criminales, no solo intentaría llevarse a cabo, sino que lo lograría un hombre que trabajaba por un sueldo semanal en una fundición? Sin embargo, Thomas Wright llevó a cabo esta labor cuando trabajaba para los señores Ormerod, en Manchester. Una casualidad hizo que se fijara por primera vez en las dificultades que encontraban los presos liberados para retomar un trabajo honrado. El tema lo obsesionó, y remediar este mal se convirtió en el propósito de su vida. No descuidó su trabajo, ya que desempeñó como era debido sus obligaciones como fundidor, y los dueños de la empresa valoraron tan bien sus cualidades como trabajador y como comercial que poco a poco lo fueron ascendiendo hasta llegar a ser capataz del taller. Tampoco descuidó a su familia, ya que sacó adelante de forma respetable a una familia numerosa con medios relativamente escasos. Aunque trabajaba desde las seis de la mañana hasta las seis de la tarde, disponía de algunos minutos de ocio, sobre todo los domingos, y los usaba para ponerse al servicio de los criminales presos, una clase que en aquel entonces estaba mucho más desatendida que ahora. Pero unos cuantos minutos al día pueden hacer mucho si se emplean bien; y ¡cuesta creer que en diez años este trabajador logró rescatar a no menos de trescientos malhechores de continuar en una vida de crimen al mantener su propósito con firmeza! Llegó a ser considerado como el médico moral de Manchester Old Bailey; y cuando el capellán y todos los demás fracasaban, Thomas Wright a menudo tenía éxito. De este modo, devolvió a sus padres a los hijos que se habían curado; devolvió a sus hogares a hijos e hijas que se habían perdido; y se las apañó para que muchos presos rehabilitados se dedicaran a labores honradas y diligentes. La tarea no fue fácil ni mucho menos. Requería dinero, tiempo, energía, prudencia y, sobre todo, carácter, así como la confianza que este inspira. Lo más increíble de todo es que Wright ayudó a todos estos pobres marginados con el salario relativamente bajo que cobraba en la fundición. Hizo todo esto con unos ingresos que no llegaron durante su vida laboral a cien libras anuales. Sin embargo, al mismo tiempo que les prestaba una ayuda considerable a los criminales, a quienes solo les debía la amabilidad que todo ser humano le debe a otro, también mantenía a su propia familia con comodidad y, gracias a su frugalidad y cuidado, pudo ahorrar para su vejez. Todas las semanas dividía sus ingresos con muchísimo tiento: tanto para las necesidades indispensables de comida y ropa; tanto para el casero; tanto para el maestro de escuela; tanto para los pobres y los necesitados; y la distribución se respetaba a pies juntillas. Fue así como este humilde trabajador llevó a cabo su gran obra, con los resultados que hemos descrito resumidos. Su carrera ofrece uno de los ejemplos más notables y sorprendentes de la fuerza que tiene el propósito de un hombre, del poder que un carácter enérgico y recto ejerce invariablemente sobre la vida y la conducta de los demás.

No hay deshonra, sino honor, en todos los trabajos honestos, ya sea embaldosando el suelo, fabricando herramientas, tejiendo telas o vendiendo productos al otro lado del mostrador. Un muchacho puede manejar un metro o medir un trozo de cinta, y no hay descrédito en hacerlo a menos que su mente no tenga más alcance que el palo y la cinta métrica: que sea tan corta como lo primero y tan estrecha como lo segundo. Fuller dijo: «Que no se sonrojen los que tienen, sino los que carecen de una vocación legítima». Y el obispo Hall dijo: «Dulce es el destino de todos los oficios, hagan sudar la frente o la mente». Los hombres que han ascendido en la vida dejando atrás unos orígenes humildes no tienen que avergonzarse; al contrario, deberían estar orgullosos de las adversidades que han superado. El que trabaja de pie queda por encima del aristócrata que está de rodillas. Cuando le preguntaron a un presidente americano cuál era su escudo de armas, contestó al recordar que fue leñador en su juventud: «Un par de mangas de camisa». Lord Tenterden se enorgulleció de señalarle a su hijo la barbería en la que su padre se afeitaba por un penique. Un médico francés se burló una vez de Flechier, obispo de Nismes, que había sido vendedor de sebo en su juventud, por sus orígenes tan vulgares, a lo que Flechier respondió: «Si usted hubiera nacido en las mismas condiciones que yo, no habría sido más que un fabricante de velas». Algunos espíritus frágiles, avergonzados de sus orígenes, se esfuerzan siempre por ocultarlos, y se traicionan a sí mismos por los mismos esfuerzos que hacen para conseguirlo; como aquel digno, pero estúpido, tintorero de Yorkshire, que aunque había ganado dinero deshollinando de forma honrada y se avergonzaba de las chimeneas, se hizo la casa sin chimeneas, de modo que sacaba todo su humo por el hueco de ventilación de la tintorería. Sir Thomas Bernard, uno de los mayores filántropos prácticos de su época, en *Tracts for bettering the Condition of the Poor* («Breves tratados para mejorar la condición de los pobres») menciona a «un hombre muy inteligente y valioso, el señor David Porter, un maestro deshollinador de Welbeck Street», que es otro buen ejemplo del poder de la diligencia y del buen hacer. A Porter lo secuestraron muy pequeño para trabajar como deshollinador; en aquella época, los niños que se metían en las chimeneas soportaban condiciones casi de esclavitud. Sin embargo, el chico tenía energía física y mental, y sobrevivió a las privaciones de su desafortunada clase. A los dieciocho años empezó a trabajar como barrendero por cuenta propia. Cuando le escaseaba el trabajo, buscaba en otros ámbitos; en verano y en tiempo de cosecha iba a Lincolnshire y trabajaba en labores agrícolas, llevándose consigo a casa unos pequeños ahorros. Pero no descuidaba su mente y, lo más importante, no olvidaba las penurias sufridas por los pobres niños que subían a las chimeneas, que él mismo había soportado. Por lo tanto, dedicaba su tiempo libre, arrebatado a una vida ajetreada, para escribir un tratado sobre el tema, que imprimió y distribuyó entre personas influyentes, comenzando así, tal como Granville Sharp había hecho, el movimiento que dio lugar al alivio de los sufrimientos de esta clase. El señor Porter llegó a amasar una gran fortuna gracias a su frugalidad, diligencia y dedicación a los negocios, al tiempo que fomentaba las comodidades de sus hijos y de sus trabajadores de una forma totalmente inusitada en aquella época. Cuando sir Thomas Bernard le preguntó al señor Porter cómo había tenido éxito en sus negocios y había acumulado semejante fortuna, este contestó: «No teniendo nunca ni una hora ni una guinea ociosa». Ese fue su único secreto.

Sin embargo, nada es más común que la energía a la hora de ganar dinero, con independencia de cualquier elevado objetivo que se tenga más allá de su acumulación. Un hombre que se dedica a este fin en cuerpo y alma es difícil que no se haga rico. No hay que ser muy inteligente: gasta menos de lo que ganas, suma guinea a guinea, recorta y ahorra, y el montón de dinero aumentará poco a poco. John Foster citó un ejemplo sorprendente de lo que este tipo de determinación puede hacer para ganar dinero. Un joven que había derrochado su patrimonio se vio al final reducido a la más absoluta pobreza y desesperación. Salió corriendo de su casa con la intención de quitarse la vida y se detuvo al llegar a una colina desde la que se divisaba lo que fueron sus propiedades en otro momento. Se sentó, reflexionó un rato y se levantó decidido a recuperarlas. Volvió a las calles, vio que había volcada una carga de carbón de una carreta delante de una casa y se ofreció a llevarla adentro, y le dieron trabajo. Así ganó unos peniques, pidió algo de carne y bebida como gratificación, cosa que le dieron, y se guardó los peniques. Siguió en este trabajo, de modo que ganó y ahorró más peniques; acumuló lo suficiente como para comprar unas cuantas cabezas de ganado, de cuyo valor entendía y que vendió con beneficios. A esas alturas perseguía el dinero con un paso tan inmisericorde como el tiempo y un apetito tan voraz como la muerte, y poco a poco fue haciendo transacciones cada vez más importantes hasta que por fin se hizo rico. El resultado fue que recuperó con creces sus posesiones y murió como un avaro empedernido.

Cuando lo enterraron, solo la tierra volvió a la tierra. Con un espíritu más noble, la misma determinación podría haber permitido a un hombre así ayudar a los demás, no solo ayudarse sí mismo. Pero la vida y la muerte fueron igual de sórdidas en este caso.

Ahorrar dinero por el mero hecho de tenerlo es mezquino, aunque se gane con el trabajo honrado; pero cuando se gana con el juego o con la especulación, sin trabajar, es todavía peor. Proveer para los demás y para nuestra propia comodidad e independencia en la vejez es honorable y muy digno de elogio; pero atesorar por el mero afán de obtener riquezas es típico de almas tristes y de avaros. El hombre sabio debe protegerse con mucho cuidado de este hábito de ahorro desmesurado; de lo contrario, lo que en la juventud era simple frugalidad, en la vejez podría convertirse en avaricia, y lo que era un deber en esa primera etapa, podría convertirse en un vicio en la otra. El amor por el dinero (que no el dinero en sí), es «la raíz del mal», un amor que reduce y contrae el alma, y que la cierra a la vida y a las acciones generosas. De ahí que sir Walter Scott haga declarar a uno de sus personajes que «el dinero mató más almas que la espada desnuda mató cuerpos». Es uno de los defectos de prestarles demasiada atención exclusiva a los negocios, que tienden a convertirse en una cualidad del carácter. El hombre de negocios se estanca en una rutina y no ve más allá. Si solo vive para sí mismo, acaba considerando a los demás seres humanos por el valor que tienen para sus propios fines. Si coges una hoja de sus libros de cuentas, verás su vida. Se cuenta de uno de nuestros más eminentes hombres de negocios modernos, uno de honradez intachable que dedicó su vida principalmente a ganar dinero con éxito, que cuando estaba en su lecho de muerte, se dirigió a su hija preferida y le preguntó con solemnidad: «¿No ha sido un error...?». Estaba pensando en el bien que otros hombres de su condición habían hecho y que él también podría haber hecho si no hubiera tenido la desgracia de descubrir que ganar dinero sin más era un error cuando ya era demasiado tarde para remediarlo y que tenía que dejar atrás su enorme montón de dinero, cuya acumulación había sido casi el único objeto de su vida.

El éxito mundano, medido por la acumulación de dinero, es sin duda algo que deslumbra mucho, y todos los hombres admiran en mayor o menor medida el éxito mundano. Pero aunque los hombres de hábitos perseverantes, agudos, diestros y sin escrúpulos, siempre al acecho para aprovechar las oportunidades, pueden progresar, cosa que de hecho hacen, es muy posible que no posean ni un ápice de carácter elevado y que carezcan por completo de auténtica grandeza. Aquel que no reconoce más lógica que la del chelín quizá llegue a ser un hombre muy rico y, al mismo tiempo, seguir siendo paupérrimo. Porque las riquezas no son prueba alguna de valor moral y su brillo a menudo solo sirve para llamar la atención sobre lo inútil que es quien lo posee, como la luz de la luciérnaga revela la larva. El señor Lynch dice:[2] «En cuanto a la moral, puede que un penique valga más que una libra, puede representar más esfuerzo y carácter. El dinero que atestigua el paso de años pacientes e inventivos de trato justo y osado desde luego que es "valioso". Pero ni los medios de un hombre ni su valor se miden por su dinero. Si tiene un monedero bien lleno y un corazón vacío, un patrimonio extenso y un entendimiento estrecho, ¿qué "valía" tendrá?». Que un hombre sea lo que quiera, porque son la mente y el corazón los que hacen a un hombre pobre o rico, desdichado o feliz; porque la mente y el corazón siempre son más fuertes que la fortuna.

La manera en la que tantas personas se dejan sacrificar por su amor a la riqueza recuerda a la codicia del mono, esa caricatura de nuestra especie. En Argel, el campesino cabileño ata bien una calabaza a un árbol y coloca dentro un poco de arroz. La calabaza tiene una abertura para que entre justo la pata del mono. La criatura se acerca al árbol por la noche, mete la pata y agarra su botín. Intenta sacarla, pero la tiene atascada y carece de la inteligencia necesaria para soltarla. Así se queda hasta la mañana, cuando lo atrapan, con cara de tonto, aunque con el botín en las manos. La moraleja de esta historieta puede aplicarse en la vida.

Por regla general se sobreestima el poder del dinero. Es habitual que las cosas más grandiosas que se han hecho por el mundo no las hayan llevado a cabo hombres ricos ni que se hayan hecho gracias a suscripciones públicas, sino que son obra de hombres de escasos recursos. El cristianismo lo propagaron por medio mundo hombres de la clase más pobre; y los más grandes pensadores, descubridores, inventores y artistas han sido hombres de riqueza moderada, muchos de ellos apenas un escalón por encima de los trabajadores manuales en cuanto a circunstancias vitales. Y siempre será así. Las riquezas son a menudo un impedimento más que un estímulo para la acción; y en muchos casos son tanto una desgracia como una bendición. Al joven que hereda riquezas se le suele facilitar demasiado la vida y pronto se harta de ella, porque ya no le falta de nada. Al no tener un objeto especial por el que luchar, tiene la sensación de que el tiempo le pesa en las manos; permanece moral y espiritualmente dormido, y su posición en la sociedad a menudo no dista mucho de la de una medusa que flota en el mar.

«Su única labor es matar el tiempo,
Y terrible trabajo es, cansado infortunio».

Sin embargo, el hombre rico, inspirado por el espíritu adecuado, desdeñará la ociosidad por considerarla impropia de un hombre; y si piensa en las responsabilidades que conlleva la posesión de riquezas y de propiedades, sentirá la llamada al trabajo incluso con más fuerza que los hombres menos afortunados. Aunque hay que admitir que esta no es la práctica habitual en la vida. La perfecta oración de Agur es quizá la mejor situación si todos pudiéramos alcanzarla: «No me des pobreza ni riqueza; dame el alimento que necesito». El difunto Joseph Brotherton dejó un hermoso lema para que lo grabaran en el monumento en su honor que hay en Peel Park en Manchester, y las palabras son totalmente ciertas en su caso: «Mi riqueza no consistió en la grandeza de mis posesiones, sino en la pequeñez de mis necesidades». Como hemos visto, ascendió desde la posición más humilde, la de mozo de fábrica, hasta un puesto eminente y útil gracias a que fue honrado, diligente, puntual y abnegado. Hasta el final de su vida, cuando no asistía al Parlamento, cumplía con su deber como párroco en una pequeña capilla en Manchester a la que estaba unido; y en todo momento daba a entender a aquellos que lo conocían personalmente que la gloria que buscaba no era «ser reconocido por los hombres» ni suscitar sus alabanzas, sino ganar la conciencia de cumplir con las obligaciones cotidianas de la vida, hasta la más insignificante y humilde, con un espíritu honrado, recto, veraz y amoroso.

La «respetabilidad», en el mejor sentido de la palabra, es buena. El hombre respetable es alguien digno de consideración, alguien a quien merece la pena volverse para mirarlo. Pero no vale la pena mirar la respetabilidad que consiste solo en guardar las apariencias. Mucho mejor y más respetable que el mal rico es el buen pobre; mejor el hombre humilde y callado que el hombre acomodado con un pico de oro. Una mente bien equilibrada y bien amueblada, una vida llena de propósitos útiles, cualquiera que sea la posición que se ocupa en ella, es de mucha mayor importancia que la respetabilidad mundana habitual. Creo que el objetivo más elevado de la vida es formar un carácter masculino y lograr el mejor desarrollo posible del cuerpo y del espíritu, de la mente, de la conciencia, del corazón y del alma. Este es el fin, todo lo demás debe considerarse como un medio. Por lo tanto, la vida más exitosa no es aquella en la que un hombre obtiene la mayor cantidad de placer, de dinero, de poder o de posición, de honor o de fama, sino aquella en la que un hombre obtiene la mayor hombría y lleva a cabo la mayor cantidad de trabajo útil y de deber humano. Es cierto que el dinero es poder, pero la inteligencia, el espíritu público y la virtud moral también son poderes, y mucho más nobles. «Que otros aboguen por las pensiones —le escribió lord Collingwood a un amigo—. Yo puedo ser rico sin dinero, esforzándome por ser superior a todo lo pobre. Me gustaría que mis servicios a mi país no se vieran manchados por motivos interesados, y el viejo Scott[3] y yo podemos seguir con nuestro huerto sin muchos más gastos que antes». En otra ocasión dijo: «Tengo motivos para mi conducta a los que no renunciaría a cambio de cien pensiones».

No cabe duda de que conseguir una fortuna puede permitirles a algunas personas «entrar en la alta sociedad», como se la llama; pero para que se les tenga estima, deben poseer una buena mente, buenos modales o buen corazón, porque de lo contrario solo son ricos. Ahora hay hombres «en la alta sociedad» tan ricos como Creso a los que no tienen en ninguna consideración y que no se ganan el respeto de nadie. ¿Por qué? Porque solo son sacas de dinero, su único poder está en su banco. Los hombres importantes de la sociedad, los líderes de opinión, los hombres útiles y con verdadero éxito, no son necesariamente hombres ricos, sino hombres de gran carácter, de experiencia disciplinada y de excelencia moral. Incluso un hombre pobre como Thomas Wright, aunque posea muy pocos bienes en este mundo y gracias a una naturaleza bien cultivada, a unas oportunidades aprovechadas sin abusar, a una vida plena dentro de sus posibilidades, puede mirar por encima del hombro y sin envidiar a una persona que solo ha tenido éxito mundano, que es el hombre que solo tiene sacas de dinero y acres de tierra.

10

AUTOFORMACIÓN

> Toda persona tiene dos educaciones, una que recibe de los demás, y otra, más importante, que se da a sí misma.
>
> GIBBON

> Estas dos cosas, por contradictorias que parezcan, deben ir juntas: la dependencia viril y la independencia viril, la confianza viril y la autoconfianza viril.
>
> WORDSWORTH

La autoformación incluye la educación o el entrenamiento de todas las partes de la naturaleza del hombre: física, moral e intelectual. Cada una de ellas debe desarrollarse y, sin embargo, cada una debe producir algo para satisfacer las demandas de las demás. Si se cultivan las facultades físicas en exclusiva, se obtiene un atleta o un salvaje; si solo se cultivan las morales, se obtiene un entusiasta o un obseso; si solo se cultivan las intelectuales, se obtiene una singularidad enferma, que puede ser un monstruo. Solo entrenando con pericia a las tres juntas se puede formar al hombre completo.

Los antiguos hacían gran hincapié en el entrenamiento físico, y el fin que profesaban seguir en sus escuelas más importantes era una mente sana en un cuerpo sano. Los maestros griegos enseñaban paseando y sostenían que los jóvenes solo debían aprender lo que podían aprender de pie. Los antiguos ingleses tenían una idea similar, plasmada en la máxima: «El campo en verano, el estudio en invierno». Milton aseguraba ser un gran madrugador «en invierno, a menudo antes de que toquen las campanas para avisar de que hay que trabajar o ir a la iglesia; en verano, casi siempre con el pájaro más madrugador de todos, o no mucho más tarde, para leer buenos autores, o para animarme a leerlos hasta prestarles toda mi atención, o mi memoria esté lista. Después, llega la hora del trabajo claro y generoso, de preservar la salud y la fortaleza del cuerpo, de rendir obediencia ligera, clara y no desordenada a la mente, a la causa de la religión y a la libertad de nuestro país». En su *Tractate of Education*, un tratado sobre educación, recomienda a los jóvenes el ejercicio físico de la esgrima, ya que está pensado para «mantenerlos sanos, ágiles, fuertes y con aguante, y también como el medio más probable para que crezcan altos y grandes, e inspirarles un valor gallardo e intrépido», y además insta a que «se practiquen todas las llaves y agarres de la lucha, en los que los ingleses antes sobresalían».

En nuestros días tales ejercicios han caído en el descrédito y la educación se ha vuelto exclusivamente mental, muy en detrimento de la salud corporal. El cerebro se cultiva a expensas de las extremidades, y el físico se encuentra por lo general en proporción inversa al apetito intelectual. De ahí que, en esta época de progreso, encontremos tanto abdomen tan débil como el papel secante —corazones que indican «degeneración grasa»—, manos inutilizadas y endebles, piernas sin músculos y cuerpos flácidos, sin evidente energía. Pero no es solo la salud la que sufre por la negligencia y el desuso de los órganos corporales. La mente misma se vuelve enfermiza y agitada, la búsqueda del conocimiento se ve impedida, y la virilidad se marchita, se retuerce y se atrofia. Esta negligencia del ejercicio físico que encontramos entre los estudiantes y que tiende al descontento, la infelicidad, la inacción y la ensoñación (que se manifiesta en un desprecio prematuro por la vida real, y el disgusto por los caminos trillados de los hombres) es una tendencia que en Inglaterra se ha llamado Byronismo, y en Alemania Wertherismo. El doctor Channing la ha observado también en América, lo que lo llevó a hacer la observación de que «demasiados de nuestros jóvenes crecen en la escuela de la desesperación». El único remedio para esta enfermedad de la juventud es el ejercicio físico abundante, la acción, el trabajo y la ocupación corporal de cualquier tipo.

Daniel Malthus animó a su hijo a ser muy diligente en el cultivo del conocimiento cuando estaba en la universidad, pero también a practicar deportes varoniles como el mejor medio para mantener la plena capacidad de trabajo de su mente, así como de disfrutar de los placeres del intelecto. «Todo tipo de conocimiento —le dijo—, todo conocimiento de la naturaleza y del arte, divertirá y fortalecerá tu mente, y me complace que el críquet haga lo mismo con tus brazos y piernas; me encanta verte sobresalir en los ejercicios físicos y creo que gran parte de los placeres de la mente, la parte más agradable, se disfruta mejor estando de pie». Sin embargo, un uso aún más importante de la actividad física es el que impone el gran Jeremy Taylor. «Evita la ociosidad —dice— y llena todos los espacios de tu tiempo con actividades arduas y útiles; porque la lujuria se cuela fácilmente en esos vacíos donde el alma está desocupada y el cuerpo, tranquilo. Ninguna persona tranquila, saludable y ociosa logró mantener la castidad ante la tentación. De todos los trabajos, el corporal es el más útil y el que mejor funciona para alejar al diablo».

El éxito práctico en la vida depende mucho más de la salud física de lo que imaginamos. William Stephen Hodson, del regimiento de caballería Hodson's Horse, le dijo por carta a un amigo que estaba en Inglaterra: «Creo que si me va bien en la India, se deberá, físicamente hablando, a una buena digestión». La capacidad para el trabajo continuo en cualquier vocación depende principalmente de eso, de ahí la necesidad de atender a la salud, incluso como un medio de trabajo intelectual en sí mismo. Debemos en gran medida a los deportes de remo y críquet que se siguen practicando en los mejores colegios privados y universidades que se produzcan tantos especímenes de hombres sanos, varoniles y vigorosos, valedores de pertenecer al regimiento Hodson. Se dice que el duque de Wellington comentó en una ocasión mientras observaba a los que practicaban deportes en el patio de Eton, donde él había pasado sus días de juventud: «¡Ahí fue donde se ganó la batalla de Waterloo!».

No cabe duda de que podemos sobrevalorar el ejercicio de la musculatura. Sin embargo, es muy importante que los jóvenes empiecen a practicar ejercicio a una edad temprana para que tengan cuerpos y extremidades ágiles. No obstante, esta es una de las «cosas comunes» que la educación moderna descuida a menudo. Hay muchos jóvenes que salen de la escuela y de la universidad repletos de los conocimientos de los antiguos griegos y romanos, pero que están casi indefensos en lo que se refiere al uso de sus propias manos. A lo mejor se saben al dedillo los gerundios y los participios, pero no se acercan ni por asomo al uso que hace un simple labrador de sus ojos en la facultad de la mera observación. Aunque hayan recibido los más altos honores, a veces se encontrarán, en asuntos mundanos, por debajo del nivel del herrero, del carpintero o del marinero. «En el mar es un marinero de agua dulce; en el campo, un señorito de ciudad; en la ciudad, un novato; en la ciencia, un ignorante; en los negocios, un simplón; en el placer, un lacio. En todas partes estará fuera de su elemento, en Babia, en las nubes, a la deriva, o en cualquier otro sitio que describa su total ignorancia e incapacidad».[1]

Tal vez, cuando los educadores espabilen, acaben siendo más prácticos y reconozcan que entre los principales objetivos de la educación se encuentra el de preparar a los hombres para la vida real y el de capacitarlos para comprender y participar en los asuntos cotidianos de los hombres normales y corrientes. La educación de los jóvenes en las cosas comunes no sería incompatible con la más excelsa cultura intelectual, todo lo contrario. Incluso la formación en el uso de las herramientas de un taller, por ejemplo, se consideraría un buen complemento de la educación, ya que enseñaría a los jóvenes el uso de las manos y los brazos, los familiarizaría con el trabajo sano, ejercitaría sus facultades sobre cosas tangibles y reales, les daría cierta familiaridad práctica con la mecánica, les otorgaría la capacidad de ser útiles e implantaría en ellos el hábito del esfuerzo físico perseverante. Esta es una ventaja que las clases trabajadoras, estrictamente llamadas así, poseen sobre las clases ociosas; el hecho de verse obligados desde una temprana edad a trabajar con diligencia en alguna actividad mecánica, adquiriendo de esa manera destreza manual y el uso de sus poderes físicos. La principal desventaja de la vocación de las clases trabajadoras no es que se dediquen al trabajo físico, sino que pasan demasiado tiempo trabajando exclusivamente en él, descuidando a menudo sus facultades morales e intelectuales. Mientras que los jóvenes de las clases ociosas (a los que se les ha enseñado a asociar el trabajo con el servilismo) lo han evitado y se les ha permitido crecer casi ignorantes del día a día, a las clases más pobres (confinadas en el círculo de sus laboriosas ocupaciones) se les ha permitido crecer casi en el analfabetismo. Sin embargo, parece posible evitar ambos males combinando el entrenamiento físico o el trabajo físico con la formación intelectual, y hay varios indicios en el extranjero que parecen señalar la adopción gradual de este sistema de educación más saludable.

La infancia de sir Isaac Newton ilustra el inicio temprano autoimpuesto en trabajos de naturaleza mecánica. Aunque era un estudiante relativamente tranquilo, era habitual que se pasara horas usando su sierra, su martillo y su hacha, «golpeando y martilleando en su habitación». Smeaton, Watt y Stephenson eran también diestros con las herramientas cuando eran niños, y de no haber sido por este tipo de formación personal en su juventud, es muy probable que no hubieran alcanzado tantos logros en su madurez. Esa fue también la formación temprana de los grandes inventores y mecánicos descritos en los capítulos anteriores, cuya genialidad e inteligencia recibieron el entrenamiento del uso constante de sus manos durante los primeros años de vida. Hay casos de hombres con orígenes humildes que se han elevado hasta convertirse en trabajadores intelectuales que luego han descubierto las ventajas de su formación manual temprana en sus actividades posteriores. Elihu Burritt incluso decía que necesitaba el trabajo laborioso para poder estudiar de forma eficaz. Más de una vez abandonó la escuela y los estudios, y se puso de nuevo el delantal de cuero para volver a su herrería y a su yunque, por la salud de su cuerpo y de su mente.

El señor R. M. Milnes, miembro del Parlamento, defendió esta misma opinión en una reciente reunión de una asociación de mecánicos. «Él creía —dijo— que el hábito del trabajo mecánico (ese trabajo manual serio, diligente, preciso y reflejo) conduciría a los hombres a un buen trabajo mental e intelectual. Un buen trabajador de los asuntos de la vida será también un buen trabajador en los asuntos de la mente si tiene talento; y así fue como se descubrió que los hombres más notables que habían ascendido desde los estratos sociales más bajos no eran los que habían evitado el trabajo, sino los que habían sido más diligentes, más activos y más inteligentes en sus ocupaciones mecánicas. Había dos cosas que actuaban en contra del progreso intelectual de los jóvenes: el exceso de trabajo y la falta de trabajo. Él pensaba que tener otra cosa que hacer no era ninguna desventaja para el progreso intelectual de un hombre y que si miraban a las clases altas de la sociedad, encontrarían que era tan cierto en ese caso como lo era en el suyo, es decir, que el hombre que tenía el trabajo más activo era el hombre que en la vida pública se distinguía más y era más útil a su país».

El éxito de los profesionales depende en gran medida de su resistencia y de su fuerza física. Así, un tórax bien desarrollado se considera casi tan indispensable para el abogado o el político de éxito como un intelecto bien cultivado. La completa oxigenación de la sangre, mediante la libre exposición a una gran superficie de respiración en los pulmones, es necesaria para mantener esa plena potencia vital de la que depende en tan gran medida el vigoroso funcionamiento del cerebro. El abogado tiene que escalar las alturas de su profesión en salas de tribunales cerradas y caldeadas, y el líder político tiene que soportar la fatiga y la excitación de esos debates largos y acalorados en una cámara abarrotada. Por lo tanto, el abogado en plena práctica y el líder parlamentario en pleno trabajo están llamados a demostrar poderes de resistencia física y de actividad aún más extraordinarios que los del intelecto, como los que han exhibido de forma tan notable Brougham, Lyndhurst y Campbell, o Peel, Graham y Palmerston, todos hombres de torso robusto. La maravillosa y juvenil vitalidad que demuestra lord Palmerston ha sido durante mucho tiempo motivo de asombro. Sin embargo, de joven se enorgullecía y le encantaba ser el mejor remero, el mejor saltador y el mejor corredor. Ser el primero en los deportes, como desde entonces ha sido el primero en el senado. Y a día de hoy sigue recurriendo a su caballo y a su pistola en sus horas de ocio. En cuanto a lord Brougham, siempre lo han rodeado las leyendas sobre su enorme capacidad de trabajo y sus triunfos sobre el frágil físico de la humanidad, convirtiéndolo en un Hércules. Y ya que aludo a él y a otros de sus semejantes, añado el comentario de un escritor[2] que estuvo muy acertado: «La grandeza de nuestros hombres ilustres es un asunto tanto corporal como mental». Es en el aspecto físico donde se esconde tanto el hombre moral como el intelectual; y es a través de los órganos corporales como trabaja el alma. El cuerpo, como dice el viejo Burton, «es *domicilium animae*, el hogar, la morada y la estancia del alma; y, así como una antorcha da una luz mejor, y un olor más dulce, según de lo que está hecha, nuestra alma realiza mejor o peor todas sus actividades según la disposición de los órganos corporales; o, tal como el vino sabe a la barrica donde se guarda, el alma recibe una tintura del cuerpo, a través de la cual obra».

Cuando sir Walter Scott estudiaba en la Universidad de Edimburgo, se hacía llamar «el Tontorrón». Era un muchacho sanísimo pese a su cojera, capaz de pescar un salmón con arpón con el mejor pescador del Tweed o montar un caballo salvaje con cualquier cazador de Yarrow. Cuando se dedicó a la literatura, sir Walter nunca perdió su gusto por los deportes. Mientras escribía *Waverley* por las mañanas, cazaba liebres por las tardes. El profesor Wilson era un gran atleta y tan sobresaliente en el lanzamiento del martillo como en su elocuencia y poesía. Cuando era joven, Burns destacaba sobre todo por sus saltos, golpes y lucha. Algunos de nuestros más grandes teólogos se distinguieron en su juventud por su energía física. Cuando Isaac Barrow estaba en la Charterhouse School, era famoso por sus combates pugilísticos, en los que sufrió muchas hemorragias nasales. Cuando Andrew Fuller trabajaba en una granja de Soham, era famoso por su habilidad en el boxeo. Adam Clarke solo sobresalía de pequeño por la fuerza que demostraba al «echar a rodar grandes piedras», seguramente el secreto de parte del poder que más adelante demostró al echar a rodar grandes pensamientos en su madurez.

Por lo tanto, aunque es necesario asegurar en primer lugar esta sólida base de salud física, también debo señalar que la aplicación constante es la única manera de adquirir conocimiento mental de cualquier tipo. Sin ella es tan inútil esperar adquirirlos como esperar una cosecha donde no se han plantado semillas. El camino hacia el conocimiento es libre para todos los que trabajen y estudien a fin de recoger los frutos. No hay dificultades tan grandes que el estudiante aplicado y resuelto no pueda superar y vencer con eficacia. Una de las expresiones características de Chatterton era que Dios había enviado a sus criaturas al mundo con brazos lo bastante largos como para alcanzar cualquier cosa si decidían tomarse la molestia de intentarlo. En el estudio, al igual que en los negocios, la energía es lo más importante. Debe existir el *fervet opus*, que viene a ser «el trabajo hierve», y que significa que no solo debemos golpear el hierro mientras está caliente, sino golpearlo hasta que se caliente. Hay un dicho que afirma que quien tiene corazón lo tiene todo y otro que asegura *che non arde non incende*, «lo que no prende no arde». Es asombroso lo mucho que pueden lograr las personas enérgicas y perseverantes con la autoformación, aquellas que se cuidan de aprovechar las oportunidades y de usar los ratos de tiempo libre que los ociosos desperdician. Así, Ferguson aprendió astronomía mirando el firmamento mientras estaba envuelto en una piel de oveja en las colinas de las Highlands escocesas. Stone aprendió matemáticas mientras trabajaba como jornalero arreglando jardines. Drew estudió la filosofía más elevada mientras les ponía suelas a los zapatos. Y Miller aprendió geología mientras trabajaba en una cantera. Poniendo su mente al servicio del conocimiento en sus diversos aspectos, y empleando cuidadosamente las posibilidades de su tiempo, más hombres como ellos alcanzaron grandes cotas culturales y adquirieron una honorable distinción entre sus semejantes en las circunstancias más humildes.

Sir Joshua Reynolds, como ya he comentado, creía con tanto fervor en el poder del trabajo diligente que sostenía que todos los hombres podían alcanzar la excelencia si se aplicaban de forma asidua y paciente. Sostenía que la genialidad se alcanzaba trabajando con ahínco y que no había límites para la habilidad de un artista salvo los que él se impusiera por falta de trabajo. No creía en la inspiración, sino en el estudio y en el trabajo. «La excelencia —decía— solo se alcanza como recompensa del trabajo. Si tienes grandes talentos, la diligencia los mejorará; si tus habilidades son modestas, el tesón suplirá su deficiencia. Al trabajo bien dirigido no se le niega nada y nada se obtiene sin él». Sir Fowell Buxton, que trabajaba en un campo muy distinto, también creía en el poder del estudio y albergaba la modesta idea de que podría hacerlo tan bien como otros hombres si le dedicaba el doble de tiempo y de trabajo. Depositaba su confianza solo en los medios ordinarios y en una aplicación extraordinaria. La genialidad sin trabajo es desde luego un oráculo mudo; y no es menos cierto que los hombres de gran talento han estado entre los más trabajadores, dedicados y diligentes, y que su principal característica consiste simplemente en su capacidad para trabajar con más concentración y eficacia que los demás.

La minuciosidad y la rigurosidad son dos puntos cruciales a los que se debe aspirar en el estudio. Francis Horner, tras establecer las reglas para el cultivo de su mente y de su carácter, puso un gran énfasis en el hábito de aplicarse de forma continuada a un tema con el fin de dominarlo a fondo. De esa forma se limitaba a unos cuantos libros y resistía con la mayor firmeza «todo acercamiento a un hábito de lectura desganada». El valor del conocimiento para cualquier hombre no consiste ni mucho menos en su cantidad, sino en los buenos usos que le da. Por lo tanto, un conocimiento reducido, pero exacto y perfecto, siempre será más valioso para fines prácticos que un largo periodo de aprendizaje superficial. Esa expresión tan común hoy en día sobre la «difusión del conocimiento» no deja de ser correcta, pero si se difunde de forma excesivamente amplia y en capas delgadas, solo sirve para revelar la masa de ignorancia que yace debajo. Tal vez nunca se hayan leído más libros como hoy en día ni se haya estudiado menos. El número de los que saben un poco de todo, pero nada a fondo, aumenta con rapidez. A tales lectores se les ha comparado, no sin razón, con esa navaja de bolsillo que algunas personas llevan consigo y que, además de un cuchillo común, contiene una lima, un cincel, una sierra, una gubia, un destornillador y unas tijeras, pero todos tan diminutos que cuando es preciso usarlos, se descubre que no sirven para nada.

Una de las máximas de Ignacio de Loyola era: «El que hace las obras bien de una en una, lo hace todo». Si extendemos nuestros esfuerzos sobre una superficie demasiado grande, acabamos debilitando nuestra fuerza y obstaculizando los progresos, y adquirimos el hábito de trabajar de manera irregular e ineficaz. No se debe permitir que un joven abandone cualquier cosa que se proponga aprender hasta que lo consiga. Así aprenderá el hábito de la minuciosidad. Lord St. Leonards le describió en cierta ocasión a sir Fowell Buxton el modo en el que había llevado a cabo sus estudios, explicándole así el secreto de su éxito. «Cuando empecé a leer derecho —dijo—, decidí hacer mío todo lo que adquiriera y no empezar otra cosa hasta que hubiera completado la primera. Muchos de mis competidores leían tanto en un día como yo en una semana; pero al cabo de doce meses, mis conocimientos estaban tan frescos como el día que los adquirí, mientras que los suyos se habían desvanecido en la memoria». Sir E. B. Lytton comentó en una ocasión mientras explicaba cómo había podido escribir tantos libros estando tan ocupado en la vida: «Me las ingenio para hacer cosas sin hacer nunca demasiado a la vez. Por regla general, no le dedico al estudio más de tres horas al día (salvo durante la temporada de debates parlamentarios, que no llego a tanto). Pero durante esas horas, pongo toda mi atención en lo que tengo entre manos».

No son las horas de estudio ni la cantidad de libros que se leen lo que hace sabio a un hombre, sino la capacidad de adecuar el estudio al propósito que se persigue, la concentración en el momento de estudiar el tema en cuestión y la disciplina constante que regula el aprendizaje mental. Abernethy era incluso de la opinión de que había un punto de saturación en su propia mente y de que si intentaba añadir algo más de lo que podía contener, lo único que lograba era olvidar otra cosa. Hablando del estudio de la Medicina, dijo: «Si un hombre tiene una idea clara de lo que desea hacer es raro que fracase en la selección de los medios adecuados para lograrlo». El estudio más provechoso es el que se lleva a cabo con una meta definida y específica, enfocando en ella toda observación, reflexión y lectura. Al dominar a fondo cualquier rama del conocimiento, la hacemos mucho más disponible para su uso en cualquier momento. Por lo tanto, no basta con tener libros o saber dónde leer para conseguir la información que necesitamos. Debemos llevar con nosotros la sabiduría práctica para los propósitos de la vida y tenerla lista para usarla cuando sea preciso. No es suficiente que tengamos una fortuna acumulada en casa y vayamos con los bolsillos vacíos; debemos llevar encima cierta cantidad de conocimiento lista para ponerla en circulación en todas las ocasiones o, de lo contrario, estaremos comparativamente indefensos cuando se presente la oportunidad de actuar.

La decisión y la diligencia son tan necesarias en la autoformación como en los negocios. El desarrollo de estas cualidades puede fomentarse acostumbrando a los jóvenes a confiar en sus propios recursos y dejándolos disfrutar de tanta libertad de acción en los primeros años de su vida como sea posible. Demasiada orientación y restricción obstaculizan la formación de los hábitos necesarios para la autoformación. Son como vejigas atadas bajo los brazos de alguien que no ha aprendido a nadar. La falta de confianza tal vez sea un obstáculo mayor de lo que se pueda imaginar. La verdadera modestia es perfectamente compatible con una visión sincera de los propios méritos y no exige la abnegación de todos ellos. Aunque no cabe duda de que hay muchas personas engreídas que se engañan a sí mismas anteponiendo una figura falsa a sus logros, la falta de confianza en uno mismo y, por consiguiente la falta de diligencia, es un defecto de carácter que obstaculiza en gran medida el camino del progreso individual. Se ha dicho que la mitad de los fracasos en la vida surge por frenar al caballo cuando está saltando. El doctor Johnson atribuía todo su éxito a la confianza en sus propias fuerzas. De hecho, es habitual que la razón por la que se hace tan poco sea la falta de esfuerzo. No tenemos éxito por la sencilla razón de que insistimos en quedarnos en nuestro sitio. Si diéramos un paso para alejarnos un poco, nos ayudaríamos a nosotros mismos, pero no lo hacemos.

Hoy en día no existe una falta de deseo por parte de la mayoría de las personas para lograr buenos resultados con la autoformación. Lo que sí hay es una gran aversión por pagar el precio inevitable, que es el trabajo duro. El doctor Johnson sostenía que «la impaciencia en el estudio era la enfermedad mental de la generación actual», y dicha observación sigue siendo aplicable hoy en día. Tal vez no creamos que existe un camino real hacia el aprendizaje, pero parece que creemos firmemente en uno «popular». En educación inventamos procesos que ahorran trabajo, buscamos atajos para la ciencia, aprendemos francés y latín «en doce lecciones» o «sin tutor». Nos parecemos a la dama que sigue las tendencias de la moda y contrató a un maestro para que le diera clases con la condición de que no la atormentara con verbos y participios. Aprendemos química escuchando un breve curso de conferencias amenizado con experimentos y después de inhalar gas hilarante, de ver que el agua verde se vuelve roja y que el fósforo arde con el oxígeno, ya consideramos que tenemos un gran bagaje, aunque del mismo solo se puede decir que, aunque sea mejor que nada, de poco va a servirnos. Sucede igual cuando imaginamos que nos están educando, aunque en realidad solo nos están entreteniendo.

Sin embargo, no sirve de nada. Todos esos métodos que ahorran trabajo (todos esos supuestos métodos que insinúan aportar conocimiento a la mente sin estudio y sin trabajo) son meros engaños y acaban provocando mortificación y decepción. Para adquirir conocimiento debemos aplicarnos de forma diligente y ser tan aplicados como lo fueron nuestros antepasados, porque el trabajo es, y siempre lo será, el precio inevitable que hay que pagar para conseguir cualquier cosa de valor. Debemos contentarnos con trabajar enérgicamente para alcanzar una meta y esperar los resultados con paciencia. Buffon ha llegado a decir de la paciencia que es una genialidad. En su opinión, el poder de los hombres ilustres consiste principalmente en su capacidad de trabajar y esperar pacientemente. Cualquier progreso es lento, pero aquel que trabaja con tesón y propósito puede estar seguro de que obtendrá la recompensa a su debido tiempo. «El valor y el trabajo —dice Sharpe— habrían caído en la desesperación, y el mundo se habría quedado sin mejoras y sin adornos, si los hombres se hubieran limitado a comparar el efecto de un solo golpe de cincel con la pirámide que hay que levantar o la capacidad de una simple palada con la montaña que hay que nivelar». Debemos aplicarnos con diligencia en las actividades correctas y avanzar con perseverancia, aunque sea de forma inconsciente. El espíritu del trabajo, poco a poco y siguiendo la educación tradicional, acabará aplicándose a objetivos mucho mayores y a usos más amplios. Sin embargo, llegado a ese punto deberás seguir trabajando, porque la obra de la autoformación nunca está terminada. «Tener trabajo —dijo el poeta Gray— es ser feliz». «Es mejor desgastarse que oxidarse», dijo el obispo Cumberland. «¿No tenemos toda la eternidad para descansar?», exclamó Arnauld.

Sin embargo, el trabajador que sea corto de miras se caracterizará por la impaciencia en su formación, que para satisfacerlo deberá parecerle tangible e inmediata. Como los niños pequeños, ansiosos de ver crecer sus semillas, arrancarán las plantas para comprobar qué progresos están haciendo, y así las matarán. Todo lo contrario del hombre que planta y espera la abundante primavera, el verano y el otoño que seguirán con paciencia y confianza. A veces incluso deberá contentarse con pensar que sus hijos disfrutarán de los frutos. En una de las fábulas de La Fontaine, unos muchachos ridiculizan a un viejo patriarca de ochenta años, que está ocupado plantando una avenida de árboles jóvenes. Los muchachos le dicen que no vivirá para verlos tan altos como su cabeza. «Bueno —replicó el anciano trabajador—, ¿y qué? Aunque yo no vaya a disfrutar de su sombra, lo harán mis hijos, e incluso vosotros. Por lo tanto, disfruto plantándolos». No hace mucho, un pobre obrero que había estado trabajando para su futuro yacía moribundo con su mujer y sus hijos sollozando alrededor de su cama; el enfermo agonizaba pensando en lo mucho que tendrían que luchar sin él para ayudarlos y la certeza de esa lucha amargó sus últimos momentos. «¡Mi pobre Willy! ¡Mi pobre Mary! —gritó desesperado—, ¿qué será de ellos?». Intentaron consolarlo, pero todo fue en vano hasta que, por fin, un amigo sensato le dijo con esperanza: «¡No temas! Les dejas un rico legado. Ten por seguro que no olvidarán tus enseñanzas. La semilla que has sembrado no se perderá; y tus libros, que para ti han sido como los dioses de tu hogar, también lo serán para ellos, y abrirán sus mentes, y a través de ellos honrarán con amor al gran Dios». «¡Oh! ¡Paz, consuelo!», exclamó el moribundo, y no habló más.

La mejor manera de adquirir conocimiento es a través de la autoformación. La educación recibida en la escuela y en la universidad no es más que un comienzo, y resulta valiosa en un primer momento porque nos entrena en el hábito de la aplicación continua y facilita la autoformación, siguiendo un plan y un sistema definidos. Para que la mente pueda ejercitar libremente sus facultades es necesario, incluso en el mejor sistema educativo, que haya lagunas ocasionales para su libre funcionamiento. De esa forma, si se le da libertad hasta cierto punto para descubrir lo que puede hacer y lo que no, ganará en fuerza y actividad, y se evitarán en gran medida los males derivados de una dependencia excesiva de la enseñanza de los demás. A menudo pasa que la mejor educación de un hombre es la que se da a sí mismo, mientras se dedica a las actividades prácticas del día a día. Almacenar ideas en la cabeza porque sí no beneficia en nada, es como meter cosas en una bolsa, a menos que reacciones a ellas, las hagas tuyas y las conviertas en algo útil. «No basta —dijo John Locke— con que nos atiborremos de una gran cantidad de enciclopedias. A menos que nos las comamos, no nos darán fuerza ni alimento». Lo que te inculcan los demás siempre será menos tuyo que lo que adquieras con tu propio esfuerzo diligente y perseverante. El conocimiento conquistado mediante el trabajo se convierte en una posesión, en una propiedad enteramente tuya. La impresión será más clara y permanente, y los hechos así adquiridos se registrarán en la mente de una forma que la simple información impartida jamás logrará. La autoformación genera poder y cultiva la fuerza. Ser capaz de solucionar tú mismo un problema te ayudará a dominar otros. El conocimiento se convierte, de esa manera, en facultad. Tu propio esfuerzo es lo esencial; y ningún atajo, ningún libro, ningún maestro ni ninguna lección aprendida de memoria te permitirá prescindir de él. Ese espíritu infundido en la autoformación produce una enseñanza viva, que inspira con propósito al hombre completo, imprimiendo un sello distinto en la mente y promoviendo de forma activa la formación de principios y de hábitos de conducta.

Los mejores maestros no han tardado en reconocer la importancia de la autoformación y de estimular pronto al estudiante para que se acostumbre a adquirir conocimientos mediante el ejercicio activo de sus propias facultades. Han confiado más en la formación que en la narración y han procurado que sus alumnos se convirtieran ellos mismos en partes activas del trabajo en el que estaban comprometidos, haciendo así de la enseñanza algo mucho más noble que la mera recepción pasiva de retazos y detalles del conocimiento. Este era el espíritu con el que trabajaba el gran doctor Thomas Arnold. Se esforzaba por enseñarles a sus alumnos a confiar en sí mismos y a desarrollar sus propias facultades, limitándose a guiarlos, dirigirlos, estimularlos y animarlos. «Prefiero enviar a un muchacho a Van Diemen's Land, donde debe trabajar para ganarse el pan, a enviarlo a Oxford para vivir en el lujo, sin otro deseo en su mente que el de aprovechar sus ventajas», decía. En otra ocasión comentó: «Si hay algo en la Tierra que sea verdaderamente admirable es ver la sabiduría de Dios al bendecir unas facultades naturales inferiores cuando se cultivan de forma sincera, verdadera y con celo». Hablando de un alumno de ese carácter, dijo: «Me pararía delante de un hombre así y me quitaría el sombrero». Una vez, mientras le enseñaba a un muchacho poco brillante en Laleham, le habló con cierta brusquedad, de manera que el alumno lo miró a la cara y le dijo: «¿Por qué me habla enfadado, señor? Lo estoy haciendo lo mejor que puedo». Años después, Arnold le contaba la historia a sus hijos y añadía: «Nunca he sentido nada tan poderoso en toda mi vida. Nunca he olvidado esa mirada ni esas palabras».

Poseer facultades intelectuales naturalmente superiores tiene el mismo mérito que recibir como herencia una gran propiedad. Es el uso que se hace tanto de lo uno como de lo otro lo que constituye el derecho a que te respeten. Se puede acumular una gran cantidad de conocimiento sin propósito alguno, y aunque sea una fuente de placer para quien lo posee, tal vez sea de poca utilidad para cualquier otra persona. No es la simple cultura literaria lo que hace al hombre. Es posible haber leído muchos libros y vadeado muchas ciencias y, sin embargo, no poseer una disciplina intelectual sólida. Al contrario que otros que, sin haber recibido una enseñanza reglada, pueden haber adquirido un gran vigor mental con el simple ejercicio diligente de su sentido común y de la observación.

Es habitual oír hoy en día la expresión que asegura que «el conocimiento es poder». Sin embargo, también lo son el fanatismo, el despotismo y la ambición. El conocimiento en sí mismo, a menos que se dirija con tiento, puede hacer que los hombres malos sean más peligrosos y sumir en el caos a la sociedad en la que se considera como el bien supremo. El conocimiento debe ir de la mano de la bondad y de la sabiduría, y estar encarnado en un carácter recto, de lo contrario no es nada. Pestalozzi incluso consideraba perniciosa la formación intelectual en sí misma, insistiendo en que las raíces de todo conocimiento deben brotar y alimentarse en el suelo de la voluntad religiosa gobernada con rectitud. Es cierto que la adquisición de conocimientos puede proteger a un hombre de los delitos más mezquinos de la vida, pero de ninguna forma lo protege de sus vicios egoístas a menos que se tengan principios y hábitos sólidos. De ahí que encontremos en la vida diaria tantos casos de hombres bien formados en intelecto, pero deformados por completo en carácter. Con un gran aprendizaje universitario, pero con nula sabiduría práctica. Son ejemplos más bien para advertir que para imitar.

Es posible que en la actualidad exageremos la importancia de la cultura literaria. Pensamos que por el hecho de poseer muchas bibliotecas, institutos y museos estamos haciendo grandes progresos. Sin embargo, es posible que tales facilidades sean con frecuencia tanto un obstáculo como una ayuda para la autoformación individual. La posesión de una biblioteca, o el libre uso de ella, no ayuda más al aprendizaje que la posesión de riqueza ayuda a la generosidad.

Aunque es indudable que poseemos grandes facilidades, no es menos cierto que la sabiduría y el entendimiento solo pueden llegar a ser posesión de los hombres individuales recorriendo el viejo camino de la observación, la atención, la perseverancia y la diligencia como antaño. La posesión de los simples materiales del conocimiento es algo muy distinto de la sabiduría y el entendimiento, que se alcanzan mediante un tipo de disciplina superior a la de la lectura.

El conocimiento habita
en las cabezas que están repletas de pensamientos de otros.
La sabiduría, en las cabezas atentas a lo suyo.
El conocimiento, una masa grosera y poco rentable,
los ladrillos con los que se construye la sabiduría,
hasta que no se alisa y se coloca bien en su lugar,
lo único que hace es molestar a quien parece enriquecer.

La multitud de libros que los lectores modernos hojean puede producir tanta distracción como cultura. Leer mucho deja una impresión en la mente similar a la que deja en el ojo la contemplación de las formas cambiantes en un caleidoscopio. La lectura es a menudo una mera recepción pasiva de los pensamientos de otros hombres, y en la transacción hay poco o ningún esfuerzo activo de la mente. ¡Cuántas de nuestras lecturas no son más que la indulgencia de una especie de epicureísmo literario, o una borrachera intelectual, que imparte una agradecida y momentánea excitación, sin el menor efecto para mejorar y enriquecer la mente o edificar el carácter! Muchos se complacen en la presunción de que están cultivando sus mentes, cuando solo están practicando el humilde pasatiempo de entretenerse. Tal vez lo mejor que puede decirse es que simplemente evita que hagan cosas peores.

Cuando un amigo le pidió al señor Carlyle consejo sobre los libros que debía leer, le contestó lo siguiente: «Lo que hace que un hombre se convierta en un hombre en todos los aspectos no son solo los libros, que tampoco cumplen un gran papel en el proceso. Esfuérzate por hacer a la perfección lo que te exija tu situación real, en el momento presente. Esa es tu labor, así que aférrate a ella como un verdadero soldado. Un hombre se perfecciona trabajando mucho más que leyendo. El número de hombres capaces de combinar ambas cosas va en aumento. Pueden llevar a cabo su cometido con sensatez y valentía al mismo tiempo que se preparan para hacer otras cosas fuera de esa órbita si se les presenta la oportunidad».

También hay que tener en cuenta que la experiencia adquirida con los libros, aunque a menudo valiosa, no es más que aprendizaje; mientras que la experiencia adquirida en la vida real es sabiduría, y una pequeña reserva de esta última vale mucho más que cualquier reserva de la primera.

Lord Bolingbroke dijo que «cualquier estudio que no tienda ni directa ni indirectamente a hacernos mejores hombres y ciudadanos solo es, en el mejor de los casos, una especie de ociosidad engañosa e ingeniosa, y el conocimiento que adquirimos con él, un tipo de ignorancia digna de crédito, nada más».

Por útil e instructiva que sea la buena lectura, solo es un método para cultivar la mente e influye menos que la experiencia práctica y el buen ejemplo en la formación del carácter. En Inglaterra se criaron hombres sabios, valientes y honrados mucho antes de que existiera un público lector. La Carta Magna la firmaron hombres que no sabían escribir y pusieron sus marcas. Aunque no eran capaces de interpretar lo que estaba escrito sobre el papel, entendían, apreciaban y defendían con valentía los principios en sí mismos. Los cimientos de la libertad inglesa los pusieron hombres que, aunque analfabetos, poseían una gran riqueza de carácter. Y el principal objetivo de la cultura no es llenarse la mente con los pensamientos de otros hombres y ser los receptores pasivos de sus impresiones sobre las cosas sin más, sino aumentar la inteligencia individual y convertirnos en trabajadores más útiles y eficientes en la esfera de la vida que nos toque. Muchos de nuestros trabajadores más enérgicos y útiles han sido lectores parcos. Brindley y Stephenson no aprendieron a leer y a escribir hasta que llegaron a la edad adulta y, sin embargo, hicieron grandes obras y llevaron vidas dignas de un hombre. John Hunter apenas sabía leer ni escribir cuando tenía veinte años, aunque era capaz de hacer mesas y sillas con cualquier carpintero. «Yo no leo —decía el gran fisiólogo cuando daba una clase—. Esta —añadía, señalando alguna parte del sujeto que tenía delante— es la obra que debéis estudiar si queréis llegar a ser eminentes en vuestra profesión». Cuando le dijeron que uno de sus contemporáneos lo había acusado de desconocer las lenguas muertas, replicó: «Me comprometería a enseñarle todo sobre un cuerpo muerto, algo que jamás ha aprendido en ninguna lengua, ni viva ni muerta».

Lo importante no es cuánto sabe un hombre, sino el fin y el propósito por el que lo sabe. El propósito del conocimiento debe ser madurar la sabiduría y mejorar el carácter, para que seas mejor, más feliz y más útil; más benevolente, más enérgico y más eficiente en la persecución de cualquier objetivo que te propongas en la vida. Debes ser tú mismo, hacer lo que te dicte tu naturaleza y no contentarte con leer y meditar sobre lo que otros hombres han escrito y hecho. Debes sacar a relucir lo mejor de ti y convertir tus pensamientos en acciones. El más humilde y menos instruido debe entrenar su sentido del deber y acostumbrarse a una vida ordenada y diligente. Aunque los talentos son dones de la naturaleza, los hombres con capacidades humildes pueden adquirir una gran respetabilidad aplicando la autodisciplina. Al menos deberías poder decir, como Richter: «Me he convertido en la mejor versión de mí mismo que podía alcanzar con las características de las que dispongo, nadie debería exigir más». Es deber de cada hombre disciplinarse y guiarse, con la ayuda de Dios, según sus responsabilidades y las facultades con las que esté dotado. Sin embargo, guiado por el buen ejemplo y las buenas obras de los demás, debes confiar principalmente en tu esfuerzo interno y construir tus propios cimientos.

La autodisciplina y el autocontrol son los principios de la sabiduría práctica y deben surgir del amor propio. De él brota la esperanza, que es la compañera del poder y la madre del éxito, porque quien se aferra a la esperanza lleva en su interior el don de los milagros. El hombre más humilde puede decir: «Respetarme a mí mismo, desarrollarme, es mi verdadero deber en la vida. Como parte integrante y responsable del gran sistema de la sociedad, le debo a la sociedad y a su Creador no degradar ni destruir mi cuerpo, mi mente, ni mis instintos. Al contrario, estoy obligado a perfeccionar esas partes de mi naturaleza al máximo posible. No solo debo suprimir el mal, sino sacar a relucir los elementos buenos de mi carácter. Y así como respeto mi propia naturaleza, estoy igualmente obligado a respetar a los demás, de la misma manera que ellos están obligados a respetarme a mí». De ahí el respeto mutuo, la justicia y el orden de los que la ley se convierte en registro escrito y en garantía.

El respeto a uno mismo es la prenda más noble con la que un hombre puede vestirse, el sentimiento más elevado que puede inspirar a la mente. En sus *Versos de Oro*, Pitágoras ordena al alumno «reverenciarse a sí mismo» como una de sus máximas. Llevado por esta elevada idea, no debe manchar su cuerpo con la sensualidad ni su mente con pensamientos serviles. Este sentimiento, trasladado a la vida diaria, será el germen de todas las virtudes: limpieza, sobriedad, castidad, moralidad y religión. «El respeto justo y dedicado a uno mismo —dijo Milton— puede considerarse la humedad radical y el origen del que brota toda empresa loable y digna». Ser cruel contigo mismo acaba despojándote de la autoestima y de la estima de los demás. Y según sean los pensamientos, así serán los actos. Un hombre no puede llevar una vida elevada si se hunde en la cloaca moral de sus propios pensamientos. No puede aspirar a subir si mira hacia abajo; si quiere elevarse, debe mirar hacia arriba. La indulgencia de este sentimiento puede sostener al más humilde y el amor propio es capaz de elevar e iluminar la pobreza. Desde luego que es un noble espectáculo ver a un hombre pobre mantenerse erguido en medio de todas las tentaciones y no ceder a rebajarse cometiendo bajezas.

No es necesario que insista en los usos del conocimiento como medio para «salir adelante» en la vida. El propio interés nos lo enseña y ya se está generalizando la idea de que la autoformación es una de las mejores inversiones posibles de tiempo y trabajo. En cualquier ámbito de la vida, la inteligencia le permitirá a un hombre adaptarse con más facilidad a las circunstancias, le sugerirá mejores métodos de trabajo y lo hará más apto, hábil y eficaz en todos los aspectos. El que trabaja tanto con la cabeza como con las manos logrará ver su negocio con más claridad y será consciente de su creciente poder; algo que tal vez sea la conciencia más alentadora que puede albergar la mente humana. El poder de la autoayuda crecerá de forma gradual y en proporción al amor propio que tengas, estarás más o menos armado para enfrentarte a las peores tentaciones. Verás la sociedad y sus acciones como algo novedoso. Verás que tus simpatías aumentan y se expanden. Y te sentirás atraído a trabajar para los demás tanto como para ti mismo.

Sin embargo, la autoformación no puede terminar en una simple eminencia, como las que he descrito brevemente en los numerosos casos ilustres de individuos autodidactas antes citados. A lo largo de todas las épocas, la gran mayoría de los hombres —sin importar lo ilustrados que sean— debe necesariamente dedicarse a las ocupaciones ordinarias del trabajo. La cultura en sí misma que puedas adquirir para repercutirla después en la comunidad jamás te permitirá —aun cuando fuera deseable, que no lo es— librarte del trabajo diario de la sociedad, que debe hacerse. Aunque creo que esto también se puede lograr. Podemos elevar la condición del trabajo, asociándolo a pensamientos nobles para conferirle valor tanto a la posición más baja como a la más alta. Porque no importa lo pobre o humilde que sea un hombre, el gran pensador de hoy en día o de cualquier otra época puede sentarse con él y ser su compañero por un tiempo, aunque su morada sea la choza más sencilla. Así es como el hábito de la lectura bien dirigida puede convertirse en una fuente de gran placer y de mejora personal, y ejercer una suave coerción sobre el carácter y la conducta de un hombre con los mejores resultados. Y aunque la autoformación no traiga riqueza, en todo caso nos dará la buena compañía de unos pensamientos elevados. Un aristócrata le preguntó una vez de forma despectiva a un sabio: «¿Qué has conseguido con toda tu filosofía?». «Congraciarme conmigo mismo» fue la respuesta del sabio.

Sin embargo, muchos son propensos a sentir desaliento y a desanimarse en el trabajo de la autoformación, porque no «avanzan» en el mundo tan rápido como creen que merecen hacerlo. Tras haber plantado la bellota, esperan verla convertirse en un roble de inmediato. Tal vez han considerado el conocimiento como un producto comercializable y, en consecuencia, se sienten avergonzados porque no se vende como esperaban. El señor Tremenheere, en uno de sus *Education Reports* (correspondiente a 1841 y donde informa de las noticias sobre educación), afirma que un maestro de Norfolk, al ver que su escuela decaía rápidamente, investigó la causa y comprobó que la razón que le daba la mayoría de los padres para retirar a sus hijos era que esperaban que «la educación los hiciera avanzar en la vida», pero que al ver que «no les había hecho ningún bien», los sacaban de la escuela, poco interesados ya por seguir educándolos. Entre otras clases sociales es frecuente encontrar esa pésima idea sobre la autoformación, alentada por las falsas visiones de la vida que siempre están más o menos de moda en la sociedad. Sin embargo, considerar la autoformación como un medio para superar a otros en el mundo, o como fuente de disipación intelectual y diversión, más que como un poder para elevar el carácter y expandir la naturaleza espiritual es colocarla en un nivel muy bajo. No cabe duda de que es muy honorable que un hombre trabaje para ascender y mejorar así su posición en la sociedad, pero no debe hacerlo sacrificándose a sí mismo. Hacer de la mente una mera esclava del cuerpo es darle un uso muy servil; y andar quejándote y lamentándote de tu deplorable suerte por no haber logrado alcanzar ese éxito en la vida, que al fin y al cabo depende más de los hábitos de trabajo y de la atención a los detalles de los negocios que del conocimiento, da muestras de una mente pequeña y a menudo agria. Tal temperamento se define a la perfección con las palabras de Robert Southey, quien le escribió esto a un amigo que buscaba su consejo: «Te daría un consejo si pudiera ser útil, pero es imposible curar a los que eligen estar enfermos. Un hombre bueno y sabio puede enfadarse a veces con el mundo o sentir que este lo aflige; pero ten por seguro que nadie se ha sentido descontento si ha cumplido con su deber en él. Si un hombre educado, que goza de buena salud, con ojos, manos y tiempo libre, echa en falta algo es solo porque Dios Todopoderoso le ha concedido todas esas bendiciones a un hombre que no las merece».

Es probable que la importancia que se les ha dado recientemente a los exámenes literarios para ciertos niveles de funcionarios gubernamentales, de los que tanto hemos oído hablar, tenga como consecuencia que aumente el número de descontentos, sin que beneficien en absoluto al servicio público. El novedoso plan se puede describir como una especie de lotería gubernamental en la que los premios se sortean entre los más empollones. No hace mucho, se presentaron no menos de setecientos aspirantes para ocho puestos de copista en una oficina pública. ¡Ocho premios para 692! Un espectáculo verdaderamente lamentable ver a tantos jóvenes educados ansiosos por la mal pagada y rutinaria, aunque «gentil», ocupación de una oficina gubernamental, cuando hay tantos otros caminos abiertos para las fuerzas de los jóvenes activos y con espíritu enérgico, aunque requieren trabajo y abnegación. Sir James Clarke ha descrito con acierto el sistema preliminar de estudiar para el examen (al que estos jóvenes están obligados a someterse) como un proceso del todo desmoralizante y calculado para desarrollar mojigatos en vez de hombres. La mente está tan sobrecargada con tantos conocimientos no digeridos que apenas si tiene espacio para actuar con libertad, y aunque de esta manera se asegura un funcionalismo completo, como el que se ha establecido en China, es muy posible que se cobre la energía constitucional y el vigor, que son tan indispensables para alcanzar una virilidad robusta. Además, la tendencia de este nuevo movimiento parece ser la de apartar a la juventud educada del país de los caminos del trabajo ordinario y dirigir sus ojos hacia el tesoro público como el objeto más elevado de su vida.

Por otra parte, hay que temer el peligro contra el que Montalembert nos ha prevenido con tanta elocuencia de estimular y propagar la pasión por los salarios y el empleo público, que mina todo espíritu nacional de independencia, y en algunos países convierte a todo un pueblo en una mera multitud de serviles solicitantes de plaza.

11

FACILIDADES Y DIFICULTADES

¿Aquel a quien las dificultades descorazonan y se doblega ante la tormenta? Poco hará. ¿Aquel que la vence? Esa clase de hombre nunca fracasa.

JOHN HUNTER

C'est des difficultes qui naissent les miracles. («De las dificultades surgen los milagros»).

BRUYÈRE

Esta es una época que se distingue principalmente por las facilidades que ofrece para las relaciones humanas y la difusión del conocimiento. En viajes, telégrafos, imprenta y comunicaciones postales supera a cualquier otra. Toneladas y toneladas de papel hecho a máquina se convierten a todas horas en libros y en periódicos impresos a máquina, que se distribuyen en el extranjero a un precio tan bajo que resulta maravilloso. Y mientras contemplamos todo esto, estamos acostumbrados a felicitarnos por el fantástico «progreso de la época». Si la maquinaria y los caballos de vapor pudieran lograrlo, no cabe duda de que nuestro progreso sería rápido. Pero aún queda por ver si la enorme cantidad de material impreso en circulación está pensada para producir hombres mejores y más inteligentes (inclinados a protagonizar acciones más nobles y benéficas) que los que existían en Inglaterra en épocas relativamente remotas, en las que los libros eran mucho más raros, pero también mucho más apreciados. Épocas, por ejemplo, como las de Shakespeare, Milton, Bacon y Jeremy Taylor. Quizá haya que reconocer que aunque la multiplicación de libros y periódicos por medio de máquinas de vapor e imprentas va acompañada de ventajas incuestionables, las facilidades que ofrece para la difusión del conocimiento no son del todo un bien en sí mismo. Sin duda, da facilidades sin precedentes para aprender muchas cosas con sencillez y sin esfuerzo; pero al mismo tiempo es posible que tienda más hacia la superficialidad que hacia la profundidad o el vigor del pensamiento. Porque aunque la multitud de libros tienta a los lectores a hojear muchos temas, pueden distraerse tanto por la variedad que no acaben profundizando en ninguno.

Con todas las facilidades que existen para la autoformación crítica, se sospecha incluso que nuestra vida, al igual que nuestra literatura, se está volviendo más mecánica. Un creciente número de personas en los distritos manufactureros se pasan la mayor parte de sus horas de vigilia, día tras día, observando máquinas tejedoras o hiladoras, lo que tiende a producir una especie de seres humanos mecánicos casi tan desprovistos de individualidad de carácter como las propias máquinas que vigilan. Este es uno de los defectos de la civilización moderna, que afecta a diario a grandes grupos de población y que, en la actualidad, tal vez no se tenga en cuenta lo suficiente. Mientras perfeccionábamos nuestra producción industrial, en ocasiones hemos olvidado que la mejor materia prima se encuentra en los hombres, y todavía no hemos hecho todo lo posible (de hecho, hemos hecho comparativamente poco) para mejorar eso. Hablando del proceso de la división del trabajo, el señor Ruskin ha dicho: «En realidad, no es el trabajo lo que se divide, sino los hombres, divididos en meros segmentos, rotos en pequeños fragmentos y migajas de vida, de modo que la pequeña parte de inteligencia que queda en un hombre no es suficiente para hacer un alfiler completo o un clavo, sino que se agota en hacer la punta de un alfiler o la cabeza de un clavo. Ahora bien, aunque en realidad es una cosa buena y deseable hacer muchos alfileres en un día, si pudiéramos ver con qué arena se pulieron las puntas, arena del alma humana, tan fina que debe aumentarse en gran medida para reconocerla, pensaríamos que a lo mejor también es algo negativo. El gran grito que se eleva desde todas nuestras ciudades manufactureras, más fuerte que el rugido de sus hornos, se debe en realidad a esto, a que allí se fabrica de todo menos hombres. Blanqueamos algodón, fortalecemos el acero, refinamos el azúcar y le damos forma a la cerámica. Pero no consideramos como algo positivo en el balance final lo de abrillantar, fortalecer, refinar o formar un solo espíritu».

Los remedios populares propuestos para los males sociales y políticos existentes tienen también una fuerte tendencia mecánica. Hay una filosofía moral que propone medir nuestras cabezas y después sumar nuestras propensiones, nuestros sentimientos morales y nuestras facultades intelectuales para determinar así la dirección que debemos tomar o el hospital moral al que deben enviarnos. Hay reformadores sociales que quieren que nos establezcamos en paralelogramos y que maduremos como hombres mediante la renuncia a toda esperanza, lucha y dificultad que son las que conforman a los hombres. Tenemos logaritmos tallados en una caja y calculamos con solo girar una manivela cuando antes se necesitaban meses de estudio para adquirir esos conocimientos. Y hay planes en marcha para rescatarnos de la infamia política mediante la adopción de diversos métodos aritméticos y mecánicos, aunque es un tema en el que no voy a entrar.

El mecanismo mejorado de nuestras escuelas también promete llegar a ser tan perfecto que puede que, dentro de poco, tengamos una educación casi tan elevada como la de los chinos, y un resultado tan poco efectivo como ellos. El proceso de llenar la mente con hechos y fórmulas aprendidos de memoria se está extendiendo con rapidez; pero la práctica del pensamiento crítico en cualquier camino que no sea el trillado no solo no se enseña, sino que a menudo se impide con celo. No obstante, la facilidad con la que se hace que los jóvenes adquieran conocimientos, aunque sea atiborrándolos, no es educación. Llena, pero no fructifica la mente. Imparte un estímulo para el tiempo y produce una especie de agudeza intelectual y astucia; pero sin un propósito implantado y un objetivo más elevado que el mero conocimiento, no traerá consigo ninguna ventaja sólida. La rapidez con la que adquieren conocimiento hoy en día los jóvenes sobre muchas materias tiende a satisfacerlos con facilidad, y a menudo se vuelven cínicos a una edad temprana. Pueden haber leído muchos libros y pasado por muchas ramas del conocimiento, pero son víctimas de una lamentable indiferencia. Sus almas, privadas de brújula y de anclaje, acaban zarandeadas y arrastradas por todos los vientos. Pueden entender, pero hay poca creencia activa, porque sus mentes se limitan a recibir ideas con la pasividad de un espejo y las impresiones que se hacen son igual de efímeras. Este tipo de personas no se decide a actuar, no tiene ningún deseo de formar convicciones, no llega a ninguna conclusión y su voluntad parece estar suspendida, dormida, enferma o muerta.

El conocimiento en estos casos solo provoca un placer pasajero; una mera sensación. De hecho, solo es el epicureísmo de la inteligencia. Sensual, pero no intelectual. La mejor parte de estas naturalezas, la que se desarrolla por el esfuerzo vigoroso y la acción independiente, duerme un sueño profundo, y es habitual que nunca salga a la superficie a menos que experimente el duro despertar de una calamidad repentina o el sufrimiento, que, en tales casos, viene como una bendición si sirve para despertar un espíritu valiente que habría seguido dormido de no ser por esa eventualidad.

Debido a las facilidades de lectura que existen hoy en día, se observa también una especie de manía de «hacer las cosas agradables» en el camino hacia el conocimiento. De ahí que la diversión y la emoción se encuentren entre los métodos más populares empleados para inculcar el conocimiento e inspirar el gusto por la lectura. Nuestros libros y publicaciones periódicas deben ser muy condimentados, divertidos e interesantes. Ya tenemos gramáticas e historias cómicas, y es posible que lleguemos a las alturas de un Euclides cómico o de algún libro de oraciones chistoso. Se evitan los temas profundos, y los libros que exigen aplicación y estudio se quedan en las estanterías sin que nadie los lea. Douglas Jerrold, en uno de sus estados de ánimo más serios, comentó al respecto de esa tendencia en una ocasión: «Estoy convencido de que el mundo se cansará (al menos eso espero) de esta eterna risa tonta sobre todas las cosas. Al fin y al cabo, la vida tiene algo serio. No todo puede ser una historia cómica de la humanidad. Creo que algunos hombres escribirían un sermón de la montaña cómico. Imaginemos una historia de Inglaterra en versión cómica: las bufonadas de Alfredo, las burlas de sir Tomás

Moro, la farsa de su hija pidiendo la cabeza del muerto y estrechándola en su ataúd sobre su pecho. Seguramente el mundo se cansaría de esta blasfemia». El doctor Arnold, hablando del mismo mal, dijo una vez: «El infantilismo, en muchachos incluso de buenas capacidades, me parece un defecto creciente y no sé a qué atribuirlo salvo a la creciente existencia de libros para entretenerse. Estos satisfacen por completo todos los apetitos intelectuales de un muchacho, que rara vez es voraz, y lo dejan totalmente paralizado, no solo para realizar su trabajo regular, que bien podría excusarse en comparación, sino para la buena literatura de todo tipo, incluso para la historia y la poesía». John Sterling también dijo, refiriéndose a lo mismo: «Las publicaciones periódicas y las novelas están al alcance de cualquiera en esta generación, pero sobre todo de aquellos cuyas mentes están todavía sin formar y en proceso de formación, y no son sino un sustituto nuevo y más eficaz de las plagas de Egipto, alimañas que corrompen las aguas sanas e infestan nuestras estancias».

Acostumbrados a adquirir información con el pretexto del entretenimiento, los jóvenes pronto rechazarán la que se les presente bajo el aspecto del estudio y del trabajo. Si desarrollan el conocimiento y la ciencia por deporte, se volverán aptos para hacer deporte de ambos. Sin embargo, el hábito de la disipación intelectual, así engendrado, producirá con el tiempo un efecto totalmente castrante tanto en su mente como en su carácter. La novela es el refugio favorito de los frívolos y de los ociosos. Como descanso del trabajo y relajación de las ocupaciones más graves, la lectura de una historia bien escrita, creada por un buen autor, es un gran placer intelectual. Esa es una descripción de la literatura a la que todas las clases de lectores, viejos y jóvenes, se sienten atraídos como por un poderoso instinto. Nada más lejos de mi intención que privarlos de su disfrute en un grado razonable. Sin embargo, hacer de ella la dieta literaria exclusiva, como hacen algunos (devorar con agrado la basura que puebla los estantes de las bibliotecas de préstamos) y emplear la mayor parte de las horas de ocio estudiando las absurdas imágenes de la vida humana que tantas de ellas presentan es peor que perder el tiempo sin más, es directamente pernicioso. El lector habitual de novelas se entrega de tal manera a unos sentimientos ficticios que se corre el gran riesgo de que los sentimientos sanos y saludables se perviertan o se destruyan, porque la piedad literaria evocada por la ficción no conduce a ninguna acción correspondiente y las susceptibilidades que motiva no implican ningún inconveniente ni autosacrificio. El corazón que se deja tocar con demasiada frecuencia por la ficción puede acabar siendo insensible a la realidad. El carácter pierde su dureza y la insensibilidad lo priva de su resorte vital. Así como a Nerón solo le gustaban las melodías más suaves, a Robespierre solo le gustaba leer historias de amor y cariño, demostrando en su vida lo que Montaigne llama «*opinions super-célestes et mœurs souterreines*», lo que viene a ser «pensamientos elevadísimos y una moralidad por los suelos». «Dibujar bellas imágenes de virtud en la mente —dijo el obispo Butler— dista mucho de ayudar a formar un hábito de ella en quien tiene esa costumbre, hasta tal punto que incluso puede endurecer la mente y llevarla por el camino contrario, haciéndola poco a poco más insensible».

La diversión con moderación es saludable y digna de elogio, pero la diversión en exceso vicia toda la naturaleza y es algo que debe evitarse a toda costa. Hay una máxima recurrente que dice: «Trabajar mucho y no divertirse nada hace que Jack sea un aburrido». Sin embargo, si todo es diversión y no hay trabajo, Jack acabará siendo algo mucho peor. Nada puede ser más dañino para un joven que tener el alma empapada de placer. Desperdicia las mejores cualidades de su mente; los placeres sencillos le resultan insípidos; su apetito por los placeres más nobles se sacia y se agota; y cuando se enfrenta al trabajo y a los deberes de la vida, el resultado suele ser aversión y disgusto. De la misma manera que el niño se aparta de su montón de juguetes rotos, el joven displicente se aparta de sus placeres marchitos. Y si la frivolidad se ha convertido en su hábito, descubrirá que incluso ha destrozado su capacidad para disfrutar. Los «hombres rápidos» pronto malgastan y agotan los poderes de la vida, y secan las mismas fuentes de la verdadera felicidad. Han adelantado su primavera y no pueden experimentar un crecimiento saludable ni del carácter ni del intelecto. Un niño sin sencillez, una joven sin inocencia o un muchacho sin honestidad son imágenes tan lamentables como las del hombre que ha malgastado y desperdiciado su juventud en el placer. Es sobre todo entre estas personas, cuya juventud ha sido mancillada por los placeres prematuros, donde encontramos la prevalencia del escepticismo, la burla y el egoísmo, que demuestran una naturaleza agria. Tras haber abusado de las fuentes de la vida y haber desperdiciado su juventud, se ven tentados en su desesperación a arrojar su virilidad tras ella. Un daño de este tipo, infligido al carácter, es muy difícil de reparar. Porque los hábitos formados en la juventud atan al hombre como si fueran cadenas irrompibles. *On ne jette point l'ancre dans le fleuve de la vie*, («No se echa el ancla en el río de la vida») es la feliz frase que usó un viejo escritor francés para describir esa continuidad de la vida en todas sus partes que une inseparablemente la juventud y la madurez, y que hace que los hábitos de una sean más o menos los intérpretes de la otra. Así, cuando lord Bacon dice: «La fuerza de la naturaleza en la juventud pasa por alto muchos de los excesos que comete un hombre hasta que es viejo», está expresando un hecho tanto físico como moral que no puede esperar que aparezca en la etapa juvenil.

Lo que llamamos locuras de juventud acaban siendo, a menudo, simples vicios cuando llega la hora de recoger la cosecha. Las indiscreciones juveniles no tardan en «descubrir al hombre». Sin embargo, lo peor de ellas no es que destruyan la salud, sino que mancillan la virilidad. El joven disoluto se convierte en un hombre manchado, y es habitual que no pueda enderezarse, aunque quiera. Si hay cura, solo se encuentra inoculando en la mente un ferviente espíritu del deber, y en la entrega enérgica al trabajo útil.

Uno de los franceses más dotados en cuanto a intelecto fue Benjamin Constant, pero su vida a los veinte años fue un prolongado lamento en vez de una cosecha de las grandes obras que era capaz de realizar con diligencia y autocontrol. Se propuso hacer tantas cosas que nunca hizo que la gente acabó llamándolo Constant el Inconstante. Era un escritor brillante, con soltura, y abrigaba la ambición de escribir muchas obras «que el mundo no dejaría caer en el olvido». Sin embargo, aunque sus intenciones eran nobles, por desgracia practicaba la vida más disoluta. Ni el elevado trascendentalismo de sus libros paliaba las mezquindades de su vida. Frecuentaba a diario las mesas de juego mientras preparaba su obra sobre la religión y mantenía una aventura vergonzosa mientras escribía su *Adolphe*. Pese a todas sus vastas facultades intelectuales, era impotente, porque no tenía fe en la virtud. «¿Qué son el honor y la dignidad? Cuanto más vivo, más claro tengo que no existen». Era el aullido de un desgraciado. Se describió a sí mismo como «cenizas y polvo». «Paso sobre la Tierra —afirmó— como una sombra, acompañado por la miseria y el hastío». Deseaba la energía de Voltaire, que habría preferido poseer antes que su genialidad. Pero carecía de determinación y solo tenía deseos. Su vida, que agotó de forma prematura, se había convertido en un montón de eslabones rotos. Hablaba de sí mismo como de una persona con un pie en el aire. Admitía que no tenía principios ni coherencia moral. De ahí que, pese a su espléndido talento, se las arreglara para no hacer nada. Después de vivir muchos años siendo un desgraciado, murió agotado e infeliz.

La carrera de Augustin Thierry, el autor del libro *History of the Conquest of England by the Normands* («La historia de la conquista normanda de Inglaterra»), ofrece un admirable contraste con la de Constant. Toda su vida fue un ejemplo asombroso de perseverancia, diligencia, autoformación e incansable devoción al conocimiento. En su persecución perdió la vista y la salud, pero nunca perdió su amor por la verdad. Nunca le falló su valiente espíritu cuando estaba tan débil que una enfermera tenía que llevarlo de una habitación a otra, como un niño indefenso y a pesar de estar ciego y desvalido, concluyó su carrera literaria con estas nobles palabras: «Si, tal como creo, el interés de la ciencia se cuenta entre los grandes intereses nacionales, he dado a mi país todo lo que le ha dado el soldado mutilado en el campo de batalla. Cualquiera que sea el destino de mis trabajos, espero que este ejemplo no se pierda. Quisiera que sirviese para combatir esta especie de debilidad moral que es la enfermedad de nuestra generación actual. Para devolver al camino recto de la vida a algunas de esas almas enervadas que se quejan de falta de fe, que no saben qué hacer y que buscan en todas partes un objeto de culto y admiración sin encontrarlo. ¿Por qué decir, con tanta amargura, que en el mundo, constituido como está, no hay aire para todos los pulmones ni empleo para todas las mentes? ¿No existe el estudio sereno y serio? ¿Y no es ese un refugio, una esperanza, un campo al alcance de todos nosotros? Con él los días malos pasan sin que se sienta su peso. Cada cual puede crear su propio destino, emplear su vida con nobleza. Eso es lo que yo he hecho, y lo que volvería a hacer si tuviera que recomenzar mi carrera. Elegiría lo mismo que me ha traído adonde estoy. Ciego, y sufriendo sin esperanza, y casi sin interrupción, puedo dar este testimonio, que de mí no parecerá sospechoso. Hay algo en el mundo mejor que los placeres sensuales, mejor que la fortuna, mejor que la salud misma: la devoción al conocimiento».

Coleridge, en muchos aspectos, se parecía a Constant. Poseía facultades igual de brillantes, pero adolecía de la misma falta de propósito. Pese a sus grandes dotes intelectuales, le faltaba el don de la diligencia y no le gustaba el trabajo estable. Le faltaba también el sentido de la independencia viril y no le parecía una degradación dejar que su mujer y sus hijos se mantuvieran gracias al trabajo intelectual del noble Southey, mientras él mismo se retiraba a Highgate Grove para hablar de trascendentalismo a sus discípulos, mirando con desprecio el trabajo honrado que se desarrollaba a sus pies entre el ruido y el humo de Londres. Con un empleo remunerado y honorable a su disposición, prefería rebajarse a aceptar la caridad de los amigos; y con las ideas más elevadas de la filosofía, consentía sin embargo humillaciones en su vida de las que muchos jornaleros habrían huido. Southey era un trabajador infatigable, que no solo trabajaba en obras de su propia elección y en tareas a menudo tediosas y desagradables, sino que también buscaba y almacenaba conocimientos sin descanso y con el mayor afán, por puro amor a ellos. Todas las horas del día tenían una tarea asignada: compromisos con editores que exigían un cumplimiento puntual; los gastos corrientes de una gran casa (que durante una temporada incluía a la mujer y los hijos de Coleridge) que debían atenderse. Southey no vivía de las rentas mientras su pluma estaba ociosa. «Mis caminos

—solía decir— son tan anchos como la carretera del rey, y dependo de un tintero para vivir».

Robert Nicoll le dijo por carta a un amigo, después de leer *Letters, Conversations and Recolections of S. T. Coleridge* («Cartas, conversaciones y recuerdos de S. T. Coleridge»): «Qué poderoso intelecto se perdió en ese hombre por su falta de energía y determinación». El propio Nicoll era un espíritu auténtico y valiente, talado en su juventud, aunque no después de encontrarse con grandes dificultades en la vida que acabó superando. En un primer momento, en su etapa como dueño de una pequeña librería, lo agobiaba una deuda de solo veinte libras, que según él pesaba como una piedra de molino alrededor del cuello», y aseguraba que «si consiguiera pagarla, no volvería a pedirle prestado a nadie». En una carta a su madre, dijo: «Querida madre, no temas por mí, porque cada día me siento más firme y esperanzado. Cuanto más pienso y reflexiono (y pensar, no leer, es ahora mi ocupación), siento que, me esté enriqueciendo o no, me estoy convirtiendo en un hombre más sabio, lo cual es mucho mejor. Me atrevo a pensar que podría enfrentarme al dolor, a la pobreza y a todas las demás bestias salvajes de la vida que tanto atemorizan a otros sin encogerme, sin perder el respeto por mí mismo, ni la confianza en los nobles destinos del hombre ni la fe en Dios. Hay un punto que necesita mucho trabajo mental y mucha lucha para superarlo, pero una vez superado, un hombre puede mirar hacia abajo, como un viajero en una montaña elevada y ver las tormentas rugiendo a sus pies mientras él camina a pleno sol. No voy a afirmar que ya he llegado a ese punto en mi vida, pero cada día me siento más cerca de él».

No son las circunstancias, sino el esfuerzo —no es la facilidad, sino la dificultad— lo que hace a los hombres. Quizá no haya una sola estación en la vida en la que no haya que encontrar y superar dificultades antes de alcanzar cierto éxito. No obstante, esas dificultades son nuestros mejores instructores, de la misma manera que nuestros errores conforman a menudo nuestra mejor experiencia. Charles James Fox solía decir que esperaba más de un hombre que fracasaba y que seguía adelante pese a su fracaso que de la boyante carrera de un triunfador. «Está muy bien —afirmaba— decirme que un joven se ha distinguido por un brillante primer discurso. Puede seguir avanzando o puede estar satisfecho con su primer triunfo. Pero enséñame a un joven que no haya triunfado a la primera y que, sin embargo, haya seguido adelante, y a ese lo respaldaré para que lo haga mejor que la mayoría de los que han triunfado en la primera prueba».

Los fracasos nos aportan más sabiduría que los éxitos. Nos ayudan a descubrir lo que sirve y lo que no. Seguramente quien nunca se haya equivocado nunca ha descubierto nada. Horne Tooke solía decir de sus estudios de filosofía intelectual que había llegado a conocer mejor el país por haber tenido la suerte de perderse a veces. Y un distinguido investigador en ciencias físicas ha dejado constancia de que, cada vez que se encontraba con un obstáculo en principio insuperable en el curso de sus investigaciones, era habitual que estuviera al borde de algún descubrimiento novedoso. Muchas de las cosas más importantes (los grandes pensamientos, los descubrimientos, los inventos) han surgido de las penurias, se han meditado entre el dolor y, al final, se han logrado con dificultad.

Beethoven dijo de Rossini que tenía madera para ser un buen músico y lo habría logrado si de pequeño lo hubieran azotado, pero que se había echado a perder por la facilidad con la que producía. Los hombres que sienten su fuerza en su interior no tienen por qué temer encontrarse con opiniones adversas. Tienen muchas más razones para temer los elogios indebidos y las críticas demasiado amistosas. Cuando Mendelssohn estaba a punto de entrar en la orquesta de Birmingham, en la primera interpretación de su *Elías*, le dijo entre carcajadas a uno de sus amigos y críticos: «¡Clávame las garras! No me digas lo que te gusta, sino lo que no te gusta!».[1]

Se ha dicho, y con razón, que es la derrota la que pone a prueba al general más que la victoria. Washington perdió muchas más batallas de las que ganó, pero al final triunfó. Los romanos, en sus campañas más victoriosas, casi siempre empezaban con derrotas. A Moreau lo comparaban a menudo sus compañeros con un tambor, al que nadie oye a menos que lo aporreen. La genialidad militar de Wellington se perfeccionó al enfrentarse a dificultades de carácter aparentemente abrumador, que solo sirvieron para enervar su resolución y resaltar más sus grandes cualidades como hombre y como general. Del mismo modo, el hábil marinero obtiene su mejor experiencia entre tormentas y tempestades, que lo entrenan en la confianza en sí mismo, el coraje y la más alta disciplina. Es casi seguro que les debemos a los mares agitados y a las noches invernales la mejor formación de nuestra raza de marinos británicos, que desde luego no tienen igual en el mundo.

La necesidad puede ser una dura maestra, pero suele ser la mejor. Aunque de forma natural huimos de la prueba de la adversidad, debemos enfrentarla de forma valiente y con hombría cuando se presenta. Burns dice:

Aunque las pérdidas y las penas
son lecciones severas,
hay ingenio en ellas
al final del camino,
que no encontrarás en ningún otro sitio.

«Dulces son en verdad los usos de la adversidad». Nos revelan nuestras facultades y despiertan nuestras energías. Si hay un valor real en el carácter, dará su mejor fragancia cuando se exprima como las hierbas más olorosas. «Las penas —dice el viejo refrán— son las escaleras que llevan al cielo». «¿Qué es la pobreza en sí misma para que un hombre murmure bajo ella? —se pregunta Richter—. No es más que el dolor que sufre una muchacha cuando le perforan la oreja para adornarla con preciosas joyas». La sana disciplina de la adversidad que encontramos en la vida va acompañada de unas altas dosis de supervivencia en los caracteres más fuertes. Muchos son capaces de soportar con valentía las privaciones y de afrontar alegremente los obstáculos, pero luego son incapaces de resistir las influencias más peligrosas de la prosperidad. Solo al hombre débil le arranca la capa el viento. Sin embargo, un hombre de fuerza media corre más peligro de perderla bajo los rayos de un sol demasiado alegre. Es habitual que se necesite una disciplina más estricta y un carácter más fuerte para soportar la buena fortuna que la adversa. Algunas naturalezas generosas prenden y calientan con la prosperidad, pero hay muchas sobre las cuales la riqueza no influye de esa manera. A los corazones viles los endurece, haciendo que los que eran mezquinos y serviles se vuelvan mezquinos y orgullosos. Sin embargo, mientras que la prosperidad suele endurecer el corazón hasta el orgullo, la adversidad en un hombre resuelto hará que madure hasta la fortaleza. Demasiada facilidad, comodidad y prosperidad no son buenas para el hombre, ya que le quitan ese saludable estímulo al esfuerzo, que es tan esencial para una disciplina sana. Por el contrario, y usando las palabras de Burke: «La dificultad es un instructor severo, impuesto por la orden suprema de un tutor e instructor paternal que nos conoce mejor que nosotros mismos, ya que también nos quiere más. Aquel que lucha contra nosotros fortalece nuestros nervios y agudiza nuestra destreza; nuestro antagonista se convierte de esta manera en nuestro ayudante». Sin la necesidad de afrontar dificultades, la vida podría ser más sencilla, pero los hombres tendrían menos valor. Porque los obstáculos, superados gracias al ingenio, forjan el carácter y nos enseñan a valernos por nosotros mismos. De esa manera, las propias dificultades pueden ser a menudo la disciplina más completa, aunque no lo reconozcamos. Cuando el joven y galante Hodson, al que destituyeron de forma tan injusta de su mando en la India, se sintió tan dolido y frustrado por todas las calumnias y los reproches inmerecidos, le dijo valerosamente a un amigo: «Me esfuerzo por poner al mal tiempo buena cara con arrojo, como si fuera un enemigo en el campo de batalla, y por hacer con resolución y lo mejor posible el trabajo que me han asignado, convencido de que hay un motivo para todo y de que hasta las obligaciones fastidiosas bien hechas tienen su recompensa, aunque si no es así, no dejan de ser obligaciones».

En casi todos los casos, la batalla de la vida debe librarse por fuerza cuesta arriba, y ganarla sin lucha sería tal vez ganarla sin honor. Si no hubiera dificultades, no habría éxito. Si no hubiera nada por lo que luchar, no habría nada que conseguir. Las dificultades pueden intimidar a los débiles, pero son un estímulo saludable para los hombres valerosos y resolutivos. Toda la experiencia de la vida sirve para demostrar que los obstáculos que se interponen en el camino del progreso humano casi siempre pueden superarse mediante la buena conducta, el celo honesto, la actividad, la perseverancia y, sobre todo, una determinación firme a superar las dificultades y a enfrentarse con valor a la desgracia.

La escuela de la dificultad es la mejor escuela de disciplina moral, tanto para las naciones como para los individuos. De hecho, la historia de las dificultades solo sería la historia de todas las cosas grandes y buenas que los hombres han logrado hasta ahora. Es difícil decir cuánto deben las naciones septentrionales a un clima difícil y cambiante, y a un suelo originalmente estéril, que es algo natural por la latitud en la que se encuentran y que implica una lucha constante con unas dificultades que desconocen los nativos de climas más soleados. De esa forma, es posible que aunque nuestros mejores productos sean exóticos, la habilidad y el trabajo que se necesitan para crearlos han dado lugar a unas generaciones de hombres nativos sin igual en el planeta.

Dondequiera que haya dificultad, el individuo debe enfrentarla para bien o para mal. Dicho enfrentamiento entrenará su fuerza y disciplinará su habilidad, fortaleciéndolo para futuros esfuerzos, como el corredor que mientras entrena para correr colina arriba acaba corriendo con facilidad. El camino hacia el éxito tal vez sea empinado, pero pone a prueba las energías de quien quiere llegar a la cima. La experiencia hace que cualquier hombre aprenda pronto a superar los obstáculos luchando contra ellos —la ortiga se vuelve suave como la seda cuando la cogemos con valentía— y descubra lo poderosa que es la certeza de que puede lograr el objetivo propuesto. De este modo, las dificultades caen a menudo por sí solas ante la determinación de superarlas. En nueve de cada diez casos, si se les hace frente con valentía, desaparecen. A veces solo con mirarlas, como los ladrones. Lo que parecían obstáculos insuperables, como una gran cadena montañosa en nuestro camino, se convierten en algo superable cuando se miran con el ceño fruncido y gesto decidido y descubrimos entre las colinas caminos antes invisibles, aunque sean estrechos y tortuosos.

Solo con intentarlo lograremos muchas cosas. Nadie sabe lo

que es capaz de hacer hasta que lo intenta, y pocos se esfuerzan al máximo hasta que se ven obligados a hacerlo. «Ojalá pudiera hacer tal o cual cosa», suspira el joven abatido. Pero nunca lo hará si solo lo desea. El deseo debe madurar en propósito y esfuerzo, y un intento enérgico vale más que mil aspiraciones. Las buenas intenciones, como los huevos, se pudrirán a menos que las incube la acción. Son estos espinosos «ojalá», los murmullos de la impotencia y la desesperación, los que tan a menudo rodean el campo de la posibilidad e impiden que se hagan las cosas o que se intenten siquiera. «Una dificultad —dijo lord Lyndhurst— es algo que hay que superar». Enfréntate a ella de inmediato. La facilidad llegará con la práctica; y la fuerza y la fortaleza, con el esfuerzo repetido. De este modo, la mente y el carácter se entrenan para lograr una disciplina casi perfecta, permitiéndoles moverse con una elegancia, un espíritu y una libertad casi incomprensibles para aquellos que no han pasado por una experiencia parecida.

Todo lo que aprendemos es la superación de una dificultad, y superar una nos ayuda a superar otras. Ciertas cosas que a primera vista puede parecer que carecen de valor en la educación —como el estudio de las lenguas muertas o las relaciones de líneas y superficies que llamamos matemáticas— tienen un gran valor práctico, no tanto por la información que proporcionan, sino por el desarrollo que implican. El dominio de estos estudios conlleva un esfuerzo y despierta el poder de la aplicación que, de otro modo, podría haber permanecido dormido. Así, una cosa lleva a la otra, y el trabajo continúa a lo largo de la vida. El encuentro con la dificultad solo termina donde termina la vida o el progreso. Sin embargo, entregarse al desaliento nunca ha ayudado a nadie a superar una dificultad, y nunca lo hará. El consejo de D'Alembert al estudiante que se quejó de su fracaso en el dominio de los primeros elementos de las matemáticas fue el correcto: «Siga adelante, señor, y encontrará la confianza y la fuerza».

Al principio nada es fácil, sino difícil. Hasta algo tan sencillo como caminar. La bailarina que hace una pirueta o el violinista que toca una sonata han adquirido su destreza mediante la repetición paciente y después de muchos fracasos. Cuando elogiaron a Giacomo Carissimi por la facilidad y elegancia de sus melodías, exclamó: «¡Ah, si yo os contara la dificultad que conlleva esto!». Sir Joshua Reynolds contestó cuando le preguntaron cuánto tiempo le había llevado pintar cierto cuadro: «Toda la vida». El orador que vierte sus pensamientos fulgurantes con aparente facilidad sobre las mentes de sus oyentes logra su maravilloso poder gracias a un trabajo paciente y perseverante, después de muchas repeticiones y, como Disraeli, a menudo después de amargas decepciones. Henry Clay, el orador norteamericano, describió así el secreto de su éxito en el cultivo de su arte a unos jóvenes que le pidieron consejo: «Le debo mi éxito en la vida —dijo— principalmente a una circunstancia concreta. Comencé a los veintisiete años y continué el proceso de leer y hablar a diario sobre el contenido de algún libro histórico o científico durante años. Estos esfuerzos se hacían a veces en un maizal, otras en el bosque y no pocas veces en algún granero lejano, con el caballo y el buey como oyentes. A esta práctica temprana del arte de todas las artes es a la que le debo los impulsos primarios y principales que me estimularon a seguir adelante, y la que le ha dado forma y ha moldeado todo mi destino posterior».

Curran, el orador irlandés, tenía un grave defecto para hablar cuando era pequeño y en la escuela lo conocían como «Jack Curran el tartamudo». Mientras estudiaba Derecho y luchaba por superar su problema, lo acicatearon las burlas de un miembro de un club de debate, que le puso el mote de «Orador Silencioso» ya que, tal como le pasó a Cowper, era incapaz de pronunciar una palabra cuando se levantaba para hablar. Sin embargo, las burlas lo estimularon, y respondió con un discurso triunfal. Este descubrimiento accidental del don de la elocuencia lo animó a continuar sus estudios con renovada energía y vigor. Corrigió su enunciación leyendo en voz alta, enfática y claramente, los mejores pasajes de nuestra literatura durante varias horas cada día; mirándose en un espejo y adoptando unos gestos adecuados para su figura, más bien torpe y poco agraciada. Además, se proponía casos a sí mismo, que detallaba con tanto cuidado como si se estuviera dirigiendo a un jurado. Curran comenzó su carrera profesional con la cualificación que lord Eldon declaró como el primer requisito para distinguirse como abogado, es decir, «no valer ni un chelín». No hace falta decir que la perseverancia, la energía y la genialidad de Curran acabaron triunfando. Mientras se abría camino con mucho trabajo en la abogacía, todavía oprimido por la desconfianza que arrastraba de su época en el club de debate, fue aguijoneado en una ocasión por el juez Robinson, al que acabó dirigiéndole una réplica magistral. En el caso que se estaba discutiendo, el señor Curran puntualizó «que nunca había encontrado en ningún libro de su biblioteca la ley tal y como la había establecido Su Señoría». «Tal vez sea así, señor —dijo el juez con tono despectivo—, pero sospecho que su biblioteca es muy pequeña». Su Señoría era un furibundo simpatizante político, autor de varios panfletos anónimos caracterizados por una inusitada violencia y dogmatismo. Curran, enardecido por esta alusión a sus estrecheces económicas, replicó así: «Milord, es cierto que soy pobre y esta circunstancia ha reducido mi biblioteca, desde luego. Mis libros no son numerosos, pero son selectos, y espero haberlos leído con la debida disposición. Me he preparado para esta noble profesión con el estudio de unas cuantas obras selectas, más que con muchas malas. No me avergüenzo de mi pobreza, pero me avergonzaría de mi riqueza si me hubiera rebajado a adquirirla mediante el servilismo y la corrupción. Si no asciendo de rango, al menos seré honrado. Y si alguna vez dejo de serlo, muchos ejemplos me demuestran que ascender de mala manera, con la notoriedad que eso implica, solo lograría crearme la fama de hombre despreciable».

Los hombres más cultos son los que se han enfrentado con más decisión a las dificultades. La pobreza más extrema no ha sido obstáculo en el camino de los hombres dedicados al deber de la autoformación. El lingüista y profesor Alexander Murray aprendió a escribir garabateando en una vieja carda con un palo de brezo quemado. El único libro que poseía su padre, que era un humilde pastor, era un catecismo abreviado de un penique, pero como se consideraba demasiado valioso para el uso común, se guardaba con celo en un armario para las catequesis dominicales. El profesor Moor era demasiado pobre de joven como para comprar la obra *Principia* de Newton, de manera que tomó el libro prestado y lo copió íntegramente de su puño y letra. Muchos estudiantes pobres solo han sido capaces de acumular breves retazos de conocimiento aquí y allá mientras trabajaban a diario para ganarse la vida, tal cual las aves encuentran su comida en invierno cuando los campos están cubiertos de nieve. Han seguido luchando, y su esperanza y confianza han dado frutos. Un conocido autor y editor de Edimburgo, William Chambers, mientras hablaba delante de una asamblea de jóvenes de esa ciudad, les describió brevemente sus humildes comienzos para animarlos: «Me presento ante vosotros —dijo— como un hombre autodidacta. Mi educación fue la que se imparte en las humildes escuelas parroquiales de Escocia y solo cuando fui a

Edimburgo, siendo un muchacho pobre, dediqué mis tardes después de las fatigas del día al cultivo de ese intelecto que el Todopoderoso me ha dado. Desde las siete u ocho de la mañana hasta las nueve o diez de la noche, realizaba mi trabajo de aprendiz de librero, y solo después, durante las horas robadas al sueño, podía dedicarme al estudio. Os aseguro que no leía novelas; mi atención se dedicaba a las ciencias físicas y a otras materias útiles. Durante ese periodo, aprendí francés por mi cuenta. Recuerdo aquellos tiempos con gran placer, y casi lamento no tener que volver a pasar por los mismos problemas. Coseché más placer cuando no tenía ni seis peniques en el bolsillo, estudiando en una buhardilla de Edimburgo, que ahora sentado en medio de toda la elegancia y la comodidad de un salón».

William Cobbett ha contado la interesante historia de cómo aprendió la gramática inglesa y, no puedo dejar de incluirla aquí, como curioso ejemplo de la valentía de ese hombre al enfrentarse a una dificultad. «Aprendí gramática —dijo— cuando era soldado raso y cobraba seis peniques al día. El borde de mi litera, o el del catre cuando hacía guardia, era mi asiento para estudiar. Mi mochila era mi estantería. Un trozo de tabla sobre el regazo era mi escritorio. Y la tarea no me exigió ni un año de mi vida. No tenía dinero para comprar velas ni aceite. En invierno, rara vez conseguía otra luz nocturna que no fuera la del fuego, y solo cuando era mi turno de estar cerca. Y si en tales circunstancias, y sin padres ni amigos que me aconsejasen o animasen, yo llevé a cabo esta empresa, ¿qué excusa puede tener cualquier joven, por pobre que sea, por apremiado que esté por los negocios o por las circunstancias en las que se encuentre en cuanto a alojamiento u otras comodidades? Para comprar una pluma o una hoja de papel me vi obligado a renunciar a algunas raciones de comida, aunque ya vivía en un estado de casi inanición. No tenía ningún momento que pudiera reclamar como propio, y tuve que leer y escribir entre la charla, las risas, los cantos, los silbidos y las peleas de al menos diez hombres increíblemente desconsiderados y, además, en las horas en las que estaban libres de todo control. ¡Que no se me olvide añadir el cuarto de penique que de vez en cuando tenía que dar para comprar tinta, pluma o papel! Aquella moneda era, por desgracia, una gran suma para mí. Era tan alto como lo soy ahora. Gozaba de gran salud y hacía mucho ejercicio. El total del dinero que recibíamos para gastarlo en el mercado era de dos peniques a la semana por cabeza. Recuerdo, ¡y bien que lo recuerdo!, que un viernes, después de todos los gastos necesarios, había hecho guardias para tener medio penique de reserva, que había destinado a la compra de un arenque rojo por la mañana. Pero, cuando me quité la ropa por la noche, tan hambriento que apenas podía mantenerme con vida, ¡descubrí que había perdido el medio penique! Enterré la cabeza bajo la sábana y la mísera colcha y lloré como un niño. Y vuelvo a decir, si yo, en circunstancias como esas, pude llevar a cabo esa tarea, ¿puede haber, en el mundo entero, un joven que encuentre una excusa para no esforzarse?».

Muy diferente fue sir Samuel Romilly, aunque tan infatigable como diligente en su autoformación. Era hijo de un joyero, descendiente de un refugiado francés. Recibió poca educación en sus primeros años, pero superó todas sus desventajas gracias a una diligencia incansable y a sus continuos esfuerzos dirigidos al mismo fin. «Cuando tenía unos quince o dieciséis años, decidí dedicarme seriamente a aprender latín, lengua de la que por aquel entonces apenas sabía más que algunas de las reglas gramaticales más conocidas. En el transcurso de tres o cuatro años, durante los cuales me dediqué a ello, leí a casi todos los prosistas de la época del latín puro, excepto a los que trataban temas meramente técnicos, como Varrón, Columela y Aulio Cornelio Celso. Leí tres veces las obras completas de Livio, Salustio y Tácito. Estudié las oraciones más célebres de Cicerón y traduje gran parte de Homero. Leí una y otra vez a Terencio, Virgilio, Horacio, Ovidio y Juvenal». También estudió geografía, historia natural y filosofía natural, y adquirió unos conocimientos generales considerables. A los dieciséis años lo contrató un funcionario de la Cancillería. Trabajó con ahínco, fue admitido en el colegio de abogados y su diligencia y su perseverancia le aseguraron el éxito. En 1806, bajo el gobierno de Fox, lo nombraron fiscal general y siguió labrándose su camino hasta alcanzar la mayor fama en su profesión. Sin embargo, siempre lo persiguió el doloroso y casi opresivo sentimiento de sus propias carencias, y nunca dejó de esforzarse para remediarlas. Su autobiografía es una lección de hechos instructivos, digna de todos los halagos, y bien merece una lectura cuidadosa.

Sir Walter Scott solía citar el caso de su joven amigo John Leyden como uno de los ejemplos más notables que había conocido del poder de la perseverancia. Hijo de un pastor de uno de los valles más agrestes de Roxburghshire, fue un autodidacta casi absoluto. Al igual que otros hijos de pastores escoceses —como Hogg, que aprendió a escribir copiando las letras de un libro impreso mientras vigilaba su rebaño en la ladera de una colina; o como Cairns, que pasó de cuidar ovejas en Lammermoors a estudiar aplicándose con gran pasión hasta llegar a ocupar la cátedra de profesor que con tanta dignidad defiende; o como Murray, Ferguson y muchos más—, Leyden se inspiró pronto en la sed de conocimiento. Cuando solo era un pobre muchacho descalzo, caminaba a diario diez o doce kilómetros a través de los páramos para aprender a leer en la pequeña escuela del pueblo de Kirkton. Esa fue la única educación que recibió.

El resto la adquirió por sí mismo. Se dirigió a Edimburgo para asistir a la universidad, desafiando la más extrema penuria. Lo descubrieron frecuentando una pequeña librería regentada por Archibald Constable, que luego fue tan conocido como editor. Pasaba horas y horas encaramado a una escalera, con algún folio en la mano, sin acordarse de la escasa comida consistente en pan y agua que lo esperaba en su miserable alojamiento. Su deseo era acceder a los libros y a las conferencias. Así que trabajó y luchó a las puertas de la ciencia hasta que su perseverancia inconquistable se lo llevó todo por delante. Antes de cumplir los diecinueve años, había asombrado a todos los profesores de Edimburgo con sus profundos conocimientos de griego y latín, y por la gran cantidad de información que había adquirido. Tras enfocar sus miras hacia la India, buscó empleo en la administración pública, pero fracasó. Sin embargo, le informaron de que tenía a su disposición un puesto de ayudante de médico, aunque él no lo era, y no sabía más de la profesión que un niño. Sin embargo, podía aprender. Le dijeron que debía estar listo para aprobar en seis meses. Sin desanimarse, se puso manos a la obra para conseguir en seis meses lo que normalmente requiere tres años. Al cabo de seis meses obtuvo su título con honores. Scott y algunos amigos lo ayudaron a prepararse y se embarcó para la India, después de publicar su hermoso poema *The Scenes of Infancy* («Las escenas de la infancia»). En la India prometía convertirse en uno de los más grandes eruditos orientales, pero por desgracia contrajo una fiebre que truncó su carrera y murió a una edad temprana.

Quizá la vida del difunto doctor Lee, profesor de hebreo en Cambridge, ofrezca uno de los ejemplos más notables del poder de la perseverancia y del propósito decidido de labrarse una carrera honorable en la literatura en los tiempos modernos. Recibió su educación en una escuela de la beneficencia en Lognor, cerca de Shrewsbury, pero se distinguió tan poco que su maestro dijo que era uno de los muchachos menos brillantes que habían pasado por sus manos. Lo pusieron a trabajar de aprendiz de carpintero y continuó en ese oficio hasta que llegó a la edad adulta. Para ocupar sus horas de ocio se aficionó a la lectura y, como algunos de los libros contenían citas en latín, se interesó por averiguar su significado. Compró una gramática latina y comenzó a aprender latín. Como dijo Stone, el jardinero del duque de Argyle, mucho antes: «¿Es necesario saber algo más que las veinticuatro letras para aprender cualquier otra cosa que se desee?». Lee se levantaba temprano y se acostaba tarde, y consiguió dominar el latín antes de terminar su periodo de aprendizaje. Un día, mientras trabajaba en una iglesia, cayó en sus manos un ejemplar de una biblia griega, y de inmediato lo invadió el deseo de aprender también esta lengua. En consecuencia, vendió algunos de sus libros de latín y compró una gramática y un diccionario griegos. Como le gustaba aprender, pronto dominó el idioma. Luego vendió sus libros de griego y compró otros de hebreo, y aprendió esa lengua, sin ayuda de ningún tutor, sin ninguna aspiración de obtener fama o recompensa, sino simplemente siguiendo la inclinación de su genialidad. A continuación pasó a dominar los dialectos caldeo, siríaco y samaritano. Sin embargo, sus estudios empezaron a afectarle la salud y le provocaron enfermedades en los ojos debido a las largas vigilias nocturnas con sus libros.

Tras dejar de lado el estudio durante una temporada y recuperar la salud, continuó con su trabajo diario. Su carácter de comerciante era excelente, su negocio prosperó y sus medios le permitieron casarse, algo que hizo a los veintiocho años. Decidió entonces dedicarse a la manutención de su familia y renunciar al lujo de aprender, por lo que vendió todos sus libros. Podría haber seguido trabajando como carpintero toda la vida si el arcón de herramientas del que dependía para subsistir no hubiera acabado consumido por el fuego y no lo amenazara la indigencia. Era demasiado pobre como para comprar nuevas herramientas, así que se le ocurrió enseñar a los niños a leer, una profesión que apenas si requería capital inicial. No obstante, aunque dominaba muchos idiomas, era tan deficiente en las ramas comunes del saber que al principio no podía enseñar nada. Pero como estaba decidido a hacerlo, se puso a trabajar con asiduidad y aprendió aritmética y escritura hasta el punto de ser capaz de impartir estos conocimientos a los niños pequeños. Su carácter sencillo, sin afectación y agradable fue atrayendo amigos, y la fama del «carpintero erudito» llegó hasta el extranjero. El doctor Scott, un clérigo vecino, logró que lo nombraran maestro de una escuela de la beneficencia en Shrewsbury y le presentó a un distinguido erudito oriental. Estos amigos le proporcionaron libros, y Lee fue dominando una tras otra las lenguas árabe, persa e indostánica. Siguió estudiando mientras se encontraba de servicio permanente en la milicia local del condado, adquiriendo poco a poco un mayor dominio de los idiomas. Por fin, su amable mecenas, el doctor Scott, le permitió ingresar en el Queen's College de Cambridge y, tras un curso en el que se distinguió por sus conocimientos matemáticos, lo eligieron muy dignamente para ocupar la vacante en la cátedra de árabe y hebreo, un cargo honorable. Además de desempeñar con habilidad sus deberes como profesor, regaló gran parte de su tiempo a la instrucción de los misioneros que iban a predicar el evangelio a las tribus orientales en su propia lengua. También hizo traducciones de la Biblia a varios dialectos asiáticos; y habiendo dominado la lengua neozelandesa, preparó una gramática y un diccionario para dos jefes neozelandeses que estaban entonces en Inglaterra, libros que ahora se usan a diario en las escuelas de Nueva Zelanda. Esa es, en resumen, la notable historia del doctor Samuel Lee, que es similar a la de muchos ejemplos igual de instructivos del poder de la perseverancia en la autoformación, como demuestran las vidas de muchos de los más distinguidos de nuestros literatos y científicos.[2]

Podría citar muchos más nombres ilustres para demostrar la verdad de ese refrán tan popular que asegura que «nunca es demasiado tarde para aprender». Los hombres pueden hacer muchas cosas incluso a una edad avanzada si se deciden a empezar. Sir Henry Spelman no empezó a estudiar ciencias hasta que tuvo entre cincuenta y sesenta años. Franklin tenía cincuenta cuando entró de lleno en el estudio de la filosofía natural. Dryden y Scott no fueron conocidos como autores hasta que cumplieron los cuarenta. Boccaccio tenía treinta y cinco años cuando comenzó su carrera literaria, y Alfieri tenía cuarenta y seis cuando empezó a estudiar griego. El doctor Arnold aprendió alemán a una edad avanzada, con el propósito de leer a Niebuhr en original, y del mismo modo James Watt aprendió francés, alemán e italiano cuando tenía unos cuarenta años y trabajaba en su oficio de fabricante de instrumentos en Glasgow para poder leer las valiosas obras sobre filosofía mecánica en estos idiomas. Una vez encontraron a Robert Hall tendido en el suelo, atormentado por el dolor, aprendiendo italiano en su vejez, para poder juzgar el paralelismo trazado por Macaulay entre Milton y Dante. Händel tenía cuarenta y ocho años cuando empezaron a publicarse sus grandes obras. De hecho, se podrían citar cientos de ejemplos de hombres que emprendieron un camino nuevo y se dedicaron con éxito a nuevos estudios en una edad relativamente avanzada. Solo los frívolos o los indolentes dirán: «Soy demasiado viejo para aprender».

Y aquí me gustaría repetir lo que he dicho antes, que no son los genios los que mueven el mundo y toman la delantera, sino los hombres firmes, con un propósito y diligentes en el trabajo. Pese a las muchas historias curiosas que se han contado sobre la infancia de los genios, no es menos cierto que la inteligencia temprana no es prueba alguna de la altura que alcanzará el hombre adulto. La precocidad es tan a menudo un síntoma de enfermedad como un indicio de vigor intelectual en la juventud. ¿Qué ocurre con todos esos «niños de inteligencia extraordinaria»? ¿Dónde están todos los niños premiados en las escuelas? Rastréalos a través de la vida y descubrirás que los niños que no destacaron en nada en la escuela los han adelantado. Se recompensa a los chicos listos, pero los premios que ganan por esa mayor rapidez y facilidad para el aprendizaje rara vez les resultan útiles. Más bien debería recompensarse el esfuerzo, la lucha y la obediencia. Porque es a ese muchacho que hace todo lo que puede, aunque esté dotado de una inferioridad de facultades naturales, al que se debe alentar por encima de todos los demás.

Podría escribir un capítulo interesante sobre el tema de los zopencos ilustres, que no sobresalieron en la escuela, pero que se han convertido en hombres brillantes. Sin embargo, solo tengo espacio para unos cuantos ejemplos. Pietro di Cortona, el pintor, era considerado tan tonto que de niño lo llamaban «Cabeza de Borrico». A Tomaso Guidi lo conocían como «Tom el lerdo» (*Massaccio Tomasaccio*), aunque gracias a su diligencia acabó llegando a lo más alto. Cuando Newton iba a la escuela, estaba en el último lugar. El chico que estaba por delante de él le dio un día una patada y el zopenco demostró su valentía retándolo a una pelea, que ganó. A partir de ese momento Newton se puso a trabajar con voluntad y decidió vencer a su antagonista en los estudios, algo que hizo, llegando a ser el primero de su clase. Muchos de nuestros más grandes teólogos han sido cualquier cosa menos precoces. Isaac Barrow era famoso cuando estudiaba en Charterhouse School principalmente por su fuerte temperamento, sus hábitos pendencieros y su proverbial holgazanería. Les causó tanto dolor a sus padres, que su padre solía decir que si a Dios le complacía quitarle alguno de sus hijos, esperaba que fuera Isaac, el menos prometedor de todos ellos. Adam Clarke era un ceporro sin remedio según su padre, aunque podía hacer rodar grandes piedras. Dean Swift, uno de los más grandes escritores ingleses, suspendió en la Universidad de Dublín y solo obtuvo su recomendación para Oxford mediante *speciali gratia*. El conocido doctor Chalmers y el doctor Cook[3] fueron juntos a la escuela parroquial de St. Andrew's y eran tan zoquetes y traviesos que el maestro, irritado al máximo, los expulsó tachándolos de zopencos incorregibles.

El brillante Sheridan demostró tan poca capacidad de niño que su madre se lo presentó a un tutor diciéndole que era un ceporro incorregible. Walter Scott era casi un alcornoque de niño, mucho más dispuesto siempre a «pelearse» que a estar atento a las clases. En la Universidad de Edimburgo, el profesor Dalzell se refirió a él diciendo que «zoquete era, y zoquete seguiría siendo». A Chatterton lo devolvieron con su madre aduciendo que era «un tonto del que no se podía sacar nada». Burns era un chico poco brillante, bueno solo en los ejercicios atléticos. Goldsmith se describía a sí mismo como una planta que floreció tarde. Alfieri dejó la universidad tal como entró y no empezó los estudios por los que se distinguió hasta haber recorrido media Europa. Robert Clive era un zote, prácticamente un villano, cuando era joven. Sin embargo, la energía no lo abandonaba ni para hacer el mal. Su familia, contenta de librarse de él, lo envió a Madrás, y vivió para sentar las bases del poder británico en la India. Napoleón y Wellington fueron dos niños poco sobresalientes, que no se distinguieron en nada en la escuela.[4] La duquesa d'Abrantes dijo del primero: «Tenía buena salud, pero en otros aspectos era como los demás niños». John Howard, el filántropo, fue otro ilustre merluzo que no aprendió casi nada durante los siete años que estuvo en la escuela. Stephenson, de joven, se distinguió principalmente por su habilidad en el golf y la lucha libre, y por su atención al trabajo. El brillante sir Humphry Davy no era más inteligente que otros chicos. Su maestro, el señor Davies Gilbert, dijo de él: «Mientras estuvo conmigo, no alcancé a vislumbrar las facultades por las que luego se hizo famoso». De hecho, él mismo consideró una suerte que lo hubieran dejado «disfrutar de tanta ociosidad» en la escuela. Watt era un estudiante poco sobresaliente, pese a las bonitas historias que se cuentan sobre su precocidad. Sin embargo, lo mejor de él eran su paciencia y su perseverancia, y gracias a ellas y a su afilada inventiva pudo perfeccionar su máquina de vapor.

Lo que el doctor Arnold dijo de los niños puede también aplicarse a los hombres. La diferencia entre un niño y otro no consiste tanto en el talento como en la energía. Alimentada con la perseverancia, la energía pronto se convierte en habitual. Siempre que el zopenco tenga perseverancia y diligencia, adelantará sin remedio al más inteligente que carezca de estas cualidades. Lento, pero seguro, ganará la carrera. Es la perseverancia la que explica que la posición de los muchachos en la escuela se invierta tan a menudo en la vida real. Y es curioso observar que algunos que entonces eran tan listos en la edad adulta son de lo más normal, mientras que los que menos destacaban, de los que no se esperaba nada, pero han avanzado de forma lenta pero segura, han asumido posiciones de liderazgo al hacerse mayores. Yo mismo, cuando era niño, estaba en la misma clase de un alcornoque absoluto. Los maestros intentaron hacerlo reaccionar, uno tras otro, pero fracasaron. Los castigos corporales, el capirote de tonto, la persuasión y la súplica sincera resultaron igualmente infructuosos. A veces, como experimento, lo ponían en las primeras bancas de la clase y era curioso observar la rapidez con la que gravitaba hacia el inevitable fondo, como un trozo de plomo que atravesaba el mercurio. Muchos maestros lo tacharon de zoquete incorregible, y uno de ellos dijo que era «un tonto espectacular». Sin embargo y pese a su lentitud, este zoquete guardaba una energía en su interior que cristalizó en un propósito, creciendo con sus músculos al llegar a la madurez. Por extraño que parezca, cuando por fin llegó a tomar parte en los asuntos prácticos de la vida, se encontraba por delante de la mayoría de sus compañeros de clase, a los que acabó dejando muy atrás. La última vez que oí hablar de él, era juez principal de primera instancia de su ciudad natal. La tortuga en el camino correcto vencerá al corredor en el equivocado. Da igual que un joven sea lento si es diligente. La rapidez puede incluso resultar un defecto, en cuanto a que el muchacho que aprende con facilidad a menudo olvida con la misma facilidad, y también porque no encuentra la necesidad de cultivar esa cualidad de aplicación y perseverancia que el joven más lento se ve obligado a ejercer y que resulta ser un elemento tan valioso en la formación de todo carácter. Davy dijo: «Lo que soy lo he hecho yo mismo». Una frase que tiene validez universal.

Una cultura extensa no se obtiene de los maestros cuando estamos en la escuela o en la universidad, sino por nuestra autoformación diligente cuando nos convertimos en hombres. Por lo tanto, no es necesario que los padres se apresuren queriendo ver que los talentos de sus hijos florecen. Que observen y esperen con paciencia, dejando que el buen ejemplo y la formación tranquila hagan su trabajo, y que le dejen el resto a la Providencia. Que procuren que el joven disfrute de una buena salud física mediante el libre ejercicio de sus facultades corporales, que lo pongan en el camino del desarrollo personal, que alienten sus hábitos de aplicación y perseverancia; y a medida que crezca, si posee el material adecuado, estará capacitado para autoformarse con vigor y eficacia.

12

EL EJEMPLO - MODELOS

Que los fantasmas se alcen ante nosotros
De nuestros más elevados hermanos, aunque de la misma sangre
Que nos dominen en la cama y en la mesa
Con miradas de belleza y palabras de bien.

JOHN STERLING

No hay acción del hombre en esta vida que no sea el principio de una cadena tan larga de consecuencias, como que ninguna providencia humana sea lo suficientemente alta para darnos una perspectiva del fin.

THOMAS DE MALMESBURY

El ejemplo es uno de los profesores más poderosos, aunque enseña sin lengua. Es la escuela práctica de la humanidad, que trabaja gracias a la acción, que siempre es más contundente que las palabras. Puede que los preceptos nos indiquen el camino, pero es el ejemplo silencioso y continuo, que nos transmiten los hábitos y que convive con nosotros, lo que nos hace seguir adelante. Los buenos consejos también cuentan, pero sin el acompañamiento de un buen ejemplo, su influencia es reducida en comparación. Además, la experiencia real de la vida nos confirma que el dicho popular de «Haz lo que yo te diga y no lo que yo haga» es generalmente al revés.

Todas las personas son propensas en mayor o menor medida a aprender mejor a través de los ojos que de los oídos; y lo que se ve causa una mayor impresión que cualquier cosa que se lea o se oiga. Esto es todavía más cierto en la infancia, cuando el ojo es la principal fuente de conocimiento. Los niños imitan de forma inconsciente todo lo que ven y se convierten sin darse cuenta en las personas que los rodean, como los insectos que adoptan el color de las ramas de las que se alimentan. De ahí la increíble importancia de la educación en casa. Por más eficaces que sean las escuelas, los ejemplos que damos en casa van a tener muchísima más influencia a la hora de formar el carácter futuro de los hombres y las mujeres. El hogar es el cristal de la sociedad, el núcleo fundacional de nuestro carácter nacional, y a partir de esta fuente, que puede ser pura o estar contaminada, nacen los hábitos, los principios y las máximas que gobiernan tanto la vida pública como la privada. La nación brota de la cuna, la opinión pública es en gran parte una extensión del hogar y los mejores filántropos nacen al calor del hogar de la chimenea. «Amar el pequeño pelotón al que pertenecemos en la sociedad es el germen de todos los afectos públicos», dice Burke. Desde este pequeño centro se puede ampliar el círculo de las simpatías humanas hasta abarcar todo el globo, porque aunque la auténtica filantropía empieza en casa, como la caridad, desde luego que no acaba allí.

Por lo tanto, el ejemplo en la conducta, incluso en temas aparentemente triviales, tiene bastante importancia, ya que va calando de forma constante en las vidas de los demás y contribuye a formar sus caracteres para bien o para mal. El carácter de los padres se repite así de forma constante en sus hijos, y los actos de afecto, de disciplina, de diligencia y de dominio sobre sí mismos con los que dan ejemplo a diario viven y actúan cuando hace mucho que olvidaron todo lo que pudieran haber aprendido a través del oído. Incluso la acción muda y una mirada sin intención de un padre pueden darle un sello al carácter que nunca se borra. Además, a saber cuántos malos actos ha frenado el pensamiento de algún buen padre, cuya memoria sus hijos no pueden mancillar cometiendo un acto indigno o con un pensamiento impuro. Las nimiedades más insignificantes adquieren así importancia para influir en el carácter de los hombres. «Un beso de mi madre me hizo pintor», dijo West. Y de esas aparentes nimiedades que suceden en la infancia dependen principalmente la felicidad y el éxito futuros de los hombres. Fowell Buxton, cuando ocupaba un influyente e importante puesto en la vida, escribió a su madre: «A todas horas siento, sobre todo en la acción y en el esfuerzo por los demás, los efectos de los principios que me implantaste en la mente de forma temprana».

Buxton también recordaba con gratitud las obligaciones que tenía con un hombre analfabeto, un guardabosques llamado Abraham Plastow, con el que jugaba, cabalgaba y practicaba deportes, un hombre que no sabía leer ni escribir, pero que rebosaba un sentido común innato y un ingenio maternal. «Lo que lo hacía especialmente valioso —dice Buxton— eran sus principios de integridad y de honor. En ausencia de mi madre, nunca dijo ni hizo nada que ella hubiera desaprobado. Siempre mantuvo el más alto nivel de integridad y llenó nuestras mentes juveniles con sentimientos tan puros y generosos como los que podrían encontrarse en los escritos de Séneca o de Cicerón. Así fue mi primer instructor y, debo añadir, que también fue el mejor».

Recordando el admirable ejemplo que le había dado su madre, lord Langdale declaró: «Si el mundo entero se pusiera en un lado de una balanza y mi madre en la otra, el mundo saltaría por los aires». La señora Schimmel Penninck, en su vejez, acostumbraba a recordar la influencia que ejerció su madre en los círculos sociales que frecuentaba. Cuando ella entraba en una habitación, tenía el efecto de elevar de inmediato el tono de la conversación y, como si purificara el ambiente moral, todos parecían respirar más libremente y estar más erguidos. «En su presencia —dice la hija—, me transformaba en otra persona». Tanto depende la salud moral del ambiente moral que se respira y tan grande es la influencia que ejercen a diario los padres sobre sus hijos al vivir delante de sus ojos que tal vez el mejor sistema de instrucción parental se podría resumir en estas dos palabras: «Mejórate a ti mismo».

Hay algo solemne y terrible en la idea de que no hay acto ni pensamiento en la vida de un ser humano que no conlleve una serie de consecuencias cuyo alcance tal vez no lleguemos a conocer. En cierta medida todos suponen un cambio en nuestra propia vida e influyen sin premeditación en las vidas de los que nos rodean. Una buena acción o un buen pensamiento perdurará, aunque no lo veamos fructificar, pero pasa igual si la acción o el pensamientos es malo. Y ninguna persona es tan insignificante como para estar segura de que su ejemplo no hará el bien por un lado ni el mal por otro. De hecho, hay una esencia de inmortalidad en la vida del hombre, incluso en este mundo. Ningún individuo está solo en el universo. Forma parte de un sistema interdependiente y por sus distintos actos aumenta o disminuye la suma del bien humano ahora y para siempre. Así como el presente tiene sus raíces en el pasado, y la vida y los ejemplos de nuestros ancestros siguen influyendo en nosotros en gran medida, también nosotros contribuimos a formar la condición y el carácter del futuro con nuestros actos cotidianos. El hombre vivo es un fruto formado y madurado por el cultivo de todos los siglos anteriores. Tenemos a nuestras espaldas seis mil años de generaciones, cada una colocándole las manos en los hombros a su sucesora, y la generación viva continúa la corriente magnética de acción y ejemplo destinada a unir el pasado más remoto con el futuro más distante. No hay acto que desaparezca por completo con la muerte del hombre que lo realizó y, aunque su cuerpo se convierta en polvo y aire, sus buenas o malas acciones seguirán dando frutos e influyendo en las generaciones de hombres de todos los tiempos venideros. En este hecho trascendental y solemne reside el gran peligro y la gran responsabilidad de la existencia humana.

El señor Babbage ha expresado con tanta firmeza esta idea en un noble pasaje de uno de sus escritos que me atrevo a citar sus palabras: «Cada átomo —dice— marcado con el bien o el mal retiene al mismo tiempo las lecciones que los filósofos y los sabios le han impartido mezcladas y combinadas de diez mil maneras con todo lo que es despreciable y vil; el aire mismo es una vasta biblioteca en cuyas páginas está escrito para siempre todo lo que el hombre ha dicho o susurrado alguna vez. Allí, en sus caracteres inmutables, pero infalibles, mezclados con los primeros y los últimos suspiros de la mortalidad, quedan grabados para siempre los votos no satisfechos, las promesas no cumplidas; perpetuando en el movimiento conjunto de todas las partículas el testimonio de la voluntad cambiante del hombre. Pero si el aire que respiramos es el historiador infalible de los sentimientos que hemos expresado, la tierra, el aire y el océano son a su vez los testigos eternos de los actos que hemos llevado a cabo. El mismo principio de la igualdad de acción y reacción se aplica a ellos. Ningún movimiento ejecutado por causas naturales o por la acción humana se borra jamás... Si el Todopoderoso estampó en la frente del primer asesino la marca indeleble y visible de su culpabilidad, también ha establecido leyes por las que cada criminal que le suceda esté irrevocablemente encadenado al testimonio de su crimen; porque cada átomo de su estructura mortal, a través de cualquier cambio que sus partículas separadas puedan hacer, mantendrá adherido a él en cada combinación algún movimiento derivado de ese mismo esfuerzo muscular por el cual fue perpetrado el crimen mismo».

Por lo tanto, cada acto que ejecutamos o cada palabra que pronunciamos, así como cada acto que presenciamos o cada palabra que oímos, lleva consigo una influencia que se extiende e influye no solo a toda nuestra vida futura, sino que se hace sentir en todo el marco de la sociedad. Quizá no sea posible, de hecho no lo es, rastrear la influencia que actúa en sus diversas ramificaciones entre nuestros hijos, nuestros amigos o nuestros colegas; sin embargo, es seguro que su efecto dura para siempre. Y aquí radica la gran importancia de dar un buen ejemplo, una enseñanza silenciosa que incluso la persona más pobre y menos eminente puede imponer con su vida diaria. No hay nadie tan humilde que no deba a los demás esta sencilla, pero inapreciable, enseñanza. Incluso la condición más mezquina puede ser útil de esta manera. Porque la luz que está en un punto bajo ilumina tan fielmente como la que está en una colina. El hombre de verdad puede crecer en todas partes y en casi todas las circunstancias, por adversas que sean, en los páramos, en las aldeas, en los callejones de las grandes ciudades. El que labra un terreno que es apenas mayor del necesario para su tumba puede trabajar tan fielmente y con tan buen fin como el heredero de una fortuna. De este modo, el taller más común puede ser una escuela de diligencia, ciencia y buenas costumbres, por un lado; o de ociosidad, insensatez y depravación, por el otro. Todo depende de cada hombre y del uso que haga de las oportunidades de bien que se le presentan.

Una vida bien empleada, un carácter honesto y honrado, no es un legado insignificante que dejar a los hijos y al mundo; porque es la lección más elocuente de virtud y la represión más severa del vicio al tiempo que continúa siendo una fuente perdurable de la mejor clase de riqueza. Bien por aquellos que pueden decir, como Pope, en réplica a los sarcasmos de lord Hervey: «Creo que es suficiente que mis padres, tal como eran, nunca me costaron un rubor, y que su hijo, tal como es, nunca les costó una lágrima».

No basta con decirles a los demás lo que tienen que hacer, sino que hay que dar ejemplo. Lo que la señora Chisholm le describió a la señora Stowe como el secreto de su éxito se aplica a toda la vida. «Descubrí que si queremos que se haga algo, debemos ponernos manos a la obra y hacerlo. De nada sirve limitarse a hablar, de nada». Es una elocuencia pobre que solo demuestra que una persona sabe hablar. La señora Chisholm estaba convencida de que si se hubiera dedicado a dar conferencias, su proyecto nunca habría pasado de ser mera palabrería. Sin embargo, cuando las personas vieron lo que estaba haciendo y lo que había logrado, aceptaron sus puntos de vista y arrimaron el hombro. De ahí que el trabajador más benéfico no sea el que dice las cosas más elocuentes, ni siquiera el que tiene un pensamiento más elevado, sino el que realiza los actos más elocuentes.

Incluso en la posición más humilde de la vida, las personas de corazón puro, que son enérgicas hacedoras, son capaces de impulsar las buenas obras hasta alcanzar cotas insospechadas, hasta alcanzar su verdadera posición en la sociedad. Thomas Wright podría haber hablado sobre la reinserción de los presos y John Pounds sobre la necesidad de escuelas para los niños desfavorecidos, pero no haber hecho nada al respecto. En cambio, se pusieron manos a la obra sin más idea que la de hacer el trabajo, no hablar. Y para comprobar que hasta el hombre más pobre puede influir en la sociedad solo hay que prestar atención a lo que dice el doctor Guthrie, el impulsor de las escuelas para niños necesitados, sobre la influencia que tuvo el ejemplo de John Pounds, el humilde zapatero de Portsmouth, en su propia carrera laboral: «El interés que me ha llevado a tomar esta causa es un ejemplo de cómo, en la Providencia, cualquier circunstancia por trivial que sea determina el destino de un hombre (el curso de su vida, como el de un río) y lo afecta. Es bastante curioso, al menos a mí me resulta interesante recordarlo, que me interesé por primera vez en las escuelas para niños desfavorecidos gracias a un cuadro, uno en la remota, vieja y decadente población a orillas del Frith of Forth, el lugar de nacimiento de Thomas Chalmers. Fui a ver este lugar hace muchos años y, al entrar en una posada para comer y beber algo, descubrí la estancia llena de cuadros de pastoras con sus cayados y de marineros con ropa de diario, nada especialmente llamativo. No obstante, sobre la repisa de la chimenea había un gran grabado, más respetable que el resto y que representaba el taller de un zapatero. El propio zapatero estaba allí, con las gafas en la nariz y un zapato viejo entre las rodillas; la ancha frente y la boca firme indicaban una gran determinación de carácter, y bajo sus pobladas cejas la benevolencia asomaba para mirar a unos niños y unas niñas pobres que atendían su lección alrededor del ocupado zapatero. Me despertó la curiosidad, y en la inscripción leí que este hombre, John Pounds, un zapatero de Portsmouth, se apiadó de la multitud de pobres niños harapientos a los que ministros y magistrados, así como damas y caballeros, habían abandonado hasta el punto de que solo les esperaba la ruina en las calles. Que, como un buen pastor, congregó a estos desdichados parias; que les enseñó a seguir la palabra de Dios y a salir al mundo; y que mientras se ganaba el pan con el sudor de su frente había rescatado de la miseria no menos de quinientos niños, recuperándolos para la sociedad. Me sentí avergonzado de mí mismo. Me sentí mal por lo poco que había hecho. Me conmoví por entero. Me asombraron los logros de aquel hombre; y recuerdo muy bien que, en el entusiasmo del momento, le dije a mi compañero (aunque con la mente fría y serena no he encontrado motivos para desdecirme): "Ese hombre es un honor para la humanidad y merece el monumento más alto que se haya levantado jamás en las costas de Gran Bretaña". Recogí la historia de ese hombre y la encontré animada por el espíritu de Aquel que tuvo "compasión de la multitud". John Pounds era además un hombre inteligente y, al igual que Paul, si no podía ganarse a un niño pobre de otra manera, se lo ganaba con el arte. Era habitual verlo persiguiendo a un niño harapiento por los muelles y obligándolo a ir a la escuela, no con el poder de un policía, sino con el de una patata caliente. Conocía el amor que un irlandés sentía por una patata y allí que iba Pounds corriendo mientras sostenía bajo la nariz del niño una patata, como un irlandés, muy caliente, y con un abrigo tan andrajoso como él mismo. Cuando llegue el día de honrar a quien lo merece, me imagino a la multitud de aquellos cuya fama han cantado los poetas y en cuya memoria se han erigido monumentos abriéndose por la mitad como un mar y a este pobre y desconocido anciano dando un paso al frente para dejar atrás a las eminencias, a los aristócratas y a los hombres poderosos de la Tierra, y recibiendo la atención especial de Aquel que dijo: "En cuanto lo hicisteis a uno de estos mis hermanos más pequeños, a mí lo hicisteis"».

Es imposible saber dónde va a aparecer un buen ejemplo ni qué camino va a tomar. Incluso ver el trabajo paciente e infatigable de personas débiles y humildes, que se afanan por hacerlo lo mejor que pueden en la posición en la que la Providencia los ha puesto en la vida, puede ser útil para muchos trabajadores con fines más elevados. Hemos oído hablar de un joven médico de una zona rural, empeñado en la ardua tarea de establecer un consultorio, que comenzó a tener la sensación de que la desesperación lo abrumaba. Durante una visita a un paciente comentó de pasada que a menudo veía luces en una ventana que tenía enfrente, bien avanzada la noche. Le dijeron que la habitación de las luces la ocupaban dos muchachas, modistas, que habían acabado sumidas en la miseria por la mala conducta de su padre. «Y ahora —le dijo una persona— trabajan día y noche para sobreponerse a la desgracia lo mejor que pueden». El joven médico se llevó estas palabras a su casa y cuando le entraban ganas de quejarse del mundo, pensar en esas trabajadoras muchachas le daba fuerzas y lo animaba. Más adelante dijo que, al infundirle un valor renovado justo cuando se estaba hundiendo, su ejemplo le resultó inestimable.

La educación del carácter es en gran medida una cuestión de modelos. Nos moldeamos de forma inconsciente para ajustarnos al carácter, los modales, los hábitos y las opiniones de quienes nos rodean. Las buenas reglas pueden servir de mucho, pero los buenos modelos todavía más, porque en estos vemos la formación a través de acciones, la sabiduría en funcionamiento. Los buenos consejos y los malos ejemplos solo sirven para construir con una mano para derribar con la otra. De ahí la gran importancia de elegir con especial cuidado a los compañeros, sobre todo en la juventud. Hay una afinidad magnética en las personas jóvenes que tiende a que se parezcan entre sí sin proponérselo siquiera. El señor Edgeworth estaba tan convencido de que imitaban por simpatía o emulaban sin querer las costumbres de sus amistades que consideraba de vital importancia que se los enseñara a seleccionar los mejores modelos. «Solo o en buena compañía» era su lema. Lord Collingwood, en una carta a un joven amigo, dijo: «Ten como máxima que es mejor estar solo que mal acompañado. Que tus compañeros sean como tú o mejores; porque la valía de un hombre siempre se regirá por la de las compañías que frecuenta». De la misma manera que sir Peter Lely tenía por norma no mirar nunca un cuadro malo si podía evitarlo, ya que creía que cada vez que lo hacía su lápiz se manchaba de él, quienquiera que elija contemplar a menudo un espécimen degradado de la humanidad y frecuentar su compañía no puede evitar parecerse poco a poco y cada vez más a esa clase de modelo.

Por lo tanto, es aconsejable que los jóvenes busquen las compañías de buenas personas y que aspiren siempre a un nivel más elevado del que ellos tienen. Francis Horner, al respecto de las ventajas que le reportaba el trato personal directo con hombres inteligentes y de ideas elevadas, dijo: «No dudo en afirmar que he conseguido mejorar intelectualmente con ellos mucho más que con todos los libros que he leído». Lord Shelburne (que más adelante sería el marqués de Lansdowne), visitó de joven al venerable Malesherbes y quedó tan impresionado que dijo: «He viajado mucho, pero nunca me ha afectado tanto el contacto personal con ningún hombre; y si alguna vez logro algo bueno en el curso de mi vida, estoy seguro de que el recuerdo de Malesherbes alentará mi alma». Así, Fowell Buxton estuvo siempre dispuesto a reconocer la poderosa influencia que tuvo el ejemplo de la familia Gurney en la formación de su carácter durante los primeros años de su vida: «Ha mejorado mi vida», decía. Al hablar de su éxito en la Universidad de Dublín, confesó: «No puedo atribuirlo a otra cosa que a mis visitas a Earlham». Podría decirse que «se contagió» de la superación personal de los Gurney.

El contacto con el bien nunca deja de producir más bien, y nos llevamos con nosotros algo de la bendición, de la misma manera que las ropas de los viajeros retienen el olor de las flores y de los arbustos por los que han pasado. Los que conocieron íntimamente al difunto John Sterling han hablado de la influencia benéfica que ejerció sobre todos aquellos con quienes tuvo un contacto estrecho. Muchos le debieron su primer despertar a un ser superior; de él aprendieron lo que eran y lo que debían ser. El señor Trench dice de él: «Era imposible entrar en contacto con su noble naturaleza sin sentirse uno mismo ennoblecido y elevado en cierta medida, como me sucedía siempre que me despedía de él, trasladado a un ámbito más elevado de pensamientos y de objetivos que los que nos tientan habitualmente». Así es como actúa siempre el carácter noble; nos elevamos gracias a él y nos ilumina, es imposible que no nos arrastre y que no adquiramos el hábito de mirar las cosas desde la misma perspectiva. Así es la acción y la reacción mágicas de las mentes al encontrarse.

Los artistas también se sienten elevados por el contacto con artistas más insignes. De este modo, el genio de Haydn se encendió por primera vez gracias a Händel. Al oírlo tocar, su ardor por la composición musical se despertó de inmediato y, de no ser por esta circunstancia, el propio Haydn creía que nunca habría escrito la *Creación*. En referencia a Händel dijo en una ocasión: «Cuando quiere, golpea como el rayo»; y en otra: «No hay una nota suya que no derrame sangre». Scarlatti fue madre de ardientes admiradores de Händel, siguiéndolo por toda Italia; después al hablar del gran maestro, se persignaba en señal de admiración. Los verdaderos artistas nunca dejan de reconocer con generosidad la grandeza de los demás. Así la admiración de Beethoven por Cherubini era regia y aclamaba con fervor el genio de Schubert: «La verdad es que en Schubert habita un fuego divino», decía. Cuando Northcote era tan solo un muchacho, sentía tal admiración por Reynolds que, cuando el gran pintor asistió a un evento público en Devonshire, el muchacho se abrió paso entre la multitud y llegó a colocarse tan cerca de Reynolds que le tocó los faldones de la levita, algo que en palabras de Northcote «hice con gran satisfacción para mi mente». Fue una muestra de entusiasmo juvenil en su admiración por el genio.

El ejemplo de los valientes sirve de inspiración para los retraídos, su presencia hace vibrar todo el cuerpo. De ahí los milagros de valor que tan a menudo protagonizan hombres normales y corrientes a las órdenes de los heroicos. El mero recuerdo de las hazañas de los valientes hace hervir la sangre de los hombres como el sonido de una trompeta. Žižka legó su piel para que sirviera de tambor e inspirara el valor de los bohemios. Cuando murió Skanderbeg, príncipe de Epiro, los turcos quisieron quedarse con sus huesos a fin de llevar un trozo junto al corazón con la esperanza de asegurarse así una parte del valor que había demostrado en vida y que tan a menudo habían experimentado en la batalla. Cuando el galante sir James Douglas, que llevaba el corazón de Robert de Bruce a Tierra Santa, vio a uno de sus caballeros acorralado por los sarracenos en la batalla, se quitó del cuello el cofre de plata que contenía el legado del héroe y tras arrojarlo en mitad de las líneas enemigas, gritó: «Encabeza la lucha como hacías siempre, que Douglas te seguirá o morirá». Tras decir esto, se abalanzó hacia el lugar donde lo derribaron y mataron.

La principal utilidad de la biografía reside en la abundancia de buenos modelos de carácter que proporciona. Nuestros grandes antepasados siguen viviendo entre nosotros en los registros de sus vidas, así como en los actos que llevaron a cabo y que también siguen vivos. Todavía se sientan a nuestra mesa y nos cogen de la mano. Nos dan ejemplos para nuestro beneficio, que todavía podemos estudiar, admirar e imitar. De hecho, quien ha dejado a su paso el registro de una vida noble ha legado a la posteridad una fuente perdurable de bien, porque vive como un modelo para que otros se formen a sí mismos en el futuro y sigue insuflando nueva vida en nosotros, ayudándonos a reproducir su vida de nuevo y a ilustrar su carácter de otra manera. Por lo tanto, un libro que contiene la vida de un auténtico hombre está lleno de semillas preciosas; en palabras de Milton, «es la preciosa sangre vital de un espíritu maestro, embalsamada y atesorada a propósito para una vida más allá de la vida». Un libro así nunca deja de ejercer una influencia positiva y un poder para el bien. Pero, por encima de todo, están el Modelo y el Ejemplo más elevados que se nos presentan para que moldeemos nuestra vida en este mundo (lo más adecuado para todas las necesidades de nuestra mente y nuestro corazón), un ejemplo que solo podemos seguir de lejos y sentir después:

Como plantas o enredaderas que nunca vieron el sol,
pero que sueñan con él y suponen dónde puede estar,
y hacen todo lo posible para trepar y alcanzarlo.

Debo insistir en que ningún joven puede ver vidas como las de Buxton y Arnold sin tener la sensación de que su mente y su corazón han mejorado, y de que sus mejores resoluciones se han fortalecido. Tales biografías aumentan la confianza de un hombre en sí mismo al demostrar lo que los hombres pueden ser y lo que pueden hacer, afianzando nuestras esperanzas y elevando nuestros objetivos en la vida. A veces, un joven se descubre a sí mismo en una biografía, como Guido, que sintió en su interior los brotes del genio al contemplar las obras de Miguel Ángel: «¡Y yo también soy pintor!», exclamó. Sir Samuel Romilly confesó en su autobiografía que la vida del gran y noble canciller francés D'Aguesseau influyó muchísimo en él: «Habían caído en mis manos las obras de Thomas —dice—, y yo había leído con admiración *L'Éloge du D'Aguesseau*; y la carrera llena de honor que relataba en su elogio que había llevado ese ilustre magistrado alentó en gran medida mi ardor y mi ambición, y me abrió la imaginación a nuevos caminos de gloria».

Franklin atribuía su utilidad y su eminencia al hecho de haber leído a una edad temprana los *Essays to do Good* («Ensayos para hacer el bien»), de Cotton Mather, un libro que surgió de la propia vida de Mather. Una muestra de cómo el buen ejemplo atrae a otros hombres para que le sigan el rastro y se propaga a través de las generaciones futuras en todas las tierras es el de Samuel Drew, que afirma que diseñó su propia vida, y sobre todo sus hábitos comerciales, siguiendo el modelo dejado por Benjamin Franklin. Por lo tanto, es imposible decir hasta dónde puede llegar un buen ejemplo ni dónde terminará, si es que acaba. De ahí la ventaja, en la literatura como en la vida, de mantener las mejores compañías, leer los mejores libros y admirar e imitar con sensatez las mejores cosas que encontramos en ellos. «En literatura —dijo lord Dudley—, me gusta limitarme a la mejor compañía, que consiste principalmente en mis viejos conocidos, con quienes deseo intimar más; y sospecho que nueve de cada diez veces es más provechoso, si no más agradable, volver a leer un libro viejo que leer uno nuevo por primera vez».

A veces se ha dado la circunstancia de que un libro que contiene un noble ejemplo de vida, tomado al azar, con el mero objeto de leerlo como pasatiempo, suscita energías insospechadas hasta el momento. Alfieri se apasionó por primera vez por la literatura leyendo *Vidas paralelas* de Plutarco. Ignacio de Loyola, postrado por una peligrosa herida en la pierna cuando era soldado y servía en el sitio de Pamplona, pidió un libro para distraerse. Le llevaron *Las vidas de los santos* y su lectura le inflamó de tal manera la mente que desde entonces decidió dedicarse a la fundación de una orden religiosa. Lutero recibió la inspiración para emprender las grandes labores de su vida tras leer sobre la vida y los escritos de Jan Hus. Leer sobre la vida de Francisco Javier impulsó al doctor Wolff a emprender su carrera misionera, y esa lectura enardeció su corazón juvenil con una pasión de lo más sincera y ardiente para dedicarse a la empresa de su vida. También William Carey pensó por primera vez en sus sublimes labores como misionero leyendo sobre los viajes del capitán Cook.

Francis Horner abogaba en su diarios y sus cartas por las lecturas que le habían influido y mejorado. Entre dichos libros se encontraban *Éloge de Haller* («Elogio de Haller»), los discursos de sir Joshua Reynolds, los escritos de Bacon y el relato de Burnet sobre sir Matthew Hale. Horner dice que la lectura de esto último (el retrato de un trabajador prodigioso), lo llenó de entusiasmo. Del *Éloge de Haller* de Condorcet, dijo: «Nunca me aparto del relato de tales hombres sin una especie de palpitación estremecedora, que no sé si llamar admiración, ambición o desesperación».

Y en referencia a los discursos de sir Joshua Reynolds, dijo: «Junto a los escritos de Bacon, no hay lectura que me haya impulsado más poderosamente a cultivarme. Es uno de los primeros genios que ha condescendido a informar al mundo de los pasos necesarios para alcanzar la grandeza; la confianza con la que afirma la omnipotencia del trabajo humano tiene el efecto de familiarizar a su lector con la idea de que el genio se adquiere más que ser un don innato; y está todo tan bien hilado y no cabe duda de que es la más elevada y apasionada admiración por la excelencia que en conjunto no hay libro con un efecto más inspirador». Cabe destacar que el propio Reynolds atribuyó su primer impulso apasionado hacia el estudio del arte a la lectura del relato de Richardson sobre un gran pintor, y que Haydon se sintiera más tarde impulsado a seguir el mismo camino al leer la carrera de Reynolds. Pero Haydon no imitó la diligencia y la prudencia práctica de Reynolds, y aunque soñaba con el favor, la fortuna y los honores, no se esforzó en conseguirlos mediante el cultivo diligente de sus increíbles facultades, que nadie pone en duda. De ahí que su vida, pese a todos los ejemplos que los artistas le habían dado, resultara un fracaso atroz.

Uno de los ejemplos más valiosos y contagiosos que pueden darse a los jóvenes es el del trabajo alegre. La alegría da elasticidad al espíritu. Los espectros huyen al verla; las dificultades no causan desesperación, porque se encaran con esperanza; y la mente adquiere esa feliz disposición para mejorar las oportunidades que rara vez fracasa a la hora de alcanzar el éxito. El espíritu ferviente es siempre un espíritu sano y feliz, que trabaja con alegría y que anima a los demás a trabajar. Confiere dignidad incluso a las ocupaciones más vulgares. Además, el trabajo más eficaz siempre es el trabajo en el que se da todo, el que pasa por las manos o la cabeza de aquel cuyo corazón está alegre. Hume solía decir que prefería poseer una disposición alegre (con tendencia a ver siempre el vaso medio lleno) antes que una mente sombría y ser el dueño de una propiedad que proporcionara rentas de diez mil libras anuales. Granville Sharp, en medio de su infatigable labor a favor de los esclavos, disfrutaba por las tardes participando en coros y conciertos instrumentales en casa de su hermano, cantando o tocando la flauta, el clarinete o el oboe, y en los oratorios dominicales, cuando interpretaban piezas de Händel, tocaba el tamboril. También se dedicaba, aunque con moderación, a dibujar caricaturas y de vez en cuando firmaba con su propio nombre en caracteres musicales, así: . Fowell Buxton también fue un hombre básicamente alegre, que disfrutaba sobre todo de los deportes de campo, montando a caballo con sus hijos y participando en todos sus entretenimientos domésticos.

En otro ámbito, el doctor Arnold era un trabajador noble y alegre, que se entregaba en cuerpo y alma a la gran empresa de su vida: la formación y enseñanza de los jóvenes. En su admirable biografía se afirma que «lo más notable en el círculo de Laleham era el maravilloso y sano ambiente que allí prevalecía. Era un lugar donde un recién llegado sentía de inmediato que se estaba llevando a cabo una obra grande y seria. A cada alumno se le hacía sentir que tenía un trabajo que hacer; que su felicidad, así como su deber, residían en hacer bien ese trabajo. De este modo, se transmitía a los jóvenes un entusiasmo indescriptible por la vida; una extraña alegría se apoderaba de ellos al darse cuenta de que tenían los medios de ser útiles y, por lo tanto, de ser felices; y surgían un profundo respeto y un ardiente apego hacia quien les había enseñado a valorar la vida y su propio ser, su trabajo y su misión en el mundo. Todo esto se basaba en lo amplio y generoso que era el carácter de Arnold, así como en la asombrosa verdad y la realidad de la idea; en el sincero aprecio que sentía por cualquier tipo de trabajo y en el sentido que tenía de su valor, tanto para el complejo conjunto que era la sociedad como para el crecimiento y la protección del individuo. En todo esto no había emoción; no se favorecía a una clase por encima de otra; no había entusiasmo por un tema subjetivo; solo una consciencia humilde, profunda y sumamente religiosa de que el trabajo es la vocación designada del hombre en la Tierra, el fin para el que le fueron dadas sus diversas facultades, el elemento en el que su naturaleza tiene la obligación de desarrollarse y en el que ha de residir su progresivo avance hacia el cielo». Entre los muchos hombres de gran valía educados por Arnold para la vida pública y la utilidad, estaba el galante Hodson, del regimiento Hodson's Horse, que en una carta que mandó a casa desde la India muchos años después se refirió así a su venerado maestro: «Su influencia ha sido muy duradera y sorprendente en sus efectos. Se siente incluso en la India; no puedo decir mucho más que eso».

Es posible que no haya mejor ejemplo de la útil influencia que un diligente y enérgico hombre de buen corazón puede ejercer entre sus vecinos y las personas que dependen de él, así como afectar a su país, que la carrera de sir John Sinclair, calificado por el abate Grégoire como «el hombre más infatigable de Europa». Era un terrateniente rural, nacido en una propiedad considerable situada cerca de la casa de John o' Groat, casi en los confines de la civilización, en un páramo desnudo frente al tormentoso Mar del Norte. Al morir su padre cuando él tenía dieciséis años, la gestión de la propiedad familiar recayó pronto en él, y a los dieciocho inició una vigorosa trayectoria de mejora en el condado de Caithness, que con el tiempo se extendió por toda Escocia. La agricultura estaba atrasadísima por aquel entonces, con los campos sin cercar y las tierras sin drenar; los pequeños granjeros de Caithness eran tan pobres que apenas podían permitirse mantener un caballo o un corral; el trabajo duro lo hacían principalmente las mujeres, que soportaban todas las cargas; y si un campesino perdía un caballo, no era raro que se casara para así encontrar la sustituta más barata en su esposa. No había caminos ni puentes, y los arrieros que conducían su ganado hacia el sur tenían que cruzar a nado los ríos junto con sus bestias. El principal camino que conducía a Caithness se extendía a lo largo de una alta cornisa en la ladera de una montaña, a unos treinta metros de altura perpendicular sobre el mar que había por debajo. Sir John, pese a su juventud, decidió construir un nuevo camino sobre la colina de Ben Cheilt; sin embargo, los viejos propietarios, chapados a la antigua, se rieron de su proyecto, incrédulos. Pero él mismo trazó el nuevo camino, reunió a unos mil doscientos obreros temprano una mañana de verano, los puso a trabajar a la vez mientras vigilaba su progreso al tiempo que los animaba con su presencia y su ejemplo; y antes de que cayera la noche lo que había sido un peligroso camino de ovejas, de unos nueve kilómetros de largo por el que casi no podían pasar los caballos, se hizo practicable para carruajes como por arte de magia. Fue un admirable ejemplo de energía y de trabajo bien dirigido, que no podía sino influir de forma muy saludable en la población circundante. Luego procedió a hacer más caminos, a construir molinos, a levantar puentes y a cercar y cultivar sus tierras baldías. Introdujo métodos mejorados de cultivo y una rotación regular de las cosechas, distribuyendo pequeñas primas para estimular el esfuerzo, y pronto animó a todas las personas que quedaban dentro del radio de acción de su influencia e infundió una vida completamente nueva a los agricultores. Caithness, que era uno de los distritos más inaccesibles del norte, la *última Thule* de la civilización, la última frontera, se convirtió en un condado modelo por sus caminos, su agricultura y su pesca. Cuando Sinclair era joven, la correspondencia la llevaba un corredor una sola vez a la semana, y el joven baronet declaró entonces que nunca descansaría hasta que un carruaje condujera diariamente a Thurso. La gente de los alrededores lo veía impensable, y se convirtió en una frase hecha de la región como algo imposible: «Ah, sí, ¡eso pasará cuando sir John vea que hay correo diario con Thurso!». Sin embargo, sir John vivió para ver su sueño hecho realidad y que había servicio de correos diario con Thurso.

El círculo de sus operaciones benévolas se amplió poco a poco. Al percatarse del grave deterioro que se había producido en la calidad de la lana británica, uno de los productos básicos del país, se dedicó de inmediato a su mejora, aunque no era más que un caballero rural poco conocido y reservado. Con sus esfuerzos personales estableció la British Wool Society («Asociación británica de la lana») y él mismo abrió el camino a la mejora práctica importando ochocientas ovejas de todos los países, pagadas por él. El resultado fue la introducción en Escocia de la célebre raza cheviot. Los criadores de ovejas rechazaban la idea de que los rebaños del sur pudieran prosperar en el lejano norte. Pero sir John perseveró, y en pocos años había alrededor de trescientas mil ovejas cheviot solo en los cuatro condados del norte. El valor de todas las tierras de pastoreo aumentó muchísimo y las propiedades escocesas, que antes carecían de valor, empezaron a producir grandes rentas.

Elegido para representar a Caithness en el Parlamento, en el que permaneció durante treinta años durante los cuales pocas veces faltó a una sesión, su posición le brindó nuevas oportunidades de ser útil que él no dejó escapar. El señor Pitt, tras fijarse en su perseverante energía en todos los proyectos públicos de utilidad, lo mandó llamar a Downing Street y se ofreció a ayudarlo en cualquier objetivo que tuviera en mente. Cualquier otro hombre podría haber pensado en sí mismo y en su propio ascenso, pero sir John respondió de manera característica que no deseaba ningún favor para él mismo, sino que dio a entender que la recompensa más gratificante sería la ayuda del señor Pitt para crear un comité nacional de agricultura. Arthur Young apostó con el baronet que su plan nunca se establecería y dijo: «Tu comité estará en la Luna». Pero se puso a trabajar con ahínco, consiguió el apoyo de la mayoría del Parlamento y por fin creó el comité, del que lo nombraron presidente. No hace falta describir el resultado de sus acciones, pero el estímulo que le dio a la agricultura y el aumento de las reservas se sintió en poco tiempo en todo Reino Unido, y decenas de miles de acres dejaron de ser yermos gracias a su puesta en marcha. Fue igual de infatigable cuando fomentaba la creación de lonjas, y la exitosa fundación de estas grandes ramas de la industria británica en Thurso y en Wick se debió principalmente a sus esfuerzos. Estuvo insistiendo durante muchos años hasta que consiguió que se construyera un puerto en ese punto, que tal vez sea la ciudad pesquera más grande y próspera del mundo.

Sir John se dedicaba en cuerpo y alma a todas las obras en las que participaba, despertando a los adormecidos, estimulando a los ociosos, alentando a los esperanzados y trabajando con todos. Ante la amenaza de una invasión francesa, le ofreció al señor Pitt reunir un regimiento en su propiedad y cumplió su palabra. Fue al norte y reclutó un batallón de seiscientos hombres, que más tarde aumentó a mil, y fue reconocido como uno de los mejores regimientos de voluntarios jamás reclutados, inspirado en todo momento por su propio espíritu noble y patriótico.

Mientras estuvo al mando del campamento de Aberdeen, ocupó los cargos de director del Banco de Escocia, presidente de la British Wool Society, preboste de Wick, director de la British Fishery Society («Asociación británica de pesca»), comisionado para la emisión de letras del tesoro, miembro del Parlamento por Caithness y presidente del comité nacional para la agricultura. Entre tanto trabajo multifacético y autoimpuesto, incluso encontró tiempo para escribir libros, que bastaban para establecer una reputación. Cuando el señor Rush, embajador americano, llegó a Inglaterra, cuenta que le preguntó al señor Coke de Holkham cuál era la mejor obra sobre agricultura, y este le remitió a la de sir John Sinclair; y cuando le preguntó al señor Vansittart, ministro de Hacienda, cuál era la mejor obra sobre finanzas británicas, le remitió de nuevo a una obra de sir John Sinclair, su *History of the Public Revenue* («Historia de la Hacienda Pública»). Sin embargo, el gran monumento de su infatigable labor, un trabajo que habría horrorizado a otros hombres, pero que solo sirvió para enervar y despertar su energía, fue su *Statistical Account of Scotland* («Informe estadístico de Escocia»), compuesta de veintiún volúmenes, una de las obras prácticas más valiosas jamás publicadas en cualquier época o país. Mientras se dedicaba a otras muchas actividades, tardó ocho años de duro trabajo, durante los cuales recibió y atendió más de veinte mil cartas sobre el tema. Fue una empresa totalmente patriótica de la que no obtuvo ninguna ventaja personal más allá del honor de haberla completado. Asignó la totalidad de los beneficios a la Society for the Sons of the Clergy («Asociación para los hijos del clero»), en Escocia. La publicación del libro dio lugar a grandes mejoras públicas; fue seguida por la abolición inmediata de varios derechos feudales opresivos, sobre los que puso el foco; se aumentaron los salarios de los maestros de escuela y de los clérigos en muchas parroquias; y se dio un mayor estímulo a la agricultura en toda Escocia. Sir John se ofreció entonces a emprender la labor mucho mayor de recopilar y publicar un informe estadístico de Inglaterra, pero por desgracia el que era arzobispo de Canterbury por aquel entonces se negó a permitirla por temor a que interfiriera con los diezmos del clero.

Un notable ejemplo de su enérgica prontitud fue la ayuda que en una ocasión prestó a los distritos manufactureros durante una emergencia. En 1793 el estancamiento producido por la guerra condujo a un número inusual de quiebras, y muchas de las casas más importantes de Manchester y Glasgow se tambaleaban, no tanto por falta de propiedades, sino porque las fuentes habituales de comercio y de crédito estaban cerradas por el momento. Parecía inminente un periodo de intensa angustia para las clases trabajadoras cuando sir John instó en el Parlamento a que se emitieran de inmediato Letras del Tesoro por valor de cinco millones como préstamo a los comerciantes que pudieran ofrecer garantías. Pusieron en práctica esta sugerencia y también aceptaron su proposición de llevar a cabo su plan con la ayuda de varias personas nombradas por él. La votación se aprobó a altas horas de la noche, y a primera hora de la mañana siguiente sir John, anticipándose a los retrasos de la burocracia, se dirigió a los banqueros de la ciudad y les pidió prestada, con su aval personal, la suma de setenta mil libras que envió esa misma noche a los comerciantes que necesitaban ayuda con mayor urgencia. Cuando Pitt se reunió con sir John en el Parlamento, expresó su gran pesar por el hecho de que no se pudieran aliviar las apremiantes necesidades de Manchester y de Glasgow tan pronto como era de desear, añadiendo: «No se podrá reunir el dinero hasta dentro de algunos días». A lo que sir John replicó con expresión triunfal: «¡Ya va de camino! ¡Ha salido de Londres en el correo de esta noche». Además, siempre sonreía complacido cuando contaba la anécdota: «Pitt puso una cara como si lo hubiera apuñalado». Hasta el último momento este gran y buen hombre trabajó con tesón y alegría, siendo un gran ejemplo para su familia y su país. Al buscar con tanta diligencia el bien ajeno, se podría decir que encontró el propio: no la riqueza, ya que su generosidad mermó considerablemente su fortuna particular, sino la felicidad y la satisfacción, así como la paz que sobrepasa el conocimiento. Era un gran patriota con una magnífica capacidad de trabajo que cumplió noblemente con su deber para con su país; sin embargo, no descuidó su propio hogar. Sus hijos e hijas crecieron para ser honorables y útiles; y una de las cosas que más enorgullecía a sir John a punto de cumplir los ochenta años era decir que había vivido para ver a siete hijos crecer, de los cuales ninguno había contraído deudas que no pudiera pagar ni le había provocado penas que se hubieran podido evitar.

13

EL CARÁCTER - EL AUTÉNTICO CABALLERO

Porque quién puede actuar siempre sino él,
a quien mil recuerdos llaman,
para no ser menos sino más que todo
lo amable que parecía ser,
Pero parecía ser lo que era y se unió
a cada función de la sociedad
con modales nobles, como la flor
y la culminación innata de la mente noble;
Y así lució sin cargas
el grandioso y antiguo nombre de caballero.

TENNYSON

Todo en Asia (la seguridad pública, el honor nacional, la reputación personal) se sustenta en la fuerza del carácter individual... El oficial que olvida que es un caballero hace más daño a la influencia moral de este país que bien pueden hacer diez hombres de vida intachable.

Lord Stanley
a los estudiantes en Addiscombe

La corona y la gloria de la vida es el carácter. Es la posesión más noble de un hombre, siendo una posición en sí mismo y una propiedad en la buena voluntad de los demás; dignifica cada puesto y exalta cada posición social. Ejerce un poder mayor que la riqueza y asegura todo el honor sin los celos que acarrea la fama. Lleva consigo una influencia que siempre cuenta; porque es el resultado del honor demostrado, de la rectitud y de la coherencia, cualidades que inspiran la confianza y el respeto de la humanidad quizá más que ninguna otra.

El carácter es la naturaleza humana en su mejor expresión. Es el orden moral encarnado en el individuo. Los hombres de carácter no solo son la conciencia de la sociedad, sino que son la mejor fuerza motriz de todo estado bien gobernado, ya que son las cualidades morales en su mayoría las que gobiernan el mundo. Incluso en la guerra, Napoleón dijo que lo moral equivalía en lo físico a una ventaja de diez a uno. La fuerza, la capacidad de trabajo y la civilización de las naciones dependen del carácter individual, y sobre él descansan los cimientos de la seguridad civil. Las leyes y las instituciones no son sino su consecuencia. En el justo equilibrio de la naturaleza, los individuos, las naciones y las razas obtendrán tanto como merezcan, nada más. Y así como el efecto encuentra su causa, así también la calidad del carácter de un pueblo produce los resultados que le corresponden.

Aunque un hombre tenga comparativamente poca cultura, escasas habilidades y poca riqueza, siempre tendrá influencia, ya sea en el taller, en el despacho de contabilidad, en el mercado o en el senado si tiene un carácter ejemplar. Canning escribió con buen tino en 1801: «Mi camino debe ser a través del carácter hacia el poder; no intentaré ningún rumbo. Y soy lo bastante optimista como para creer que este camino, aunque quizá no sea el más rápido, es el más seguro». Se puede admirar a los hombres de intelecto, pero se necesita algo más antes de confiar en ellos. De ahí que lord John Russell comentara una vez una gran verdad: «La naturaleza de los partidos en Inglaterra es pedir la ayuda de los hombres inteligentes, pero seguir la guía de los hombres de buen carácter». Tenemos un ejemplo sorprendente en la carrera del difunto Francis Horner, un hombre de quien Sydney Smith dijo que llevaba los Diez Mandamientos grabados en la cara. «La valiosa y peculiar luz en la que se ha bañado su historia para inspirar a los jóvenes de mente recta es la siguiente —dice lord Cockburn—: Murió a la edad de treinta y ocho años, poseyendo mayor influencia pública que cualquier otro particular; y admirado, querido y llorado por todos, con la plena confianza de todo el mundo, salvo los desalmados o los viles. Nunca se rindió mayor homenaje en el Parlamento a ningún miembro fallecido. Ahora bien, que cada joven se pregunte: ¿cómo lo consiguió? ¿Por su posición social? Era hijo de un comerciante de Edimburgo. ¿Por su riqueza? Ni a él ni a ninguno de sus parientes les sobró jamás un penique. ¿Por su cargo? Solo ocupó uno y durante pocos años, sin influencia y con muy poca remuneración. ¿Por su talento? No tenía ninguno especial y tampoco era un genio. Cauteloso y lento, su única ambición era tener razón. ¿Por su elocuencia? Hablaba con calma y buen gusto, sin la oratoria que amedrenta o seduce. ¿Por unos modales extravagantes?

Era correcto y agradable. En ese caso, ¿por qué? Pues por el sentido común, la diligencia, los buenos principios y un buen corazón, cualidades que cualquier mente bien amueblada tiene en abundancia. Fue la fuerza de su carácter lo que lo elevó; y dicho carácter no lo tenía de forma innata, sino que él mismo lo formó a partir de elementos no especialmente pulidos. Había muchos en la Cámara de los Comunes con mayor capacidad y elocuencia. Pero nadie lo superó en la combinación de tener un mínimo de estas cualidades junto con el valor moral. Horner nació para demostrar lo que pueden conseguir unas facultades moderadas, sin ayuda de nada que no sea la cultura y la bondad, incluso cuando dichas facultades se despliegan entre la competencia y los celos de la vida pública».

También Franklin atribuyó su éxito como hombre público, no a sus talentos o a su capacidad de oratoria, ya que eran moderados, sino a su conocida integridad de carácter. «De ahí que tuviera tanto peso entre mis conciudadanos —dice—. No era más que un mal orador, nunca elocuente, que vacilaba muchísimo al elegir las palabras, apenas correcto en el lenguaje, y sin embargo, defendía bastante bien mi punto de vista». El carácter crea confianza tanto en los hombres de alta posición como en los de vida humilde. Se dijo del primer emperador Alejandro de Rusia que su carácter personal equivalía a una constitución. Durante la sublevación de la Fronda, Montaigne fue el único hombre de la alta burguesía francesa que mantuvo las puertas de su castillo sin apuntalar y se dijo de él que su carácter personal valía más que un regimiento de caballos.

Que el carácter es poder es una verdad en un sentido mucho más elevado que la de que el conocimiento es poder. La mente sin corazón, la inteligencia sin conducta o la inteligencia sin bondad son poderes a su manera, pero pueden emplearse solo para el mal. Pueden instruirnos o entretenernos; pero a veces es tan difícil admirarlos como lo sería admirar la destreza de un carterista o la maestría a caballo de un salteador de caminos.

La honestidad, la integridad y la bondad, cualidades que no dependen del aliento de ningún hombre, forman la esencia del carácter varonil, o en palabras de uno de nuestros antiguos escritores: «esa lealtad innata a la virtud que puede servirla sin librea». Quien posee estas cualidades, unidas a la fuerza de tener un propósito, lleva consigo un poder irresistible. Es fuerte para hacer el bien, fuerte para resistir el mal y fuerte para soportar las dificultades y las desgracias. Cuando Esteban Colonna cayó en manos de sus viles asaltantes y estos le preguntaron burlones: «¿Dónde está ahora tu fortaleza?», él contestó, osado, llevándose una mano al corazón: «Aquí». Es en la desgracia cuando el carácter del hombre recto brilla más, y cuando todo lo demás falla, se apoya en su integridad y su valor.

Las reglas de conducta que seguía lord Erskine (un hombre de gran independencia de principios y escrupulosa adhesión a la verdad) son dignas de grabarse en el corazón de todo joven. «Fue una primera orden y un consejo siendo yo muy joven —dijo— el hacer siempre lo que mi conciencia me decía que era un deber y dejarle las consecuencias a Dios. Llevaré conmigo el recuerdo de esta lección paterna a la tumba y confío en su práctica. Hasta ahora la he seguido y no tengo motivos para quejarme de que mi obediencia a ella haya sido un sacrificio temporal. En cambio, he encontrado en ella el camino hacia la prosperidad y la riqueza, y les señalaré el mismo camino a mis hijos para que lo sigan».

Todo hombre está obligado a aspirar a poseer un buen carácter como uno de los objetivos más elevados de la vida. El mero esfuerzo para conseguirlo por medios dignos le proporcionará un motivo para intentarlo; y su idea de la hombría, siempre que sea elevada, afianzará y alentará su propósito. Es bueno tener un estándar de vida alto, quien no mira hacia arriba mirará hacia abajo; y el espíritu que no se eleva quizá está destinado a arrastrarse». George Herbert escribe con mucha sensatez:

Que tu comportamiento no destaque y tus proyectos vuelen.
Así serás humilde y magnánimo.
Que tu espíritu no se hunda, quien apunta al cielo
dispara más alto que aquel que se fija en un árbol.

Al que tiene un estándar de vida y de pensamiento alto le irá muchísimo mejor que al que no tiene ninguno. Un dicho escocés dice: «Dale tirones a un vestido de oro y a lo mejor le sacas una manga». El que intenta obtener los mejores resultados es imposible que no acabe mucho mejor de lo que empezó; y aunque se quede bastante lejos de su meta original, el mero esfuerzo de intentar elevarse solo puede reportar beneficios duraderos.

Hay muchos caracteres falsos, pero es imposible confundir al auténtico. Algunos, al conocer su valor monetario, fingían tenerlo a fin de aprovecharse de los incautos. El coronel Charteris le dijo a un hombre que se distinguía por su honradez: «Daría mil libras por su buen nombre». A lo que el hombre replicó: «¿Por qué?». «Porque podría ganar diez mil si lo tuviera», fue la respuesta del sinvergüenza.

La integridad de la palabra y de los actos es la columna vertebral del carácter, y la leal adhesión a la veracidad, su característica más destacable. Uno de los mejores testimonios del carácter del difunto sir Robert Peel fue el que dio el duque de Wellington en la Cámara de los Lores, pocos días después de la muerte del gran estadista. «Sus Señorías —dijo— seguro que perciben el elevado y honorable carácter del difunto sir Robert Peel. Me relacioné con él en la vida pública durante muchos años. Los dos formamos parte del consejo de nuestro rey y tuve el gran honor de disfrutar de su amistad. Durante todo el tiempo que lo conocí, jamás tuve la honradez y la justicia de un hombre en más alta estima, como tampoco vi en nadie un mayor deseo de promover el servicio público. Durante todos nuestros intercambios, jamás lo vi siendo otra cosa que no fuera fiel a la verdad; ni tampoco vi durante toda mi vida el menor indicio de que dijera algo en lo que no creyera con firmeza». Y esta brutal honradez del estadista sin duda fue el secreto de gran parte de su influencia y de su poder.

Hay una honradez tanto en las acciones como en las palabras que es esencial para la rectitud de carácter. Un hombre debe ser de verdad lo que parece o lo que finge ser. Cuando un caballero americano escribió a Granville Sharp, que por respeto a sus grandes virtudes había llamado a uno de sus hijos como él, Sharp le contestó: «Tengo que pedirte que le enseñes una máxima favorita de la familia cuyo nombre le has dado: "Esfuérzate siempre por ser de verdad lo que te gustaría aparentar". Según me dijo mi padre, esta máxima la puso en práctica con tiento y humildad mi abuelo, cuya honestidad, siendo un hombre sencillo y honrado, se convirtió en la principal cualidad de su carácter». Todo hombre que se respete a sí mismo y que valore el respeto de los demás pondrá en práctica esta máxima (haciendo con honradez lo que se proponga), de modo que empleará el más alto carácter en su trabajo, sin escatimar nada, pero enorgulleciéndose de su integridad y de su escrupulosidad. En una ocasión, Cromwell le dijo a Bernard, un abogado inteligente, pero con pocos escrúpulos: «Tengo entendido que últimamente has sido muy cauteloso en tu conducta; no te fíes demasiado de eso. Puede que la sutileza te engañe, pero la integridad nunca lo hará».

Los hombres cuyos actos contradicen de pleno sus palabras no inspiran respeto alguno, y lo que dicen tiene muy poco peso; incluso cuando pronuncian verdades parecen escupidas de sus labios.

El verdadero carácter actúa correctamente, ya sea en secreto o a la vista de los hombres. Estaba bien entrenado aquel muchacho que, cuando le preguntaron por qué no se había guardado unas peras al no haber nadie para verlo, replicó: «Sí que había alguien. Yo estaba allí y no pienso verme nunca haciendo algo deshonesto». Es un ejemplo muy sencillo, aunque en absoluto inapropiado, del principio, o la conciencia, que domina el carácter y que lo protege con nobleza; no solo como una influencia pasiva, sino como un poder activo que regula la vida. Estos principios moldean el carácter cada hora de cada día, creciendo con una fuerza que opera a cada instante. Sin esta influencia dominante, el carácter se encuentra indefenso y está constantemente expuesto a ceder a la tentación; y cada tentación a la que se sucumbe, cada acto de mezquindad o deshonestidad por leve que sea, causa la autodegradación. No importa si el acto se culmina con éxito o no, si se descubre o se oculta, porque el hombre ya no es el mismo, sino otra persona; y lo persigue un malestar secreto, el autorreproche, o la obra de lo que llamamos conciencia, que es la perdición inevitable del culpable.

Y aquí puede observarse hasta qué punto se puede fortalecer y alentar el carácter a través del cultivo de los buenos hábitos. Se ha dicho que el hombre es un conjunto de hábitos, y el hábito es su segunda naturaleza. Metastasio tenía una opinión tan firme sobre el poder de la repetición en los actos y las ideas que dijo: «Todo es hábito en la humanidad, incluso la virtud misma». Butler, en su *Analogy of Religion* («Analogía de la religión») insiste en la importancia de una cuidadosa autodisciplina y de una firme resistencia a la tentación como algo que tiende a hacer habitual la virtud, de modo que al final resulte más fácil hacer el bien que ceder al pecado. «Así como los actos externos producen los hábitos del cuerpo —dice—, la ejecución de propósitos prácticos internos producen los hábitos de la mente (por ejemplo, llevándolos a cabo o actuando en consecuencia con ellos); los principios de obediencia, honradez, justicia y caridad». Y lord Brougham insiste en el tema cuando refuerza la gran importancia de la formación y del ejemplo en la juventud: «Confío en todo lo que pasa a ojos de Dios al hábito en el que, en cualquier edad, tanto el legislador como el maestro de escuela ha puesto su confianza; el hábito, que lo hace todo fácil y que planta las dificultades en el desvío del camino deseado». Por lo tanto, si haces que la seriedad sea un hábito, los excesos serán odiosos. Si haces que la prudencia sea un hábito, el despilfarro impulsivo será repugnante para todo principio que regule la vida del individuo. De ahí la necesidad de poner todo el cuidado del mundo y vigilar que no se incurra en un mal hábito, porque el carácter siempre es más débil cuando ya se ha cedido una vez y transcurre mucho tiempo antes de que un principio restaurado llegue a ser tan firme como uno que nunca ha sucumbido. Tal como un escritor ruso dijo con acierto: «Los hábitos son un collar de perlas: desata el nudo y todo se deshace».

Cuando se forman, los hábitos actúan de forma involuntaria y sin esfuerzo; y solo cuando te opones a ellos te das cuenta de lo fuertes que se han vuelto. Cuando se hace una y otra vez, pronto te lo facilita todo y te permite trabajar con más rapidez. Puede que al principio los hábitos parezcan no tener más fuerza que una telaraña, pero cuando se forman, son tan firmes como una cadena de hierro. Los pequeños sucesos de la vida, vistos uno a uno, quizá parezcan insignificantes, como la nieve que cae en silencio, copo a copo; pero cuando se acumulan, esos copos de nieve pueden formar una avalancha.

El respeto por uno mismo, la autoayuda, la aplicación, la diligencia, la integridad..., todo eso son hábitos, no creencias. De hecho, los principios no son más que los nombres que les asignamos a los hábitos; porque los principios son palabras, pero los hábitos son las cosas en sí mismas: benefactores o tiranos, según sean buenos o malos. Por lo tanto, a medida que envejecemos, una parte de nuestra libertad de acción y de nuestra individualidad queda suspendida en los hábitos; nuestros actos adquieren la naturaleza del destino y nos atan las cadenas que hemos tejido a nuestro alrededor.

De hecho, es casi imposible sobrestimar la importancia de educar a los jóvenes en hábitos virtuosos. En ellos son los que se forman con más facilidad y una vez formados duran toda la vida. Al igual que las letras talladas en la corteza de un árbol, crecen y se ensanchan con la edad. «Instruye al niño en el camino que debe seguir y no se apartará de él cuando sea viejo». El principio encierra el fin en sí mismo. Los comienzos en el camino de la vida determinan la dirección y el destino del viaje. *Il n'y a que le premier pas qui coûte*, o lo que es lo mismo, solo cuesta el primer paso. Lord Collingwood le dijo a un joven a quien quería: «Recuerda, antes de que cumplas los veinticinco años debes establecer un carácter que te sirva toda la vida». A medida que los hábitos se fortalecen con la edad y el carácter se va formando, cualquier desvío hacia otro camino se hace cada vez más difícil. De ahí que a menudo sea más difícil desaprender que aprender; razón por la cual estaba más que justificado que aquel flautista griego les cobrara doble a los alumnos que habían aprendido con un maestro de menor calidad. Desarraigar un viejo hábito es a veces más doloroso y mucho más difícil que arrancar un diente.

Si intentas reformar a una persona que es indolente, imprevisora o borracha por norma, fracasarás en la gran mayoría de los casos. Porque el hábito correspondiente ha echado raíces en la vida hasta convertirse en una parte integrante de ella y es imposible arrancarlas. De ahí que, como comenta el señor Lynch, «el hábito más sabio de todos es el hábito del cuidado en la formación de buenos hábitos».

Incluso la propia felicidad puede volverse habitual. Existe el hábito de ver el lado positivo de las cosas y también el de ver el lado negativo. El doctor Johnson ha dicho que el hábito de ver el lado positivo de las cosas vale más para un hombre que mil libras al año. Y en gran medida disponemos del poder de ejercer la voluntad para dirigir los pensamientos hacia objetos calculados para producir felicidad y desarrollo en vez de lo contrario. De este modo, el hábito del pensamiento feliz puede surgir como cualquier otro hábito. Y educar a los hombres o a las mujeres con una naturaleza amable de este tipo, un buen temperamento y un estado de ánimo feliz es quizá de mayor importancia en muchos casos que darles conocimientos y logros perfectos en otros ámbitos.

Al igual que podemos ver la luz del sol a través de agujeros muy pequeños, los detalles menores ilustrarán el carácter de una persona. De hecho, el carácter consiste en pequeños actos llevados a cabo bien y con honradez. La vida cotidiana diaria es la cantera a partir de la cual construimos y pulimos los hábitos que la forman. Una de las pruebas más notables del carácter es la forma en la que nos comportamos con los demás. Un comportamiento galante hacia las personas, ya sean de posición más elevada, de nuestra misma posición o de una inferior, es una fuente constante de placer. Agrada a los demás porque indica respeto hacia su persona; pero nos da diez veces más placer a nosotros mismos. Todo hombre puede autoeducarse en gran medida en cuanto a buena conducta, al igual que en todo lo demás. Puede ser educado, cortés y amable si quiere, aunque no tenga un penique en el bolsillo. La amabilidad en la sociedad es como la influencia silenciosa de la luz, que le da color a toda la naturaleza. Es mucho más poderosa que la estridencia o la fuerza, y mucho más fructífera. Se abre camino sin hacer ruido, con insistencia, como el narciso más pequeño en primavera, que levanta el terrón y lo aparta con su persistente crecimiento.

La moral y los buenos modales, que cambian la vida, son más importantes que las leyes, que no son más que una de sus manifestaciones. La ley nos toca aquí y allá, pero los buenos modales nos rodean e impregnan la sociedad tanto como el aire que respiramos. Los buenos modales, como los llamamos, no son ni más ni menos que un buen comportamiento. Consisten en educación y amabilidad, porque la bondad es el elemento preponderante en todas las relaciones mutuamente beneficiosas y agradables entre seres humanos. Como dijo lady Montague: «La cortesía no cuesta nada y lo compra todo». Lo más barato del mundo es la bondad, y ejercerla no requiere molestias ni sacrificios. «Gane corazones y tendrá los corazones y las riquezas de todos los hombres», le dijo Burleigh a la reina Isabel. Si dejáramos que la naturaleza actuara con amabilidad, libre de afectación y artificio, los resultados sobre el buen humor social y la felicidad serían incalculables. Esos detalles amables que componen el entresijo de la vida puede que parezcan carentes de valor por separado, pero adquieren su importancia por la repetición y la acumulación. Son como los minutos libres o una moneda de cuatro peniques al día, que dan resultados seguros y trascendentales al cabo de un año o de una vida.

Los buenos modales son los adornos de los actos, y hay una

forma de pronunciar una palabra amable o de hacer algo amable que aumenta muchísimo su valor. Lo que parece que se hace a regañadientes o con condescendencia no se puede considerar un favor. Sin embargo, hay hombres que se enorgullecen de sus modales bruscos, y aunque quizá sean virtuosos y capaces, sus modales a menudo hacen que resulten casi insoportables. Cuesta que te caiga bien un hombre que, aunque no te hiera físicamente, se dedique a herir tu autoestima por norma y a decirte cosas desagradables. Hay otros que son muy condescendientes y no dejan pasar una sola oportunidad para hacer notar su grandeza. Cuando Abernethy estaba haciendo campaña para conseguir el puesto de cirujano en el hospital de St. Bartholomew fue a ver a una persona así, un rico tendero que era uno de los consejeros. El gran hombre detrás del mostrador vio que el eminente cirujano entraba y adoptó de inmediato unos aires de grandeza con quien suponía que iba a suplicarle el voto. «Supongo que desea mi voto y mi apoyo en esta etapa trascendental de su vida, señor», dijo. Abernethy, que odiaba a los imbéciles y a quien le molestó el tono, replicó: «Pues no. Quiero un penique de higos. Vamos, sírvame ya, que quiero irme».

El cultivo de los buenos modales (aunque el exceso resulta pomposo y ridículo) es muy necesario en una persona que va a tener que negociar con otros en su profesión. La afabilidad y la buena educación incluso pueden considerarse esenciales para el éxito de un hombre en cualquier posición eminente con un amplio círculo social en la vida, ya que su carencia ha neutralizado en gran medida los resultados de mucha diligencia, integridad y honestidad de carácter. Sin duda, hay algunas mentes fuertes y tolerantes que pueden soportar los defectos y las aristas de la forma de ser para centrarse en las cualidades más genuinas; pero el mundo en general no es tan tolerante y no puede evitar formar sus juicios y sus simpatías basándose principalmente en la conducta aparente.

Otro modo de demostrar verdadera cortesía es teniendo en cuenta las opiniones de los demás. Se ha dicho del dogmatismo que no es más que la insolencia llevada a su extremo, y desde luego que la peor forma que puede adoptar son la prepotencia y la arrogancia. Dejemos que los hombres consientan en no estar de acuerdo y que cuando pase, lo soporten y lo sobrelleven. Se pueden mantener los principios y las opiniones con absoluta tolerancia, sin llegar a las manos ni usar palabras hirientes. Hay situaciones en las que las palabras son golpes e infligen heridas mucho más difíciles de curar. En relación con este punto, cito una parábola instructiva que pronunció hace un tiempo un predicador itinerante de la Evangelical Alliance («Alianza Evangélica») en la frontera de Gales: «Una mañana brumosa me dirigía temprano a las colinas —dijo— cuando vi algo que se movía en la ladera de una montaña con un aspecto tan extraño que lo tomé por un monstruo. Al acercarme, vi que era un hombre. Cuando me acerqué más a él, descubrí que era mi hermano».

La cortesía innata que surge de la rectitud de corazón y de los sentimientos amables no es exclusiva de ninguna posición social. Puede tenerla tanto el mecánico que trabaja en su torno como el clérigo o el aristócrata. No es en absoluto una condición necesaria del trabajo que haya que ser tosco o grosero. La educación y la sofisticación que distinguen a todas las clases de personas a lo largo de todos los continentes demuestran con creces que esas cualidades también podrían llegar a ser las nuestras (como sin duda lo serán con el aumento de la cultura y de las relaciones sociales) sin sacrificar ninguna de nuestras cualidades más auténticas como hombres. Del más alto al más bajo, del más rico al más pobre, a ninguna posición en la vida le ha negado la naturaleza su mayor don: un gran corazón. Nunca existió un caballero que no fuera dueño de un gran corazón. Y esto puede manifestarse tanto bajo las ropas grises del campesino como bajo el abrigo bordado del aristócrata. En cierta ocasión, un joven de Edimburgo paseaba con Robert Burns y le echó en cara que saludara a un honrado granjero en plena calle. «En fin, so mentecato —dijo Burns—, no me estaba dirigiendo al elegante abrigo, a la boina ni a las calzas de algodón, sino al hombre que llevaba todo eso puesto. Y ese hombre, señor mío, valdría por nosotros dos juntos y diez hombres más en cualquier momento». Se puede tener un aspecto sencillo, que puede parecerle vulgar a quienes son incapaces de atisbar el corazón que se oculta debajo, pero para los de mente recta, el carácter siempre tendrá un claro sello.

William y Charles Grant eran hijos de un granjero de Inverness-shire a quien una repentina inundación despojó de todo, incluso de la propia tierra que cultivaba. El granjero y sus hijos, con todo el mundo para elegir, pusieron rumbo al sur en busca de empleo hasta que llegaron a los alrededores de Bury, en Lancashire. Desde la cima de la colina, cerca de Walmesley, divisaron la gran extensión de terreno que se extendía ante ellos, con el río Irwell serpenteando por el valle. Desconocían por completo la zona y no sabían qué camino tomar. Para decidir su rumbo, pusieron de pie un palo y acordaron seguir la dirección en la que cayera. Así lo decidieron y siguieron su camino hasta llegar a la aldea de Ramsbotham, no muy lejos. Encontraron trabajo en una imprenta, en la que William trabajó como aprendiz, y se ganaron la confianza de sus jefes con su diligencia, su seriedad y su estricta integridad. Fueron avanzando en la vida, ascendiendo de un puesto a otro, hasta que al final los dos hijos se convirtieron en jefes y tras años de mucho esfuerzo, trabajo y amabilidad, se hicieron ricos de forma honrada y se ganaron el respeto de todos quienes los conocían. Sus fábricas de algodón y sus imprentas dieron trabajo a una gran población. Su diligencia bien dirigida hizo que el valle rebosara de actividad, alegría, salud y opulencia. Con sus abundantes riquezas, donaron generosamente a todas las causas dignas, erigiendo iglesias, fundando escuelas y promoviendo de todas las formas posibles el bienestar del tipo de trabajadores que ellos mismos habían sido. Más tarde erigieron en la cima de la colina sobre Walmesley una elevada torre en conmemoración de lo que dio pie a que decidieran asentarse allí. Los hermanos Grant se hicieron célebres por su bondad y su amabilidad, y se dice que el señor Dickens los tuvo presentes al describir el carácter de los hermanos Cheeryble. Citaré una anécdota, de entre muchas parecidas, para demostrar que no se exageró ni un ápice el carácter. Un almacenista de Manchester publicó un panfleto muy difamatorio contra la empresa de los hermanos Grant, en el que ridiculizaba al socio de mayor edad llamándolo «cabezón». Alguien informó a William de la existencia del panfleto, a lo que dijo que ese hombre viviría para arrepentirse. «¡Ay!, que se piensa que voy a estar en deuda con él en algún momento —replicó el difamador cuando se lo contaron—, pero me cuidaré mucho de que eso pase». Sin embargo, resulta que los hombres de negocios no siempre pueden saber quién será su acreedor, y dio la casualidad de que el difamador de los Grant entró en quiebra y no podía conseguir su certificado y comenzar un nuevo negocio sin obtener la firma de los hermanos. Le parecía que pedirles un favor sería perder el tiempo, pero las necesidades de su familia lo obligaron a hacer la petición. Se presentó delante del hombre al que había difamado. Le contó su situación y le presentó su certificado. «¿Escribió una vez un panfleto contra nosotros?», le pregunto el señor Grant. El solicitante esperaba que tirase su documento al fuego; en cambio, Grant estampó su firma y completó así lo necesario. «Tenemos por norma no negarnos a firmar jamás el certificado de un hombre de negocios honrado y no hemos oído nada que diga que usted no lo sea», continuó Grant al tiempo que le devolvía el certificado. Al hombre se le llenaron los ojos de lágrimas. «Ah, ya ve que mis palabras han resultado ser ciertas —siguió—, lo de que viviría para arrepentirse de escribir ese panfleto. No lo dije a modo de amenaza, solo con la idea de que algún día nos conocería mejor y se arrepentiría de habernos injuriado». «Efectivamente, me arrepiento de verdad», dijo el hombre. «En fin, pues ya nos conoce. Pero ¿cómo se gana la vida? ¿Qué va a hacer?». El pobre hombre le contó que tenía amigos que le echarían una mano cuando consiguiera el certificado. «Pero ¿de qué va a vivir mientras?». La respuesta fue que tras haber entregado hasta el último penique a sus acreedores, se había visto obligado a reducir los gastos de su familia por debajo de lo necesario para vivir, de modo que así pudiera pagar su certificado. «Querido amigo, esto no puede ser. Su esposa y su familia no tienen por qué sufrir de esta manera. Hágame el favor de llevarle estas diez libras a su esposa de mi parte. No, no, no llore, todo se arreglará, ya lo verá. No pierda la esperanza, póngase a trabajar con ahínco y levantará la cabeza como cualquiera de nosotros». El abrumado hombre se esforzó por expresarle con voz entrecortada su gratitud, pero no lo consiguió, y tras cubrirse la cara con una mano, salió de la estancia llorando como un niño.

El auténtico caballero es aquel cuya naturaleza ha sido moldeada siguiendo los modelos más elevados. El apelativo de caballero es muy antiguo e importante, y se ha reconocido como posición y poder en todas las etapas de la sociedad. «El caballero es siempre el caballero —dijo el viejo general francés a su regimiento de la alta burguesía escocesa en Roussillon— y siempre lo demuestra en la necesidad y en el peligro». Poseer este carácter es una dignidad en sí misma que merece el homenaje instintivo de toda mente generosa, y quienes no se inclinan ante un título aristocrático le rendirán homenaje al caballero. Sus cualidades no dependen de la moda ni de los buenos modales, sino del valor moral; no dependen de las posesiones personales, sino de las cualidades personales. El salmista lo describe en pocas palabras como alguien «que camina con rectitud, obra en justicia y cuenta la verdad que lleva en el corazón».

El caballero se distingue principalmente por su dignidad. Valora su carácter, no tanto por cómo lo ven los demás, sino por cómo lo ve él mismo y siempre buscando la aprobación de su supervisor interior. Y por las mismas normas por las que se respeta a sí mismo respeta a los demás. La humanidad es sagrada a sus ojos, y de ahí proceden la educación y la tolerancia, la amabilidad y la caridad. Se cuenta de lord Edward Fitzgerald que mientras viajaba por Canadá en compañía de los nativos, se sorprendió al ver a una pobre mujer que caminaba a duras penas cargada con los enseres de su marido mientras el jefe caminaba libre de cargas. Lord Edward aligeró de inmediato a la mujer de su carga, echándosela sobre los hombros. He aquí un hermoso ejemplo de lo que los franceses llaman *politesse de cœur*, la auténtica educación del corazón.

El verdadero caballero tiene un agudo sentido del honor y evita con todas sus fuerzas las bajezas. Es sumamente honrado en cuanto a sus palabras y a sus actos. No se anda con rodeos ni evasivas, tampoco se escabulle, sino que es honesto, recto y directo. Su ley es la rectitud, actuar en la línea correcta. Cuando dice «sí», su palabra es ley; y se atreve a pronunciar el valiente «no» cuando la ocasión lo requiere. El caballero no se deja sobornar. Solo las personas de mente baja y sin principios se venden a quienes están interesados en comprarlos. Cuando el recto Jonas Hanway ejerció de comisionado para el avituallamiento de la marina, declinó recibir regalos de cualquier tipo por parte de los contratistas, decidido a mostrarse imparcial en sus obligaciones públicas. Una noble cualidad que también se encuentra en la vida del duque de Wellington. Poco después de la batalla de Assaye, el primer ministro de la corte de Haiderabad fue a verlo una mañana para conocer en privado qué territorio y qué beneficios se le reservaban a su señor en el tratado de paz entre los príncipes mahrata y el nizam. Para obtener esta información, el ministro le ofreció al general una suma muy elevada, muy superior a cien mil libras. Tras mirarlo en silencio unos segundos, sir Arthur dijo: «Parece que es capaz de guardar un secreto, ¿no?». A lo que el ministro replicó: «Por supuesto». «Pues yo también», fue la respuesta del general inglés con una sonrisa antes de hacerle una reverencia al ministro y despacharlo. Fue un gran honor para Wellington que, pese a su gran éxito en la India y a su capacidad para conseguir enormes riquezas, no sumara ni un penique a su fortuna y regresara a Inglaterra como un hombre relativamente pobre. Su noble pariente, el marqués de Wellesley, se caracterizaba por una sensibilidad y una altura de miras similares, y en una ocasión rechazó de plano un regalo de cien mil libras que los directores de la Compañía de las Indias Orientales habían propuesto entregarle con motivo de la conquista de Mysore. «No es necesario que aluda a la independencia de mi carácter y a la dignidad propia de mi cargo —dijo—. Además de estas importantes consideraciones, otros motivos me llevan a declinar este regalo, que no es adecuado para mí. Solo pienso en nuestro ejército. Me afligiría mucho recortar la parte que les corresponde a esos valientes soldados». Así, la decisión del marqués de rechazar el regalo permaneció inalterable.

La riqueza y la posición no tienen necesariamente relación con las cualidades de un caballero. El pobre puede ser un auténtico caballero en espíritu y en la vida diaria. Puede ser honesto, veraz, recto, educado, templado, valiente, respetuoso consigo mismo y autodidacta, es decir, ser un auténtico caballero. El hombre pobre con un espíritu rico es superior en todo al hombre rico con un espíritu pobre. En palabras de san Pablo, el primero sería aquel que «no teniendo nada, lo posee todo»; mientras que el segundo quizá lo posea todo, pero no tiene nada. El primero lo espera todo y no teme nada; el segundo no espera nada y lo teme todo. Solo los pobres de espíritu son realmente pobres. El que lo ha perdido todo, pero conserva el valor, la alegría, la esperanza, la virtud y el respeto por sí mismo, sigue siendo rico. Para un hombre así, se puede decir que el mundo está en depósito; su espíritu se impone a las preocupaciones más mundanas y es capaz de caminar con la cabeza alta, como un auténtico caballero.

De vez cuando se encuentra el carácter valiente y gentil bajo la vestimenta más humilde. Aquí te traigo un ejemplo antiguo, pero muy hermoso. En cierta ocasión, cuando el Adigio se desbordó de repente, arrastró el puente de Verona salvo el arco central, sobre el que se alzaba una casa, cuyos habitantes imploraban ayuda desde las ventanas mientras los cimientos iban cediendo. «Daré cien luises franceses —dijo el conde de Spolverini, que se encontraba a su lado— a cualquier persona que se aventure a liberar a esos pobres desgraciados». Un joven campesino salió de entre la multitud, se hizo con una barca y se lanzó a la corriente. Alcanzó el muelle, metió a toda la familia en la barca y volvió a la orilla, donde los desembarcó sanos y salvos.

«Aquí tienes tu dinero, mi valiente joven», dijo el conde. A lo que el joven replicó: «No, yo no vendo mi vida. Dadle el dinero a esta pobre familia, que lo necesita». El que habló fue el verdadero espíritu del caballero, aunque llevara las ropas de un campesino.

El señor Turnbull, en su excelente obra sobre Austria, relata una anécdota del difunto emperador Francisco Carlos para ejemplificar por qué le debe el dominio sobre su pueblo a las cualidades personales de sus príncipes. «Mientras el cólera hacía estragos en Viena, el emperador paseaba por las calles de la ciudad y sus suburbios acompañado por un ayuda de campo cuando pasó junto a ellos una litera con un cadáver sin la presencia de ningún doliente. Lo inusual de la situación le llamó la atención y al preguntar, se enteró de que el difunto era un pobre que había muerto de cólera y que sus familiares no se habían atrevido a hacer lo que entonces se consideraba la peligrosa tarea de acompañar el cuerpo hasta la tumba. "En ese caso —dijo el emperador—, ocuparemos su lugar, porque ninguno de mis pobres súbditos debería irse a la tumba sin esa última muestra de respeto". Tras lo cual siguió el cuerpo hasta el lejano punto de entierro y, sin sombrero, se quedó para comprobar que se seguían todos los ritos debidos».

Por muy bueno que sea este ejemplo de las cualidades del caballero, podemos compararlo con otro igualmente bueno, el de dos marineros ingleses en París relatado en un periódico matutino hace solo unos meses. «Un día se vio un coche fúnebre que subía por la empinada Rue de Clichy camino de Montmartre y que llevaba un ataúd de madera de álamo con su frío cadáver. No lo seguía ni un alma, ni siquiera el perro vivo del muerto, si acaso lo tenía. El día era lluvioso y lúgubre; los transeúntes levantaban el sombrero como es habitual cuando pasa un coche fúnebre, pero nada más. Por fin pasaron dos marineros ingleses, que estaban en París de paso y habían llegado desde España. Debajo de sus chaquetas de sarga brotó un sentimiento sincero. "Pobre desdichado, nadie lo sigue. Sigámoslo nosotros", le dijo uno al otro. Y los dos se descubrieron la cabeza y caminaron tras el cadáver de un desconocido hasta el cementerio de Montmartre».

El caballero es, sobre todo, sincero. Cree que la verdad es la «cumbre del ser» y el alma de la rectitud en los asuntos humanos. Lord Chesterfield, con todas sus tendencias afrancesadas, aseguró que la verdad le aseguró el éxito cuando tuvo que definir lo que era un caballero, y nunca nada de lo que dijo recibió un apoyo tan unánime de su país. El duque de Wellington, que sentía un espanto absoluto hacia la falsedad, le dijo en una carta a Kellerman cuando el general se le opuso en la Península que si había una cosa de la que un oficial inglés se enorgullecía más que de otra, salvo su valor, era de su honestidad. «Cuando un oficial inglés ha dado su palabra de honor de que no va a escapar —dijo—, tenga por seguro que no la romperá. Créame: confíe en su palabra. La palabra de un oficial inglés es una garantía más segura que la vigilancia de los centinelas».

El auténtico valor y la amabilidad van de la mano. El hombre valiente es generoso y tolerante, nunca implacable y cruel. De sir John Franklin su amigo Parry dijo con razón que «era un hombre que nunca daba la espalda al peligro, pero que tenía tal ternura que se negaba a matar un mosquito». Un buen rasgo de carácter (de absoluta bondad y digno del espíritu de Bayard) lo demostró un oficial francés en el enfrentamiento de caballería que tuvo lugar en El Bodón, en España. Había levantado su espada para golpear a sir Felton Harvey, pero al darse cuenta de que su enemigo solo tenía un brazo, se detuvo al instante, bajó la espada ante sir Felton a modo de saludo y pasó de largo. Pese a los muchos lamentos que se oyen de vez en cuando sobre que la caballerosidad ha muerto, en nuestra época tenemos obras de valor y amabilidad (de heroica abnegación y bondad viril) que no tienen parangón en la historia. Los acontecimientos de los últimos años han demostrado que nuestros compatriotas siguen siendo una raza pura que no se ha degenerado. En la sombría meseta de Sebastopol, en las peligrosas trincheras de ese asedio de doce meses, hombres de todas las clases demostraron ser dignos de la noble herencia de carácter que sus antepasados les legaron. Aunque fue en la prueba de fuego de la sublevación en la India cuando las cualidades de nuestros compatriotas brillaron más. La marcha de Neill sobre Cawnpore o la de Havelock sobre Lucknow (oficiales y civiles alentados por la esperanza de rescatar a las mujeres y a los niños) son acontecimientos sin igual en toda la historia de la caballería. La conducta de Outram hacia Havelock, al cederle el honor de comandar el ataque contra Lucknow pese a que este estaba bajo su mando fue un rasgo digno de Sydney y justifica por sí sola el título que se le había concedido del «Bayard de la India». La muerte de Henry Lawrence (ese espíritu valiente y gentil), cuyas últimas palabras fueron: «Que no haya alboroto por mí; que me entierren con los hombres». La ansiosa preocupación de sir Colin Campbell por rescatar a los asediados de Lucknow y conducir de noche su larga caravana de mujeres y niños desde allí hasta Kanpur, adonde llegó en medio del asalto casi abrumador del enemigo; el cuidado con el que condujo la caravana a través del peligroso puente, sin dejar de cargar sobre ellos hasta que el valioso convoy estuvo a salvo en el camino a Allahabad para después caer sobre el contingente de Gwalior como un trueno. Cosas así hacen que nos sintamos orgullosos de nuestros compatriotas y nos inspiran la convicción de que el mejor y más puro brillo de la caballerosidad no ha muerto, sino que aún vive entre nosotros y que disfruta de muy buena salud.

Incluso los soldados rasos demostraron ser caballeros cuando los pusieron a prueba. En Agra, donde habían abrasado y herido a tantos pobres hombres en su choque con el enemigo, los llevaron al fuerte, donde las damas los atendieron con ternura; y los rudos y galantes hombres demostraron ser tan amables como cualquier niño. Durante las semanas que las damas estuvieron cuidándolos, ningún soldado pronunció una palabra que pudiera escandalizar a los oídos más delicados. Y cuando todo terminó (cuando los heridos de muerte fallecieron y los enfermos y los mutilados pudieron demostrar su gratitud), invitaron a sus enfermeras y a los principales habitantes de Agra a un espectáculo en los hermosos jardines del Taj, donde, entre flores y música, los rudos veteranos, llenos de cicatrices y mutilados como estaban, se levantaron para dar las gracias a sus amables compatriotas que los habían vestido y alimentado, que habían atendido sus necesidades durante sus peores momentos. También en los hospitales de Scutari muchos heridos y enfermos alababan a las amables damas inglesas que los cuidaban; y nada puede ser mejor que pensar en los pobres enfermos, incapaces de descansar por el dolor, alabando la sombra de Florence Nightingale cuando caía sobre su almohada en las vigilias nocturnas.

El naufragio del Birkenhead frente a las costas de África el 27 de febrero de 1852 da otro ejemplo memorable del espíritu caballeresco de los hombres comunes que actúan en este siglo XIX, del que cualquier época podría estar orgullosa. El buque navegaba por la costa africana con 472 hombres y 166 mujeres y niños a bordo. Los hombres pertenecían a varios regimientos que entonces servían en el Cabo y consistían mayormente en reclutas que llevaban poco tiempo en el servicio. A las dos de la mañana, mientras todos dormían en la cubierta, el buque chocó con una roca oculta que perforó el casco, y de inmediato dio la sensación de que el barco se hundía. El redoble de los tambores llamó a los soldados a las armas en la cubierta superior, y los hombres se reunieron como en un desfile. Se dio la orden de salvar a las mujeres y a los niños, y subieron a cubierta a las indefensas, casi todas sin vestir, antes de meterlas en silencio en los botes. Cuando bajaron todos los botes por la borda, el capitán del barco gritó sin pensar: «Todos los que sepan nadar que salten por la borda y se dirijan a los botes». Pero el capitán Wright, del 91.º de los Highlanders, protestó: «¡No! Si lo hacéis, los botes con las mujeres se hundirán», y todos los valientes se quedaron quietos. No quedaban más botes y tampoco había esperanza de encontrar abrigo, pero ni un alma se conmovió, nadie esquivó su deber en ese difícil momento. «No se oyó un solo murmullo ni un grito entre los hombres hasta que el barco se hundió por completo», dijo el capitán Wright, uno de los supervivientes. El barco se hundió, y con él el heroico grupo, que disparó una salva de honor mientras se hundían bajo las olas. ¡Gloria y honor a los gentiles y valientes! Los ejemplos de estos hombres nunca mueren, sino que son inmortales, al igual que su recuerdo.

Hay muchas pruebas para descubrir a un caballero, pero hay una que nunca falla: ¿cómo ejerce el poder sobre sus subordinados? ¿Cómo se comporta con las mujeres y con los niños? ¿Cómo trata el oficial a sus hombres, el señor a sus criados, el maestro a sus alumnos y el hombre en cualquier puesto a quienes son más débiles que él? La discreción, la tolerancia y la amabilidad con las que se ejerce el poder en esos supuestos es la prueba decisiva del carácter caballeresco. El que intimida a los que no están en condiciones de resistir puede ser un esnob, pero nunca un caballero. El que tiraniza a los débiles e indefensos puede ser un cobarde, pero no un verdadero hombre. Se ha dicho siempre que el tirano no es más que un esclavo vuelto del revés. La fuerza, y la consciencia de tenerla, en un hombre de buen corazón le confiere nobleza a su carácter; pero tendrá mucho cuidado en cómo la usa, porque:

> *Es excelente*
> *tener la fuerza de un gigante; pero de tiranos es*
> *usarla como tal.*

De hecho, la gentileza es la mejor prueba de caballerosidad. La consideración por los sentimientos de los demás, por los que están por debajo de su posición y los que dependen de él además de por sus iguales, y el respeto por su dignidad marcarán la conducta del auténtico caballero. Preferirá sufrir él mismo un poco de daño a correr el riesgo de cometer un mayor agravio al malinterpretar la conducta de otro. Será indulgente con las debilidades, los fallos y los errores de aquellos que no hayan disfrutado de las mismas ventajas en la vida que él. Será misericordioso incluso con sus animales. No se jactará de su riqueza, ni de su fuerza, ni de sus dones. No concederá favores con condescendencia. Sir Walter Scott dijo una vez de lord Lothian: «Es un hombre del que se puede recibir un favor, y eso ya es mucho decir en los tiempos que corren». Lord Chatham ha dicho que el caballero se caracteriza por priorizar a los demás antes que a sí mismo en los pequeños acontecimientos cotidianos de la vida. Para ilustrar este espíritu dominante de consideración en un personaje noble, podemos citar la anécdota del galante sir Ralph Abercromby, de quien se cuenta que llevaron en litera a bordo del Foudroyant cuando fue herido de muerte en la batalla de Aboukir y que para aliviar su dolor le pusieron la manta de un soldado debajo de la cabeza, con lo que experimentó un alivio considerable. Preguntó qué era. «Solo es la manta de un soldado?», le contestaron. «Pero ¿de quién es?», insistió, incorporándose un poco. «Solo es de uno de los hombres». «Quiero saber el nombre del soldado al que le pertenece esta manta», dijo. «Es de Duncan Roy, del 42.°, sir Ralph». «Pues asegúrense de que Duncan Roy recibe su manta esta misma noche».[1] Ni siquiera para aliviar su agonía quiso el general privar al soldado raso de su manta durante una noche. La anécdota es tan buena a su manera como la del moribundo Sydney cuando le dio su vaso de agua al soldado raso en el campo de Zutphen.

El bueno de Fuller resume en pocas palabras el carácter del verdadero caballero y del hombre de acción al describir el carácter del gran almirante sir Francis Drake: «Casto en su vida, justo en sus tratos, fiel a su palabra; misericordioso con los que estaban bajo su mando. Y nada odiaba más que la ociosidad. En asuntos especialmente importantes, nunca delegaba en otros hombres, por muy capaces o de confianza que parecieran ser, sino que siempre desdeñaba el peligro y no rehuía las tareas más arduas. Se esforzaba por ser el primero (sin importar quién fuese el segundo) en todas las circunstancias en las que se requería coraje, habilidad o diligencia».

NOTAS

Capítulo 1

1. Wiese, Ludwig Adolf. *Deutsche Briefe über Englische Erziehung,* (1850).
2. Eugenie, Rendu. *De l'Instruction Primaire à Loudres, dans ver Rapports avec l'Etat Social.* (1853).

Capítulo 3

1. Era característico del señor Hume que, durante los viajes profesionales entre Inglaterra y la India, dedicara con diligencia su tiempo libre al estudio de la navegación y la marinería; y muchos años después le resultó de muchísima utilidad. En 1825, cuando viajaba de Londres a Leith en un velero, el barco apenas había cruzado la desembocadura del Támesis cuando se desató una tormenta de repente, se desvió de su rumbo y, en la oscuridad de la noche, chocó con Goodwin Sands, el famoso banco de arena. El capitán, que perdió los papeles, parecía incapaz de dar órdenes coherentes, y es probable que el barco hubiera naufragado en poco tiempo si uno de los pasajeros no hubiera tomado el mando de

repente para dirigir las maniobras del barco, llevando él mismo el timón mientras duró el peligro. Así fue como se salvó el barco, y ese desconocido era el señor Hume. El señor Reid, oriundo de Banchory, era uno de los numerosos pasajeros a bordo y de no ser por él nunca habríamos conocido esta historia, ya que Joseph Hume jamás se jactaba de sus proezas.

Capítulo 4

1. El barón Liebig, en sus *Cartas sobre la química* dice: «De no ser por este nuevo proceso de blanqueo, habría sido casi imposible que la fabricación de algodón de Gran Bretaña hubiera alcanzado su enorme desarrollo actual; no habría podido competir en precios con Francia y Alemania. En el antiguo proceso de blanqueo, había que exponer cada pieza al aire durante varias semanas en el verano y mantenerla húmeda en todo momento mediante el trabajo manual. Para ello era esencial disponer de praderas situadas en los lugares adecuados. Ahora un solo establecimiento cerca de Glasgow blanquea mil cuatrocientas piezas diarias durante todo el año. ¡La de dinero que se necesitaría para comprar tierras con este fin en Inglaterra!».
2. *Saturday Review*, 3 de julio de 1858.

Capítulo 6

1. Mansfield no le debía nada a sus nobles parientes, que eran pobres y poco influyentes. Su éxito fue el resultado legítimo y lógico de los medios que empleó con ahínco para conseguirlo. De pequeño viajó de Escocia a Londres en poni, y tardó dos meses en hacer el trayecto. Después de estudiar en la escuela y en la universidad, se dedicó a la abogacía, y concluyó una carrera de trabajo paciente e incesante como lord presidente del Poder Judicial de Inglaterra, cuyas funciones ha desempeñado con insuperable habilidad, justicia y honor según la opinión general.

Capítulo 7

1. Mientras luchaba a favor de los niños deshollinadores, un día le dijo a uno que había estado deshollinando una chimenea en su propia casa: «¿Y si ahora te doy un chelín?». «Que Dios lo bendiga por sus actos y gracias», le contestó el deshollinador. «¿Y si te doy una buena peluca para que te la pongas el 1 de mayo, que está a la vuelta de la esquina?», le preguntó él. «¡Bendito sea!, mi señor no me dejará salir el 1 de mayo», fue la respuesta. «¡No! ¿Por qué no?». A lo que el niño le contestó: «Dice que es de baja estopa». El señor Hanway era muy religioso y en una ocasión, cuando contrató a un cochero y le explicó sus obligaciones, terminó así: «Rezarás por las noches con la familia». A lo que el hombre contestó: «¡Rezar, señor!». «¿Qué sucede? ¿No has rezado nunca?», preguntó el señor Hanway. «Nunca he estado con una familia que rece», fue la respuesta. «Pero ¿no tienes objeciones a hacerlo?», insistió el señor Hanway. «No, señor, no tengo objeciones, ojalá lo tome por mi salario».
2. Un clérigo le escribió en una ocasión, en sus comienzos, cuando trabajaba en avituallamiento, para animarlo a entrar en la iglesia, ofreciéndole como incentivo para renunciar al trabajo unos ingresos de ochocientas libras anuales. El señor Sharp rechazó la generosa proposición con amabilidad y le explicó que no sentía la menor inclinación hacia el puesto de párroco; y que aunque fuera capaz de convencerse de que era capaz de servir a la causa de la religión, estaba seguro de que podría hacer mucho más en la sociedad civil que como clérigo, ya que sería imposible cuestionar sus motivos.

Capítulo 8

1. *On Thought and Action* («Sobre el pensamiento y la acción»).
2. La correspondencia de Napoleón con su hermano José, publicada hace poco, y las memorias del duque de Ragusa confirman con creces esta opinión. El duque derrotó a Napoleón gracias a la superioridad de su rutina. Decía que si de algo sabía era de alimentar a un ejército.

Capítulo 9

1. Los gastos totales del gobierno de Gran Bretaña, en el territorio nacional y en el extranjero, para el año que terminó el 31 de marzo de 1859, incluyendo el sobrecoste del ejército y de la armada en ese año, los tribunales de justicia y todos los entes públicos del Estado (excluyendo solo los intereses de la deuda nacional), ascendieron a 34.136.399 libras esterlinas, mientras que el señor Porter calcula que gastamos anualmente más de cuarenta y ocho millones de libras esterlinas en bebidas alcohólicas y tabaco, la mayor parte a manos de las clases trabajadoras.
2. *Lectures in aid of Self-Improvement* («Lecciones de ayuda para el desarrollo personal»), un libro un poco moralizador, pero lleno de vigor masculino y opiniones muy certeras.
3. Su viejo jardinero. El pasatiempo preferido de Collingwood era la jardinería. Poco después de la batalla de Trafalgar, otro almirante fue a visitarlo y, tras buscarlo por todo el jardín, lo descubrió por fin junto con el viejo Scott en el fondo de una profunda zanja que se afanaban en cavar.

Capítulo 10

1. Artículo en el *Times.*
2. *The Times.*

Capítulo 11

1. Revista *Athenaum.*
2. Véase el admirable y conocido libro *The Pursuit of Knowledge under Difficulties* («La búsqueda del conocimiento en la adversidad»).
3. Profesor de Filosofía Moral en St. Andrew's.
4. Un redactor de la revista *Edinburgh Review* (julio de 1859) comenta que «los talentos del duque parece que no se desarrollaron hasta que

encontró un campo activo y práctico en los que desplegarlos. Durante mucho tiempo, su madre, una mujer práctica que lo consideraba un zoquete, lo describía como "carne de cañón". No obtuvo ningún tipo de distinción, ni en Eton ni en el Colegio Militar francés de Angers». Es probable que de haber existido un examen de ingreso, no lo hubieran aceptado en el ejército.

Capítulo 13

1. *Horæ Subsecivæ*, de John Brown.